财经类高校财税专业核心课系列教材

税收管理概论

楚文海　钱晴岚　主编

贵州省财政学一流专业建设项目资助

科学出版社

北　京

内 容 简 介

全书共九章。第一章税收管理概述是对税收管理的基本概念、管理体制和理论架构的概括;第二章是对税收法治体系的介绍;第三章至第六章,介绍了税收管理业务的主要内容,包括税收征收管理(参考国家税务总局下发的最新版税收征管规范)、税源管理、税收计划管理和税务行政管理;第七章至第九章,结合我国当前税收管理领域的新进展、新动向,介绍了纳税服务(参考国家税务总局下发的最新版纳税服务规范)、税收风险管理和税收信息化三个方面的内容。第二章至第九章附列了与相应章节内容有关的部分延伸阅读材料和大量来自税收管理一线的最新案例资料。

本书内容覆盖面广,系统性强,与税务工作实践结合紧密,可供高等院校财税、会计类专业研究生、本科生及专科生作为教材或参考用书使用。

图书在版编目(CIP)数据

税收管理概论 / 楚文海,钱晴岚主编. —北京:科学出版社,2018.6
财经类高校财税专业核心课系列教材
ISBN 978-7-03-057999-7

Ⅰ. ①税⋯ Ⅱ. ①楚⋯ ②钱⋯ Ⅲ. ①税收管理-高等学校-教材
Ⅳ. ①F810.423

中国版本图书馆 CIP 数据核字(2018)第 129576 号

责任编辑:兰 鹏 / 责任校对:贾娜娜
责任印制:吴兆东 / 封面设计:蓝正设计

科 学 出 版 社 出版
北京东黄城根北街 16 号
邮政编码:100717
http://www.sciencep.com

北京建宏印刷有限公司 印刷
科学出版社发行 各地新华书店经销

*

2018 年 6 月第 一 版 开本:787×1092 1/16
2018 年 6 月第一次印刷 印张:18 1/4
字数:420 000
定价:52.00 元
(如有印装质量问题,我社负责调换)

前　言

　　国家制定税收制度，使之作用于社会经济系统并有效发挥税收职能作用的过程，就是广泛意义上的税收管理。税收管理的基本任务，是基于国家制定的税收制度，通过具体、现实、有效的管理活动，服从和服务于国家行使其职能的需要。税收管理的内在特征，就是严格遵循国家政治制度、法律制度、行政制度。税收管理是税收法律、法规、政策与社会经济系统的现实联系和相互作用。社会经济系统的现实状况及其客观发展规律，构成了税收管理的制度安排、组织机构、运行机制、管理措施等要素设计的外部约束。社会经济系统是一个极其庞大、多元、各类要素之间存在复杂联系，而且处于动态发展、变化之中的复杂系统。这就决定了税收管理在体制、机制、组织、模式、措施等方面所表现出的系统性、复杂性、多样性、动态性等外部特征。不同国家（地区）在政治、经济、文化等方面的巨大差异，决定了各国（地区）的税收管理体系之间的差异性。本书从税收管理的内、外部特征出发，比较系统、全面地介绍了相关理论以及我国税收管理的实践情况，较为深入地分析了税务管理的组织、模式、措施、方法等方面随着各种内、外部因素的发展变化而与时俱进的演化机制，揭示其内在的发展动力及其未来发展方向，希望为读者提供一个全面、系统、整体的税务管理的视图及其未来发展的基本思路。

　　由于编者水平有限，书中难免存在不妥之处，敬请读者批评指正。

编　者

2018 年 1 月

目　录

税收管理概述

第一章

第一节 税收管理的基本概念

一、税收管理的一般定义

管理，是指管理主体（组织或个人）在一定的局限条件（如法律规定、信息不对称、有限的预算和人力资源等）的约束下，通过制度设计、组织建设、技术应用、资源配置等各种措施和手段，对管理对象进行组织、协调、调整和控制，以达到一定目的的一类活动。

相应地，税收管理就是国家的财政、税务、海关等职能部门，为了实现组织财政收入、调控宏观经济、调节收入分配等职能，在税收法律制度和有限资源的约束下，根据涉税经济活动的特点及其客观规律，对税收的全过程进行决策、计划、组织、协调和监督的一类管理活动。

二、税收管理的基本要素

税收管理的主体是国家。具体而言，国家的立法机关承担了税收立法的主体职能；国家的财政、税务、海关等职能部门是税收执法管理的主体；各级司法机关则是税收司法管理的主体。

就我国而言，财政、税务、海关等部门，是代表国家行使税收执法管理职能的机构。

税收管理的客体是指税收活动的全过程。广泛意义上的税收活动包括宏观和微观两个层面。在宏观层面，税收活动涉及国家与企业、中央与地方等的分配关系，即税收管理体制；在微观层面，税收活动是指各级税务机关与纳税人之间的征纳关系，是税收征收管理的核心内容。狭义的税收活动则主要指税收的征收管理过程。

税收管理的职能是指各类税收管理主体在管理活动中具有的职权或应起的作用，如税务机关所承担的计划决策、组织实施、协调控制和监督检查等执法管理职能。

三、税收管理的主要内容

税收管理是国家以法律为依据，根据税收的特点及其客观规律，对税收参与社会分配活动全过程进行决策、计划、组织、协调和监督控制，以保证税收职能作用得以实现的一种管理活动，也是政府通过税收满足自身需求，促进经济结构合理化的一种活动。税收管理的具体内容包括税收法制管理、税收征收管理、税收计划管理和税务行政管理。

税收法制管理，指税法的制定和实施，具体包括税收立法、税收执法和税收司法的全过程。税法是国家法律的组成部分，是整个国家税收制度的核心，是税收分配活动的准则和规范。税收立法工作由国家立法机关负责，税收执法工作由各级税务机关承担，税收司法工作由国家司法机关来执行。税收立法是整个国家立法活动的一部分。与一般的立法的含义相对应，税收立法也有广义和狭义之分。广义的税收立法指国家机关依照法定权限和程序，制定各种不同规范等级和效力等级的税收规范性文件的活动。狭义的税收立法则是指立法机关制定税收法律的活动。税收立法是由制定、修改和废止税收法律法规的一系列活动构成的。税收立法管理是税收管理的首要环节，只有通过制定法律，把税收征纳关系纳入法律调整范围，才能做到依法治税。税收立法主要包括税收立法体制和税收立法程序两大方面。其中，税收立法体制主要是指立法机关和立法权限的划分。税收立法权限一般包括国家立法、地方立法、授权立法和行政立法。由于各级机构的税收立法不同，因此，所制定的税收法律法规的级次、效力也不同。对税收立法活动来说，税收立法程序也十分重要。税收立法程序是指国家立法机关或其授权机关在制定、修改和废止税收法律法规的活动中应该履行的步骤和方法。税法的制定和修改必须依法定程序进行才具有法定效力，税收立法程序是使税收立法活动规范化、科学化的重要保证。税收立法的实践证明，严格按照立法程序进行活动，对于保证国家税法的严密、规范，提高法律的权威性和适用性，维护税收法治的尊严是十分重要的。税收议案是税收立法的第一道程序。税收议案提出后，税收立法程序进入一个新的阶段——审议税收立法议案的阶段。审议结束后，税收立法程序进入表决和通过税法议案的阶段。表决的结果直接影响到税法草案能否成为法律。立法机关或制定机关将通过的税法用一定形式正式公开发布。它标志着税法制定程序的最后完成。税法公布之后，或立即生效，或在指定的日期生效。

税收征收管理，是一种执行性管理，是指税法制定之后，税务机关组织、计划、协调、指挥税务人员，将税法具体实施的过程。具体包括税务登记管理、纳税申报管理、税款征收管理、减税免税及退税管理、税收票证管理、纳税检查和税务稽查、纳税档案资料管理。

税收计划管理，主要包括税收计划管理、税收重点税源管理、税收会计管理、税收统计管理。

税务行政管理，又称税务组织管理，是对税务机关内部的机构设置和人员配备进行的管理。具体包括税务机构的设置管理、征收机关的组织与分工管理、税务工作的程序管理、税务人员的组织建设与思想建设管理、对税务人员的监督与考核、税务行政复议与诉讼的管理。

第二节　我国税收管理体制概述

根据党的十四届三中全会的决定，为了进一步理顺中央与地方的财政分配关系，更好地发挥国家财政的职能作用，增强中央的宏观调控能力，促进社会主义市场经济体制的建立和国民经济持续、快速、健康的发展，国务院决定，从 1994 年 1 月 1 日起实行分税制财政管理体制。按照中央与地方政府的事权划分，合理确定各级财政的支出范围；根据事权与财权相结合原则，将税种统一划分为中央税、地方税和中央地方共享税，并建立中央税收体系和地方税收体系，分设中央与地方两套税务机构分别征管；科学核定地方收支数额，逐步实行比较规范的中央财政对地方的税收返还和转移支付制度；建立和健全分级预算制度，硬化各级预算约束。

一、税务部门

税务部门是主管我国税收征收管理工作的部门。1994 年，我国开始实行分税制财政管理体制。同时，为了适应分税制财政管理体制的需要，我国对税收管理机构也进行了相应的配套改革。中央政府设立国家税务总局，是国务院主管税收工作的直属机构。省及省以下税务机构分设为国家税务局和地方税务局两个系统。

2018 年 3 月，为全面贯彻党的十九大精神，在新的历史起点上深化党和国家机构改革，中共中央印发了《深化党和国家机构改革方案》，提出改革国税地税征管体制。为降低征纳成本，理顺职责关系，提高征管效率，为纳税人提供更加优质高效便利服务，将省级和省级以下国税地税机构合并，具体承担所辖区域内各项税收、非税收入征管等职责。为提高社会保险资金征管效率，将基本养老保险费、基本医疗保险费、失业保险费等各项社会保险费交由税务部门统一征收。国税地税机构合并后，实行以国家税务总局为主与省（自治区、直辖市）政府双重领导的管理体制。

二、财政部门

财政部门是主管我国财政工作的部门。中央政府设立财政部，是国务院主管财政工作的直属机构。省及省以下财政机构按行政区划设置，分为三级，即省（自治区、直辖市）财政厅（局），地（设区的市、州、盟）财政局，县（市、旗）财政局。虽然税收的征收管理工作由税务部门承担，但是财政部门作为预算管理机构，也承担着税收领域的大量管理职能。其中财政部承担的税收管理职能主要有以下方面。

（1）拟订财税发展战略、规划、政策和改革方案并组织实施，分析预测宏观经济形势，参与制定各项宏观经济政策，提出运用财税政策实施宏观调控和综合平衡社会财力的建议，拟订中央与地方、国家与企业的分配政策，完善鼓励公益事业发展的财税政策。

（2）起草财政、财务、会计管理的法律、行政法规草案，制定部门规章，组织涉外财政、债务等的国际谈判并草签有关协议、协定。

（3）承担中央各项财政收支管理的责任。负责编制年度中央预决算草案并组织执行。受国务院委托，向全国人民代表大会报告中央、地方预算及其执行情况，向全国人大常委会报告决算。组织制定经费开支标准、定额，负责审核批复部门（单位）的年度预决算。

（4）负责组织起草税收法律、行政法规草案及实施细则和税收政策调整方案，参加涉外税收谈判，签订涉外税收协议、协定草案，制定国际税收协议和协定范本，研究提出关税和进口税收政策，拟订关税谈判方案，参加有关关税谈判，研究提出征收特别关税的建议，承担国务院关税税则委员会的具体工作。

（5）代表我国政府参加有关的国际财经组织，开展财税领域的国际交流与合作。

（6）监督检查财税法规、政策的执行情况，反映财政收支管理中的重大问题。

其中，财政部税政司的涉税管理职能包括：负责组织起草税收（不含关税和船舶吨税，下同）法律、行政法规草案及实施细则；研究提出税种增减、税目税率调整、减免税、税费改革等建议；研究提出税收政策调整方案；负责涉外税收谈判和签订涉外税收协议、协定草案的有关工作；拟订国际税收协议和协定范本；开展税源调查分析；组织建立个人收入和财产信息系统等。

财政部条法司的涉税管理职能包括：研究提出修改、完善财税法规的建议，制定财税立法规划；审核上报财政、税收、国有资产管理的法律、法规草案；审核其他法律法规草案中有关财政税收的条款等。

财政部关税司的涉税管理职能包括：负责起草关税和船舶吨税法律、行政法规草案及实施细则；研究提出进出口关税税目、税率调整建议；研究提出关税和进口税收政策建议；拟订关税谈判方案，承担有关关税谈判工作；研究提出征收特别关税的建议；承担国务院关税税则委员会的日常工作。

地方财政机构承担的税收管理职能主要有以下方面。

（1）贯彻执行国家有关财政、税收工作的方针政策和法律法规；拟订和执行全省财政、税收、国库、政府债务、政府采购、国有资产管理、财务、会计等方面的地方性法规、规章、政策措施。

（2）拟订财政发展战略、中长期财政规划；参与分析预测宏观经济形势，参与拟订各项宏观经济政策，提出运用财税政策实施宏观调控和综合平衡省级财力的建议；深化财政投融资制度改革，参与构建政府公共资源投入的公平配置机制；牵头加快推进政府和社会资本合作（public private partnership，PPP），建立健全基本公共服务均等化的财力支撑机制。

（3）代编全省年度财政预决算草案，组织编制、审核年度省级财政预决算草案；制定行政事业单位开支标准、定额；建立跨年度预算平衡机制；加强全口径预算管理；推进预决算公开；受省人民政府委托，向省人民代表大会报告全省和省级财政预算及其执行情况，向省人民代表大会常务委员会报告决算；完善财政转移支付制度，健全省以下财力与事权相匹配的体制，拟订省对市县财政管理体制并组织实施。

（4）制订财政中长期收入计划，管理和监督各项财政收入；组织实施税制改革，建立完善地方税体系；负责政府非税收入管理；负责社保基金收入管理；负责地方政府性债务管理，防范财政风险。

（5）监督检查财税等方面法律法规和政策的执行情况。

三、海关

中华人民共和国海关是国家的进出关境（简称进出境）监督管理机关，实行垂直管理体制。其基本任务是进出境监管、征收关税和其他税费、查缉走私、编制海关统计，并承担口岸管理、保税监管、海关稽查、知识产权海关保护、国际海关合作等职责。

中国海关总署是中华人民共和国国务院下属的正部级直属机构，统一管理全国海关。海关总署现有 18 个内设部门、8 个在京直属企事业单位，管理 4 个社会团体（海关学会、报关协会、口岸协会、保税区出口加工区协会），并在欧盟、俄罗斯、美国、中国香港等派驻海关机构。中央纪律检查委员会在海关总署派驻纪检组。

全国海关目前共有 47 个直属海关单位（广东分署，天津、上海特派办，42 个直属海关，2 所海关院校），742 个隶属海关和办事处（含现场业务处）。中国海关现有关员（含海关缉私警察）近 6 万人。中国海关实行关衔制度。

四、其他税收管理机构

全国人民代表大会及其常务委员会、国务院、国务院关税税则委员会的税收管理职能主要体现在税收立法和监督实施方面。其中，全国人民代表大会及其常务委员会制定法律和有关规范性文件、规范性决议、决定以及全国人民代表大会常务委员会的法律解释；全国人民代表大会及其常务委员会有权授权国务院制定行政法规和规范性文件；财政部、国家税务总局、海关总署和国务院关税税则委员会可以根据法律和行政法规的规定，在本部门权限范围内发布有关税收事项的规章和规范性文件，包括命令、通知、公告等文件形式。

第三节 税收管理的理论架构

一、税收管理的政治学内涵

税收问题历来是西方国家理论中所重点关注的对象。长期以来，西方政治思想家围绕国家主权、正当性以及公民基本权利等问题，从不同的理论视角进行了广泛的阐释，形成了体系庞杂且充满争议的政治思想理论，其中的根本问题是国家税权来源的正当性。

（一）社会契约论

社会契约论的兴起与西方的文化传统及其社会变革，特别是以契约为纽带的市场经济的发展和成熟有着密切联系。社会契约论者提出了关于税权正当性来源的一种假说：税收作为人民订立契约、组织国家所让渡的一种财产权利，是国家得以存续的物质基础；人民同意让渡自己的自然权利，其根本目的是使自己的自然权利的实现更有保障。国家基于社会契约的约定，承诺将人民所纳之税用于公共福利和权利保障，从而取得征税权。公民纳税尽管在社会契约做出了让渡自然权利的承诺，但是这种"让渡"的具体内容和方式仍然必须征得人民的同意。同时，国家的存在决定了"课税的目的在于支应为提供该等服务所需之经费"。"人们向国家纳税——让渡其自然财产权利的一部分——是为了能够更好地享有他的其他的自然权利，以及在其自然权利一旦受到侵犯时可以寻求国家的公力救济；国家征税，也正是为了能够有效地、最大限度地满足上述人们对国家的要求。无论如何，纳税和征税二者在时间上的逻辑关系应当是人民先同意纳税并进行授权，然后国家才能征税；国家征税的意志以人民同意纳税的意志为前提。所以，人民之所以纳税无非是为了使国家得以具备提供'公共服务'（public services）或'公共需要'（public necessity）的能力；国家之所以征税，也正是为了满足其创造者——作为缔约主体的人民对公共服务的需要。"人民与国家订立契约同意纳税的前提，是国家首先承诺将税收用于维护公共利益。如果国家违背契约承诺，没有将税收使用在满足公共需要之上，则人民当然也有不履行契约的权利。从这个意义上说，征税是国家赖以存在的基础，但不是国家存在的目的。征税的目的在于支出，在于为保障人民的权利采取行动，国家的一切行为都应当是为保障本国人民的基本人权而发动的。从另一个角度而言，人民权利的实现也需要付出相应的成本——税收，这也就是"权利的成本"。据此，国民权利中最重要的两项税收权利——国民纳税的同意权和国家税收支出的监督权得以确立。

（二）"整体主义"理论

"整体主义"强调社会整体高于个体，把社会看作外在于和超越于个体之上的实体，是一种以至上的国家权力为核心的观念体系。马克思和恩格斯曾多次强调要反对国家主义。恩格斯指出："在德国，对国家的迷信，已经从哲学方面转到资产阶级甚至很多工人的一般意识中去了。"但是，"国家再好也不过是无产阶级在争取阶级统治的斗争胜利后所继承下来的一个祸害"。

德国国家主义理论将税收视为个人对国家的一种被动义务，因此必须强制予以课征，从而赋予了税收强制性和无偿性的特征。德国国家主义代表人物瓦格纳认为，财政是"共同的经济组织中由权利共同体构成的强制共同经济"，并据此认为国家应有发展文化教育和增进社会福利的职能，国家应为"社会国家"。同时，他认为国家的活动是生产性的，财政支出也是生产性的，主张扩大财政支出。他由此提出了"社会政策税收理论"，认为税收从财政意义上讲，就是国家为满足其财政上的需要，凭借其行政权力，依据一般原则和准则，强制地征自个人的财物。

（三）马克思主义理论

马克思主义认为，国家起源于私有制所引发的阶级斗争，是阶级矛盾不可调和的产物，是阶级统治、阶级专政的工具。关于国家的起源，恩格斯在《家庭、私有制和国家的起源》第九章中论述道："由于国家是从控制阶级对立的需要中产生的，同时又是在这些阶级的冲突中产生的，所以，它照例是最强大的、在经济上占统治地位的阶级的国家"，"实际上，国家无非是一个阶级镇压另一个阶级的机器。"在国家权力的合法性来自人民这一观点上，马克思主义与西方大多数国家理论并没有根本性分歧，并且在肯定国家的阶级属性的同时，认识到了政府在全社会范围内的公共性，"一种表面上驾于社会之上的力量，这种力量应当缓和冲突，把冲突保持在'秩序'的范围以内；这种从社会中产生但又自居于社会之上并且日益同社会相异化的力量，就是国家"。为此，国家必须拥有权力，并取得物质支持。随后专门的征税机构得以产生，并行使国家权力去取得社会财富，将社会财富强制地转移到国家手中，以维持国家机器的正常运转。所以，马克思说，"国家存在的经济体现就是捐税"，"赋税是政府机器的经济基础，而不是其他任何东西"，

"以税、公债、公的信用为内容的财政是现代经济在国家形式上的概括"。马克思主义认为税收本质上是国家对社会成员的强制性课征，是对私人财产的剥夺；从纳税人方面来看，税收则是社会成员的义务或牺牲。由此得出税收的三个主要特点，即无偿性、强制性和再分配功能。

二、税收管理的法学内涵

（一）税收法律关系学说

税收法律关系的性质长期以来是国外税法学界争论的重要课题，不可避免地要涉及税法学理论对国家何以取得征税权力这一根本性问题的基本态度。目前，国外税法理论就此问题主要形成了"税收权力关系说"和"税收债务关系说"两种不同的观点。

德国行政法学的创始人奥托·迈耶（Otto Mayer）首先提出了"税收权力关系说"。奥托认为，国家在租税法律关系中的地位优于人民，行政权起着主导作用，作为纳税人则处于行政法律关系中的行政客体位置，对于行政命令只有服从的义务。在税法领域，国家机关向其国民或居民课征税收所做出的征税决定，属于以单方面的意思形成法律关系，而不是以双方的共同意思形成法律关系，与私法上的债务关系完全不同。而且国家机关所下达的征税决定，除因国民或居民表示不服提起行政复议或行政诉讼，经有权机关依法撤销或变更之外，应受合法性推定，相对人不能否认其效力。纵使相对人提起行政复议或行政诉讼，原则上也不停止其执行，这一点与私法上的债务关系中，双方当事人之间有对等的意思力，两造之争必以民事判决确定后，才能据以申请强制执行，也有相当差异。

尽管有学者认为，奥托·迈耶的"税收权力关系说"体现了国家利益至上的国家主义理论，但如果将该学说置于奥托所处的具体时代背景下分析，则不失其积极的时代意义。"税收权力关系说"的提出，是为了驳斥"警察国"时代民法的统治地位和以"国库论"为基础而产生的"税收债务关系说"，以赢得行政法的独立地位。因此，有学者推测，"'税收债务关系说'实际上是当时强大的民法学者为反对新兴的行政法学而捍卫的一种更古老的理论。而奥托·迈耶主张的'税收权力关系说'则是一种'反抗'的学说，是反对法律领域中民法的独占地位，争取行政法的独立而提出的理论。"

"税收债务关系说"则是德国法学家阿尔伯特·亨泽尔以1919年《德国租税通则》的制定为契机，针对当时德国税法学界普遍流行的"税收权力关系说"理论，在实质法治国家观的基础上提出的。该学说认为，税收法律关系属于公法上的债权债务关系，国家与公民的地位对等，行政机关不享有优越地位。国家应以保障个人自由和平等为中心，强调约束国家权力尤其是行政权为内容的自由主义实质法治观。

"债务关系说"对税法学的发展产生了极大的影响。日本学者金子宏认为，"权力关系说"和"债务关系说"两者之间的区别在于各自据理论争的着力点不同。"权力关系说"主要以税收的赋课、征收的程序为重点展开论述，而"债务关系说"则主要以纳税人对国家的税收债务为中心来论述问题。同时，金子宏也主张区分对待税收法律关系的性质，即从二元关系的角度把握税收法律关系的性质，在税收实定法上，即税收的成立、继承、消灭等问题上主要体现为"债务关系"；而涉及税收的确定和征收程序方面，则主要表现为"权力关系"。二元论的观点是日本税法学界的通说。

上述两种学说在有关纳税人与国家在税收法律关系中的地位问题上，显然持相反的态度。然而，从历史的、发展的眼光来看，二者相互否定、相互借鉴，并在某种程度上实现融合的发展进程，正是税收的法理内涵逐渐得以明确、清晰的历程，从而也使得纳税人相对于国家的法律地位和法定权利日渐明晰，为税收管理的产生和发展提供了较为坚实的法理依据。

（二）税收法定主义

税收法定主义是推动近代法治的先驱，它是民主和法治等现代宪法原则在税法中的体现，对于保护纳税人权利、维护国家利益和社会公众利益具有十分重要的意义。它的产生和发展，对民主和宪政在资本主义国家的确立，起到了极大的推动作用。

税收法定主义发端于中世纪的英国。1215 年，诺曼王朝统治下的领主、教士和城市市民对约翰王干涉议会选举、侵占附庸土地、滥征苛捐杂税等行为强烈不满，并联合迫使约翰王签署了《大宪章》。其中对国王课税权做出了明确的限制，其规定"一切盾金及援助金，如不基于朕之王国的一般评议会的决定，则在朕之王国内不许课税"，一般认为这就是税收法定主义的初始形态。1225 年，《大宪章》重新颁布时又补充了御前大会议有权批准赋税的条款，从而明确了批税权的归属。1297 年，英王爱德华一世制定了《无代表则无纳税法》，承认"国民同意"即是议会批准，从而标志着议会批税权得以正式确立，批准赋税成为议会的主要职能。税收与议会联系在了一起，"未经臣民同意不得对其征税，议会是征求和给予这种同意的唯一有效的处所"。1628 年，英国议会通过了《权利请愿书》，列举了《大宪章》颁布之后查理一世违反法律未经议会同意便开征关税及船舶税的行为，重申了"无代表则无纳税"原则。税收问题上议会的限制反抗立场与国王的强行征收立场间的冲突，直接导致了 1642 年的宪政革命。1688 年，继任英国国王的荷兰执政威廉接受国会的要求，制定了《权利法案》，再一次明确地阐述了未经国会同意的税收应当被禁止。《权利法案》明确议会的地位优于国王，为英国君主立宪制奠定了法律基础。可以说，英国正是在对税收法定主义的追求中完成了近代宪政历程。1773 年，英国议会颁布意在通过向殖民地征收进口茶税的《茶叶法》，激怒了波士顿市民，引发了"波士顿倾茶事件"，激起了殖民地人民更为激烈的反抗。1775 年 3 月 19 日，北美独立战争正式爆发。1776 年，《独立宣言》正式发表，明文规定"政府的正当权力，则系得自被统治者的同意"。鉴于历史的教训，1787 年，美国宪法第 1 条第 8 款、第 9 款、第 10 款及宪法修正案第 16 条明确将税收立法权赋予国会，并界定了各州税收立法权限，从而确立了税收法定主义的宪法地位。

随着资本主义革命在欧洲和其他国家的兴起，以限制公权力、保护纳税人财产权为宗旨的税收法定主义逐渐被许多国家所接受。现代法制国家基本都将税收法定主义作为一项宪法原则加以确认。据翟继光对 111 个国家现行宪法的考察，其中明确规定税收法定原则的有 85 个，占 77%。如果再加上其他暗含这一原则或实际上贯彻这一原则的国家，那么所占比例就更高了。如美国宪法第 1 条第 7 款规定："一切征税议案应首先在众议院提出"，第 8 款规定，国会有权"赋课并征收直接税、间接税、关税与国产税，以偿付国债和规划合众国共同防务与公共福利，但所征收各种税收、关税与国产税应全国统一"。法国宪法第 34 条规定："各种性质的赋税的征税基础、税率和征收方式必须以法律规定"。日本宪法第 84 条规定："课征新税及变更现行的税收，必须依法律或依法律确定的条件"。

税收法定主义作为一项法律原则，从诞生起就蕴含着民主、法治、人权等宪政精神，它是民主与法治等现代宪法原则在税法上的体现。将税收法定主义定位为税法的基本原则，即国家整个税收活动必须依据法律进行，包括征税主体依法律征税和纳税主体依法律纳税两方面，并以此指导作用于税收的立法、执法、司法和守法的全过程。"法定"所指的，不仅包括法的制定，还涵盖法的认可、修改、补充、废止、解释的全过程。

正如张文显教授对"法治"的概括："社会应主要由法律来治理；社会整合应通过法律实施和实现；立法政策和法律必须经由民主程序制定；法律必须建立在尊重和保障人权的基础之上；法律必须具有极大的权威性；法律必须具有稳定性；法律必须有连续性和一致性；法律必须以平等地保护和促进一切正当利益为其价值目标；法律应能有效地制约国家权力，防止国家权力的失控与异变；法律应为求社会价值的衡平与互补"。而法治原则在税收领域的集中体现就是税收法定主义，它规定了税收从宪法直至立法、执法、司法全过程的完整的制度要素和实施机制。

三、税收管理的经济学内涵

"经济学是解释人类行为的科学"，它对人类行为的解释以理性经济人的假设为逻辑出发点，即人类行为的动机在于追求自身利益最大化。而所谓"利益"，在经济学的角度，是以稀缺资源来衡量的。因此，经济学同时也是一门研究如何将有限或者稀缺资源进行合理配置的社会科学。本书就以资源配置方式与税收的关系作为分析税收管理经济学内涵的起点。

在社会化大生产条件下，资源的配置有两种方式：市场配置方式和计划配置方式。这里所说的计划配置方式，是指国家基于政治利益最大化的目的，根据自身职能需要，以法律形式强制管理和分配资源的资源配置模式，并非特指计划经济体制。市场配置方式则与之相反，没有一个中央协调的体制来指引其运作，是众多产权主体基于各自利益最大化的目的，根据价格信号进行分散决策的资源配置模式，也并不特指市场经济体制。

显而易见，资源的计划配置方式与市场配置方式在利益主体、利益驱动机制、决策机制、运行模式、实现路径等方面存在巨大的差异。因此，当二者同时运行于同一个经济体系之内，并在配置资源的对象、方向、方式等方面发生直接或间接的交叉、重合或相互影响时，就可能产生摩擦、矛盾甚至冲突。（当然，这并不是说两者绝对不能共存。事实上，计划与市场分别在同一经济体的不同部分发挥作用，相互取长补短、相得益彰的实例并不罕见。如我国改革开放 40 年来经济持续高速发展的背后，计划和市场的作用都是不可抹杀的。）

税收是国家为满足社会公共需要，凭借公共权力，按照法律所规定的标准和程序，参与国民收入分配，强制地、无偿地取得并支配财政收入的一种方式。在资源配置的方式上，税收显然属于计划配置的范畴，当税收运行于市场经济条件下时，就可能对市场的资源配置产生干扰。围绕资源配置中计划方式与市场方式的主从关系问题，在不同的历史时期、不同的经济体系内，税收的职能、地位也有很大的不同，由此带来的税收与经济的关系及其需要处理的问题也经历了阶段性的变化。

在自由市场经济及工业革命浪潮蓬勃发展的阶段，市场那只"看不见的手"正是自由市场经济得以保持活力并使得"资产阶级在它的不到一百年的阶级统治中所创造的生产力，比过去一切世代创造的全部生产力还要多，还要大"的关键。要确保市场的资源配置效率能够最大化，任何干扰因素都是应该避免的，亚当·斯密据此提出了"廉价政府"理论，强调让市场不受束缚地发挥其作用，而政府的职能应该仅限于市场"守夜人"的角色，政府的征税行为当然也不例外。因此，就必须通过对税收制度及其执行方式的约束，尽量避免或减轻税收对市场的资源配置效率造成负面的影响，并尽量降低税收成本、提高税收效率。本书认为，这些体现于斯密的"税收四原则"中的思想至今仍然是市场经济条件下税收管理的基本内涵和根本追求。

随着市场自身存在的一些问题在 20 世纪 20 年代末开始的经济危机中发展到对经济产生破坏性后果的程度，市场那只"看不见的手"无所不能的神话被打破了，人们转而乞灵于"看得见的手"，凯恩斯主义应运而生。以承认"市场失灵"的现实存在作为逻辑起点，凯恩斯的经济政策观点的核心是反对自由放任，主张国家干预。这意味着计划方式在资源配置中的主导地位的确立，税收与经济之间的关系更为深入和密切了，其中包括主动和被动两个方面。

在主动方面，税收被越来越多地作为一种政策工具，介入社会的资源配置中，取代或介入了市场的部分资源配置职能，以达到积极干预经济运行的政策目的。税收对经济的干预主要通过对市场资源配置的某些特定环节施加影响的方式来完成，是一种对市场机制的介入而非完全以计划方式取代。因此，面对各种不同的政策目标，如何在复杂多变的市场环境下选择恰当的作用对象、作用方式和作用时机，尽量以较少的政策成本达成政策目标就成为这一背景下税收制度安排及其执行中所需要考虑和解决的主要问题。

在被动方面，国家主动干预经济意味着财政目标的扩张，从而需要更多的财政收入去满足，这就要求税收必须比以往更加深入和广泛地切入经济的各个层面中，通过加强对经济活动的税务监管、拓展税基等手段来获得更多的财政收入。与强调市场在资源配置中的主导地位那一阶段不同的是，在这一背景下，税收收入的规模不仅受到现实税基和征管手段的局限，还要承受来自财政需求扩张所导致的被动扩大收入规模的压力。这就意味着税收制度与财政需求之间的矛盾，反映到现实中，就体现为依据收入计划组织收入、收"过头税"等现象的发生，并使得税收与市场之间固有的矛盾和冲突可能进一步加剧。因此，如何在法制的框架下，协调国家干预经济对财政的需求与税收法制之间的关系，采取适当措施来缓解被动扩大的税收规模对市场造成的负面影响就是在以政府主导的资源配置机制下税收管理的基本内涵之一。

20 世纪 80 年代以来，公共经济学打破了原有的学科边界，同政治科学的关系日益密切，政治学成为公共经济学的内在部分，公共经济学越来越成为一门综合性科学。安东尼·B. 阿特金森、约瑟夫·E. 斯蒂格利茨、詹姆斯·M. 布坎南是当代财政学家的主要代表，他们以经济机制为核心，寻找政府干预与市场机制的结合点，将政府财政职能问题的探讨推向深入。这一时期，西方财政学界十分关注重构政府资源配置功能，把焦点放在政府资源配置效率的分析上。以布坎南为代表的公共选择学派对政府效率进行研究，斯蒂格利茨和阿特金森从效率与公平两个角度研究公共产品的最优供应问题。当代西方学者在建构政府财政模型时把效率与公平结合起来，试图寻找两者的最佳均衡。他们认为效率和公平是一个问题的两个方面，是一个统一的整体。政府资源配置效率主要体现为公共预算决策效率和执行效率。新凯恩斯主义的代表斯蒂格利茨从一种新的"政府—市场观"出发，致力于重新、全面认识政府的经济职能，希望在政府干预与市场机制之间寻找一种不同于以往的平衡与结合点。布坎南揭示了政府失灵的深层原因，指出政府行为同样要受制度约束。政府干预与市场机制平衡的关键是公共部门和私人部门适度平衡。

以同时接受"市场失灵"与"政府失灵"为逻辑起点、以公平与效率的均衡为目标的理论研究，在某种意义上意味着不再将计划与市场这两种方式在资源配置中的对立关系作为隐含的前提。在这一视角下，政府的职能既不再局限于市场的"守夜人"，也不完全是市场的指导者或管理者，而是市场众多经济部门中提供公共品的一个特殊成员，那么政府在税收制度安排和工具选择方面就应该充分利用市场机制，尊重和服从市场的规则，这就是"服务型政府"的理论基础，并为西方一些国家采取市场化的模式开展税收管理提供了理论支持。

追求政府干预与市场机制之间最佳均衡的思想摆脱了二者的主次之争，但"均衡"二字蕴涵深广，如果没有确定的局限条件和价值取向，讨论二者之间的均衡难免有空泛之嫌。在这个问题上，以社会福利最大化为目标，以个人效用能够加总、可供选择的税收工具（税种）既定、政府税收收入水平既定为约束条件的最优税收理论就建立了一个更为确定的研究基础。站在该理论的视角，税收管理无论作为税收制度安排中的一个部分，还是税收工具的某种选择，或是税制执行中的某些措施，均以实现社会福利最大化为目标，这至少为税收管理设立了一个可取的终极目标。同时，在理论前提得到满足或近似满足的前提下，该理论还为衡量税收管理的质量或效果提供了分析框架和工具。当然，关于社会福利最大化这一目标本身，是否存在一个规范统一的、可以准确计量的、获得人们普遍接受的衡量标准仍然是一个理论障碍，最优税收理论所要求的各项理论前提在现实中也很难得到必要的满足。

避开有关价值判断的讨论，仅从经济学意义上对税收制度的存在、运行、变更所发生的成本进行度量是否更有现实意义呢？税收成本理论为此提供了较为完备的理论框架和分析工具。首先，税收制度不会自动运行，税收收入的实现需要社会、纳税人和政府在相关制度安排下付出相应的代价，这些代价的总和构成了广义的税收成本。在税收成本之中，相当一部分是由于税收制度的设计、税收工具的选择和税收措施的运用与经济运行自身规律不协调所导致的无谓损失。因此，降低税收制度所带来的社会总无谓损失符合社会公众的共同利益，从而成为一种公共需要，为满足这种公共需要而提供相应的产品和服务，属于公共品的范畴，又与税收制度的存在与运行直接相关，即为税收管理。随着税收成本理论的不断发展和完善，各类税收成本及其在社会、纳税人和政府之间的分配关系逐渐得以明晰，为量化地评价税收与现实经济环境的谐调程度并据以选择较为适宜的税收制度、工具和措施提供了有效的分析框架与途径，也将是开展税收管理的重要依据和内容。

同时，在新制度经济学的交易费用理论框架下，从制度安排的角度，可以对税收成本的产生及其与税收制度的相互关系做出解释：原则上，政府征税可以有无数的工具及其组合，但采取任何工具都必须支付相应的成本，如收集有关信息的成本、确定谁应该纳税和每一个纳税人应该缴纳数额的成本、征税工作的运行成本等，即税收制度的交易费用。不同的税收制度运行于不同的社会环境中会产生不同的交易费用，这就需要在具体的、现实的局限条件下，在各种可行的收入分配方案及其执行层面做出有效率的选择，从能够获得同等收益的制度安排中选择交易费用最低者。因此，税收制度是为了降低政府获取财政收入的交易费用而设立的，但它本身的确立和运行仍然存在交易费用。所以，从政府和社会的共同利益出发，必须通过一套交易成本较低的、有限的税收工具体系来筹措既定的收入。税收制度的交易费用最终要由社会公众承担，它的存在事实上增加了税收价格，也就是在税收制度所规定的公共品价格的基础上增加了税制执行的交易费用，降低该项交易费用也就成为经济体系内推动税收制度变革的内在动力。现实中，税收制度的交易费用不可能消失为零，否则税制本身就不必要了，但通过采取某些措施降低其交易费用的可能性是存在的，此即税收管理存在和发展的必要性。税制交易费用的产生原因和构成相当复杂，需要在不同的制度层面针对不同的交易费用成因采取相应措施，这些不同制度层面上的措施就构成了税收服务体系。

四、税收管理的管理学内涵

传统的管理学说，如德国社会学家马克斯·韦伯所提出的官僚组织理论，强调理想的组织应以合法权力为基础，才能有效地维系组织的连续和目标的达成。这样的组织是根据合法程序组建的，有其明确目标，并依靠一套完整的法规制度来组织与规范成员的行为，以期达到管理目标。组织的结构是一个层级控制的体系，在组织内，按照地位的高低规定成员间命令与服从的关系。韦伯的官僚组织理论自出现以来得到了广泛的应用，已经成为各类社会组织的主要形式，印证了行政组织化是人类社会不可避免的进程。

（一）官僚制理论

德国社会学家马克斯·韦伯于 20 世纪初提出了官僚制理论。官僚制是指一种以分层、集权、服从等属性为特征的组织形态，是现代社会实施合法统治的行政组织制度。韦伯认为，在近代以来的资本主义社会中，官僚组织是对大规模社会群体进行有效管理的基本形态。

在韦伯的理想型官僚制理论中，"合法性"与"合理性"是两个最基本的概念，一切关于韦伯官僚理论的研究都需要从这两个概念出发，才能把握其思想的真谛。"合法性"概念与"合理性"概念是紧密联系在一起的，是一个问题的两个方面。"合理性"经常用于一种学理的解释，倾向于技术化、科学化和规范化；而"合法性"则经常用于政治学的解释，倾向于统治的合法性与正当性。

官僚组织建立在法理权威之上，在它的理想模型中，一切都从属于科学的合理性。这个科学的合理性也就是韦伯的形式合理性。韦伯认为，这种拥有科学结构的官僚制组织具有公正、科学、高效率的优点。当然，合理性的官僚制在很大程度上只是一种理想化或纯理论性的组织制度，在现实中有很多难以实现的条件。

（二）公共管理理论

公共行政这一学科的体系和框架是在西方逐步产生和建立起来的，从 1887 年美国学者后来成为美国总统的威尔逊发表著名的《行政学研究》至今，公共行政理论经过了四次重大的理论改革，即从传统的公共行政理论到新公共行政理论，到新公共管理理论，再到新公共服务理论。

1. 新公共管理理论

从 20 世纪 70 年代开始，西方各国普遍发生经济"滞胀"，社会问题不断加剧，政府效率低下，公众对政府的信任度急剧下降，各国政府普遍笼罩在"失败"的阴影之下。在此背景下，一种新的公共行政理论——新公共管理理论在美国应运而生，并迅速波及西方各国。新公共管理理论的核心在于将现代经济学和私营企业管理理论及方法引入公共部门的管理之中。它的主要思想理念表现在以下三方面。

（1）以效益作为主要价值取向。

（2）建立企业型政府和以顾客为导向。

（3）引入市场竞争机制。

2. 新公共服务理论

在新公共管理运动中，学者们认为新公共管理理论过分依赖经济学工具，忽视了政治过程与市场过程的本质差别；过分强调用私人部门管理的模式，忽视了公共部门与私人部门之间存在的重要差别；另外把作为公共服务接受者的纳税人比喻成顾客也不恰当。由此，以美国学者登哈特为代表的新公共服务学派，在民主社会的公民权理论、社区与公民社会理论、组织人本主义和组织对话的基础上提出了新公共服务理论，其主要原则有以下几方面。

（1）服务于公民而不是服务于顾客。

（2）追求公共利益。

（3）重视公民权胜过企业家精神。

（4）战略的思考，民主的行动。

（5）责任的非单一性。

（6）服务，而不是掌舵。

（7）重视人而不只是效率。

（三）纳税遵从理论

税收体系要有效地运行，大多数的纳税人必须表现出遵从的意愿和行为，这样就可以将更多的资源用于帮助纳税人履行纳税义务而不是用于寻找那些不遵从的少数人，从而增加整个社会的福利。税收遵从研究的一个启示是，应该像重视精心策划的偷逃税一样，更多地采取措施鼓励纳税人的自愿遵从。这也为税收管理存在的必要性和可能性提供了一个基础。

税收遵从研究并不只是一个执法问题，它和许多问题是相关的，如纳税人的行为与社会义务的关系。税收遵从可以从许多不同的角度研究，如财政、法律实施、制度组织设计、劳动力供给或者伦理，还可以是以上角度的综合。国外关于税收遵从的研究主要体现为以下四个理论。

（1）期望理论。

（2）威慑理论。

（3）认知结构理论。

（4）代理理论。

（四）税收管理现代化

随着当代科技革命和经济全球化浪潮的出现，人类社会正逐步进入后工业化时代，发端于工业化社会的僵化刻板的传统公共行政模式越来越不适应当代社会，而其赖以建立的理论基础也已无法解决政府所面对的日益严重的内部问题。20世纪70年代末80年代初，一场声势浩大的公共部门管理变革运动在世界范围内兴起，目前一般称之为"新公共管理运动"，其理论基础主要有新公共管理理论和新公共服务理论，其精髓在于将现代经济学和私营企业管理理论及方法引入公共部门的管理之中。新公共管理理论和新公共服务理论摒弃了传统管理理论中关于人性恶的假设前提，而代之以理性经济人的假设前提，并由此出发，提出利用人的经济性特征，通过市场机制引导个人做出有利于个人利益与公共利益相一致的选择。这一思想为税收管理体系的作用原理和机制提供了理论依据。

税收管理的根本目的是促进纳税人的税收遵从度，保障纳税人的合法权利，确保税收法律、法规、政策的有效执行。所不同的是，传统的税收管理模式以法规制度及其赋予税收管理机构的权力为基础，以严格的法定征税程序为规范，与纳税人追求自身利益的经济活动的行为模式并不一致，从而可能与纳税人的利益发生冲突或要求纳税人非自觉地满足某些管理要求，进而付出额外的遵从成本。而基于新公共管理理论和新公共服务理论的税收管理则强调税收制度安排应从纳税人利益的角度出发，充分利用纳税人的经济特性，依靠人们对新的制度安排的一致同意和自觉遵守，而不是依靠强制力量使他人无条件地服从，把在传统征管制度安排下不能得到的外部利益通过改变现有安排而实现内在化。在经济全球化、信息化的时代背景下，借助先进的技术手段和管理理念，对传统税收管理模式的创新和对税收管理模式的现代化改造，就成为税收管理发展的主基调。

思 考 题

1. 税收管理的根本目标是什么？
2. 税收管理模式变迁的内在动力是什么？
3. 税收成本如何影响税收管理制度？

税收法治

第一节 税收法律制度

1978 年，党的十一届三中全会提出了"有法可依，有法必依，执法必严，违法必究"这十六字社会主义法制建设的基本方针。2012 年，党的十八大报告提出，"法治是治国理政的基本要求。要推进科学立法、严格执法、公正司法、全民守法，坚持法律面前人人平等，保证有法必依、执法必严、违法必究"，确定了"科学立法、严格执法、公正司法、全民守法"新的社会主义法制建设的十六字方针。税收法治的内涵，可以概括为有法可依和依法治税这两个方面。

首先，税收作为政府取得财政收入、进行宏观经济调控的主要工具之一，在不同的历史时期、经济社会发展阶段，其职能、任务、目标也随之处于不断发展、变迁之中，相应地，税收法律制度也处于不断修改、完善、更新的进程中。与此同时，税收管理部门还要遵循严格执法的要求，将税收法律制度贯彻落实到现实的税收管理工作中去，使征税主体依法征税、纳税主体依法纳税，从而达到税收法治的状态。

一、税收法律体系

税收管理首先是一种执法活动，即以法律为依据开展的管理活动。

税法，是由国家制定，调整国家与纳税人之间在税收法律关系中的相关权利及义务关系的法律规范的总称，是国家法律体系中的一个部分，是由不同位阶、不同职能、不同调整范围的若干法律组成的一个有机联系的体系。税法的核心任务是正确处理国家与纳税人之间因税收而产生的社会关系。

我国现行税法并非一部单独的法律或法典，而是由相互联系的许多不同位阶、不同类别的各种法律、法规以及规章制度所构成的一个规范性法律文件体系。依据对税法的不同分类，可以从不同的角度认识税法体系的结构。依据税收立法权限或法律效力的不同，可以划分为有关税收的宪法性规范、税收法律、税收行政法规、地方性税收法规、国际税收协定及部门规章等；依据税法调整对象的不同，可以分为税收实体法与税收程序法。

1. 税法体系的层次

从法律位阶的角度，位于最高层次的宪法中关于税收的有关规定是构建我国税法体系的根本依据。但是，宪法作为规定国家的根本任务和根本制度的根本大法，不可能详尽地描述税收制度的具体内容，只能对税收法律关系中相关各方的基本权利和义务进行原则性规范。

基于宪法的相关规定，全国人民代表大会及其常务委员会通过立法程序制定并颁布的系列税收法律，构成了我国税法体系中的基本法律和普通法律。诸如《中华人民共和国个人所得税法》（以下简称《个人所得税法》）、《中华人民共和国企业所得税法》（以下简称《企业所得税法》）、《中华人民共和国车船税法》（以下简称《车船税法》）和《中华人民共和国税收征收管理法》（以下简称《税收征管法》）。

任何国家的税收法制建设都不是一个孤立的过程，而是与具体、现实的社会经济环境以及国家发展战略需要密切联系的。由于我国目前还处于改革开放进程中，正在经历着前所未有的发展变化的社会经济对国家财税体制的要求也处于动态发展、变化之中，各种新情况、新问题的不断出现，客观上导致一些税种的立法条件还不成熟。为此，立法机关也赋予最高行政机关有限的税收立法权。根据《中华人民共和国立法法》（以下简称《立法法》）的规定，对于尚未制定税收法律予以规范的税收领域，全国人民代表大会及其常务委员会可以授权国务院先制定税收行政法规，即授权立法。由国务院根据宪法赋予的权限和法定程序制定并修改的规范性法律文件，称为行政法规，在我国现行税法体系中占有较大比例。

由于我国经济社会发展存在区域间的客观差异，体现在财税领域，就需要各地根据当地客观现实情况，在税法授权的范围内，就税收的某些方面进行具体规定。例如，城镇土地使用税的单位税额，就需要考虑到各地经济发展水平的差异和纳税人的承受能力，而不能全国"一刀切"。为此，根据税收法律的授权，由各省、自治区、直辖市以及设区的市的人民代表大会及其常务委员会在不与宪法、法律、行政法规相抵触的前提下，根据相关法律的授权，制定并在相应区域内实施的规范性法律文件，称为地方性法规。与此同时，根据我国宪法和民族区域自治法的规定，民族自治地方的人民代表大会在不违背法律和行政法规的基本原则的前提下，可以依照当地民族的政治、经济和文化特点制定并修改适用于当地的自治条例和单行条例，或对法律和行政法规的规定做出变通规定，称为自治法规。此外，各级税收管理部门基于税法的相关规定，就税收法律法规在具体实施中的某些问题，以规章制度的形式予以规范。由国务院财税管理部门根据法律和国务院的行政法规、决定、命令，在本部门的权限范围内制定的规范性涉税法律文件，与地方性法规、地方规章是同位法。换而言之，它们具有同等的法律效力。上述地方性法规、自治法规、部门法规一般以"条例"的形式颁布实施。

此外，随着我国对外开放的深入，大量企业、个人及各种社会组织直接或间接地参与了涉外经济活动，其中发生的应税收入或行为，由于涉及不同国家或地区的税法，需要通过国家或地区间缔结的国际税收协定予以规范。这一类国际税收协定在其适用范围内具有法律效力。

2. 税法体系的内容

从税法调整的内容区分，我国现行税法体系由实体法体系和程序法体系两大部分构成。

实体法的主要功能在于规定与确认权利和职权以及义务和责任。法律意义上的权利，是指法律关系主体（如在税收法律关系中的税务机关）依法拥有的利益、主张、资格、力量或者自由，这种权利的实现具体表现为对有形利益的占有、使用、处分，如征收税款；或是对无形利益的支配或确认，如对增值税一般纳税人资格的确认，等等。职权则是由于法律关系主体被法律授予的管辖范围或担任一定职务而被法律赋予的权力，如县级税务局的局长拥有批准对纳税人采取税收保全措施的权力。我国现行税收法律中，《个人所得税法》《企业所得税法》《车船税法》和《中华人民共和国环境保护税法》属于税收实体法。

但是，实体性权利并不能自动保证其被公平、公正地行使。正如很多博弈论著作中常用的例子，假如对分配食物的过程没有适当的规则约束，那么负责分配的人就可能利用分配的权力攫取最大的一份自己抢先拿走，尽量少留给别人；而如果分配规则规定：分配者本人只有在别人都挑选了自己的份额之后才能最后领取到自己的那一份，那么他就会尽最大努力确保分配的公平性。由此可见，程序性规则对于实体性权利的实现是至关重要的。在税收领域，同样需要对税收法律关系主体实现权利和行使职权提供必要且有效的规则、方式和秩序，即税收程序法，我国现行税法体系中，《税收征管法》就属于程序法。

二、税法与其他部门法的关系

（一）税法与宪法的关系

宪法是我国的根本大法。税法属于部门法，其位阶低于宪法，依据宪法制定，这种依从包括直接依据宪法的条款制定和依据宪法的原则精神制定两个层面。

（二）税法与民法的关系

民法作为最基本的法律形式之一，形成时间较早。税法作为新兴部门法，与民法的密切联系主要表现在大量借用了民法的概念、规则和原则。但是税法与民法分别属于公法体系和私法体系，其调整对象不同、法律关系建立及调整适用的原则不同、调整的程序和手段不同。

（三）税法与行政法的关系

（1）税法与行政法有着十分密切的联系。这种联系主要表现在税法具有行政法的一般特征。

①调整国家机关之间、国家机关与法人或自然人之间的法律关系。

②法律关系中居于领导地位的一方总是国家。

③体现国家单方面的意志，不需要双方意思表示一致。

④解决法律关系中的争议，一般都按照行政复议程序和行政诉讼程序进行。

（2）税法虽然与行政法联系密切，但又与一般行政法有所不同。

①税法具有经济分配的性质，并且是经济利益由纳税人向国家的无偿单向转移，这是一般行政法所不具备的。

②税法与社会再生产，特别是物质资料再生产的全过程密切相连，不论是生产、交换、分配，还是消费，都有税法参与调节，其联系的深度和广度是一般行政法所无法相比的。

③税法是一种义务性法规，并且是以货币收益转移的数额作为纳税人所尽义务的基本度量，而行政法大多为授权性法规，少数义务性法规也不涉及货币收益的转移。

（四）税法与经济法的关系

（1）税法与经济法有着十分密切的关系，表现在如下方面。

①税法具有较强的经济属性，即在税法运行过程中，始终伴随着经济分配的进行。

②经济法中的许多法律、法规是制定税法的重要依据。

③经济法中的一些概念、规则、原则也在税法中大量应用。

（2）税法与经济法之间也有差别，表现在如下方面。

①从调整对象来看，经济法调整的是经济管理关系，而税法调整对象则含有较多的税务行政管理的性质。

②税法属于义务性法规，而经济法基本上属于授权性法规。

③税法解决争议的程序适用行政复议、行政诉讼等行政法程序，而不适用经济法中的普遍采用的协商、调解、仲裁、民事诉讼程序。

（五）税法与刑法的关系

刑法是国家法律的基本组成部分。税法与刑法是从不同角度规范人们的社会行为。刑法是实现税法强制性最有力的保证。二者调整对象不同、性质不同、法律追究形式不同。

（六）税法与国际法的关系

被一个国家承认的国际税法，也应该是这个国家税法的组成部分。各国立法时会吸取国际法中合理的理论、原则及有关法律规范；国际法高于国内法的原则，使国际法对国内法的立法产生较大的影响和制约作用。因此，两者是相互影响、相互补充、相互配合的。

三、税法与税收政策的关系

1. 税收政策

一般意义上的政策，是指国家政权机关、政党组织和其他社会政治集团为了实现一定历史时期的路线，以权威形式规定在一定的历史时期内，应该达到的奋斗目标、遵循的行动原则、完成的明确任务、实行的工作方式、采取的一般步骤和具体措施。

在市场经济环境中，一方面，某些情况下市场无法有效地配置资源，即市场失灵，如企业的生产活动破坏了自然生态环境，产生负外部效应；另一方面，市场经济所追求的经济利益最大化的目标在某些情况下可能与社会、政治、文化、生态等方面的利益发生冲突甚至矛盾，或者市场力量无法满足公共利益，如从社会稳定的角度，一个经济体应尽可能降低失业率、维持最低工资、为劳动者提供必要的社会保障，这是单个的企业所无法做到的；此外，由于国际市场壁垒、市场经济周期性波动等各种因素的现实存在，某些情况下国内市场的短期行为可能不利于整体经济的长远发展，如我国一些高耗能、高污染、劳动密集型行业已经出现了产能过剩的现象。上述各方面的问题，都需要政府采取措施对市场经济运行进行约束或调整，即进行宏观经济调控。

然而，如上所述，宏观调控所要解决的问题是不确定的、阶段性的、突发或偶发的，调控的目标和程度必须根据具体问题而定，甚至进行动态调整，调控的措施和策略也要视问题的具体发展而定。在这种情况下，如果通过立法程序以法律的形式对宏观调控的目标、原则、任务、程序等方面进行规范，很可能坐失调控的时机，而且在调控过程中难以根据事态发展灵活调整调控措施、力度，从而导致调控失效。为此，政府一般基于法律的授权，以权威形式（政府文件）规定在一定范围和时期内应该达到的目标、遵循的原则、完成的任务、工作的机制和方式、采取的一般步骤和具体措施，称为"政策"。相应地，应用于税收领域的政策，就是税收政策。

2. 税收政策和税收法律的区别与联系

政策与法律是不同层次的行为规范。政策是以法律为依据，基于法律授权而制定，根据相关法律规定实施的一种规范性要求。政策不能突破法律的约束，必须在法律框架内运行。这是政策与法律的根本联系。国家或执政党提出某项政策，一般会由立法机构通过立法程序或授权相关行政机构，将政策的目标、原则、任务、工作方式、步骤、措施等各方面要素具体化为规范性文件，使之具备法律效力从而得以贯彻实施。具体到税收领域，由于税收是国家行为，依法治税是依法治国的题中应有之义，是依法治国在税收领域的具体体现。所以，党和国家基于经济社会发展的需要和国家战略规划在税收领域提出的有关政策，也会遵循税收法定原则，通过税收立法途径将其纳入税收法律体系之中，以法律的形式规范税收执法行为、贯彻国家意志。至于一些阶段性、局部性的政策，也会以规范性文件的形式发布，并遵循依法行政的原则，在法律框架内实施。

与此同时，相对于法律而言，政策又在一定程度上表现出倾斜性、阶段性、时效性、灵活性、对象的选择性等特征。

从制定法律与政策的出发点的角度，现代立法原则强调普遍性和公平性，如我们常说的"法律面前人人平等"。而制定政策的目的就是对社会经济某些方面的既有资源配置、利益分配等方面的结构进行调整，所以往往表现出某种倾向性，如调整资源配置结构使之向高新技术产业倾斜，调整利益分配结构使之向弱势群体倾斜，都体现出政策的倾向性特征。

从法律和政策的时效性角度进行比较，法律作为调整行为关系的社会规范，强调持续性，除非法律的运行环境、范围发生重大变化，一般不会轻易变更。而政策一般是阶段性的行动指南，当具体问题已经解决或者发生变化时，原有政策即不再具备适用条件而必须废止或者变更。因此，一般而言，政策具有一定的时效性，一旦达到政策目标，这项政策的使命即告完成。例如，在国际经济增长乏力、国内经济增长减速的情况下，有必要采取积极的财政政策，形成新的经济增长点，促进投资，增加就业，扩大内需，直至经济恢复持续快速增长，此时，积极财政政策的阶段性目标就已经达成，需要调整财政政策，充分发挥市场在资源配置领域的主导作用。当然，在某些情况下，如果社会经济的某些方面需要进行长期、持续的规范、约束或引导，则可能通过立法程序将政策上升为一种持续的社会规范，就演变为法律了。

就适用对象而言，法律具有普遍性的特征，即对所有社会成员（或单位、组织）有效。而政策往往针对社会经济的某个方面、社会成员（或组织）中的某个群体进行调整。同时，在某些情况下，针对同一类问题，不同地区可以根据具体情况制定和执行不同的政策，不同对象可以适用不同的政策。政策的适用范围相对于法律更为灵活、有弹性，既可以覆盖全国甚至面向国外、境外，如对外政策；也可以针对特定的区域、人群或者特定的情况，并且可以在一定程度、一定时期内调整或变动，如扶贫政策所面向的贫困地区、贫困人口的认定标准就是随着经济发展而调整变化的。

第二节 税收法律关系

一、税收法律关系的概念

税收法律关系是由税收法律规范确认和调整的，国家和纳税人之间发生的具有权利和义务内容的社会关系。税收法律关系的一方主体始终是国家，税收法律关系主体双方具有单方面的权利与义务内容，税收法律关系的产生以纳税人发生了税法规定的行为或者事实为根据。

二、税收法律关系的要素

税收法律关系的要素包括以下三点。

（1）税收法律关系的主体，也称为税法主体，是指在税收法律关系中享有权利和承担义务的当事人，主要包括国家、征税机关、纳税人、扣缴义务人及有关部门和单位。

（2）税收法律关系的内容，是指税收法律关系主体所享有的权利和所承担的义务，主要包括纳税人、扣缴义务人、有关部门和单位的权利及义务和征税机关的权利及义务。

（3）税收法律关系的客体，是指税收法律关系主体的权利义务所指向的对象，主要包括涉税收入和行为。

三、税收法律关系的多重性

从区分国家和国家的代表的法理角度看，税收法律关系具有多重性。

（1）税收宪法法律关系。宪法法律关系，是根据宪法的规范，在宪法主体之间产生的、以宪法中的权利和义务为基本内容的社会政治关系，是立宪社会最为基本的政治秩序在宪法上的表现。

税收宪法法律关系由两个方面构成。

一个方面是国家与公民之间的税收法律关系，《中华人民共和国宪法》（以下简称《宪法》）第五十六条规定："中华人民共和国公民有依照法律纳税的义务"，由此产生了国家与公民之间关于纳税的宪法关系，即税收宪法法律关系。但宪法所规定的国家和公民之间的纳税关系是一种抽象的关系，税务机关不能以此为依据向所有公民征税，而必须通过税收实体法对这种公民与国家之间的宪法法律关系进行明确规范后，才形成具体的税收法律关系。

另一个方面是国家与代表国家行使权力的机构之间的税收法律关系，并规定代表国家的各个职能机关的权限。就税收宪法关系而言，我国宪法规定，税收的立法权由全国人民代表大会及其常务委员会和地方人民代表大会及其常务委员会行使，税法的执行权由国务院和地方人民政府行使，税收刑事侦查权由公安机关行使，税收刑事起诉权由检察机关行使，税收争议的认定权根据争议的性质分别由不同的机关行使：如果是税收宪法争议，应当由立法机关行使；如果是税收行政争议，应当由行政复议法授权的行政机关行使或由行政诉讼法授权的法院行使；如果是税收民事争议和刑事争议，则由法院行使。

（2）税收实体法律关系。税收实体法律关系的主体双方是国家和纳税人，其形成依据是税收实体法律。我国《立法法》第八条规定，税种的设立、税率的确定和税收征收管理等税收基本制度只能制定法律。税收实体法规范的是国家和纳税人之间具体的税收权利义务关系，从而将宪法所规定的国家与公民之间抽象的纳税关系具体化为税收法律关系，为税收职能机关向纳税义务人征税提供了直接的依据。需要强调的是：税收实体法规范的是国家与纳税人之间的关系，而不是各级政府和税务职能机关与纳税人之间的关系。所以，如果纳税人对税收实体法的规定有异议，不能通过行政复议或行政诉讼获得解决，而只能通过提起宪法诉讼，由立法机关去裁决税收实体法的某项规定是否与宪法相抵触。

（3）税收行政法律关系。税收行政法律关系分成两个部分：内部税收行政法律关系和外部税收行政法律关系。内部税收行政法律关系是指各级政府之间、各级政府与税务机关之间以及税务系统内部的行政法律关系。外部税收行政法律关系是指税务职能机关与纳税人、扣缴义务人、税务代理人、相关部门和单位之间的法律关系。外部税收行政法律关系的主体双方在征税过程中产生的争议只能是行政争议，只能通过行政复议或行政诉讼解决，双方只能争议以下问题：①居民和企业是否发生了纳税义务；②征税机关是否是合法的征税主体；③征税机关要求纳税人缴税的金额、程序、时间等方面是否符合税法的规定；④纳税义务人、扣缴义务人和税务代理人是否违反了税法的相关规定构成违法事实，征税机关的税收处罚及其他税收行政行为是否合法。需要强调的是：行政复议和行政诉讼必须针对具体的行政行为，而不对税收实体法本身的合法性进行复议或立案。

（4）税收刑事法律关系。刑事法律关系是指在犯罪人与国家司法机关之间因为犯罪事实而产生的、由刑事法律规范所调整的一种特殊的社会关系。税收刑事法律关系是国家和违反税收征管秩序的行为人之间的权利义务关系。违反税收征管秩序的行为人既包括纳税人，也包括扣缴义务人、税务代理人、税收职能机关和各级政府及其工作人员，还包括一般的具有刑事责任能力的自然人。《中华人民共和国刑法》（以下简称《刑法》）分则第三章第六节危害税收征管罪规定了涉及税收的各类犯罪行为；第二百零一条到第二百零五条规定的犯罪主体只能是纳税人和扣缴义务人；第二百零六条到第二百一十条规定的犯罪主体既可以是纳税人和扣缴义务人，也可以是一般的具有刑事责任能力的自然人；关于税收职能机关和各级政府及其工作人员涉及税收犯罪的规定包括在分则第八章贪污贿赂罪和第九章渎职罪中。

（5）税收民事法律关系。民事法律关系是基于民事法律事实并由民事法律规范调整形成的民事权利义务关系，是民法所调整的平等主体之间的财产关系和人身关系在法律上的表现。税收民事法律关系是指纳税人与接受其委托的税务代理人之间的法律关系。税务代理是一种税务代理人为纳税人、扣缴义务人提供社会中介服务的民事代理服务，税务代理人是在法定的代理范围内接受纳税人、扣缴义务人的委托，代为办理税务事宜的专门人员及其工作机构。税务代理关系的产生必须以委托与受托双方自愿为前提，税务代理当事人双方之间是通过双向选择形成的民事合同关系。

（6）税收救济法律关系。法律救济是指公民、法人或者其他组织认为自己的人身权、财产权因行政机关的行政行为或者其他单位和个人的行为而受到侵害，依照法律规定向有权受理的国家机关告诉并要求解决，予以补救，有关国家机关受理并做出具有法律效力的活动。在税收法律关系中，公民、法人或者其他组织可能需要申请法律救济的情况主要有：①就税收经济法律关系发生争议而引发的税收宪政诉讼法律关系；②就税收行政法律关系发生争议而引发的税收行政诉讼法律关系；③就税收刑事法律关系发生争议而引发的税收刑事诉讼法律关系；④就税收民事法律关系发生争议而引发的税收民事诉讼法律关系。

第三节　税收立法

立法是国家立法机构制定、修改、废止法律、法规的活动。税法作为国家法律的组成部分，是整个国家税收制度的核心，是税收管理的准则和规范。我国的税收立法在《立法法》的规范下进行。

根据《宪法》和《立法法》，我国有权制定税收法律、法规的国家机关主要有全国人民代表大会及其常务委员会、国务院、财政部、国家税务总局、海关总署、国务院关税税则委员会等。

一、税收法律

《宪法》第五十八条规定，全国人民代表大会和全国人民代表大会常务委员会行使国家立法权。《立法法》第七条规定：全国人民代表大会制定和修改刑事、民事、国家机构的和其他的基本法律。全国人民代表大会常务委员会制定和修改除应当由全国人民代表大会制定的法律以外的其他法律；在全国人民代表大会闭会期间，对全国人民代表大会制定的法律进行部分补充和修改，但是不得同该法律的基本原则相抵触。《立法法》第八条规定：关于税种的设立、税率的确定和税收征收管理等税收基本制度；对非国有财产的征收、征用；基本经济制度以及财政、海关、金融和外贸的基本制度等事项只能制定法律。

税收法律在中华人民共和国主权范围内普遍适用，具有仅次于宪法的法律位阶。目前，由全国人民代表大会制定的税收基本法律有《个人所得税法》和《企业所得税法》。由全国人民代表大会常务委员会制定的税收普通法律有《车船税法》和《税收征管法》。

全国人民代表大会及其常务委员会做出的规范性决议、决定以及全国人民代表大会常务委员会的法律解释，同其制定的法律具有同等法律效力，如 1993 年 12 月全国人民代表大会常务委员会审议通过的《全国人民代表大会常务委员会关于外商投资企业和外国企业适用增值税、消费税、营业税等税收暂行条例的决定》。

二、行政法规和有关规范性文件

（一）国务院制定的行政法规和有关规范性文件

我国现行税法大部分都是国务院制定的行政法规和规范性文件。归纳起来，有以下几种类型。

（1）税收的基本制度。根据《立法法》第九条规定，税收基本制度尚未制定法律的，全国人民代表大会及其常务委员会有权授权国务院制定行政法规。例如，现行增值税、消费税、车辆购置税、土地增值税、房产税、城镇土地使用税、耕地占用税、契税、资源税、船舶吨税、印花税、城市维护建设税、烟叶税、关税等诸多税种，都是国务院制定的行政法规，以税收条例的形式颁布实施。

（2）法律实施条例或实施细则。全国人民代表大会及其常务委员会制定的《个人所得税法》《企业所得税法》《车船税法》《税收征管法》，由国务院制定相应的实施条例或实施细则。

（3）税收的非基本制度。国务院根据实际工作需要制定的规范性文件，包括国务院或者国务院办公厅发布的通知、决定等。例如 2006 年 5 月《国务院办公厅转发建设部等部门关于调整住房供应结构稳定住房价格意见的通知》（国办发〔2006〕37 号）中有关房地产交易营业税政策的规定。

（4）对税收行政法规具体规定所做的解释。如 2004 年 2 月《国务院办公厅对〈中华人民共和国城市维护建设税暂行条例〉第五条的解释的复函》（国办函〔2004〕23 号）。

（5）国务院所属部门发布的，经国务院批准的规范性文件，视同国务院文件。如 2006 年 3 月《财政部 国家税务总局关于调整和完善消费税政策的通知》（财税〔2006〕33 号）。

（二）国务院财税主管部门制定的规章及规范性文件

国务院财税主管部门，主要是财政部、国家税务总局、海关总署和国务院关税税则委员会。国务院财税主管部门可以根据法律和行政法规的规定，在本部门权限范围内发布有关税收事项的规章和规范性文件，包括命令、通知、公告等文件形式。

具体为，一是根据行政法规的授权，制定行政法规实施细则。二是在税收法律或者行政法规具体适用过程中，为进一步明确界限或者补充内容而做出的具体规定。三是在部门权限范围内发布有关税收政策和税收征管的规章及规范性文件。

（三）地方人民代表大会及其常务委员会制定的地方性法规和有关规范性文件，地方人民政府制定的地方政府规章和有关规范性文件

省、自治区、直辖市人民代表大会及其常务委员会和省、自治区人民政府所在地的

市以及经国务院批准的较大的市的人民代表大会及其常务委员会，可以制定地方性法规。省、自治区、直辖市人民政府，以及省、自治区人民政府所在地的市及经国务院批准的较大的市的人民政府，可以根据法律和国务院行政法规制定规章。

根据中国现行立法体制，税收立法权，无论中央税、中央地方共享税还是地方税，立法权都集中在中央，地方只能根据法律、行政法规的授权制定地方性税收法规、规章或者规范性文件，对某些税制要素进行调整。例如，《中华人民共和国城镇土地使用税暂行条例》规定，税额标准由省、自治区、直辖市人民政府在规定幅度内确定。再如，《中华人民共和国民族区域自治法》第三十四条规定，在民族自治地方，自治机关（省级人民代表大会和省级人民政府）在国家统一审批减免税项目之外，对属于地方财政收入的某些需要从税收上加以照顾和鼓励的，可以实行减税或者免税，自治州、自治县决定减税或者免税，须报省或者自治区人民政府批准。

（四）省以下税务机关制定的规范性文件

省以下税务机关制定的规范性文件是指省或者省以下税务机关在其权限范围内制定的适用于其管辖区域内的具体税收规定。通常是有关税收征管的规定，在特定区域内生效。这些规范性文件的制定依据是税收法律、行政法规、规章及上级税务机关的规范性文件。

三、中国政府与外国政府（地区）签订的税收协定

税收协定是两个或两个以上的主权国家，为了协调相互之间在处理跨国纳税人征税事务和其他涉税事项，依据国际关系准则，签订的协议或条约。税收协定属于国际法中"条约法"的范畴，是划分国际税收管辖权的重要法律依据，对当事国具有同国内法效力相当的法律约束力。这些协定和安排在避免双重征税、吸引外资、促进"走出去"战略的实施以及维护国家税收权益等方面发挥着重要作用。

《税收征管法》规定，中华人民共和国同外国缔结的有关税收的条约、协定同本法有不同规定的，依照条约、协定的规定办理。

目前，中央人民政府不在特别行政区征税，特别行政区实行独立税收制度，参照原在香港、澳门地区实行的税收政策，自行立法规定税种、税率、税收宽免和其他税务事项。立法会是特别行政区的立法机关，其制定的税收法律在特别行政区内具有仅次于基本法的法律效力。特别行政区法律须报全国人民代表大会常务委员会备案，但备案不影响生效。

■ 第四节　税收执法监督

税收执法权是国家赋予税务机关的基本权力，是税务机关实施税收管理和行政管理的法律手段。为切实加强对各级税务机关和工作人员行使执法权的监督制约，从机制上与源头上预防和治理腐败，促进依法治税和党风廉政建设，树立税务部门的良好形象，就要像习近平同志所指出的："我们要健全权力运行制约和监督体系，有权必有

责，用权受监督，失职要问责，违法要追究，保证人民赋予的权力始终用来为人民谋利益"。

一、体系建设

税务机关的税收执法权运用于税收执法管理的各个层级、各个方面，所以，对税收执法权的监督制约，必须在坚持统一领导的前提下，实行分级管理、逐级监督，形成税收执法监督的层级体系，哪个层级、哪个部门、哪个工作环节有税收执法权力，哪里就有监督制约。

同时，税收执法权是一个相互联系的执法权力体系，也就是说，某些层级、某些工作环节的执法权力的形成和行使，是以另一些权力的存在和行使为前提的，这些权力最终上溯到法律的授权。因此，对税收执法权的监督制约，既要坚持全面监督的原则，又要遵循税收执法权形成和行使的法理逻辑，对一些关键环节、关键权力进行重点监督，充分利用执法权力体系内部的制约机制，达到事半功倍的效果。

在税收执法管理体系中，授予税务机关以及税收执法人员税收执法权力的同时，必须通过制度安排使之承担相应的责任，并且做到权责一致，一旦发生执法权力的滥用、错用或者该用不用的情况，相应的追责机制就要立即启动，追究相关人员的责任，并落实相应的奖惩机制，由此构建起一个与税收执法权力体系相对应的责任追究和落实的体系。

由于税收执法管理是一种事务性的执法活动，在税收管理中，大量的执法权力被行使、运用于日常工作中，要保证权力监督制约的实效性，就要让监督和制约机制能够立竿见影地发挥作用。所以，对于不同层级、不同工作环节的监督，要结合各项工作的具体现实，制定简明规范、便于操作的规范性要求，形成与工作现实相匹配的规范体系。

"从查处的腐败案件看，权力不论大小，只要不受制约和监督，都可能被滥用。要强化制约，合理分解权力，科学配置权力，不同性质的权力由不同部门、单位、个人行使，形成科学的权力结构和运行机制。要强化监督，着力改进对领导干部特别是一把手行使权力的监督，加强领导班子内部监督，加强行政监察、审计监督、巡视监督。纪委派驻监督要对党和国家机关全覆盖，巡视监督要对地方、部门、企事业单位全覆盖。要强化公开，推行地方各级政府及其工作部门权力清单制度，依法公开权力运行流程，让权力在阳光下运行，让广大干部群众在公开中监督，保证权力正确行使"。为确保税收执法权运行在阳光之下，在建设内部监督体系的同时，也要加强外部监督体系的建设，让税务机关"在公众监督之下进行工作"。

二、制度体系

习近平同志指出："要加强对权力运行的制约和监督，把权力关进制度的笼子里，形成不敢腐的惩戒机制、不能腐的防范机制、不易腐的保障机制。"因此，对税收执法权的监督制约，首先是制度建设，针对新形势下出现的新情况、新问题，不断完善规章制度，建立、健全规范权力运行的制度规定。

（一）通过深化改革，完善规范权力运行的监督制约机制

税收执法权力是依托税收管理活动而行使、实现的，税收征管工作制度的安排，在很大程度上决定了执法权力能否得到有效的制约。因此，建立权力运行的监督制约机制，必须与税收征管实践相结合，通过深化征管改革，建立健全权力制衡机制，科学配置税收执法权，建立执法检查、执法监察工作制度。通过改革，在税收征管工作的全过程建立健全全方位、立体交叉的权力制衡机制，杜绝滥用税收执法权问题的发生。

改革原有权力配置结构，进行权力分解。将原有的征管查一体的征管模式改革为征管查相分离的征管模式，税收管理实行审核权与审批权的分离，税务稽查实行选案、审理两个环节的分权制约，税务处罚实行查审分离、罚缴分离；财、物管理实行管事权与管财权分离；开展交叉检查，形成相互监督、相互制约的工作机制；严格实行选案、稽查、审理、执行"四分离"制度，建立稽查工作底稿制、主税务稽查员签名制和税务稽查质量考核制度；实行重大稽查案件复审、复查、合议制度。

落实与权力体系配套的责任体系，对行使执法权的各部门和执法权运行的各环节，都进行定岗定责，实行岗位责任制和税收执法责任制，将责任明确到人；建立部门责任制，实行"一岗两责"。

明确税收执法权监督的重点环节。在征收环节，主要是对税款的征收、入库、上解、提退的监督；在管理环节，主要是对发票特别是增值税专用发票的管理使用，一般纳税人资格认定，消费税产品计税价格核定，企业所得税年终汇算清缴，出口退税审批，纳税数额核定，停歇业户的管理，减、免、缓税审批，税收保全和强制执行的监督；在稽查环节，主要是对选案、检查、审理、执行四项工作程序，特别是对检查环节的监督；在处罚环节，主要是对处罚依据是否准确、裁定是否适当、程序是否合法进行监督。

（二）建立健全透明、公开的外部监督制度

严格资金使用审批、报销制度，重大经费支出实行民主决策、集体审批，并在一定范围内公布经费支出情况，增强资金运用的透明度。

加强与有关部门的联系，配合和自觉接受地方党委、政府特别是组织、纪检监察、审计等职能部门对税务机关的横向监督制约。各级税务机关设立举报箱、公布举报电话、建立局长接待日制度，充分发挥特邀监察员的作用，认真处理群众来信来访，及时收集和掌握系统内外对税务机关工作的意见与反映。

三、措施体系

按照公正、公平、公开的原则，推行政务公开。向社会公众和广大纳税人公开税收政策法规、岗位职责、办事程序、办事标准、纳税数额、违章处罚，以及相关工作制度、规定和廉政纪律；公开选拔任用干部的标准和程序，实行群众民主推荐、干部公开考录、竞争上岗；公开经费划拨审批标准和使用原则，对基建项目确定、大宗物品采购、服装制作、票证印制、计算机软件开发和硬件购置等招投标情况要在一定范围内公布。

充分运用计算机等现代化管理手段，通过对信息化工作平台的一体化建设，实现对管理工作的规范化和工作过程的全程记录，以此规范执法行为，建立监督审计机制，减少人为的随意性。

在经费使用领域，对于基建工程、服装制作、票证印制及计算机软件开发和硬件购置等方面，实行公开招标，防止"暗箱操作"。

思 考 题

1. 如何理解"依法治税"？
2. 简述税收法律关系与税收管理体制的联系。
3. 简述税收法律和税收政策的联系与区别。

案例1：筑牢法治税务新基础 打造依法治税新常态

（贵州省遵义市汇川区国家税务局供稿，特此致谢）

遵义市汇川区国税局始终坚持将法治精神融入税收工作，着力打造"法治型"国税基地，以税收法治理念为先导，把握工作方向；以依法治税为主线，统筹管理与服务；以全省法治国税建设推进年为契机，创新举措，法治建设取得新成效。

一、以"高效法治"成就佳绩

区县级税务部门是组织税收收入、落实国家税收政策的"主战场"。汇川区局以依法履职为己任，以高效法治为目标，组织收入、服务发展、落实政策工作成效斐然。

中心工作屡创新高。坚持组织收入法治原则，强化征管堵漏增收工作，实现组织收入"量增质优"。"十二五"时期，全局组织税收收入159.9亿元，占全市总量的19.24%。2017年1～10月，已组织税收收入36.76亿元，较上年同期增长23.61%。服务大局助推发展。牢固树立"不落实税收优惠政策也是收过头税"的理念，在国家结构性减税的宏观背景下，不折不扣落实税收优惠政策。营改增推广工作实现了"接得住、管得好、服务优"的目标。组建"党员突击队"对试点纳税人的问题全面收集、及时解决，确保国家政策红利落到实处。截至2017年10月31日，全局共办理出口退税及免抵调库1221万元，落实各类增值税税收优惠3.85亿元，企业所得税税收优惠2.84亿元，为助力经济主体壮大、全区经济社会发展注入新活力。落实政策换挡升级。2015年，自主研发"固易通"加速折旧软件，解决了固定资产加速折旧税收优惠政策落地难的问题，做法在全省国税系统推广。2017年，作为全市落实研发费用加计扣除税收政策集中地，汇川区局"摸底数、强培训、抓落实"，经过所属期2016年度汇算清缴，全区13户纳税人享受研究开发费加计扣除7031万元，比2015年增加2102万元，增长43%，经辅导帮助企业增加享受优惠2305万元。为同类纳税人创造了公平公正、充分享受税收优惠政策的良好环境。

二、以"智慧法治"增强保障

以构建"智慧法治"为载体，最大限度发挥干部专业素养，增添依法行政的知识含量，为班子决策提供运行保障。

依法科学民主决策。一是严格执行集体决策制度。建立"三重一大"集体决策制度机制，台账式管理和记录"三重一大"事项，同时将涉及重大公共利益、纳税人切身权益和对税收管理有重大影响的事项纳入重大决策范围。二是建立内部重大决策合法性审查机制。建立《遵义市汇川区国家税务局重大行政决策八项制度》，把"公众参与、专家论证、风险评估、合法性审查、集体讨论决定"作为重大决策的必经程序。内外专业顾问"把脉"。充分发挥系统内外法律专业人才作用，外聘1名社会律师担任法律顾问，组织本局4名有法律职业资格的公职律师，设立法律顾问室，全面参与重大决策、重要合同起草等事项。目前，法律顾问和公职律师已累计为本局提供相关法律意见20余条，参加局长办公会等重要决策会议10余次。法治资源配置优化。配齐配强法制机构队伍，将3名相关专业研究生及1名公职律师安排到政策法规科，同时，在8个税源管理单位各配置1名法制员，构建法治资源网络，确保法治建设覆盖税收管理全流程。

三、以"共治法治"构建格局

"十三五"时期，法治政府建设步入新台阶。汇川区局努力构建"党政领导、税务主责、部门合作、社会协同、公众参与"的税收共治格局，法治气象日新月异。

凝心聚力建共治。依托"2＋8＋N"税收共治格局，清理漏征漏管1400余户、社会建筑项目50余项，清理入库税款7000多万元。充分利用共治平台第三方信息，促使辖区内房地产业、建筑业、交通运输业、酒店业等行业规范化管理取得重要成效，共补缴入库税款2亿余元。2017年6月，整合区财政、街道办、乡镇等职能单位，开展以"问需求、优服务、促发展"为主题的大走访送政策活动，赢得纳税人普遍赞誉。征纳互动促共治。通过QQ群、微信公众号、政府网站、宣传折页、展板等开展普适性政策宣传。组织"税宣走进大型车展""走进海龙屯美食节""走进电视台""税法进校园"等系列活动。开展"税收助力军工企业发展""税收助力农民工创业"等主题税宣活动，实现征纳有效互动，营造全民关注税收良好氛围。公正执法优共治。落实税务行政审批清单管理，坚决杜绝超时限审批和清单外审批。拟定措施约束税务行政处罚自由裁量权，保障税务行政处罚公平公正。成立纳税人维权办公室，受理和解决纳税人投诉事项。印发"廉政监督卡"2000余张，通过纳税人培训、需求座谈会、满意度调查等渠道发放，主动接受监督。

四、以"阳光法治"强化监督

以信息公开为载体，"内部控制＋外部监督"机制相结合，强化行政权力制约和监督。一是全面夯实税收执法责任制。制定执法风险预防措施和责任追究办法，并依托信息平台公开责任追究事项和结果。二是全面推进政务公开。严格按照《信息公开条例》，实施政务信息公开。定期或不定期地公开与纳税人利益密切相关的税收管理和纳税服务信息。在办税服务厅设立公开栏和电子显示屏，及时公开个体定额、减免税、增值税专用发票最高开票限额审批、纳税信用等级评定、税收优惠政策等内容，方便纳税人及时全面地获取办税信息。利用政府网站、公开电话、手机短信、QQ群、微信等信息化手段拓宽信息公开渠道，自觉接受社会监督，让权力在阳光下运行。三是全面开展执法督察。坚持人机结合开展税收执法考核，依托税收执法管理信息系统，建立和完善分析通报制度，按月考核，按季通报，做到有错必纠、有责必问。四是全面配合内外监督。建立涉税举报投诉应对机制，及时调查、处理、反馈投诉情况，定期对投诉情况进行统计、整理、归纳和分析，对发现的问题及时整改落实，并向上级反馈整改情况。

五、以"创新法治"驱动效率

创新是推动工作高效运转的不竭动力。区局以问题为导向、以法治为准绳，通过建机制识别警醒、制流程指引防控、评个案明法导行，走出了一条以法治思维指导税收执法的新路。制度机制保障运行。针对纳税户数多、一线管理人员不足（人均管理 500 余户）的现状，分析当前虚开风险高发态势，创设发票异常数据监控机制、虚开风险快速反应机制、执法过程跟踪监管机制，确保防范虚开工作抓出实效。截至 2017 年 11 月中旬，全局应对风险纳税人 163 户，追缴流失税款 6268.78 万元，同期风险管理贡献率 1.7%，涉嫌虚开和虚假申报等移交稽查 3 户。工作指引规范操作。针对一线税收管理员对虚开发票风险认识不到位、执法有瑕疵、移送不规范等一系列问题，出台《涉嫌虚开发票风险识别应对指引》（以下简称《指引》）。通过事项单确立内容、图例式描述步骤、样本化建立模板，指引各岗位"对号入座"，顺畅完成虚开风险识别和应对工作。目前，《指引》已在全市国税系统推广应用。同时，汇川国税针对涉嫌虚开案件特征，建立风险模型，并上报市局，市局将模型用于扫描全市风险，识别出 33 户涉嫌虚开对象并推送应对，目前，大部分已经移交稽查立案查处。初步涉及税款 1600 余万元。案例讲堂警醒思维。汇川国税以"税收法治讲堂"为载体，发挥典型案例示范效应。定期选择税收执法案例，通过一线管理人员讲解案例、公职律师梳理法律规范、正反方讨论、专家点评，促进全体干部反思执法风险，引领干部运用法治思维和法治方式管理税收事务，以创新思维推动法治建设不断深化。2017 年，此项做法在全市国税系统法治建设现场会上观摩推广，并由市局组织在全市巡讲，11 月初，全市国地税联合举办的房地产一体化管理纳税评估案例讲评会，推广采用了汇川国税"税收法治讲堂——以案说法"模式。

近年来，汇川区国税局先后获得省级文明单位、全市依法行政示范单位、全市国税系统法治税务示范基地等荣誉。涉嫌虚开发票风险防范、税收法治讲堂等做法在全省法治建设推进会上做经验交流，得到省局、市局领导肯定性表扬。

（执笔：钱晓岚）

2017 年 12 月 5 日

案例 2：执法全过程记录的实践与成效

（安徽省淮南市国家税务局供稿，特此致谢！）

党的十八届四中全会《关于全面推进依法治国若干重大问题的决定》要求，"完善执法程序，建立执法全过程记录制度"。安徽省淮南市国税局响应国家税务总局三项制度试点工作要求，自 2016 年下半年起，采取先行试点、重点突破、分步实施、全面推行的方式，先后在全市稽查、纳税服务、两个县区局建立试点，推行了税收执法全过程记录工作，取得了明显成效。

建章立制，形成工作规范。制定税收行政执法全过程记录实施办法、试点方案、执法记录仪使用和管理办法、税收行政执法全过程记录要点等，对税收执法全过程记录的方式、内容，记录结果的管理和使用，以及全过程记录工作的监督和考核等做出了具体规定。成立组织协调、业务推行、技术支持 3 个工作小组，建立部门分工明确、协调配合的工作机制。针对部分税务人员对推行执法全过程记录存在增加工作负担、加大执法风险等畏难心理，以"规范执法程序，提升法治水平"为主题，分层次举办法治业务培训，统一思想认识，扫清工作阻力。多次组织政策法规、征管、纳服、稽查和基层执法单位等座谈研讨，从各自专业角度提出意见和建议，并加以总结、融合和完善，为该局推行行政执法全过程记录工作打下坚实基础。

加大投入，保障顺利实施。采购执法记录仪 200 余台，优先向一线纳税服务人员和稽查部门倾斜，基本做到了人手一台。全市办税服务厅全部安装高清监控设备，对办税服务现场进行实时监控，既加强办税服务监督，也可有效避免办税纠纷。办税服务厅所有窗口配备同屏系统，同步显示办税业务操作全程，让纳税人监督涉税业务办理过程。建造了集纳税评估约谈、税务稽查询问、税务行政处罚听证等功能于一体的税收执法过程（音像）采集室，配备高清摄像头、壁挂式监视器、执法信息采集工作站等。同时，对纳税服务窗口人员、税务稽查人员和基层执法人员进行集中培训，聘请专业教师对执法记录仪使用、电子资料保管进行系统讲解，确保执法记录仪最大限度地发挥作用。

梳理流程，紧盯关键环节。淮南市国税局围绕税收执法关键环节和重点事项，确定记录方式和手段，并努力实现税收执法全覆盖。一是定环节。全面梳理纳税服务、税款征收、税源管理、纳税评估、税务稽查等各个执法环节，对每一项税务执法事项，根据其业务性质不同，确定相应的执法记录方式。二是定方法。在按规定采用纸质文书资料、金税三期系统记录的同时，明确四类事项可以使用税务执法记录仪，即现场查验、实地核实、调账取证等入户执法事项，实施税收保全措施、税收强制执行措施，送达税务文书，与纳税人容易产生争议的其他现场执法事项；另外四类事项同时使用影音监控设备和执法记录仪，即在办税服务厅办理的税务行政执法事项，通知纳税人到税务机关接受纳税评估约谈、税务稽查询问，税务行政复议听证、处罚听证，其他需要记录的特定税务执法事项。三是定标准。在全面梳理税务执法事项和环节的基础上，明确需要使用执法记录仪的执法事项、执法环节、记录场合、记录内容、时限要求等。在税务稽查、税款征收、税源管理、纳税评估等重点执法环节，先期使用执法记录仪。按照"时间、地点、人员、事件、起因、过程、结果"等因素，明确各个环节需要记录的主要内容、操作规程及注意事项。

电子档案，强化信息运用。采购高频电子扫描仪，对执法办案过程中的纸质执法文书，以检查通知书为起点，以处理处罚决定、执行报告为终点，全部扫描转换为电子文书，与动态执法声像资料形成"立体式"执法卷宗，做到一户一档，方便档案保管和案件资料调阅。原始声像资料保存期限不少于 6 个月，当事人对现场执法有异议、处置敏感或重大执法案件、处置群体性和突发事件等声像资料长期保存。同时，按照"谁使用、谁负责"的原则，执法全过程记录时，涉及纳税人商业秘密、国家秘密和个人隐私等情况，事先签订保密承诺书，切实为纳税人保守秘密。分析研究记录影像资料，及时掌握执法动态，严格统一标准执法，有效杜绝执法随意性、选择性。通过执法督察、执法监察等工作，定期检查考核执法记录情况，与开展文书评比、案卷评查等活动相结合，对执法记录的程序不规范、跟进不及时、记录不完整等问题，加大监督和问责力度。

通过一年多的试点运行，为执法人员办案提供了专业化、信息化、规范化的手段支撑，取得了良好成效。

提高了执法素养。实施执法全过程记录，不但保证了税收执法留痕，固定保存了执法证据，而且真实反映了执法行为，让权力在"阳光"下运行、在"镜头"下曝光。配置执法监控设备后，税务人员在入户执法、调查约谈等环节的一言一行都被记录在案，促使执法人员注意规范言行，约束执法行为，防范执法风险，法治意识、规范意识、学习意识、自律意识得到增强，推进了规范公正文明执法。

维护了征纳权益。电子监控设备和执法记录仪的投入使用，真实还原整个执法过程，具有无可辩驳的说服力。一旦出现争议和问题，可以有效保护执法人员、降低执法风险。谈问题、讲事实、论依据，开诚布公、相互监督，营造了公开透明、规范公正的税收征管秩序。据统计，自试行执法全过程记录工作以来，通过录音录像还原真实场景 26 起，有效减少了办税纠纷，妥善处理了征纳矛盾。

优化了税收环境。通过实时全程摄录执法过程，同步形成电子影像资料，促使执法人员执法规范、纳税人认真配合，有效防范和减少了随意执法、不文明执法现象。从 2016 年度和 2017 年度执法质量测评中来看，税收执法程序性问题明显减少，办税服务效率和服务质量逐步提升。该局未发生一起税务行政复议、行政诉讼案件，纳税人满意度持续提高。

2017 年 12 月 4 日

案例 3：优化税收执法服务　助力永州开放经济

（湖南省永州市国家税务局供稿，特此致谢！）

近年来，湖南省永州市国家税务局服从服务永州"创新引领、开放崛起"发展战略，紧紧围绕"服务开放强市，构建和谐税收"的工作主题，积极探索支持开放型经济发展的措施和途径，大力推进依法行政，不断优化纳税服务，致力营造良好的税收环境，广受社会好评，连续 8 年保持"全国文明单位"称号。

一、规范税收执法，优化办税环境不遗余力

（一）推进程序简并促减负

全面梳理行政许可审批项目事项，按批次发布税务行政权力清单，清理取消涉税审批权 55 项，市国税局仅保留 1 项行政许可和 8 项行政处罚事项。简化审批环节，将 89 项涉税事项前置到办税大厅实行即时办结。明确规定各环节的审批时限，统一将审批时限缩短至法律规定时限的 1/3 以内，审批时限提速 2/3，率先在全省推行出口退税提速改革，将原来 1 个多月的审批时限，缩短到最快 5 个工作日内办结，大大提高了非公企业的资金流速，中央电视台、人民网对市出口退税提速改革进行了专题报道。

（二）推进权力规范促公平

在全省率先出台《国税系统规范税务行政处罚裁量权基准制度》，有效避免了权力的滥用。3 年来，税务行政复议和行政诉讼"零发案"。制定《永州市国家税务局关于规范税务检查工作的通知》，将企业评估稽查工作统筹管理，对同一纳税人同一年度只进行一次检查，切实解决了多头进户、重复执法问题，国税部门每年进户执法次数减少了 44.2%，最大限度减少对纳税人正常经营活动的干扰，得到纳税人广泛认可和好评。推行涉税违法"黑名单"制度，通过主流网站曝光税收违法典型案件，维护良好的税收秩序，营造了公平公正的税收环境。

（三）推进办税公开促透明

在国税网站、各办税厅等场所公开涉税事项审批流程、各环节的审批人员姓名职务、举报电话、责任追究制度，使审批行为公正、透明，从源头上解决了滥用、刁难、拖延审批的问题。公开涉税行政权力清单，严格执行审批事项、办税流程、个体定税及重大涉税违法案件十公开，增加了执法透明度。永州国税的阳光审批工作，得到了《湖南日报》的专题推荐。

二、落实税收政策，助力非公经济不折不扣

（一）加强税收政策宣传

针对"走出去""引进来"企业和纳税人的特点，全市国税系统在国家新的税收政策出台后，第一时间通过办税厅公告栏、税企 QQ 群、电话以及税收管理员上门等形式，宣传税收新政策，并免费向外向型企业提供税收政策资料，为企业查阅税收法律、法规和政策提供便利条件。同时，充分利用电视、报刊、广播、网络等媒体，通过"永税在线"、永州市国家税务局官方网站对新的税收政策特别是优惠政策进行公告，让企业和纳税人充分了解税收优惠政策的相关规定，保证了纳税人的知情权。

（二）加强税收政策辅导

充分利用税企 QQ 群、纳税人学校、"永税在线"微信平台等载体与纳税人互动交流，分行业举办"走出去""引进来"企业和纳税人税收政策专题培训会，开展政策解读辅导。定期制作新的税收政策宣传手册，将宣传手册发放给每一个应享受政策的

纳税人，并签收登记，确保政策辅导无死角、不遗漏。建立"走出去""引进来"企业纳税人台账，收集整理涉及"走出去""引进来"企业的相关税收政策，对重点培植的"走出去""引进来"企业纳税人，量身定制税收政策辅导方案，组织专门的税收业务骨干，到企业下户辅导，帮助企业熟悉税收新政策，利用国家的税收政策及时调整生产经营方式。

（三）加强优惠政策落实

健全全市"走出去""引进来"纳税人享受税收优惠政策情况台账，对符合条件未享受优惠政策的企业，及时采取电话、上门提示等跟踪服务，在申报期内，每天安排专人对企业申报纳税情况进行监控，对未享受税收优惠的及时查明原因，立即整改，确保政策执行面和优惠面达到100%。2016年以来，全市共为小微企业减免增值税1.6亿元，受益34万人次；共为资源综合利用企业即征即退增值税3868.7万元，支持了永州市"走出去""引进来"企业的绿色发展。2016年办理出口退免税3.66亿元，2017年1~10月减免各项税收5.27亿元；办理出口退免税3.14亿元，有力地促进了"走出去""引进来"企业发展。

三、优化纳税服务，帮扶企业成长不厌其烦

（一）当好"服务员"，推进便捷办税

加强电子税务局建设，推广网上认证、审批、申报和财税库银扣税，让纳税人足不出户轻松办税。深入开展"便民办税春风行动"，实行首问责任制、限时服务、延时服务、预约服务、提醒服务等多种纳税服务，对纳税人办理涉税事项所需资料，实行"一次性"告知。落实分段办税、错峰办税、预约办税等措施，推行"同城通办"、全市通办、国地税"一窗一人办税"模式、"免填单"等服务，实现国税地税业务一窗通办，有效解决了纳税人多头跑、多头找的问题。推行发票领用"线上申领、线下配送"、发票代开"线上办理、线下开具"等改革，有效减轻了企业的办税负担，受到了广大纳税人的一致好评。

（二）当好"指导员"，支持就业创业

大力开展"走进百千万纳税人""需求大征集、服务大走访"等活动，局领导带队深入"走出去""引进来"企业纳税人，从税收的角度与纳税人研究探讨，发动"走出去""引进来"企业吸纳残疾人、退役士兵就业，进一步扩大享受促进残疾人、退役士兵就业税收优惠政策的企业范围。近年来，共为安置残疾人、退役士兵就业企业减免税2000多万元，2017年1~10月，为重点群体自主创业就业减免税收479.9万元。由于税收政策的落实到位，近年来，全市通过非公企业安置残疾人就业500余人，有1000多名失业人员、高校毕业生实现了自主创业。

（三）当好"帮扶员"，扶持企业发展

对"走出去""引进来"企业建立领导联系制度，开辟办税"绿色通道"，简便"走出去""引进来"企业办税流程。深入落实市委"六大战役"，出台国税机关支持企业发

展 30 条措施，对"走出去""引进来"的部分重点企业开展税收帮扶，引导企业用好用活税收优惠政策。积极推进重大产业项目的跟进服务，开展市、县区局两级班子成员与百户重点企业或新办企业、重大招商引资项目挂点服务活动。与中国银行、交通银行等 6 家银行合作推出"税银通"项目，以贷款人的纳税信用为授信凭据，帮助企业获得银行贷款，2016 年以来，为企业发放贷款 80 余笔，金额 1.67 亿元，有效破解了"走出去""引进来"企业"融资难"问题，赢得了企业的"点赞"。

经济决定税收，助推开放型经济发展是国税部门义不容辞的责任。永州市国税局将全面落实市委"六大战役"部署，充分发挥税收职能作用，为"实施开放崛起战略、建设开放强市"做出新业绩。

（执笔：肖明剑）

2017 年 11 月 20 日

第三章

税收征收管理

第一节　税收征收管理概述

一、税收征收管理的基本概念

税收征收管理（以下简称税收征管）是税务机关依法对税款征收过程进行监督管理活动的总称。税收征管是税务机关贯彻落实税收政策法规、保障税制运行和税收收入及时足额入库、保障纳税人合法权益的重要活动。

税收征管是现实的执法管理过程，这个过程中所面临的各种问题，与社会经济现实联系极为密切，往往超出了应用经济学的研究范畴而进入管理学、法学、社会学、心理学等学科领域，并受到经济社会发展、财政目标变迁、社会心理变化、税收制度改革、管理思想等各方面因素的作用而不断发展、演变。

自 20 世纪 80 年代以来，以西方发达国家为首，纷纷简化税制、减少优惠、降低税率、扩大税基，开启了税制改革的浪潮，随即席卷全球，税制改革的实践使各国越来越认识到加强税收征管"是税制改革的核心而不是辅助问题"。

税收征管是税收工作永恒的主题，税收征管的总体目标是"两个提高，两个降低"，即不断提高税法遵从度和纳税人满意度、降低税收流失率和征纳成本。我国税务机关自 20 世纪 80 年代开始探索征、管、查三分离的征管改革，1997 年国家税务总局确立了"以申报纳税和优化服务为基础，以计算机网络为依托，集中征收，重点稽查"的 30 字征管模式。2004 年，根据税收征管改革中的实践，税务总局为解决"疏于管理，淡化责任"问题，在征管模式中增加了"强化管理"的内容，制定并实行了税收管理员制度和纳税评估办法，明确了税源管理在税收征管中的核心作用。2008 年，税务总局机关成立了大企业管理司，开始探索对大企业实施专业化管理。2009 年，针对税源管理面临的新形势和新问题，税务总局提出了信息管税的新思路。按照 2009 年全国税务工作会议上提出的"积极探索税源专业化管理新模式"的要求，2010 年，在总结各地探索试点经验的基础上，税务总局印发了《国家税务总局关于开展税源专业化管理试点工作的指导意见》，决定在部分省市国地税局开展税源专业化管理试点工作，非税务总局指定试点单位可根据指导意见自行试点。2010 年税务总局年中会将建立以税源专业化管理为主要内容的征管新格局写进"十二五"规划纲要。在 2010 年底全国税务工作会议上将积极推进税源专业化管理作为"十二五"时期和 2011 年的主要工作,提出了明确要求。2012 年,税务总局印发了《税源与征管状况监控分析一体化工作制度》,研究起草了《纳税评估管理办法》(修订稿)。2012 年税务总局提出,当前和今后一个时期我国税源专业化管理工作的总体思路是:以促进税法遵从为目标,以风险管理为导向,以纳税评估为重点,以分类分级管理为基础,以信息管税为依托,以完善制度、机制为保障,努力构建税源专业化管理新体系。在《国家税务总局关于印发〈"十二五"时期税收征管工作规划〉的通知》(税总发〔2013〕38 号)中,明确了要"按照形成有利于结构优化、社会公平的税收制度的要求,围绕服务科学发展、共建和谐税收的工作主题,深化税收征管改革,完善税收征管法律制度,加强征管信息化建设,做好日常征管工作,努力建立适应社会主义市场经济发展和税制改革要求、符合我国国情以及国际税收发展趋势的现代化税收征管体系"。要坚持依法行政、规范税收执法的原则,坚持管理服务并重、促进税法遵从的原则,坚持推进改革创新、提高管理效能的原则,实现"深化税收征管改革取得明显成效、征管法律制度体系进一步完善、税收征管信息化建设取得重要成果、日常征管工作更加扎实有效"的主要目标。

二、税收征管制度

税收征管制度是国家为确保税款征收目标实现而指定的用于约束纳税人、税务机关以及相关主体的行为规范的统称,包括税收征管法律、行政法规、规章以及其他规范性文件。

中华人民共和国成立后,税收征管的有关规定分散在各个税种的单项法律及行政法规中,没有独立的税收征管法律规范。1985 年 5 月在安徽省歙县召开了全国第一次税收征管工作会议,拉开了税收征管改革的帷幕,会议确定了建立科学严密征管体系的战略目标,修改了《工商税收征管条例(草案)》和《税务专管员守则》。1986 年 4 月 21 日,国务院发布了《税收征收管理暂行条例》,条例自当年 7 月 1 日起施行,该条例共 9 章、44 条,9 章即总则,税务登记,纳税鉴定,纳税申报,税款征收,账务、票证管理,税务检查,违章处理和附则。该条例是中国第一部独立的税收征管行政法规,标志着税收征管有了统一规范的标准和方法。

1992 年 9 月 4 日,第七届全国人大常委会第 27 次会议通过了《税收征管法》,1993 年 1 月 1 日起开始实施。国务院制定颁布了《中华人民共和国税收征收管理法实施细则》(以下简称《税收征管法实施细则》),并批准颁布了《中华人民共和国发票管理办法》。1995 年 2 月 28 日,根据 1994 年新税制实施后增值税管理凭发票注明税款抵扣制度的需要,第八届全国人大常委会第 12 次会议就发票管理内容和权限对《税收征管法》进行了专门修正,确立了增值税专用发票的法律地位,明确了增值税专用发票的印制由国家税务总局统一管理。

2001 年 4 月 28 日,第九届全国人大常委会第 21 次会议全面修订并重新颁布了《税收征管法》,2001 年 5 月 1 日起实施,国务院修订颁布了《税收征管法实施细则》。财政部、国家税务总局先后制定了一系列具体的税收征管制度。

《税收征管法》是现行税收征管活动的基本制度,主要包括税务登记、账簿凭证管理、纳税申报、税款征收、税务检查、法律责任等。税务总局据此制定了一系列分项制度：税务登记管理办法、纳税信用等级评定管理试行办法、纳税担保管理办法、抵税财产拍卖、变卖管理办法、税务检查规则、税收征管工作规范、纳税服务工作规范、国地税合作工作规范、税务稽查工作规范等。此外，《刑法》《中华人民共和国行政处罚法》《中华人民共和国刑事诉讼法》《中华人民共和国行政复议法》《中华人民共和国行政强制法》中的涉税部分，也是调整税收征管法律关系的重要组成部分。

目前我国已基本形成了以《税收征管法》为核心，以《税收征管法实施细则》为辅助，以国务院、国家税务总局制定的行政法规、规章和规范性文件为补充的税收征管制度体系。其主要内容包括以下内容。

（1）强化征管基础，加强税源监控的制度。

（2）完善税务机关执法手段的制度。

（3）防范税收违法行为，打击税收违法违规行为的制度。

（4）保护纳税人合法权益的制度。

（5）规范税务机关行政行为的制度。

三、税收征收管理的基本环节

税收的征收管理是基于法律规定，通过一系列环环相扣、前后承接、紧密联系的业务环节完成的。这些业务环节是税务机关在现实执法环境、执法条件约束下，基于税法的规定，履行法律赋予的税收管理权力的必要步骤。当然，税收征管的具体业务并不是一成不变的，随着执法环境的变迁、技术条件的改善，征管业务的流程、业务环节及其具体规范也在不断发展、变化。

整体而言，税收征管的流程主要包括税务登记，账簿、凭证管理，纳税申报，税款征收和税务检查这几个基本的环节。

（一）税务登记

如上文所述，税务系统是由分布在不同行政区域的各级税务机关所构成的。各级机构管理职能和管辖范围是不同的，每一个具体的纳税人必须与一个或多个具体的税务机关建立起由税法所规定的税收征收管理法律关系，将自身的相关资料提交给主管税务机关，才能形成确定的、基于法律规范的税收征纳联系。这个过程就是税务登记。

（二）账簿、凭证管理

税务机关向纳税人征收税款，必须取得有关纳税人的应税收入（或应税行为）的有效依据。一般情况下，纳税人在生产经营过程中建立的账簿、凭证就是其应税收入（或应税行为）最基本、最直接的记录。因此，纳税人必须依法设置账簿（生产、经营规模小又确无建账能力的纳税人，可以聘请经批准从事会计代理记账业务的专业机构或者财会人员代为建账和办理账务），根据有关法律和制度规定，如实、完整地记录自身的生产经营情况，并接受税务机关的检查和监督。

此外，在购销商品、提供或者接受服务以及从事其他经营活动中，开具、收取的收付款凭证往往是以发票的形式出现的。发票制度作为国家财税部门为加强财务监督，保障国家税收收入，维护经济秩序而建立、推行的制度，在我国税收管理领域发挥着极为重要的作用，是目前我国税收"以票控税"管理模式的核心要素。

（三）纳税申报

当纳税人取得应税收入或发生应税行为时，相应的纳税义务就发生了。是由税务机关主动获取相关信息之后要求纳税人缴税（赋课征税），还是由纳税人主动向税务机关申报并缴纳相应税款（申报纳税），就构成了税收征收管理模式的重要区别。

一般而言，赋课征税模式存在管理困难、工作量大、信息不易获取等缺陷，特别是难以划分征纳双方的法律责任，所以现代法治国家一般采取申报纳税的模式。申报纳税是纳税人按照税法规定的期限和内容向税务机关提交有关纳税事项书面报告的法律行为，是纳税人履行纳税义务、承担法律责任的主要依据，是税务机关税收管理信息的主要来源和税务管理的一项重要制度。这种管理模式要求纳税人按照相关法律、制度规定的期限和内容，主动向税务机关报送纳税申报表、财务会计报表以及税务机关根据实际需要要求其报送的其他纳税资料，税务机关据此对纳税人的应税收入或行为依法进行监督、审核。在法律上，纳税人主动向税务机关申报纳税，既是其法定纳税义务的题中应有之义，也明确了纳税人（包括扣缴义务人）与税务机关之间相关法律责任的划分。即纳税人（包括扣缴义务人）不仅应该主动履行纳税义务，而且还要对自己向税务机关提交的申报资料的真实性承担法律责任。特别要强调的是，纳税人（包括扣缴义务人）向税务机关进行零申报，就意味着否认自己当期发生过相应税种的应税收入或行为，同样要对其真实性承担法律责任。

（四）税款征收

税款征收是税收管理的核心环节和基本目的，但是在税款征收实践中，往往会发生各种情况，如纳税人未按照规定期限缴纳税款、纳税人因有特殊困难不能按期缴纳税款、纳税人需要申请减免税、纳税人不能提供真实有效纳税资料、纳税人的应税收入来自境外等，都需要在税收征管制度中予以规定。同时，为保障纳税人的合法权益，法律也要约束税务机关，避免其违反法律、行政法规的规定开征、停征、多征、少征、提前征收、延缓征收或者摊派税款。

（五）税务检查

为确保纳税人（扣缴义务人）在登记、申报、缴税等环节所提供的有关资料准确有效，税务机关要对纳税人的账簿、记账凭证、报表和有关资料，扣缴义务人代扣代缴、代收代缴税款账簿、记账凭证和有关资料进行检查、核实，必要时还可以到纳税人的生产、经营场所和货物存放地检查纳税人应纳税的商品、货物或者其他财产，检查扣缴义务人与代扣代缴、代收代缴税款有关的经营情况，并责成纳税人、扣缴义务人提供与纳税或者代扣代缴、代收代缴税款有关的文件、证明材料和有关资料，以避免其弄虚作假、少报、瞒报甚至不报应税收入。税务检查在时间、对象、覆盖面等方面的不确定性，也形成了对试图以身试法的纳税人或相关人员强大的执法威慑作用。

以上各部分，构成了税收征收管理的基本环节，下文逐一进行介绍。

四、纳税人和代扣代缴义务人

我国《税收征管法》第四条规定:"法律、行政法规规定负有纳税义务的单位和个人为纳税人。""法律、行政法规规定负有代扣代缴、代收代缴税款义务的单位和个人为扣缴义务人。"

在税收征管中,纳税人、扣缴义务人必须依照法律、行政法规的规定缴纳税款、代扣代缴、代收代缴税款,纳税人、扣缴义务人和其他有关单位应当按照国家有关规定如实向税务机关提供与纳税和代扣代缴、代收代缴税款有关的信息,依法办理税务登记,设置账簿凭证,进行纳税申报,缴纳税款,按照规定开具、使用、取得发票,接受税务检查并履行《税收征管法》规定的其他义务。

纳税人、扣缴义务人有权向税务机关了解国家税收法律、行政法规的规定以及与纳税程序有关的情况。有权要求税务机关为纳税人、扣缴义务人的情况保密。税务机关应当依法为纳税人、扣缴义务人的情况保密。纳税人依法享有申请减税、免税、退税的权利。纳税人、扣缴义务人对税务机关所做出的决定,享有陈述权、申辩权;依法享有申请行政复议、提起行政诉讼、请求国家赔偿等权利。有权控告和检举税务机关、税务人员的违法违纪行为。

五、税务代理

(一)税务代理概述

由于纳税人的涉税事务与财务会计制度、税收制度密切联系,专业性、规范性很强,要求办税人员具备较为全面的税收会计知识和较为丰富的实践经验,对各项办税流程、工作要求比较熟悉,还要随时关注与纳税人相关的税收法律、法规、政策的变化情况。如果纳税人不具备上述专业能力,或者其时间、精力难以顾及涉税事务的处理,就可以依法委托税务代理机构代为办理税务事宜。

税务代理属于民事代理,是委托代理的一种类型,是受托方(税务代理人)在法律规定的代理范围内,受纳税人、扣缴义务人的委托,代为办理税务事宜的各项行为的总称。

目前,世界各国实行的税务代理制度有所不同,从各国法律对税务代理人的要求,可以分为两种基本类型。

一种类型以美国、加拿大等国为代表,其主要特征是:法律不要求税务当局对税务代理行业进行集中管理和业务指导,没有专门的税务代理从业资格认证制度,税务代理业务一般由会计师或律师承办。

另一种类型以中国、日本为代表,法律对税务代理机构、业务范围、从业人员和机构的资格认定、代理人的权利和义务等,都有严格的规定,同时,税务当局还设有专门的税务代理行业管理机构并领导税务代理行业协会。

(二)我国税务代理制度

1. 有关制度

我国《税收征管法》第八十九条规定:"纳税人、扣缴义务人可以委托税务代理人代为办理税务事宜。"国家税务总局根据《税收征管法实施细则》和《注册税务师资格制度暂行规定》中的有关规定，制定了《税务代理业务规程（试行）》，对税务代理机构的执业行为、代理业务等方面都有严格、具体的规定。

2. 从业资格

我国对从事税务代理活动的机构和人员实行注册登记制度。取得税务代理资格的税务师事务所有限责任公司和合伙制税务师事务所等税务师事务所（简称税务师事务所，下同）才能接受纳税人、扣缴义务人及其他单位和个人（简称委托人，下同）委托，代为办理税务事宜。税务师事务所的从业人员，必须按照《税务代理业务规程（试行）》的规定取得中华人民共和国注册税务师执业资格证书并注册登记，方可从事税务代理活动。

3. 业务范围

我国《税务代理业务规程（试行）》规定，税务代理的业务范围包括以下内容。

（1）办理税务登记、变更税务登记和注销税务登记。

（2）办理发票领购手续。

（3）办理纳税申报或扣缴税款报告。

（4）办理缴纳税款和申请退税。

（5）制作涉税文书。

（6）审查纳税情况。

（7）建账建制，办理账务。

（8）开展税务咨询，受聘税务顾问。

（9）申请税务行政复议或税务行政诉讼。

（10）国家税务总局规定的其他业务。

4. 税务代理的形式和应遵循的原则

纳税人、扣缴义务人可以根据需要委托税务代理人进行全面代理、单项代理或临时代理、常年代理。税务代理是一项社会性中介事务，税务代理必须遵守以下三项基本原则。

（1）依法代理。法律、法规是任何活动都要遵守的行为准则，开展税务代理首先必须维护国家税收法律、法规的尊严，在税务代理的过程中应严格按照法律、法规的有关规定全面履行职责，不能超越代理范围和代理权限。只有这样才能既保证国家的税收利益，维护税收法律、法规的严肃性，又保护纳税人的合法权益，同时使其代理成果被税务机关所认可。因此，依法代理是税务代理业生存和发展的基本前提。

（2）自愿有偿。税务代理属于委托代理，税务代理关系的产生必须以委托与受托双方自愿为前提。纳税人、扣缴义务人有委托和不委托的选择权，也有选择委托人的自主权。如果纳税人、扣缴义务人没有自愿委托他人代理税务事宜，任何单位和个人都不能强令代理。代理人作为受托方，也有选择纳税人、扣缴义务人的权利。可见，税务代理当事人双方之间是一种双向选择形成的合同关系，理应遵守合同中的自愿、平等、诚实、信用等原则。税务代理不仅是一种社会中介服务，而且是一种专业知识服务，因而税务代理人在执行税务代理业务时也应得到相应的报酬，这种报酬应依照国家规定的中介服务收费标准确定。

（3）客观公正。税务代理是一种社会中介服务，税务代理人介于纳税人、扣缴义务人和税务机关之间，既要维护纳税人、扣缴义务人的合法权益，又要维护国家的税收利益。因此，税务代理必须坚持客观公正原则，以服务为宗旨，正确处理征纳矛盾，协调征纳关系。在税务代理过程中，既要对被代理人负责，又要对国家负责，代理行为既要符合国家法律、法规的规定，又要符合被代理人的意愿，而不能偏向任何一方。

5. 税务代理的一般程序

税务代理的一般程序按其性质大体可分为三个阶段：准备阶段、实施阶段、代理完成阶段。

（1）准备阶段。准备阶段是纳税人、扣缴义务人向税务代理机构提出税务代理时，税务代理机构要对要求代理方的有关情况进行调查，在此基础上确定是否接受该项代理业务。双方在充分协商取得一致意见后，签订委托代理协议书，约定代理内容、代理权限和代理期限。税务代理机构在受理某项代理业务后，应确定税务代理风险，编制税务代理计划，安排实施代理工作。

（2）实施阶段。实施阶段是税务代理全过程的中心环节，其工作是按照代理计划，根据委托代理协议书约定的代理事项、权限、期限开展工作。

（3）代理完成阶段。代理完成阶段是实质性的代理业务结束，此阶段的工作主要是整理代理业务工作底稿，编制有关表格，并将有关资料存档备查。

■ 第二节　税务登记

税务登记，是指税务机关对纳税人的基本情况及生产经营项目进行登记管理的一项基本制度。它是税务机关对纳税人实施管理、了解掌握税源情况的基础。税务登记包括设立登记及信息采集、变更登记、停复业登记、清税注销、自然人登记、社会保险费信息登记、扣缴义务人管理、委托代征管理、外出经营报验管理、其他登记管理、非正常户管理、证照管理、税源管理项目管理、登记户日常管理、税务登记创新。

根据《税收征管法》及其实施细则的规定，从事生产、经营的纳税人应当自领取营业执照之日起 30 日内，向生产、经营地或者纳税义务发生地的主管税务机关申报办理税务登记，如实填写税务登记表，并按照税务机关的要求提供有关证件、资料。

一、设立登记及信息采集

设立登记及信息采集，是指未实行"三证合一、一照一码"登记模式纳税人向生产、经营所在地税务机关申报办理税务登记；已实行"三证合一、一照一码"登记模式纳税人对于工商登记已采集信息，税务机关不再重复采集；其他必要涉税基础信息，可在企业办理有关涉税事宜时，及时采集，陆续补齐。设立登记及信息采集包括单位纳税人登记、个体经营登记、临时税务登记、一照一码户信息采集。

二、变更登记

变更登记，是指未实行"三证合一、一照一码"登记模式户纳税人税务登记内容发生变化的，应当向主管税务机关申报办理变更税务登记；"一照一码"纳税人工商登记信息发生变更（除生产经营地、财务负责人、核算方式等信息外），向工商机关办理变更登记，工商机关核准后将变更信息即时共享至省级信息交换平台，税务机关接收工商变更信息并更新税务系统内纳税人对应信息；已实行"三证合一、一照一码"登记模式的企业《纳税人补充信息表》和生产经营地、财务负责人、核算方式等信息发生变化时，向税务主管机关申请变更。税务主管机关应将变更后的生产经营地、财务负责人、核算方式等信息即时共享至信息交换平台。2015年10月1日前已登记企业（存量）申请变更登记，或者申请换发营业执照的，税务机关应告知企业在登记机关申请变更，换发载有统一社会信用代码的营业执照。原税务登记证由企业登记机关收缴、存档。

三、停复业登记

停复业登记，是指实行定期定额征收方式的个体工商户需要停业的，应当在停业前向税务机关申报办理停业登记。纳税人的停业期限不得超过一年。停复业登记包括停业登记、复业登记。

（一）停业登记

（1）实行定期定额征收方式的个体工商户或比照定期定额户进行税款征收管理的个人独资企业需要停业的，应当在停业前向税务机关申报办理停业登记。

（2）纳税人在申报办理停业登记时，应如实填写申请登记表，说明停业理由、停业期限、停业前的纳税情况和发票的领、用、存情况，并结清应纳税款、滞纳金、罚款。税务机关应收存其税务登记证件及副本、发票领用簿、未使用完的发票。

（3）纳税人停业期满不能及时恢复生产经营的，应当在停业期满前向税务机关提出延长停业登记申请。

（二）复业登记

纳税人应当于恢复生产经营之前，向主管税务机关申报办理复业登记，领回并启用税务登记证件、发票领用簿及发票。

纳税人办理复业登记应提供《停业复业报告书》。

四、清税注销

清税注销，是指未实行"三证合一、一照一码"登记模式户纳税人发生解散、破产、撤销以及其他情形，依法终止纳税义务的，应当在向工商行政管理机关或者其他机关办理注销登记前，持有关证件和资料向原税务登记机关申报办理注销税务登记；按规定不需要在工商行政管理机关或者其他机关办理注册登记的，应当自有关机关批准或者宣告终止之日起15日内，持有关证件和资料向原税务登记机关申报办理注销税务登记。已实行"三证合一、一照一码"登记模式的企业办理注销登记，须先向税务主管机关申报清税，税务机关确认纳税人结清应纳税款、多退（免）税款、滞纳金和罚款，缴销发票和相关证件所有税务事项后，向纳税人出具《清税证明》，提示其凭税务机关开具的《清税证明》办理工商登记注销。税务部门同时将清税信息推送到信息共享交换平台。

五、自然人登记

自然人登记，是指以自然人为登记对象，在发生个人所得税纳税义务时，向主管税务机关办理自然人基础信息登记，建立自然人档案的过程。自然人登记是掌握发生应税行为自然人基本信息，对自然人进行税源管理的重要渠道。自然人登记包括自然人信息登记和自然人信息变更。

（一）自然人信息登记

以自然人名义纳税的中国大陆居民、外籍人员和中国港、澳、台地区人员申请办理个人基础信息登记，需要提供居民身份证或护照以及其他证明身份的合法证件、外籍人员护照、港澳居民来往内地通行证、台湾居民来往大陆通行证、任职证书或者任职证明、从事劳务或服务的合同、协议的原件及复印件等资料。

（二）自然人信息变更

自然人登记信息发生变化的，由自然人（或委托代理人）持有效身份证件及其他证明材料申请变更，需要提供有效身份证件、变更其他登记事项的证明材料的原件及复印件等资料。

六、社会保险费信息登记

社会保险费信息登记，是指税务机关对已办理社会保险登记的机关、企事业单位、社会团体、民办非企业单位和个体工商户及其雇工、自由职业者、解除劳动关系后接续缴费人员等办理登记的过程，分为单位缴费登记和个人缴费登记。社会保险费信息登记主要包括单位社会保险费缴费信息登记、灵活就业人员社会保险费缴费信息登记、员工社会保险费信息登记、变更社会保险费登记、注销社会保险费登记。

七、扣缴义务人管理

扣缴义务人管理，是指已办理税务登记的扣缴义务人应当自扣缴义务发生之日起30日内，向税务登记地税务机关申报办理扣缴税款登记。税务机关在其税务登记证件上登记扣缴税款事项，不再发放扣缴税款登记证件。根据税收法律、行政法规的规定可不办理税务登记的扣缴义务人，应当自扣缴义务发生之日起30日内，向机构所在地税务机关申报办理扣缴税款登记，税务机关发放扣缴税款登记证件。扣缴义务人管理包括扣缴税款登记和注销扣缴税款登记。

（一）扣缴税款登记

以下根据税收法律、行政法规的规定负有扣缴税款义务的扣缴义务人，应当办理扣缴税款登记。

（1）已办理税务登记的扣缴义务人。

（2）根据税收法律、行政法规的规定可不需办理税务登记的扣缴义务人。

（3）境外的单位或者个人在境内提供增值税应税劳务，在境内未设有经营机构的，以其境内代理人为扣缴义务人；在境内没有代理人的，以购买方为扣缴义务人。境外的单位或者个人在境内销售服务、无形资产或者不动产，在境内未设有经营机构的，以购买方为增值税扣缴义务人。

（4）其他依法负有扣缴义务的单位和个人。

（二）注销扣缴税款登记

未办理税务登记的扣缴义务人发生解散、破产、撤销以及其他情形，依法终止扣缴义务的，或者已办理税务登记的扣缴义务人未发生解散、破产、撤销以及其他情形，未依法终止纳税义务，仅依法终止扣缴义务的，应当持有关证件和资料向原税务登记机关申报办理注销扣缴税款登记。

八、委托代征管理

委托代征是指税务机关根据《税收征管法实施细则》有利于税收控管和方便纳税的要求，按照双方自愿、简便征收、强化管理、依法委托的原则和国家有关规定，委托有关单位和人员代征零星、分散和异地缴纳的税收的行为。委托代征管理主要包括委托代征协议签订、委托代征协议终止、签订委托代征协议公告和终止委托代征协议公告。

（一）委托代征协议签订

县以上（含本级）税务局根据《税收征管法实施细则》有利于税收控管和方便纳税的要求，按照双方自愿、简便征收、强化管理、依法委托的原则和国家有关规定，与代征人签订《委托代征协议书》，委托有关单位和人员代征零星、分散和异地缴纳的税收，但不得将法律、行政法规已确定的代扣代缴、代收代缴税收，委托他人代征。

各地税务机关根据委托代征相关规定，按照有利于方便纳税、降低征收成本的原则，结合当地税源、征管资源配置及信息化建设实际情况，在双方自愿的基础上，重点针对下列情形确定具体代征税费的种类和管理范围：税源相对分散但计征简便的；执法风险较小，便于管理的；与受托方主体税种紧密相连的；有利于提升纳税人满意度的。

（二）委托代征协议终止

因法定原因，税务机关需要提前终止委托代征协议；或委托代征协议期限届满，代征人向税务机关提出终止协议。

（三）签订委托代征协议公告

《委托代征协议书》签订后，税务机关应当向代征人发放《委托代征证书》，并在广播、电视、报纸、期刊、网络等新闻媒体或者代征范围内纳税人相对集中的场所，公告代征人的委托代征资格和《委托代征协议书》中的以下内容。

（1）税务机关和代征人的名称、联系电话。代征人为行政、事业、企业单位及其他社会组织的，应包括法定代表人或负责人姓名和地址；代征人为自然人的，应包括姓名、户口所在地、现居住地址。

（2）委托代征的范围和期限。

（3）委托代征的税种及附加、计税依据及税率。

（4）税务机关确定的其他需要公告的事项。

（四）终止委托代征协议公告

税务机关应当自委托代征协议终止之日起 10 个工作日内，在广播、电视、报纸、期刊、网络等新闻媒体或者代征范围内纳税人相对集中的场所，公告代征人委托代征资格终止和《国家税务总局关于发布〈委托代征管理办法〉的公告》第十一条规定需要公告的《委托代征协议书》主要内容。

九、外出经营报验管理

纳税人到外县（市）临时从事生产经营活动的，应当在外出生产经营以前，持税务登记证到主管税务机关开具《外出经营活动税收管理证明》（以下简称《外管证》），纳税人应当在《外管证》注明地进行生产经营前向当地税务机关报验登记。外出经营报验管理包括：外出经营证明申请、外埠纳税人经营地报验登记、外埠纳税人经营地申报查验货物、外出经营活动情况申报、外出经营证明核销。

（一）外出经营证明申请

应向主管税务机关申请开具《外管证》。应同步提供外出经营活动情况说明、外出经营合同原件及复印件等资料。

（二）外埠纳税人经营地报验登记

纳税人应当于外出经营开始前，持《外管证》向外出经营地税务机关报验登记，并接受经营地税务机关的管理；自《外管证》签发之日起 30 日内未办理报验登记的，所持证明作废，纳税人需要向税务机关重新申请开具。

（三）外埠纳税人经营地申报查验货物

纳税人在《外管证》注明地销售货物的，除办理外埠纳税人经营地报验登记外，应如实申报查验货物。

（四）外出经营活动情况申报

纳税人外出经营活动结束，应当向经营地税务机关填报《外出经营活动情况申报表》，并结清税款、缴销发票。

（五）外出经营证明缴销

纳税人应当在《外管证》有效期届满后 10 日内，持《外管证》回原税务登记地税务机关办理《外管证》缴销手续。

十、其他登记管理

其他登记管理，是指组织登记中除设立登记、变更登记、停复业登记、注销登记、自然人登记等以外的其他登记。其他登记主要包括：存款账户账号报告，财务会计制度备案，合并分立报告，特定征收部门登记，组织临时登记，文化事业建设费缴费信息登记，汽油、柴油生产企业基本情况登记，企业所得税汇总纳税总分机构信息备案。

（一）存款账户账号报告

从事生产、经营的纳税人应当自开立基本存款账户或者其他存款账户之日起15日内，向主管税务机关书面报告其全部账号；发生变化的，应当自发生变化之日起15日内，向主管税务机关书面报告。

（二）财务会计制度备案

（1）从事生产、经营的纳税人应当自领取税务登记证件之日起15日内，将其财务、会计制度或者财务、会计处理办法等信息报送税务机关备案。

（2）纳税人使用计算机记账的，还应在使用前将会计电算化系统的会计核算软件、使用说明书及有关资料报送主管税务机关备案。

（3）非境内注册居民企业应当按照中国有关法律、法规和国务院财政、税务主管部门的规定，编制财务、会计报表，并在领取税务登记证件之日起15日内将企业的财务、会计制度或者财务、会计处理办法及有关资料报送主管税务机关备案。

（三）合并分立报告

纳税人有合并、分立情形的，应当向税务机关报告，并依法缴清税款。

纳税人合并时未缴清税款的，由合并后的纳税人继续履行未履行的纳税义务；纳税人分立时未缴清税款的，分立后的纳税人对未履行的纳税义务应当承担连带责任。

纳税人合并分立报告分为纳税人合并报告和纳税人分立报告两种情况，其中合并又分为吸收合并和新设合并，分立又分为存续分立和新设分立。

1. 合并

（1）吸收合并，被吸收纳税人办理注销税务登记，吸收纳税人办理变更税务登记。

（2）新设合并，原纳税人办理注销税务登记，新设纳税人办理设立税务登记。

2. 分立

（1）存续分立，原纳税人办理变更税务登记，新分立纳税人办理设立税务登记。

（2）新设分立，原纳税人办理注销税务登记，新分立纳税人办理设立税务登记。

（四）特定征收部门登记

为满足税务机关内部办理涉税项目、社会保险费划缴的需要，如计会征收部门填制汇总缴款书，发票管理部门的发票缴销、印制，社会保险费上划和解缴等，应赋予相关征收部门以登记身份信息，便于对现金汇总以及社会保险费汇集等业务处理。

（五）组织临时登记

对依法不需要办理税务登记的，在申请办理代开发票等涉税业务，或者税务机关依职权对其发起稽查、法制等涉税业务时，以及对于应办未办理税务登记的，税务机关对其发起稽查、法制等涉税业务时，使用组织临时登记建立临时税收档案。

（六）文化事业建设费缴费信息登记

在境内提供广告服务的广告媒介单位和户外广告经营单位以及提供娱乐服务的单位和个人，应按照有关规定，缴纳文化事业建设费。缴纳人、扣缴人在办理税务登记或扣缴税款登记的同时，办理缴费登记。

已经办理税务登记或扣缴税款登记，但未办理缴费登记的缴纳人、扣缴人，应在首次申报缴纳文化事业建设费前，补办缴费登记。

不经常发生文化事业建设费应费行为或按规定不需要办理税务登记、扣缴税款登记的缴纳人、扣缴人，可以在首次应费行为发生后，办理缴费登记。

文化事业建设费缴费信息登记的变更也适用本流程。

（七）汽油、柴油生产企业基本情况登记

纳税人应按照《税收征管法》及其实施细则的有关规定办理税务登记，已经办理税务登记的纳税人，其原油加工能力、生产装置、储油设施、油品名称、产品标准及用途发生变化的，应自发生变化之日起 30 日内向主管税务机关报告。

（八）企业所得税汇总纳税总分机构信息备案

总机构应依照税收法律、法规、规章及其他有关规定，在规定的纳税期限内，填报《企业所得税汇总纳税总分机构信息备案表》，将其所有二级及以下分支机构（包括不就地分摊缴纳企业所得税的二级分支机构）信息报其所在地主管税务机关备案，内容包括分支机构名称、层级、地址、邮编、纳税人识别号及企业所得税主管税务机关名称、地址和邮编。分支机构（包括不就地分摊缴纳企业所得税的二级分支机构）应依照税收法律、法规、规章及其他有关规定，在规定的纳税期限内，填报《企业所得税汇总纳税总分机构信息备案表》，将其总机构、上级分支机构和下属分支机构信息报其所在地主管税务机关备案，内容包括总机构、上级机构和下属分支机构名称、层级、地址、邮编、纳税人识别号及企业所得税主管税务机关名称、地址和邮编。上述备案信息发生变化的，除另有规定外，应在内容变化后 30 日内报总机构和分支机构所在地主管税务机关备案，并办理变更税务登记。

纳税人应提供《企业所得税汇总纳税总分机构信息备案表》、税务登记证件及省税务机关规定的相关资料。

十一、非正常户管理

非正常户管理，是指已办理税务登记的纳税人未按照规定的期限申报纳税，在税务

机关责令其限期改正后，逾期不改正的，税务机关应当派工作人员实地检查，查无下落并且无可以强制执行的财物或虽有可以强制执行的财物但经采取强制执行措施仍无法使其履行纳税义务的，由税务人员制作非正常户认定书，存入纳税人档案，税务机关暂停其税务登记证件、发票领用簿、发票的使用的过程。非正常户管理主要包括非正常户认定、宣告非正常户证件失效、非正常户公告、非正常户注销、非正常户解除。

十二、证照管理

证照管理，是指税务机关应当加强税务登记证照的管理，采取实地调查、上门验证等方法，或者结合税务部门和工商部门之间的信息交换比对进行税务登记证件的管理。证照管理包括税务登记验证，税务登记换证，证件遗失、损毁管理。

（一）税务登记验证

纳税人应当在税务机关规定的期限内持有关证件到主管税务机关办理验证手续。

（二）税务登记换证

按照税务总局统一规定，税务登记证式样改变或达到定期换证期限的，统一换发税务登记证件。

（三）证件遗失、损毁管理

遗失税务登记证件的纳税人、扣缴义务人，应当自遗失税务登记证件之日起 15 日内，书面报告主管税务机关，如实填写《税务证件挂失报告表》，并将纳税人名称、税务登记证件名称、税务登记证件号码、税务登记证件发证日期、发证机关名称在市级以上公开发行的报刊上做遗失声明，凭报刊上刊登的遗失声明向税务机关申请补办税务登记证件。

十三、税源管理项目管理

纳税人销售不动产或提供建筑业应税劳务的，应在不动产销售合同签订或建筑业工程合同签订并领取建筑施工许可证之日起 30 日内，持有关资料向建筑业应税劳务发生地或不动产所在地主管税务机关进行建筑工程项目登记、不动产项目登记。

纳税人不动产销售完毕和建筑业工程项目完工的，应自不动产销售完毕和建筑业工程项目完工之日起 30 日内持有关资料向不动产所在地和建筑业应税劳务发生地主管税务机关进行注销不动产项目登记、注销建筑业项目登记。税源项目管理包括：建筑工程项目登记、不动产项目登记、注销建筑业项目登记、注销不动产项目登记。

十四、登记户日常管理

登记户日常管理，是指税务机关对已办理税务登记的纳税人、扣缴义务人、委托代征人等税务管理相对人进行的，以登记信息为基础的日常管理活动。登记户日常管理主要包括：主管税务机关分配、主管税务所（科、分局）分配、管户分配、调查巡查、登记户分类管理、企业集团及其成员单位登记、重点税源监控纳税人登记、税收调查企业登记。

十五、税务登记创新

为认真贯彻国务院加快政府职能转变、创新政府监管方式的要求，进一步创新税收服务和管理，顺应注册资本登记制度改革和"三证合一""一照一码"改革的需要，可以从如下方面对税务登记业务进行创新。

（1）电子登记。积极探索推进全程电子化登记，实现网上申请、网上审核，或者网上发证，纳税人足不出户就可以办理登记业务。

（2）纳税人首次确认。在登记制度改革后，纳税人在首次办理涉税事项时，税务机关按照纳税人出示的合法证照，进行"免填单"式信息采集，并开展常用办税事项告知、税种及发票核定、办税操作辅导等"一站式"服务。

（3）免填单服务。办税服务厅工作人员在受理涉税事项时，不再需要纳税人填写申请表单，根据办理人员提供的资料、证件或口述信息，依托征管信息系统或相关辅助软件，录入纳税人相关涉税申请，打印税务文书，经纳税人核对、修订、补充并签字（章）确认后，按规定程序办理涉税事项。

（4）加强后续管理。在行政审批制度改革和简政放权改革的推进过程中，前端放开，后续管理应持续加强。在办理涉税业务时，应及时录入、补录和确认相关信息，逐步实现税务基础信息的确定性和完整性，为加强纳税人管理夯实基础。注重创新后续管理方式，善于把后续管理融入税收征管和税收执法等日常工作之中，综合运用申报管理、发票管理、账簿凭证管理、税源管理等日常征管方式，以及检查、处罚、强制等日常执法手段加强对纳税人的事中事后管理，提高后续管理的科学化水平。

（5）开展风险管理及纳税评估。注重运用"互联网＋税务"方式加强风险管理，善于根据纳税申报信息、第三方信息对纳税人的日常涉税情况进行归集整理，建立风险模型，加强数据分析，强化风险识别，按照风险等级有针对性地采取案头评估、日常检查、随机抽查等方式加强主动管理。建立风险识别、排序推送、风险应对、结果评价闭环式的风险管理模式。税务局对于认定为高风险的纳税人，在确定应对方式、应对层级和应对部门的基础上，可以组建风险应对团队，开展风险应对工作。

（6）支撑税源专业化管理。探索税源管理从"管户制"向"管事制"的转变，可以不将税源管理对象（纳税人、扣缴义务人等）固定分配至税收管理员，即不做"管户分配"，而仅分配至主管税务所（科、分局），由主管税务所（科、分局）或其上级机关按照"因事设岗、分类管事"原则确立岗责体系，同一岗位多人时实行"派工制"。

（7）支持纳税人引入中介机构依法出具鉴证报告。纳税人可以在企业变更税务登记、注销税务登记等业务中，委托中介机构依法出具税款清算鉴证。例如，单位及查账征收个体工商户注销税务登记时，如果能够提供中介机构出具的前三个年度的《企业注销税务登记税款清算鉴证报告》（以下简称《登记报告》）（税务登记时间未满三年的，提供登记之日起的《鉴证报告》），报告内容显示纳税人无应缴少缴税款，或虽有少缴税款但纳税人已依法足额补缴税款，主管税务机关按规定对纳税人涉税信息进行案头分析后未发现疑点的，可以直接出具清税证明（正在查处的涉税违法违章案件的纳税人除外）。

（8）探索税务、工商、质监部门联合进行非正常户管理。包括认定、公告、注销等业务。

第三节　票证管理、证明及认定

一、税收票证管理

（一）税收票证管理概述

1. 税收票证计划管理

税收票证计划是指税务机关根据本地区税收票证使用情况，按期（一般按季或年）向上级税务机关编报下期（下季或下年度）各种纸质税收票证领用数量计划。

税收票证计划可分为固定计划和追加计划两种。基层税务机关票证管理员按期（一般按季或年）编报下期（下季或下年度）票证领用数量计划时启动本流程。固定计划每期只能启动一次，追加计划每期可启动多次。

县级以上税务机关票证管理员根据税务机关、票证计划年度、票证计划月度、票证计划类别四个要素汇总下级单位票证计划，然后根据需要在汇总表中调整票证计划数量。县级以上税务机关根据汇总后的票证计划，参考本级库存、历史经验、领导指示等因素，在汇总的票证计划的基础上进行修订，可以增加、删除票证种类，调整计划数量。

2. 税收票证日常管理

（1）票证领发。票证领发包括票证入库和票证发放。

①票证入库。票证入库是指税务机关印刷税收票证、外部领取票证验收入库的过程。

印刷票证入库是总局和省级税务机关票证管理员收到印刷厂提供的票证及出库单据后验收入库。外部票证入库是省级、市级、县（区）级税务机关票证管理员收到外部单位提供的票证及出库单据后验收入库。

②票证发放。票证发放是指上级税务机关对下级税务机关、票证管理员对用票人发放税收票证和下级税务机关对上级税务机关、用票人对票证管理员交回纸质税收票证。

税收票证发放由各级税务机关票证管理员和用票人启动，其中用票人是指领取、填开各类税收票证的税务机关票证开具人员、"三代单位"（包括代扣代缴、代收代缴、委托代征及印花税代售人）、其他经认可的税务机关以外的单位（如自行填开税收票证的纳税人）。

（2）票证结报缴销。票证结报缴销（系统内）是指用票人向税务机关的票证管理员进行经由征管信息系统开具或补录的税收票证结报缴销，是纸质税收票证结报缴销的一种。用票人是指领取、填开各类税收票证的税务机关票证开具人员、"三代单位"（代扣代缴、代收代缴、委托代征及印花税代售人）、其他经认可的税务机关以外的单位（如自行填开税收票证的纳税人）。

（3）票证销毁。按照《税收票证管理办法》的规定，对全包、全本印制质量不合格的税收票证要先审批后再进行销毁；全份印制质量不合格的，按开具作废处理。由于税收政策变动或式样改变等原因，国家税务总局规定停用的税收票证，应由县以上税务机关集中清理，核对字轨、号码和数量，造册登记，按照《税收票证管理办法》的规定先进行审批后再进行销毁。

税务机关应当按税收票证种类、领用单位设置税收票证账簿，对各种税收票证作废和停用的数量、号码进行及时登记和核算，定期结账。

（4）票证损失核销。未开具税收票证（含未销售印花税票）发生毁损或丢失、被盗、被抢等损失的，受损单位应当及时组织清点核查，并由各级税务机关按照权限进行损失核销审批。税收票证专用章戳丢失、被盗、被抢的，受损税务机关应当立即向当地公安机关报案并逐级报告刻制税收票证专用章戳的税务机关。

（5）票证盘点。票证盘点是指各级税务机关和用票人定期对库存的税收票证进行盘库和清点，以保证结存票证与账簿数字一致。

（6）票证交接。票证管理员交接是指税务机关票证管理员工作变动时，在监交人监督下原票证管理员（移交人）向新票证管理员（接管人）办理票证和账簿核算资料等交接手续，并经监交人审查核准离岗，完成票证管理员交接的过程。

票证管理员发生工作调动时，必须将所经管的票证、章戳、凭证、账簿、报表等核算资料交给接管人员，并经监交人审查核准完成票证交接。交接前移交人负责的相关票证业务全部完成，且已登记账簿，账簿已结账，不存在未结事宜，否则不能交接。

3. 税收票证审核管理

（1）票证审核。票证审核是指基层税务机关依据《税收票证管理办法》，在省级税务机关完成对系统的设置之后，按日对已结报缴销税收票证的完整性、准确性和税收票证管理的规范性进行审核。

（2）票证检查。票证检查是县区级以上（含县区级）税务机关依据税收法律法规、《税收票证管理办法》及国家预算制度，对税收票证的印制、领发、保管、使用、结报缴销、作废、停用、损失核销和核算进行的检查。

（3）票证差错处理。票证差错处理是各级税务机关依据税收法律法规、《税收票证管理办法》及国家预算制度，对票证审核、票证检查中发现的税收票证印制、领发、保管、使用、结报缴销、作废、停用、损失核销和核算问题进行处理。

（4）票证核算。税收票证核算管理是指税务机关和用票人依据《税收票证领发单》《税收票款结报缴销单》《税收票证损失核销报告审批单》《税收票证停用和批量作废申请单》和《税收票证账务更正通知单》五个原始凭证，通过设置账簿，对各种税收票证在印制、领发、保管、作废、结报缴销、损失、停用和批量作废等各个环节的数量（号码）及其所发生的增减变动情况，进行全面、连续的核算和控制，以确保税收票证安全完整、保障税款征收的一项税收票证管理活动。

（5）票证归档。票证归档是指税务机关将未归档的凭证，如《税收票证领发单》《税收票款结报缴销单》《税收票证损失核销报告审批单》《税收票证停用和批量作废申请单》《税收票证账务更正通知单》《票证销毁清册》等进行归档的过程。

税务机关应当及时对已经开具、作废的税收票证、账簿以及其他税收票证资料进行归档保存。纸质税收票证、账簿以及其他税收票证资料，应当整理装订成册，保存期限5年；作为会计凭证的纸质税收票证保存期限15年。数据电文税收票证、账簿以及其他税收票证资料，应当通过光盘等介质进行存储，确保数据电文税收票证信息的安全、完整，保存时间和具体办法另行制定。

（二）发票管理

发票，是指在购销商品、提供或者接受服务以及从事其他经营活动中，开具、收取的收付款凭证。长期以来，我国税务系统利用发票作为纳税人在购销商品、提供或接受服务以及从事其他经营活动中的收付款凭证的功能，通过强化发票管理，将发票作为对涉税经济行为实施约束、监督和控制的重要工具，建立了一套"以票控税"的税收征管模式，以达到堵塞税收漏洞、增加税收收入、提高税收征管质量的目的。

我国税收征管中对于发票的管理规定，主要集中于《税收征管法》、根据《税收征管法》制定的《中华人民共和国发票管理办法》（以下简称《发票管理办法》）以及《中华人民共和国发票管理办法实施细则》等。

1. 发票印制

（1）印制发票权限。增值税专用发票由国务院税务主管部门确定的企业印制；其他发票，按照国务院税务主管部门的规定，由省、自治区、直辖市税务机关确定的企业印制。禁止私自印制、伪造、变造发票。发票准印证由国家税务总局统一监制，省税务机关核发。印制发票的企业按照税务机关的统一规定，建立发票印制管理制度和保管措施。发票监制章和发票防伪专用品的使用与管理实行专人负责制度。

有固定生产经营场所、财务和发票管理制度健全的纳税人，发票使用量较大或统一发票式样不能满足其经营活动需要的，可以向省（含）以上税务机关申请印有本单位名称的发票。

增值税专用发票的印制计划应逐级上报至国家税务总局。专用发票的印制计划每半年安排一次，印制计划上报后一般不再调整。

（2）发票计划管理。对于增值税专用发票，各级国税局应每半年逐级上报专用发票印制计划，国家税务总局将各省级国税局上报的专用发票印制计划进行审定汇总，送交中国印钞造币总公司安排印制，并下发各省级国税局。普通发票计划管理是指税务机关内部对普通发票领购计划的编制、审定汇总、上报工作。

（3）发票印制。各级税务机关在自己的权限内，将需要印制的发票票种、规格、数量、期限下达给招标后确定的印刷厂，印制发票。承印刷厂按要求印制完毕后，向税务机关发票管理部门交验发票，税务机关发票管理人员查验实物，确认验收入库。

（4）发票鉴伪。为避免违法犯罪人员伪造发票，税务机关在发票的印制过程中，采取了多种防伪技术措施，并向用票单位和个人提供查询发票真伪的便捷渠道。用票单位和个人有权申请税务机关对发票的真伪进行鉴别，收到申请的税务机关应当受理并负责鉴别发票的真伪，鉴别有困难的，可以提请发票监制税务机关协助鉴别。

2. 票种核定

主管税务机关根据领购单位和个人的经营范围与规模，在其办理发票领购手续时确认领购发票的种类。

3. 用票管理

（1）发票领用。需要领购发票的单位和个人，应当持税务登记证件、经办人身份证明、按照国务院税务主管部门规定式样制作的发票专用章的印模，向主管税务机关办理发票领购手续。主管税务机关根据领购单位和个人的经营范围和规模，确认领购发票的种类、数量以及领购方式，在5个工作日内发给发票领购簿。

发票专用章式样由国家税务总局确定。

税务机关对领购发票单位和个人提供的发票专用章的印模应当留存备查。

临时到本省、自治区、直辖市行政区域以外从事经营活动的单位或者个人，应当凭所在地税务机关的证明，向经营地税务机关申请领购经营地的发票。

临时在本省、自治区、直辖市以内跨市、县从事经营活动领购发票的办法，由省、自治区、直辖市税务机关规定。

税务机关对外省、自治区、直辖市来本辖区从事临时经营活动的单位和个人领购发票的，可以要求其提供保证人或者根据所领购发票的票面限额以及数量交纳不超过1万元的保证金，并限期缴销发票。

单位和个人领购发票时，应当按照税务机关的规定报告发票使用情况，税务机关应当按照规定进行查验。

（2）发票用票特批。纳税人因生产经营需要等原因，在停供发票期间用票或临时增加发票用量的，可向主管税务机关提出用票申请。

（3）发票退票。纳税人因发票印制质量等原因需要将已领用的空白发票退回的，税务机关为纳税人办理退票。

4. 发票代开

代开发票，是指由税务机关根据收款方（或提供劳务服务方）的申请，依照法规、规章以及其他规范性文件的规定，代为向付款方（或接受劳务服务方）开具发票的行为。

凡已办理税务登记的单位和个人，应当按规定向主管税务机关申请领购并开具与其经营业务范围相应的通用机打发票，但在销售货物、提供应税劳务服务、转让无形资产以及税法规定的其他商事活动（餐饮、娱乐业除外）中有下列情形之一的，可以向主管税务机关申请代开发票。

（1）纳税人虽已领购发票，但临时取得超出领购发票使用范围或者超过领用发票开具限额以外的业务收入，需要开具发票的。

（2）被税务机关依法收缴发票或者停止发售发票的纳税人，取得经营收入需要开具发票的。

（3）省（自治区、直辖市）纳税人来本辖区临时从事经营活动的，原则上应当按照《税务登记管理办法》的规定，持《外管证》，向经营地税务机关办理报验登记，领取发票自行开具；确因业务量小、开票频度低的，可以申请经营地税务机关代开。

（4）正在申请办理税务登记的单位和个人，对其自领取营业执照之日起至取得税务登记证件期间发生的业务收入需要开具发票的，主管税务机关可以为其代开发票。

（5）应办理税务登记而未办理的单位和个人，主管税务机关应当依法予以处理，并在补办税务登记手续后，对其自领取营业执照之日起至取得税务登记证件期间发生的业务收入需要开具发票的，为其代开发票。

（6）依法不需要办理税务登记的单位和个人，临时取得收入，需要开具发票的，主管税务机关可以为其代开发票。

5. 发票领购

单位和个人领购发票时，应当按照税务机关的规定报告发票使用情况，税务机关应当按照规定进行查验。

使用发票的单位和个人应当妥善保管发票。发生发票丢失情形时，应当于发现丢失当日书面报告税务机关，并登报声明作废。

纳税人必须严格按《增值税专用发票使用规定》保管使用专用发票，对违反规定发生被盗、丢失专用发票的纳税人，主管税务机关必须严格按《税收征管法》和《发票管理办法》的规定，处以 1 万元以下的罚款，并可视具体情况，对丢失专用发票的纳税人，在一定期限内（最长不超过半年）停止领购专用发票。对纳税人申报遗失的专用发票，如发现非法代开、虚开问题的，该纳税人应承担偷税、骗税的连带责任。

为便于各地税务机关、纳税人对照查找被盗、丢失的专用发票，减轻各地税务机关相互之间传（寄）专用发票遗失通报的工作量，对发生被盗、丢失专用发票的纳税人，必须要求统一在《中国税务报》上刊登"遗失声明"。

纳税人丢失专用发票后，必须按规定程序向当地主管税务机关、公安机关报失。

税务机关对外省、自治区、直辖市来本辖区从事临时经营活动的单位和个人申请领购发票的，可以要求其提供保证人或者根据所领购发票的票面限额及数量交纳不超过 1 万元的保证金，并限期缴销发票。

开具发票的单位和个人应当在办理变更或者注销税务登记的同时，办理发票和发票领购簿的变更、缴销手续。

开具发票的单位和个人应当按照税务机关的规定存放和保管发票，不得擅自损毁。已开具的发票存根联和发票登记簿，应当保存 5 年。保存期满，报经税务机关查验后对缴销发票进行实物销毁。

一般纳税人注销税务登记或者转为小规模纳税人，应将结存未用的纸质增值税专用发票送交主管税务机关。主管税务机关应缴销其增值税专用发票，在纸质专用发票监制章处按"V"字剪角作废，同时作废相应的专用发票数据电文。被缴销的纸质专用发票应退还纳税人。

6. 数据采集

（1）发票数据采集。安装税控装置的单位和个人，应当按照规定使用税控装置开具发票，并按期向主管税务机关报送开具发票的数据。使用非税控电子器具开具发票的，应当将非税控电子器具使用的软件程序说明资料报主管税务机关备案，并按照规定保存、报送开具发票的数据。税务机关采集发票开具电子数据后，实现对发票的自动验旧处理。

存根联数据采集，包括增值税发票（含增值税专用发票、增值税普通发票）、货物运输业增值税专用发票、机动车销售统一发票及普通发票（包括通用机打发票、二手车销售统一发票、建筑业统一发票、不动产销售统一发票及其他各种发票）等存根联数据的采集和税控发票红字发票明细信息以及每张红字发票对应的《通知单》编号等存根联数据的采集。

纳税人应在纳税申报期限内将存储有申报所属月份开票信息的 1C 卡（用户卡）和软盘（U 盘）或其他存储介质，也可通过点对点或网络，向主管税务机关报送其开具的增值税发票及普通发票存根联信息。税务机关应采集其报送的增值税发票，公路、内河货物运输业统一发票存根联及普通发票存根联信息。

机动车辆经销企业在办理增值税纳税申报时，应依照征管法的规定，报送申报当期销售给使用者机动车辆的《机动车销售统一发票清单》和《机动车辆销售统一发票领用存月报表》以及开具的机动车销售统一发票存根联。税务机关应采集其报送的机动车销售统一发票存根联信息。

通过采集的存根联数据，如果属于增值税抵扣凭证，作为发票稽核的存根联发票数据，由系统在一定时间内与发票抵扣联数据进行发票稽核。

（2）有奖发票兑奖。由于在人们的日常消费行为中，很少需要用到发票，所以大量小额商品的零售环节以及服务的提供环节，商家开具的发票的票面金额很难反映其实际销售金额。对于尚未安装使用税控装置的单位和个人，税务机关建立了有奖发票制度，通过刮奖、摇号等各种形式，鼓励消费者在消费时向商家索要发票，作为发票管理的补充手段。

7. 库房调拨管理

发票库房调拨管理指上下级税务机关之间发票发出、领用、退回等的管理，包括发票出库管理、入库查验、入库管理、出库调整四方面的内容。

发票出库管理是指上级税务机关主库房向下级税务机关库房调拨发票出库或下级税务机关因某种原因向上级税务机关进行发票退库的工作（发票发出方）。发票入库查验是指下级税务机关库房接收到上级税务机关调拨的发票并进行查验验收或者上级税务机关接收到下级税务机关库房退回的发票进行查验验收工作（发票接收方）。发票入库管理是指下级税务机关库房对上级税务机关主库房调拨的发票验收入库以及上级税务机关库房对下级税务机关库房退库的发票验收入库的工作（发票接收方）。出库调整是指发票发出方的出库信息与发票接收方的入库信息经比对存在差异，若差异情况不是由运输途中丢失造成，属于多付票或少付票情况的，发票发出方根据发票接收方提供的比对信息调整出库信息的过程。

如果主库房人员在柜台出库管理中出现误操作，或者发票柜台操作员在发票验收入库时发现存在问题或其他原因，应将调拨到柜台的发票退回发票库房。通过柜台退库管理，完成柜台库房向主库房退库工作。

发票结存管理是指所属税务机关各库房（包括主库房、下级库房）、各柜台发票的收、发、存情况按照结存期和结存时点进行查询统计并予以固化保存的过程。

税务机关为了汇总掌握某一个结存期的发票收、发、存情况，在结账日要对发票库存情况做结存处理，产生《发票收发存报告表》以及其他发票明细账，以便加强对发票领用存的管理。

税务机关因发票发生丢失被盗，应向上级税务机关报告，提出挂失申请，并在报刊和电视等传播媒介上公告声明作废。

对因保存期满或因霉变、水浸、鼠咬、改版、换版等原因，失去使用价值的发票，税务机关可以向其上级税务机关提出申请，经上级税务机关批准后，对该批发票进行核销。

8. 发票稽核

（1）发票稽核的基本概念。发票稽核是指利用计算机网络，将纳税人申报采集的发票抵扣联逐一与发票存根联进行核对。本业务所述的发票稽核的发票是指增值税专用发票、机动车销售统一发票、货物运输业增值税专用发票以及海关完税凭证抵扣联和存根联数据的交叉比对，以确定发票的合法性和真实性。税务机关在一定时间内，将已采集的增值税专用发票、机动车销售统一发票、货物运输业增值税专用发票以及海关完税凭证抵扣联和存根联数据抽取进行发票稽核，根据发票稽核数据内容的不同，分为增值税专用发票抵扣联与存根联数据发票稽核，机动车销售统一发票抵扣联与存根联数据发票稽核，以及海关完税凭证抵扣联与存根联发票稽核。

（2）稽核比对的规则。增值税专用发票、机动车销售统一发票、货物运输业增值税专用发票及海关完税凭证抵扣联与存根联数据比对规则：抽取已采集的发票抵扣联数据与存根联数据，其中发票抵扣联数据仅抽取认证相符的抵扣联数据，在一定时期内，将发票抵扣联数据与存根联数据逐一进行比对，比对一致的，为比对相符发票。

首先，存根联发票按发票代码及发票号码与抵扣联发票比对，如果在发票存根联中没有与发票抵扣联相对应的发票代码及发票号码，或发票抵扣联采集系统中没有与发票存根联相对应的发票代码及发票号码，并且按规定需要留待下期继续比对的为滞留发票。

其次，蓝字抵扣联发票按发票代码及发票号码与存根联发票比对，如果在发票存根联中没有与发票抵扣联相对应的发票代码及发票号码，并且按规定蓝字抵扣联不需要留待下期继续比对的为缺联发票。

抵扣联发票代码及发票号码与存根联发票代码及发票号码相对应后，如果该存根联发票或抵扣联发票代码及号码属原已比对的，则确定为重号发票。

抵扣联发票代码及发票号码与存根联发票代码及发票号码相对应后，如果该抵扣联发票（未作废）与之对应的存根联发票为作废发票，则确定为属于作废发票。

抵扣联发票代码及发票号码与存根联发票代码及发票号码相对应后，如果该抵扣联发票与之对应的存根联发票为失控发票，确定为属于失控发票。

抵扣联发票代码及发票号码与存根联发票代码及发票号码相对应后，再进行其他要素的比对，比对不相符的，确定为不符发票。

发票抵扣联数据与存根联数据进行比对后，生成比对结果，并将结果反馈给原采集的税务机关。对于缺联发票只反馈给采集发票抵扣联数据的税务机关；比对相符、比对不符，属于作废发票、重号发票、滞留发票及失控发票，分别反馈给采集存根联数据及采集抵扣联数据的税务机关。

对于增值税专用发票、货物运输业增值税专用发票等实行红字通知单管理的发票，本流程应实现对开具的红字发票存根联对相应的《红字发票通知单》进行审核、比对、核销的业务。

（3）发票稽核比对的结果。按稽核的发票不同分为以下几种。

①增值税专用发票比对结果为：相符发票、不符发票、滞留发票、缺联发票、抵扣联重号发票、属于作废发票、属于失控发票、红字缺联发票。其中不符发票又分为开票

日期不符、购货方纳税人识别号不符、销货方纳税人识别号不符、金额合计不符、税额合计不符。滞留发票又分为存根联滞留发票、抵扣联滞留发票。

②机动车销售统一发票比对结果为：相符发票、不符发票、缺联发票、抵扣联重号发票、属于作废发票等。其中不符发票又分为开票日期不符、购货方纳税人识别号不符、销货方纳税人识别号不符、价税合计不符、税额合计不符。

③税务机关通过稽核系统将纳税人申请稽核的海关缴款书数据，按日与进口增值税入库数据进行稽核比对，每个月为一个稽核期。海关缴款书开具当月申请稽核的，稽核期为申请稽核的当月、次月及第三个月。海关缴款书开具次月申请稽核的，稽核期为申请稽核的当月及次月。海关缴款书开具次月以后申请稽核的，稽核期为申请稽核的当月。

海关完税凭证稽核比对的结果分为相符、不符、滞留、缺联、重号五种。

相符，是指纳税人申请稽核的海关缴款书，其号码与海关已核销的海关缴款书号码一致，并且比对的相关数据也均相同。

不符，是指纳税人申请稽核的海关缴款书，其号码与海关已核销的海关缴款书号码一致，但比对的相关数据有一项或多项不同。

滞留，是指纳税人申请稽核的海关缴款书，在规定的稽核期内系统中暂无相对应的海关已核销海关缴款书号码，留待下期继续比对。

缺联，是指纳税人申请稽核的海关缴款书，在规定的稽核期结束时系统中仍无相对应的海关已核销海关缴款书号码。

重号，是指两个或两个以上的纳税人申请稽核同一份海关缴款书，并且比对的相关数据与海关已核销海关缴款书数据相同。

各主管税务机关应于每月纳税申报期内，向纳税人提供上月海关缴款书稽核比对结果信息。纳税人上月稽核比对结果中无"滞留"的，稽核系统每月1日自动导出稽核比对结果信息；纳税人上月稽核比对结果中有"滞留"的，稽核系统于纳税申报期结束前2日自动导出稽核比对结果信息。

（4）发票稽核比对结果的名词解释。

①增值税专用发票相符发票指抵扣联数据与存根联数据的五要素相同，五要素包括：开票日期、购货方纳税人识别号、销货方纳税人识别号、金额合计及税额合计；机动车销售统一发票相符发票指抵扣联数据与存根联数据的五要素相同，五要素包括：开票日期、购货方纳税人识别号、销货方纳税人识别号、价税合计及税额；货物运输业增值税专用发票相符发票指抵扣联数据与存根联数据的五要素相同，五要素包括：开票日期、实际受票方纳税人识别号、承运人纳税人识别号、合计金额及税额。其中抵扣联与存根联的金额合计、税额合计、价税合计、运费金额和税额差异在1.00元内，按相符处理。

②增值税专用发票不符发票指抵扣联数据与存根联数据中开票日期不同、购货方纳税人识别号不符、销货方纳税人识别号不符、金额合计不符或税额不符；机动车销售统一发票不符发票指抵扣联数据与存根联数据中开票日期不符、购货方纳税人识别号不符、销货方纳税人识别号不符、价税合计不符或税额不符；货物运输业增值税专用发票不符、发票指抵扣联数据与存根联数据中开票日期不符、实际受票方纳税人识别号不符、承运

人纳税人识别号不符、合计金额不符或税额不符。

③滞留发票是指系统内有存根联而缺少对应抵扣联或有抵扣联而缺少对应存根联，并且按规定需要留待下期继续比对的发票。

④缺联发票指系统内有抵扣联而无存根联并且按规定不需留待下期继续比对的发票。

⑤红字缺联发票指系统内有红字存根联而无红字抵扣联并且按规定不需留待下期继续比对的发票。

⑥属于作废发票指与作废发票库比对中发现属于作废发票的抵扣联。

⑦属于失控发票是指系统内相应抵扣联有对应的失控存根联。

⑧作废发票指纳税人通过税控开票系统予以作废的发票。

⑨重号发票指系统内存在两份或两份以上相同发票代码和号码的发票抵扣联。

9. 担保管理

税务机关对外省、自治区、直辖市来本辖区从事临时经营活动的单位和个人申请领购发票的，税务机关可以要求其提供保证人或者根据所领购发票的票面限额及数量交纳不超过1万元的保证金，并限期缴销发票。

保证人是指在中国境内具有担保能力的公民、法人或者其他经济组织。

保证人同意为领购发票的单位和个人提供担保的，应当填写担保书。担保书内容包括：担保对象、范围、期限和责任以及其他有关事项。

担保书须经购票人、保证人和税务机关签字盖章后方为有效。

提供保证人或者交纳保证金的具体范围由省税务机关规定。

按期缴销发票的，解除保证人的担保义务或者退还保证金；未按期缴销发票的，由保证人或者以保证金承担法律责任。

（三）其他单证管理

1. 其他单证计划管理

其他单证计划管理指各级税务机关根据本地区其他单证使用情况，按期（一般按季或按年）或在需求追加计划时，向上级税务机关编报下期（下季或下年）各种其他单证（除发票、税收票证和收费票据以外的其他单证包括税务登记证正本、副本、临时税务登记证正本、副本、发票领购簿等）的领用数量计划。

2. 其他单证日常管理

其他单证日常管理包括其他单证的入库、发放、盘点、损失核销、销毁、交接、结报等业务。

（1）其他单证入库是指税务机关印刷其他单证、外部领取其他单证验收入库的过程。其中，印刷其他单证入库是总局和省级税务机关其他单证管理员收到印刷厂提供的其他单证及出库单据后验收入库；外部其他单证入库是省级、市级、县（区）级税务机关其他单证管理员收到外部单位提供的其他单证及出库单据时验收入库。

（2）其他单证发放是指上级税务机关对下级税务机关、其他单证管理员对其他单证领用人发放其他单证和下级税务机关对上级税务机关、其他单证领用人对其他单证管理员交回已领未用的其他单证的过程。

（3）其他单证盘点是指各级税务机关其他单证主管人员对本单位，以及县（区）税务机关对下属各单位及所有其他单证领用人，对结存的其他单证进行盘库和清点的过程。

（4）其他单证损失核销是指因自然灾害或丢失等人为原因造成的其他单证短少和损毁，由受损单位及时组织清点核查，清查后进行核销。

（5）其他单证销毁是指县（区）以上税务机关对保管到期的已填用其他单证的存根联和报查联、填用作废的全份其他单证、印制质量不合格的其他单证、停用其他单证、损失残单证、损失后追回的其他单证以及印发机关规定销毁的其他单证等进行销毁登记，生成税收其他单证销毁申请信息，各级税务机关组织、监督销毁其他单证。

（6）其他单证交接是指税务机关其他单证管理员工作变动时，原其他单证管理员（移交人）向新其他单证管理员（接收人）办理其他单证和账簿核算资料等交接，并经税务机关负责人审查核准离岗，税务机关其他单证库存的管理人发生变化。交接前移交人负责的相关其他单证业务必须全部完成，不存在待验收入库、待确认其他单证结报，否则不能交接。

（7）其他单证结报是指其他单证领用人向税务机关的其他单证管理员进行其他单证结报的过程。

（8）其他单证核算管理是指税务机关和其他单证领用人，依据《其他单证领发单》《其他单证结报单》《其他单证损失核销报告审批单》《其他单证停用和批量作废申请单》和《其他单证账务更正通知单》五个原始凭证，通过设置账簿，对各种其他单证在印制、领发、保管、作废、结报、损失、停用和批量作废等各个环节的数量（号码）及其所发生的增减变动情况，进行全面、连续的核算和控制，以确保其他单证安全完整、保障税款征收的一项税收票证管理活动。

（9）账务处理包括登记账簿、月结、累计、年终结转等。其他单证月末结账是指其他单证核算期末月度终了（一般指月终日），计算出其他单证账簿全部核算业务发生数的月结合计数和累计数。其他单证年终结转是指其他单证核算期末年度终了（年终结转日期确定为 12 月 31 日）产生其他单证账簿的年终结转数。

（10）其他单证归档是指税务机关将未归档的凭证，如《其他单证领发单》《其他单证结报单》《其他单证损失核销报告审批单》《其他单证停用和批量作废申请单》《其他单证账务更正通知单》《其他单证销毁清册》等进行归档的过程。

税务机关应当及时对已经开具、作废的其他单证、账簿以及相关其他单证资料进行归档保存。纸质其他单证、账簿以及相关其他单证资料，应当整理装订成册，保存期限5 年；作为会计凭证的纸质其他单证保存期限 5 年。

二、证明

（一）纳税证明

1. 非居民企业汇总申报企业所得税证明

经批准采取汇总申报缴纳所得税的企业，其履行汇总纳税的机构、场所（以下简称汇缴机构），应当于每年 5 月 31 日前，向汇缴机构所在地主管税务机关索取《非居民企业汇总申报企业所得税证明》（以下简称《汇总申报纳税证明》）；企业其他机构、场所（以下简称其他机构）应当于每年 6 月 30 日前将《汇总申报纳税证明》及其财务会计报告送交其所在地主管税务机关。

在上述规定期限内，其他机构未向其所在地主管税务机关提供《汇总申报纳税证明》，且又无汇缴机构延期申报批准文件的，其他机构所在地主管税务机关应负责检查核实或核定该其他机构应纳税所得额，计算征收应补缴税款并实施处罚。

2. 税收完税证明

税收完税证明是税务机关为证明纳税人已经缴纳税款或者已经退还纳税人税款而开具的纸质税收票证。其适用范围包含以下方面。

（1）纳税人、扣缴义务人、代征代售人通过横向联网电子缴税系统划缴税款到国库（经收处）后或收到从国库退还的税款后，当场或事后需要取得税票的。

（2）扣缴义务人代扣代收税款后，已经向纳税人开具税法规定或国家税务总局认可的记载完税情况的其他凭证，纳税人需要换开正式完税凭证的。

（3）纳税人遗失已完税的各种税收票证（《出口货物完税分割单》、印花税票和《印花税票销售凭证》除外），需要重新开具的。

（4）对纳税人特定期间完税情况出具证明的。

（5）国家税务总局规定的其他需要为纳税人开具完税凭证情形。

税务机关在确保纳税人缴、退税信息全面、准确、完整的条件下，可以开展前款第四项规定的税收完税证明开具工作，具体开具办法由各省税务机关确定。

纳税人遗失已完税税收票证需要税务机关另行提供的，应当登报声明原持有联次遗失并向税务机关提交申请；税款经核实确已缴纳入库或从国库退还的，税务机关应当开具税收完税证明或提供原完税税收票证复印件。

税收完税证明分为表格式和文书式两种。按照《税收票证管理办法》第十七条第一款第（二）项、第（三）项以及国家税务总局明确规定的其他情形开具的税收完税证明为表格式；按照《税收票证管理办法》第十七条第一款第（四）项规定开具的税收完税证明为文书式，文书式税收完税证明不得作为纳税人的记账或抵扣凭证。

《税收票证管理办法》第十三条第（三）项、第十七条第一款第（二）项所称扣缴义务人已经向纳税人开具的税法规定或国家税务总局认可的记载完税情况的其他凭证，是指记载车船税完税情况的交强险保单、记载储蓄存款利息所得税完税情况的利息清单等税法或国家税务总局认可的能够作为已完税情况证明的凭证。

《税收票证管理办法》第十七条第一款第（四）项所称"对纳税人特定期间完税情况出具证明"，是指税务机关为纳税人连续期间的纳税情况汇总开具完税证明的情形。税务机关按照《税收票证管理办法》第十七条第一款第（四）项开具完税证明时，必须确保纳税人缴、退税信息全面、准确、完整，具体开具办法由各省税务机关确定。

扣缴义务人未按规定为纳税人开具税收票证的，税务机关核实税款缴纳情况后，应当为纳税人开具税收完税证明（表格式）。

税务机关征收的各种税款，已经入库或退库的，可以开具完税证明。

"换开""补开"时需要从系统中自动调取已成功办理业务的税票信息，成功办理业务的税票认定条件是：纸质税收缴款书已入库销号、《税收收入退还书》已退库销号。同一纳税人同一笔原始凭证只能"换开"一次税收完税证明（表格式）。

对于纳税人在年度中间因出国、向境外转移财产、对外投资等原因需要完税证明并向税务机关提出要求的，经税务机关核实后，开具其相应期间实际缴纳个人所得税款的完税证明，当纳税人开具的证明发生丢失等情况时可申请多次开具。

对于限售股转让所得征收个人所得税征缴方式采取预缴税款方式的，主管税务机关向证券机构开具纸质缴款书或以横向联网电子缴税方式将证券机构预扣预缴的个人所得税税款缴入国库的同时，根据《限售股转让所得扣缴个人所得税报告表》分纳税人开具《税收完税证明（表格式）》或《税收完税证明（文书式)》，作为纳税人预缴个人所得税的完税凭证。

3. 社会保险缴费证明

对于缴费人在年度中间因出国、向境外转移财产、对外投资等原因需要缴费证明并向税务机关提出要求的，经税务机关核实后，开具其相应期间实际缴纳社会保险费的缴费证明。当缴费人开具的证明发生丢失等情况时可申请多次开具。

（二）中国税收居民身份证明

证明申请人需填写并向具体负责开具证明的部门递交《中国税收居民身份证明》申请表，负责开具证明部门根据申请事项按照企业所得税法、个人所得税法以及税收协定有关居民的规定标准，在确定申请人符合中国税收居民身份条件的情况下，提出处理意见，并由局长签发。

外国企业或个人在我国从事经营活动构成我国税收居民并提出开具税收居民身份证明，以及内地居民纳税人享受内地政府与香港特别行政区政府、澳门特别行政区政府税收安排待遇时提出开具税收居民身份证明的，适用《国家税务总局关于做好〈中国税收居民身份证明〉开具工作的通知》（国税函〔2008〕829号）。

缔约国对方税务主管当局对居民证明式样有特殊要求或其自行设计表格要给予签字盖章以证明纳税人是我国税收居民的，在完成对该居民填写的《中国税收居民身份证明》申请表内容审核后，予以办理。

非境内注册居民企业同时被我国与其注册所在国家（地区）税务当局确认为税收居民的，应当按照双方签订的税收协定的有关规定确定其居民身份；如经确认为我国税收居民，可适用我国与其他国家（地区）签订的税收协定，并按照有关规定办理享受税收协定优惠待遇手续；需要证明其中国税收居民身份的，可向其主管税务机关申请开具《中国税收居民身份证明》。

（三）葡萄酒购货管理证明单管理

境内从事葡萄酒生产的单位或个人（以下简称"生产企业"）之间销售葡萄酒，实行《葡萄酒购货管理证明单》（以下简称"证明单"）管理。生产企业在购货前应向主管税务机关提出领用证明单的书面申请，主管税务机关应对其书面申请进行审核，审核无误后向其发放证明单。证明单一式四联，仅限于生产企业购货时领用。第一联为回执联，由销货方主管税务机关留存；第二联为退税联，作为销货方申请退税的报送资料；第三联为核销联，用于购货方主管税务机关核销证明单领取记录；第四联为备查联，作为销货方会计核算资料。

（四）服务贸易等项目对外支付税务备案

境内机构和个人向境外单笔支付等值 5 万美元以上（不含等值 5 万美元，下同）下列外汇资金，除《国家税务总局　国家外汇管理局关于服务贸易等项目对外支付税务备案有关问题的公告》（国家税务总局公告〔2013〕第 40 号）第三条规定的情形外，均应向所在地主管国税机关进行税务备案，主管税务机关仅为地税机关的，应向所在地同级国税机关备案。

（五）资源税管理证明

"资源税管理证明"是证明销售的矿产品已缴纳资源税或已向当地税务机关办理纳税申报的有效凭证。"资源税管理证明"分为甲、乙两种证明，由当地主管税务机关开具。

资源税管理甲种证明适用生产规模较大、财务制度比较健全、有比较固定的购销关系、能够依法申报缴纳资源税的纳税人，是一次开具在一定期限内多次使用有效的证明。

资源税管理乙种证明适用个体、小型采矿销售企业等零散资源税纳税人，是根据销售数量多次开具一次使用有效的证明。

三、认定

（一）增值税资格认定

1. 增值税一般纳税人认定

增值税纳税人（以下简称纳税人），年应税销售额超过财政部、国家税务总局规定的小规模纳税人标准的，除《增值税一般纳税人资格认定管理办法》第五条规定外，应当向主管税务机关申请一般纳税人资格认定。

所称年应税销售额，是指纳税人在连续不超过 12 个月的经营期内累计应征增值税销售额，包括免税销售额。年应税销售额，包括纳税申报销售额、稽查查补销售额、纳税评估调整销售额、税务机关代开发票销售额和免税销售额。稽查查补销售额和纳税评估调整销售额计入查补税款申报当月的销售额，不计入税款所属期销售额。

所称经营期，是指在纳税人存续期内的连续经营期间，含未取得销售收入的月份。

2. 汇总纳税认定

固定业户应当向其机构所在地的主管税务机关申报纳税。总机构和分支机构不在同一县（市）的，应当分别向各自所在地的主管税务机关申报纳税；经国务院财政、税务主管部门或者其授权的财政、税务机关批准，可以由总机构汇总向总机构所在地的主管税务机关申报纳税。

对跨地区经营的直营连锁企业，即连锁店的门店均由总部全资或控股开设，在总部领导下统一经营的连锁企业，凡按照国内贸易部《连锁店经营管理规范意见》（内贸政体法字〔1997〕第 24 号）的要求，采取微机联网，实行统一采购配送商品，统一核算，统一规范化管理和经营，并符合规定条件的，可对总店和分店实行由总店向其所在地主管税务机关统一申报缴纳增值税。

固定业户的总分支机构不在同一县（市），但在同一省（区、市）范围内的，经省（区、市）财政厅（局）、税务局审批同意，可以由总机构汇总向总机构所在地的主管税务机关申报缴纳增值税。

对于电力、邮政、铁路运输、电信企业增值税的征收，区分不同情况，采取征税办法。

3. 企业所得税资格认定

非居民企业选择由其主要机构场所汇总缴纳企业所得税的审批。

非居民企业在中国境内设立机构、场所的，应当就其所设机构、场所取得的来源于中国境内的所得，以及发生在中国境外但与其所设机构、场所有实际联系的所得，缴纳企业所得税。

非居民企业取得《企业所得税法》第三条第二款规定的所得，以机构、场所所在地为纳税地点。非居民企业在中国境内设立两个或者两个以上机构、场所的，经税务机关审核批准，可以选择由其主要机构、场所汇总缴纳企业所得税。

非居民企业经批准汇总缴纳企业所得税后，需要增设、合并、迁移、关闭机构、场所或者停止机构、场所业务的，应当事先由负责汇总申报缴纳企业所得税的主要机构、场所向其所在地税务机关报告；需要变更汇总缴纳企业所得税的主要机构、场所的，依照前款规定办理。

4. 个人所得税资格认定

在异地从事建筑安装业工程作业的单位，应在工程作业所在地扣缴个人所得税。但所得在单位所在地分配，并能向主管税务机关提供完整、准确的会计账簿和核算凭证的，经主管税务机关核准后，可回单位所在地扣缴个人所得税。

（二）税（费）种认定

1. 税（费）种认定的概念

税（费）种认定是指税务机关根据纳税人、扣缴义务人或受托代征方等课征主体（以下统称"纳税人"）办理税务登记、扣缴税款登记或签订委托协议（以下统称"登记"）时所申报的行业、经营范围和应税行为（财产）等信息，以及在税收征管工作中依法取得的其他相关信息，对纳税人具有申报纳税（扣缴或代征）义务的税（费）种进行认定的工作。

2. 社会保险费费种认定

税务机关根据社会保险费缴费人税务登记（或扣缴义务人登记、组织临时登记、委托协议签订等）信息、社会保险费登记信息、纳税人申报信息，结合社会保险费征收管理工作要求，必要时采取调查核实手段，对缴费人社会保险费缴费义务涉及的社保经办机构、社保费核算机关、费种、品目、费率、征收子目、行业、申报方式、纳税期限、申报期限、缴款期限、是否独立或汇总缴纳、征收方式、预算科目、预算级次、预算级次分配比例、收款国库或财政专户进行认定及变更，为社会保险费征收提供信息。

3. 规费、基金费种认定

税务机关根据规费、基金缴费人税务登记或扣缴义务人登记、组织临时登记、委托协议签订等信息，结合规费、基金征收管理工作要求，必要时采取调查核实手段，对缴费人规费、基金缴费义务涉及的费种、品目、费率、子目、行业、申报方式、纳税期限、申报期限、缴款期限、征收方式、预算科目、预算级次、财政专户等征收入库必备信息进行认定及变更，为规费、基金征收提供信息。

（三）简并征期管理

实行定期定额缴纳税款的纳税人，可以实行简易申报、简并征期等申报纳税方式。

定期定额户经营地点偏远、缴纳税款数额较小，或者税务机关征收税款有困难的，税务机关可以按照法律、行政法规的规定简并征期。但简并征期最长不得超过一个定额执行期。简并征期的税款征收时间为最后一个纳税期。

积极推行小规模纳税人（包括个体工商户）简并征期申报工作。对于小型微型企业、长期不经营企业，税务机关可以按照法律、法规规定采取合并征期、调整申报期限等方式。

（四）一般纳税人管理

1. 增值税一般纳税人纳入辅导期管理

主管税务机关可以在一定期限内对具有下列情形之一的一般纳税人（以下简称"其他一般纳税人"）实行辅导期管理。

（1）增值税偷税数额占应纳税额的 10% 以上并且偷税数额在 10 万元以上的。

（2）骗取出口退税的。

（3）虚开增值税扣税凭证的。

（4）国家税务总局规定的其他情形。

对于其他一般纳税人，主管税务机关应自稽查部门做出《税务查处理决定书》后 40 个工作日内，制作、送达《税务事项通知书》告知纳税人对其实行纳税辅导期管理，期限为 6 个月，自主管税务机关制作《税务事项通知书》的次月起执行。

营业税改征增值税试点纳税人取得一般纳税人资格后，发生增值税偷税、骗取退税和虚开增值税扣税凭证等行为的，主管税务机关可以对其实行不少于 6 个月的纳税辅导期管理。

纳税人辅导期到期后，主管税务机关发现辅导期纳税人存在偷税、逃避追缴欠税、骗取出口退税、抗税或其他需要立案查处的税收违法行为的，从期满的次月起按照国家税务总局《增值税一般纳税人纳税辅导期管理办法》（国税发〔2010〕40 号）重新实行纳税人辅导期管理，主管税务机关应制作、送达《税务事项通知书》，告知纳税人。

纳税人辅导期内，主管税务机关未发现纳税人存在偷税、逃避追缴欠税、骗取出口退税、抗税或其他需要立案查处的税收违法行为的，从期满的次月起不再实行纳税辅导期管理。

2. 应认定增值税一般纳税人告知

主管税务机关负有向纳税人告知以下事项相关信息的责任。

（1）符合增值税一般纳税人资格认定标准的纳税人，应当在申报期结束后 40 日（工作日，下同）内向主管税务机关报送《增值税一般纳税人申请认定表》，申请一般纳税人资格认定。如纳税人未在规定期限内申请一般纳税人资格认定的，主管税务机关应当在规定期限结束后 20 日内制作并送达《税务事项通知书》，告知纳税人。

（2）对于已报送《增值税一般纳税人申请认定表》的纳税人，主管税务机关应在完成对其一般纳税人资格的认定后，制作、送达《税务事项通知书》，告知纳税人。

（3）不符合增值税一般纳税人资格认定标准的纳税人，应当在收到《税务事项通知书》后 10 日内向主管税务机关报送《不认定增值税一般纳税人申请表》，经认定机关批准后不办理一般纳税人资格认定。认定机关应当在主管税务机关受理申请之日起 20 日内批准完毕，并由主管税务机关制作、送达《税务事项通知书》，告知纳税人。

（五）非居民管理

1. 非居民企业认定

对非居民企业进行税务认定标识，有利于企业所得税征收方式鉴定、核定征收纳税申报进行相应项目判断，便于进行居民、非居民企业的登记信息、税款申报征收信息等统计、查询。非居民企业指依照外国（地区）法律成立且实际管理机构不在中国境内，但在中国境内设立机构、场所的，或者在中国境内未设立机构、场所，但有来源于中国境内所得的企业。

2. 非居民企业承包工程作业和提供劳务企业所得税扣缴义务人指定

对非居民企业在中国境内取得工程作业和劳务所得应缴纳的所得税，税务机关可以指定工程价款或者劳务费的支付人为扣缴义务人。

《企业所得税法》第三十八条规定的可以指定扣缴义务人的情形，包括以下内容。

（1）预计工程作业或者提供劳务期限不足一个纳税年度，且有证据表明不履行纳税义务的。

（2）没有办理税务登记或者临时税务登记，且未委托中国境内的代理人履行纳税义务的。

（3）未按照规定期限办理企业所得税纳税申报或者预缴申报的。

这里规定的扣缴义务人，由县级以上税务机关指定，并同时告知扣缴义务人所扣税款的计算依据、计算方法、扣缴期限和扣缴方式。

3. 非居民享受税收协定待遇日常审验

税务机关应通过审核评税、纳税检查、执法检查等征管或监督环节，每年定期或不定期对非居民享受税收协定待遇执行情况进行审核、复核或复查。

在审查非居民已享受税收协定待遇情况时，主管税务机关发现报告责任人未履行或未全部履行《非居民享受税收协定定遇管理办法（试行）》规定的报告义务；或者需要报告责任人在其已提供资料以外补充提供与非居民享受税收协定待遇有关的其他资料的，可限期要求报告责任人提供相关资料。

4. 境外注册中资控股居民企业认定

经税务机关调查发现，予以启动境外中资企业居民身份认定。

5. 税务认定资格取消

税务机关对日常管理、检查中发现纳税人已不符合税务认定条件的，取消其已认定的税务资格。需要结清应纳税款、滞纳金、罚款，缴销发票及有关证件的，同时予以处理。

6. 香港出具居民身份证明的函审批

符合香港居民身份是享受《内地和香港特别行政区关于对所得避免双重征税和防止偷漏税的安排》（以下简称《安排》）待遇的前提。税务主管机关对申请享受《安排》待遇的人的身份有怀疑，且申请人提交的相关资料不足以证明其香港居民身份的，包括在香港以外地区注册成立的法人，但称其管理和控制机构在香港的，或仅在香港短期停留但称其为香港居民的外籍人士等情况，可要求申请人提供由香港特别行政区税务局（以下简称"香港税务局"）为其开具的，享受《安排》待遇所得所属年度为香港居民的证明。对要求按《国家税务总局关于认定税收协定中"受益所有人"的公告》（国家税务总局公告 2012 年第 30 号）第三条规定享受《安排》待遇的申请人，以及以个人名义申请享受《安排》第十三条财产收益相关待遇的申请人，均应要求香港税务局对其身份，包括对国家税务总局公告 2012 年第 30 号第三条提及的各层级居民企业或个人的身份进行认定，并出具居民身份证明。

需要申请人提供居民身份证明时，内地税务主管机关应向香港税务局提出开具证明的需求，申请人携带内地税务主管机关致香港税务局《关于请香港特别行政区税务主管当局出具居民身份证明的函》（以下简称"转介函"），向香港税务局申请开具《香港特别行政区居民身份证明书》（以下简称"居民身份证明书"）。

第四节 申报管理

一、纳税申报

（一）增值税一般纳税人申报

增值税一般纳税人依照税收法律法规及相关规定确定的申报期限、申报内容申报缴纳增值税，就增值税纳税有关事项向税务机关报送有关纳税书面报告。

缴纳合作油（气）田的原油、天然气增值税按期申报纳税、中国海洋石油总公司海上自营油（气）田纳税义务的纳税人不适用此事项。

（二）原油天然气增值税申报

依法履行缴纳合作油（气）田的原油、天然气增值税按期申报纳税、中国海洋石油总公司海上自营油（气）田纳税义务的纳税人，依照税收法律法规及相关规定确定的申报期限、申报内容申报原油天然气增值税，就原油天然气增值税有关事项向税务机关报送有关纳税书面报告。

（三）增值税小规模纳税人（非定期定额户）申报

增值税小规模纳税人（非定期定额户）依照税收法律法规及相关规定确定的申报期限、申报内容申报缴纳增值税。年应税销售额超过小规模纳税人标准的其他个人按小规模纳税人纳税；非企业性单位、不经常发生应税行为的企业可选择按小规模纳税人规定申报缴纳增值税。

非居民纳税人在中国境内发生增值税应税行为，在中国境内设立经营机构的，应自行申报缴纳增值税。

（四）航空运输企业年度清算申报

航空运输企业总机构汇总缴纳的增值税实行年度清算。年度终了后 25 个工作日内，总机构应当计算分支机构发生《应税服务范围注释》所列业务年度清算的应纳税额，并向主管税务机关报送《____年度航空运输企业年度清算表》；年度终了后 40 个工作日内，总机构主管税务机关应将《____年度航空运输企业年度清算表》逐级报送国家税务总局。根据分支机构年度清算的应纳税额情况，由国家税务总局通知分支机构所在地的省税务机关，在一定时期内暂停分支机构预缴增值税，或由国家税务总局通知分支机构所在地的省税务机关，在分支机构预缴增值税时一并补缴入库。

（五）消费税申报

在中华人民共和国境内从事应税消费品生产、委托加工、进口的纳税人依照税收法律法规及相关规定确定的申报期限、申报内容办理消费税纳税申报。

（六）附加税（费）申报

凡缴纳增值税、消费税的单位和个人，都是附加税（费）（包括城市维护建设税、教育费附加、地方教育费附加）的纳税义务人，都应当依照规定缴纳附加税（费）。附加税（费），以纳税人实际缴纳的产品消费税、增值税税额为计税依据，分别与产品消费税、增值税同时缴纳。

（七）文化事业建设费申报

在中华人民共和国境内提供广告服务的广告媒介单位和户外广告经营单位，应缴纳文化事业建设费。

中华人民共和国境外的广告媒介单位和户外广告经营单位在境内提供广告服务，在境内未设有经营机构的，以广告服务接受方为文化事业建设费的扣缴义务人。

缴纳文化事业建设费的单位（以下简称"缴纳义务人"）应按照提供广告服务取得的计费销售额和 3%的费率计算应缴费额，计算公式为

$$应缴费额＝计费销售额×3\%$$

计费销售额，为缴纳义务人提供广告服务取得的全部含税价款和价外费用，减除支付给其他广告公司或广告发布者的含税广告发布费后的余额。

缴纳义务人减除价款的，应当取得增值税专用发票或国家税务总局规定的其他合法

有效凭证，否则，不得减除。

按规定扣缴文化事业建设费的，扣缴义务人应按下列公式计算应扣缴费额：

$$应扣缴费额＝支付的广告服务含税价款×费率$$

文化事业建设费的缴纳义务发生时间和缴纳地点，与缴纳义务人的增值税纳税义务发生时间和纳税地点相同。

文化事业建设费的扣缴义务发生时间，为缴纳义务人的增值税纳税义务发生时间。

文化事业建设费的扣缴义务人应当向其机构所在地或者居住地主管税务机关申报缴纳其扣缴的文化事业建设费。

文化事业建设费的缴纳期限与缴纳义务人的增值税纳税期限相同。

增值税小规模纳税人中月销售额不超过 2 万元（按季纳税 6 万元）的企业和非企业性单位提供的应税服务，免征文化事业建设费。

自 2015 年 1 月 1 日起至 2017 年 12 月 31 日，对按日纳税的月销售额不超过 3 万元（含 3 万元），以及按季度纳税的季度销售额不超过 9 万元（含 9 万元）的缴纳义务人，免征文化事业建设费。

营改增后的文化事业建设费，由税务局征收。文化事业建设费纳入财政预算管理，用于文化事业建设。

2017 年之后，按照《财政部国家税务总局关于营业税改征增值税试点有关文化事业建设费政策及征收管理问题的补充通知》（财税〔2016〕60 号规定："未达增值税起征点的微纳义务人，免征文化事业建设费。"）

（八）企业所得税申报

实行查账征收方式申报企业所得税的居民纳税人（包括境外注册中资控股居民企业），依照税收法律法规及相关规定确定的申报内容，在月（季）度预缴企业所得税时，使用《中华人民共和国企业所得税月（季）度预缴纳税申报表（A 类）》，向税务机关申报缴纳企业所得税。

1. 居民企业（查账征收）企业所得税年度申报

实行查账征收方式申报企业所得税的居民纳税人（包括境外注册中资控股居民企业）进行企业所得税年度申报，依照税收法律、法规、规章及其他有关企业所得税的规定，自行计算本纳税年度应纳税所得额、应纳所得税额和本纳税年度应补或者应退税额，填报《中华人民共和国企业所得税年度纳税申报表（A 类，2014 版）封面》。根据《企业所得税法》及其实施条例、相关税收政策，向税务机关报送有关资料进行申报结清全年企业所得税税款的行为。

2. 居民企业（核定征收）企业所得税月（季）度及年度申报

按照企业所得税核定征收办法缴纳企业所得税的居民纳税人在月（季）度预缴企业所得税及年度申报缴纳企业所得税时，使用《中华人民共和国企业所得税月（季）度和年度纳税申报表（B 类）》。

居民企业（核定征收）企业所得税月（季）度申报应当自月份或者季度终了之日起15 日内，向税务机关报送预缴企业所得税纳税申报表，预缴税款。遇最后一日为法定节假日的，顺延 1 日；在每月 1 日至 15 日内有连续 3 日以上法定休假日的，按休假日天数顺延。

居民企业（核定征收）企业所得税年度申报应当自年度终了之日起 5 个月内，向税务机关报送年度企业所得税纳税申报表，并汇算清缴，结清应缴应退税款。遇最后一日为法定节假日的，顺延 1 日。实行核定定额征收企业所得税的纳税人不进行汇算清缴。

3. 非居民企业（据实申报）企业所得税季度申报

依照外国（地区）法律成立且实际管理机构不在中国境内，但在中国境内设立机构、场所，能够提供完整、准确的成本、费用凭证，如实计算应纳税所得额的非居民企业所得税纳税人，在正常经营期间，自季度终了之日起 15 日内向主管税务机关报送《中华人民共和国非居民企业所得税季度纳税申报表（适用于据实申报企业)》。

4. 非居民企业（据实申报）企业所得税年度申报

依照外国（地区）法律成立且实际管理机构不在中国境内，但在中国境内设立机构、场所，能够提供完整、准确的成本、费用凭证，如实计算应纳税所得额的非居民企业所得税纳税人，正常经营的，无论盈利或者亏损，应自年度终了之日起 5 个月内向主管税务机关报送《中华人民共和国非居民企业所得税年度纳税申报表（适用于据实申报企业)》；在年度中间终止经营活动的，应当自实际终止经营之日起 60 日内向主管税务机关报送《中华人民共和国非居民企业所得税年度纳税申报表（适用于据实申报企业)》，并汇算清缴，结清应缴应退税款。企业因特殊原因，不能在规定期限内办理年度所得税申报，应当在年度终了之日起 5 个月内，向主管税务机关提出延期申报申请。主管税务机关批准后，可以适当延长申报期限。

企业具有下列情形之一的，可不参加当年度的所得税汇算清缴。

（1）临时来华承包工程和提供劳务不足 1 年，在年度中间终止经营活动，且已经结清税款。

（2）汇算清缴期内已办理注销。

（3）其他经主管税务机关批准可不参加当年度所得税汇算清缴。

5. 非居民企业（核定征收）企业所得税季度申报

依照外国（地区）法律成立且实际管理机构不在中国境内，但在中国境内设立机构、场所，按核定利润率以及按经费支出、成本费用换算收入方式缴纳所得税的非居民企业，自季度终了之日起 15 日内向主管税务机关报送《中华人民共和国非居民企业所得税季度纳税申报表（适用于核定征收企业)》。

6. 非居民企业（核定征收）企业所得税年度申报

依照外国（地区）法律成立且实际管理机构不在中国境内，但在中国境内设立机构、场所，按核定利润率以及按经费支出、成本费用换算收入方式缴纳所得税的非居民企业，自年度终了之日起 5 个月内向主管税务机关报送《中华人民共和国非居民企业所得税年度纳税申报表（适用于核定征收企业)》；在年度中间终止经营活动的，应当自实际终止经营之日起 60 日内向主管税务机关报送《中华人民共和国非居民企业所得税年度纳税申报表（适用于核定征收企业)》。

7. 关联业务往来年度报告申报

实行查账征收的居民企业（包括境外注册中资控股居民企业）和在中国境内设立机构、场所并据实申报缴纳企业所得税的非居民企业涉及关联方业务往来的，在向税务机关报送年度企业所得税纳税申报表时，应附送《中华人民共和国企业年度关联业务往来报告表》，包括《关联关系表》《关联交易汇总表》《购销表》《劳务表》《无形资产表》《固定资产表》《融通资金表》和《对外支付款项情况表》。

8. 扣缴企业所得税申报

应扣缴的企业所得税（境外注册中资控股居民企业企业所得税）的征管，分别由支付所得的境内单位和个人的所得税主管税务机关负责。对不缴纳企业所得税的境内单位，其发生的企业所得税源泉扣缴管理工作仍由主管税务机关负责。

对非居民企业在中国境内取得工程作业和劳务所得应缴纳的所得税，税务机关可以指定工程价款或者劳务费的支付人为扣缴义务人。

对非居民企业取得来源于中国境内的股息、红利等权益性投资收益和利息、租金、特许权使用费所得、转让财产所得以及其他所得应当缴纳的企业所得税，实行源泉扣缴，以依照有关法律规定或者合同约定对非居民企业直接负有支付相关款项义务的单位或者个人为扣缴义务人。扣缴义务人在每次向非居民企业支付或者到期应支付所得时，应从支付或者到期应支付的款项中扣缴企业所得税。到期应支付的款项，是指支付人按照权责发生制原则应当计入相关成本、费用的应付款项。扣缴义务人每次代扣代缴税款时，应当向其主管税务机关报送《中华人民共和国扣缴企业所得税报告表》（以下简称扣缴表）及相关资料，并自代扣之日起 7 日内缴入国库。

9. 居民企业清算企业所得税申报

居民企业不再持续经营，发生结束自身业务、处置资立、偿还债务以及向所有者分配剩余财产等经济行为时，对清算所得、清算所得税、股息分配等事项进行处理，并依照税收法律法规及相关规定，自清算结束之日起 15 日内，就其清算所得向税务机关申报缴纳企业所得税。

10. 非居民企业企业所得税自行申报

在中国境内未设立机构、场所的，或虽设立机构、场所但取得的所得与其所设机构、场所没有实际联系的非居民企业，应当就其来源于中国境内的所得缴纳企业所得税，以及在中国境内取得承包工程作业和提供劳务所得并实行指定扣缴的非居民企业，在无扣缴义务人情况下或其他原因需自行向税务机关申报纳税时，使用《扣缴企业所得税报告表》按次或按期申报其所得并缴纳企业所得税。

11. 企业所得税汇总纳税总分机构信息备案

居民企业在中国境内跨地区（指跨省、自治区、直辖市和计划单列市，下同）设立不具有法人资格分支机构的，除另有规定外，其企业所得税征收管理适用《跨地区经营汇总纳税企业所得税征收管理办法》。

居民企业在中国境内既跨地区设立不具有法人资格分支机构，又在同一地区内设立不具有法人资格分支机构的，其企业所得税征收管理实行《跨地区经营汇总纳税企业所得税征收管理办法》。

居民企业在中国境内没有跨地区设立不具有法人资格分支机构，仅在同一省、自治区、直辖市和计划单列市（以下简称"同一地区"）内设立不具有法人资格分支机构的，其企业所得税征收管理办法，由各省、自治区、直辖市和计划单列市税务局参照《跨地区经营汇总纳税企业所得税征收管理办法》联合制定。

（九）个人所得税申报

1. 个人所得税自行申报

个人所得税自行申报是指按《个人所得税自行纳税申报办法（试行）》的通知规定，年所得12万元以上的，从中国境内两处或两处以上取得工资、薪金所得的，取得应纳税所得没有扣缴义务人的，从中国境外取得所得或者取得应税收入的，以及具有国务院规定的其他情形的纳税义务人根据《个人所得税法》的有关规定，就其个人所得向主管税务机关书面报送相关申报表的行为。对于按月或按次计征税款的项目，纳税人应当自取得所得次月15日内填报《个人所得税自行纳税申报表（A表）》向主管税务机关办理纳税申报。对于在中国境内有住所，或者无住所而在境内居住满1年的个人，从中国境外取得的所得，应在纳税年度终了后30日内填报《个人所得税自行纳税申报表（B表）》向中国境内主管税务机关办理纳税申报。当纳税人既存有优惠减免、又存在非居民享受税收协定待遇减免时，纳税人可以选择优惠度最高的享受减免进行申报。

2. 个人所得税自行申报（年所得12万元以上）

年所得12万元以上的纳税人，在纳税年度终了后3个月内，应当填写《个人所得税纳税申报表（适用于年所得12万元以上的纳税人申报）》，并在办理纳税申报时报送主管税务机关，同时报送有效身份证件复印件，以及主管税务机关要求报送的其他有关资料。

3. 生产、经营所得个人所得税月（季）度纳税申报

承包经营、承租经营者按照承包、承租经营合同（协议）规定取得的所得，依照个人所得税法的有关规定缴纳个人所得税。纳税义务人在1年内分次取得承包经营、承租经营所得的，应当在取得每次所得后的15日内预缴。

个体工商户的生产、经营所得应纳的个人所得税税款，按年计算，分月预缴，由纳税义务人在次月15日内预缴。

投资者应纳的个人所得税税款，按年计算，分月或者分季预缴，由投资者在每月或者每季度终了后15日内预缴。合伙企业有两个或两个以上自然人投资者的，应分别进行申报。

4. 生产、经营所得投资者个人所得税汇总申报

投资兴办两个或两个以上企业，并且其中含有合伙企业的投资者，年度终了后3个月内，应汇总从所有企业取得的应纳税所得额，据此确定适用税率并计算缴纳应纳税款。合伙企业投资者应向经常居住地主管税务机关申报纳税，办理汇算清缴，但经常居住地与其兴办企业的经营管理所在地不一致的，应选定其参与兴办的某一合伙企业的经营管

理所在地为办理年度汇算清缴所在地。

投资者汇总申报时，根据税法规定准予扣除的个人费用，由投资者选择在其中一个企业的生产经营所得中扣除。投资者兴办两个或两个以上企业的，企业的年度经营亏损不能跨企业弥补。

5. 生产、经营所得个人所得税年度纳税申报

承包经营、承租经营者按照承包、承租经营合同（协议）规定取得的所得，依照个人所得税法的有关规定缴纳个人所得税。对企事业单位的承包经营、承租经营所得应纳的税款，按年计算，由纳税义务人在年度终了后30日内缴入国库，并向税务机关报送纳税申报表。纳税义务人在一年内分次取得承包经营、承租经营所得的，应当在年度终了后3个月内汇算清缴，多退少补。

个体工商户的生产、经营所得应纳的税款，按年计算，分月预缴，由纳税义务人在年度终了后3个月内汇算清缴，多退少补。

个人独资企业和合伙企业投资者每一纳税年度的收入总额减除成本、费用以及损失后的余额，作为投资者个人的生产经营所得，计算征收个人所得税。投资者应纳的个人所得税税款，按年计算，分月或者分季预缴，由投资者在年度终了后3个月内汇算清缴，多退少补。合伙企业有两个或两个以上自然人投资者的，应分别进行申报。

个体工商户、个人独资企业和合伙企业因在纳税年度中间开业、合并、注销及其他原因，导致该纳税年度的实际经营期不足1年的，对个体工商户业主、个人独资企业投资者和合伙企业自然人投资者的生产经营所得计算个人所得税时，以其实际经营期为一个纳税年度。投资者本人的费用扣除标准，应按照其实际经营月份数，以每月3500元的减除标准确定。计算公式如下：

应纳税所得额＝该年度收入总额－成本、费用及损失－当年投资者本人的费用扣除额

当年投资者本人的费用扣除额＝月减除费用（3500元/月）×当年实际经营月份数

应纳税额＝应纳税所得额×税率－速算扣除数

6. 扣缴储蓄存款利息所得个人所得税申报

储蓄存款利息所得个人所得税以取得储蓄存款利息所得的个人为纳税义务人，以办理结付个人储蓄存款利息的储蓄机构为扣缴义务人。凡办理个人储蓄业务的储蓄机构，在向个人结付储蓄存款利息时，应依法代扣代缴其应缴纳的个人所得税税款。所称结付储蓄存款利息，是指向个人储户支付利息、结息日和办理存款自动转存业务时结息。扣缴义务人每月所扣的税款，应当在次月15日内缴入中央金库，并向主管税务机关报送《储蓄存款利息所得扣缴个人所得税报告表》和主管税务机关要求报送的其他有关资料。所扣税款为外币的，应当按照缴款上一月最后一日中国人民银行公布的人民币基准汇价折算成人民币，以人民币缴入国库。

7. 扣缴个人所得税申报

扣缴个人所得税申报，是指扣缴义务人向个人支付应税所得时，不论其是否属于本单位人员、支付的应税所得是否达到纳税标准，扣缴义务人应当在代扣税款的次月15日内，向主管税务机关报送《扣缴个人所得税报告表》和主管税务机关要求报送的其他

有关资料。所扣税款为外币的，应当按照缴款上一月最后一日中国人民银行公布的人民币基准汇价折算成人民币，以人民币缴入国库。实行个人所得税全员全额扣缴申报的应税所得包括：工资、薪金所得；劳务报酬所得；稿酬所得；特许权使用费所得；利息、股息、红利所得；财产租赁所得；财产转让所得；偶然所得；经国务院财政部门确定征税的其他所得。

雇主为雇员负担全年一次性奖金部分个人所得税款，属于雇员额外增加的收入，应将雇主负担的这部分税款并入雇员的全年一次性奖金，换算为应纳税所得额后，按照规定方法计征个人所得税。

当应税所得个人既存在优惠减免、又存在非居民享受税收协定待遇减免时，扣缴义务人可以根据应税所得个人选择优惠度最高的享受减免进行申报。

8. 特定行业个人所得税年度申报

特定行业个人所得税年度申报，是指特定行业工资、薪金所得个人所得税的年度申报。

特定行业，指符合《中华人民共和国个人所得税法实施条例》第四十条规定的采掘业、远洋运输业、远洋捕捞业以及国务院财政、税务主管部门确定的其他行业。扣缴义务人在年度终了之日起 30 日内，向主管税务机关报送《特定行业个人所得税年度申报表》和主管税务机关要求报送的其他有关资料。

9. 限售股转让所得个人所得税清算申报

限售股持有者为限售股转让所得个人所得税的纳税义务人。

限售股转让所得个人所得税，采取证券机构预扣预缴、纳税人自行申报清算和证券机构直接扣缴相结合的方式征收。纳税人按照实际转让收入与实际成本计算出的应纳税额，与证券机构预扣预缴税额有差异的，纳税人应自证券机构代扣并解缴税款的次月 1 日起 3 个月内，到证券机构所在地主管税务机关提出清算申请，办理清算申报事宜。纳税人在规定期限内未到主管税务机关办理清算事宜的，期限届满后税务机关不再办理。

纳税人办理清算时，应按照收入与成本相匹配的原则计算应纳税所得额。即限售股转让收入必须按照实际转让收入计算，限售股原值按照实际成本计算。如果纳税人未能提供完整、真实的限售股原值凭证，不能正确计算限售股原值的，主管税务机关一律按限售股实际转让收入的 15%核定限售股原值及合理税费。

10. 限售股转让所得扣缴个人所得税申报

纳税人转让股改限售股的，证券机构按照该股票股改复牌日收盘价计算转让收入，纳税人转让新股限售股的，证券机构按照该股票上市首日收盘价计算转让收入，并按照计算出的转让收入的 15%确定限售股原值和合理税费，以转让收入减去原值和合理税费后的余额为应纳税所得额，计算并预扣个人所得税。

纳税人发生个人通过证券交易所集中交易系统或大宗交易系统转让限售股，个人用限售股认购或申购交易型开放式指数基金（exchange traded funds，ETF）份额，个人用限售股接受要约收购，个人行使现金选择权将限售股转让给提供现金选择权的第三方情形的，对其应纳个人所得税按照财税〔2009〕167号文件规定，采取证券机构预扣预缴、纳税人自行申报清算和证券机构直接扣缴相结合的方式征收。

（十）资源税申报

在中华人民共和国领域及管辖海域开采应税矿产品或者生产盐的单位和个人，为资源税的纳税义务人，应当依照规定缴纳资源税。资源税纳税人的纳税期限为1日、3日、5日、10日、15日或者1个月，由主管税务机关根据实际情况具体核定。不能按固定期限计算纳税的，可以按次计算纳税。纳税人以1个月为一期纳税的，自期满之日起10日内申报纳税；以1日、3日、5日、10日或者15日为一期纳税的，自期满之日起5日内预缴税款，于次月1日起10日内申报纳税并结清上月税款。

（十一）城镇土地使用税申报

在城市、县城、建制镇、工矿区范围内使用土地的单位和个人，为城镇土地使用税的纳税人，应当依照规定缴纳土地使用税。单位，包括国有企业、集体企业、私营企业、股份制企业、外商投资企业、外国企业以及其他企业和事业单位、社会团体、国家机关、军队、其他单位；个人，包括个体工商户以及其他个人。土地使用税按年计算、分期缴纳。缴纳期限由省、自治区、直辖市人民政府确定。

（十二）土地增值税申报

转让国有土地使用权、地上的建筑物及其附着物（以下简称转让房地产）并取得收入的单位和个人，为土地增值税的纳税义务人，应当缴纳土地增值税。纳税人应当自转让房地产合同签订之日起7日内向房地产所在地主管税务机关办理纳税申报，向税务机关提交房屋及建筑物产权、土地使用权证书，土地转让、房产买卖合同，房地产评估报告及其他与转让房地产有关的资料，并在税务机关核定的期限内缴纳土地增值税。房地产所在地，是指房地产的坐落地。纳税人转让房地产坐落在两个或两个以上地区的，应按房地产所在地分别申报纳税。纳税人因经常发生房地产转让而难以在每次转让后申报的，经税务机关审核同意后，可以定期进行纳税申报，具体期限由税务机关根据情况确定。纳税人按照税务机关核定的税额及规定的期限缴纳土地增值税。

土地增值税清算，是指纳税人在符合土地增值税清算条件后，依照税收法律、法规及土地增值税有关政策规定，计算房地产开发项目应缴纳的土地增值税税额，并填写《土地增值税清算申报表》，向主管税务机关提供有关资料，办理土地增值税清算手续，结清该房地产项目应缴纳的土地增值税税款。

土地增值税清算审核结束后，经审核符合条件、相关申报数据准确无误，将资料传递给土地增值税清算申报发放人员。

土地增值税清算申报发放人员制作《税务事项通知书》（审核通知）发送给纳税人。对经审核需要补缴土地增值税的，由纳税人通过申报错误更正流程进行更正申报并补缴税款；对需要退还土地增值税的，由纳税人更正申报后办理多缴税款的退还。

（十三）房产税申报

房产税在城市、县城、建制镇和工矿区征收。房产税由产权所有人缴纳。产权属于全民所有的，由经营管理的单位缴纳。产权出典的，由承典人缴纳。产权所有人、承典人不在房产所在地的，或者产权未确定及租典纠纷未解决的，由房产代管人或者使用人缴纳。产权所有人、经营管理单位、承典人、房产代管人或者使用人，统称为纳税义务人。自 2009 年 1 月 1 日起，外商投资企业、外国企业和组织以及外籍个人，依照《中华人民共和国房产税暂行条例》缴纳房产税。房产税按年征收、分期缴纳，纳税期限由省、自治区、直辖市人民政府规定。

（十四）车船税申报

在中华人民共和国境内，车辆、船舶（以下简称车船）的所有人或者管理人为车船税的纳税人，应当依照规定缴纳车船税。车船税的纳税地点为车船的登记地或者车船税扣缴义务人所在地。依法不需要办理登记的车船，车船税的纳税地点为车船的所有人或者管理人所在地。车船税纳税义务发生时间为取得车船所有权或者管理权的当月。车船税按年申报，分月计算，一次性缴纳。纳税年度为公历 1 月 1 日至 12 月 31 日。凡在交通运输部直属海事管理机构登记管理的应税船舶，其车船税一律由船籍港所在地的税务部门委托当地交通运输部直属海事管理机构代征。

扣缴义务人代扣或代收税款后，向税务机关解缴已代扣、代收的税款，应在规定期限内向主管税务机关报送，领取并填写《代扣代缴、代收代缴税款报告表》，申请办理代扣代缴、代收代缴报告业务。

（十五）印花税申报

在中华人民共和国境内书立、领受印花税暂行条例所列举凭证的单位和个人，都是印花税的纳税义务人（以下简称纳税人），应当按照规定缴纳印花税。"同一种类应纳税凭证，需频繁贴花的，纳税人可以根据实际情况自行决定是否采用按期汇总缴纳印花税的方式。汇总缴纳的期限为一个月。采用按期汇总缴纳方式的纳税人应事先告知主管税务机关。缴纳方式一经选定，一年内不得改变"。

凡是在上海、深圳证券登记公司集中托管的股票，在办理法人协议转让和个人继承、赠予等非交易转让时，其证券交易印花税统一由上海、深圳证券登记公司代扣代缴。代扣代缴证券交易印花税的单位应当按月向主管税务机关报送《代扣代缴证券交易印花税报告表》。

扣缴义务人代扣或代收税款后，向税务机关解缴已代扣、代收的税款，应在规定期限内向主管税务机关报送，领取并填写《代扣代缴、代收代缴税款报告表》，申请办理代扣代缴、代收代缴报告业务。

（十六）烟叶税申报

在中华人民共和国境内收购烟叶的单位为烟叶税的纳税人。烟叶，是指晾晒烟叶、烤烟叶。纳税人收购烟叶，应当向烟叶收购地的主管税务机关申报纳税。"烟叶收购地的主管税务机关"，是指烟叶收购地的县级税务局或者其所指定的税务分局、所。烟叶税的纳税义务发生时间为纳税人收购烟叶的当天。"收购烟叶的当天",是指纳税人向烟叶销售者付讫收购烟叶款项或者开具收购烟叶凭据的当天。纳税人应当自纳税义务发生之日起 30 日内申报纳税。具体纳税期限由主管税务机关核定。

(十七)耕地占用税申报

占用耕地建房或者从事非农业建设的单位或者个人,为耕地占用税的纳税人,应当缴纳耕地占用税。耕地,是指用于种植农作物的土地。耕地占用税以纳税人实际占用的耕地面积为计税依据,按照规定的适用税额一次性征收。经批准占用耕地的,耕地占用税纳税义务发生时间为纳税人收到土地管理部门办理占用农用地手续通知的当天。未经批准占用耕地的,耕地占用税纳税义务发生时间为纳税人实际占用耕地的当天。纳税人占用耕地或其他农用地,应当在耕地或其他农用地所在地申报纳税。土地管理部门在通知单位或者个人办理占用耕地手续时,应当同时通知耕地所在地同级地方税务机关。获准占用耕地的单位或者个人应当在收到土地管理部门的通知之日起 30 日内缴纳耕地占用税。土地管理部门凭耕地占用税完税凭证或者免税凭证和其他有关文件发放建设用地批准书。

(十八)契税申报

在中华人民共和国境内转移土地、房屋权属,承受的单位和个人为契税的纳税人,契税纳税人应当自纳税义务发生之日起 10 日内,向土地、房屋所在地的契税征收机关办理纳税申报,并在契税征收机关核定的期限内缴纳税款。转移土地、房屋权属是指国有土地使用权出让。土地使用权转让,包括出售、赠予和交换,不包括农村集体土地承包经营权的转移、房屋买卖、房屋赠予、房屋交换。契税税率为 3%～5%。

(十九)矿区使用费申报

在中华人民共和国内海、领海、大陆架及其他属于中华人民共和国行使管辖权的海域内依法从事开采海洋石油资源的中国企业和外国企业,在中华人民共和国境内从事合作开采陆上石油资源的中国企业和外国企业,征收矿区使用费。合作油(气)田开采的原油、天然气按实物缴纳矿区使用费,以每一油(气)田每一公历年度生产的油(气)量扣除合作油(气)田作业用油(气)量和损耗量之后的原油、天然气总产量为计费依据。

矿区使用费按年计算,分次或者分期预缴,年度终了后汇算清缴。合作油(气)田的矿区使用费按年计算,分期或分次预缴,年度终了后汇算清缴。管道运输原油、天然气的,按月预缴,于次月 15 日内申报缴纳;船只运输原油、天然气的,按次预缴,于每次销售实现后 5 日内申报缴纳,年度终了后 3 个月内汇算清缴,多退少补。矿区使用费的代扣义务人和代缴义务人,必须按照税务机关确定的期限缴纳矿区使用费。逾期缴纳的,税务机关从逾期之日起,按日加收矿区使用费 1%的滞纳金。

油、气田的作业者应当在每一季度终了后 10 日内向税务机关报送油、气田的产量,以及税务机关所需要的其他有关资料。凡已进入商业性生产的油(气)田,应于每年 1 月 15 日前向主管税务机关报送本油(气)田的年度计划产量,季度终了后 15 日内向主管税务机关报送合作油(气)田的产量、分配量、销售量以及主管税务机关所需要的其他有关资料。

2011 年 11 月 1 日起，开采海洋或陆上油气资源的中外合作油气田企业应依法缴纳资源税，不再缴纳矿区使用费。但是，之前已依法订立的中外合作开采陆上石油、海洋石油资源的合同，在已约定的合同有效期内，继续依照当时国家有关规定缴纳矿区使用费，不缴纳资源税；合同期满后，依法缴纳资源税。开采海洋油气资源的自营油气田，自 2011 年 11 月 1 日起统一缴纳资源税，不再缴纳矿区使用费。

（二十）车辆购置税申报

发生车辆购置税应税行为的纳税人，依照税收法律法规及相关规定确定的申报期限向主管税务机关申报缴纳车辆购置税的行为。

符合《中华人民共和国车辆购置税暂行条例》规定的应税车辆的单位和个人纳税人购买自用应税车辆的，应当自购买之日起 60 日内申报纳税；进口自用应税车辆的，应当自进口之日起 60 日内申报纳税；自产受赠、获奖或者以其他方式取得并自用应税车辆的，应当自取得之日起 60 日内申报纳税。

（二十一）社会保险费申报

1. 单位社会保险费日常申报

单位社会保险费日常申报是指以单位身份参加社会保险费的缴费人按期向税务机关申报应缴社会保险费，或税务部门将社保经办机构按期提供的单位缴费人社会保险费应征数据导入到税务征收系统。

单位缴费人办理社会保险费日常申报业务，应在规定期限内向主管税务机关报送相关资料。

2. 社会保险费结算申报

社会保险费结算申报是指缴费人在年度终了或依法终止时，自行结算上年度或缴费终止前应缴的各项社会保险费，并按规定向主管税务机关进行社会保险费缴费基数、调整项目及社会保险费补退结算申报等；也可用于缴费人在年度终了或依法终止时，由社保经办机构结算上年度或缴费终止前应缴的各项社会保险费，并按规定向主管税务机关传递有关申报数据等。

3. 灵活就业人员社会保险费日常申报

灵活就业人员社会保险费日常申报是指以个人身份参加社会保险费的缴费人按期向税务机关申报应缴社会保险费。

申请办理灵活就业人员社会保险费日常申报业务的，应在规定期限内向主管税务机关报送相关资料。

（二十二）其他申报

1. 通用申报（税及附征税费）

通用申报是税务机关为了方便纳税人办理纳税（缴费）申报业务，提高征收单位的办公效率，综合了流转税、所得税、财产税、行为税及相关规费申报的基本元素而设计的一项申报业务，纳税人可以通过一张通用申报表完成多项税（费）种的申报。

从事房地产开发的纳税人通过通用申报预缴土地增值税。纳税人在项目全部竣工结算前转让房地产取得的收入，由于涉及成本确定或其他原因，而无法据以计算土地增值税的，可以预征土地增值税，待该项目全部竣工、办理结算后再进行清算，多退少补。具体办法由各省、自治区、直辖市税务局根据当地情况制定。对未按预征规定期限预缴税款的，应根据《税收征管法》及其实施细则的有关规定，从限定的缴纳税款期限届满的次日起，加收滞纳金。

2. 定期定额申报

（1）简易申报。实行定期定额缴纳税款的纳税人在法律、行政法规规定的期限或者在税务机关依照法律、行政法规的规定确定的期限内缴纳税（费）款的，税务机关可以视同申报。各地代征的规费基金，包括残保金等具备定期定额特点的业务，可以实行简易申报；房产税、城镇土地使用税等具备定期定额特点的业务，可以实行简易申报。

实行简易申报的纳税人或缴费人，可以委托经税务机关认定的银行或其他金融机构办理税款划缴，不需提交申报表。

（2）定期定额户自行申报。定期定额户纳税人上门申报的，适用于定期定额户因未签署三方协议不能简易申报、简易申报失败后由纳税人自行申报、未达起征点双定户达到起征点后纳税人自行申报、定期定额户超定额申报。

定期定额户发生定额与发票开具金额或税控收款机记录数据比对后，超过定额的经营额、所得额所应缴纳的税款或在税务机关核定定额的经营地点以外从事经营活动所应缴纳的税款等情形，应当向税务机关办理纳税相关事宜。

增值税小规模纳税人核定定额的情形，通过"增值税小规模纳税人申报"业务申报，不适用此申报。

（3）定期定额户分月（季）汇总申报。定期定额个体工商户（含未达起征点个体工商户）在定额执行期结束后，应当将该期每月（季）实际发生经营额、所得额向税务机关申报［以下简称分月（季）汇总申报］，申报额超过定额的，税务机关按照申报额所应缴纳的税款减去已缴纳税款的差额补缴税款。申报额低于定额的，按定额缴纳税款。具体申报期限由省级税务机关确定。

实行简并征期的定期定额户，在简并征期结束后应当办理分月（季）汇总申报。定期定额户注销税务登记，应当向税务机关进行分月（季）汇总申报并缴清税款。定期定额户停业是否分月（季）汇总申报由主管税务机关确定。

定期定额户在定额执行期届满分月（季）汇总申报时，月（季）申报额高于定额又低于省税务机关规定申报幅度的应纳税款，在规定的期限内申报纳税不加收滞纳金；对实行简并征期的定期定额户，其按照定额所应缴纳的税款在规定的期限内申报纳税不加收滞纳金。

3. 委托代征、代售申报

（1）委托代征报告。税务机关根据有利于税收控管和方便纳税的原则，可以按照国家有关规定委托有关单位和人员代征零星分散和异地缴纳的税收，并发给委托代征证书，受托单位和人员按要求以税务机关的名义依法征收税款，按时申报入库。

（2）印花税票代售报告。印花税票可以委托单位或者个人代售，受托单位或者个人可以向税务机关提出代售印花税票的行政许可申请。代售户所售印花税票取得的税款，须专户存储，并按照规定的期限向当地税务机关结报，或者填开专用缴款书直接向银行缴纳。

4. 代扣代缴、代收代缴申报

代扣代缴、代收代缴申报指扣缴义务人履行除扣缴企业所得税申报、扣缴个人所得税申报、限售股转让所得扣缴个人所得税申报、代扣代缴证券交易印花税申报、扣缴储蓄存款利息所得个人所得税申报之外的代扣代缴、代收代缴税款报告义务，填写《代扣代缴、代收代缴税款报告表》及《代扣代缴、代收代缴税款明细报告表》，进行扣缴申报的业务。

中华人民共和国境外的单位或者个人在境内提供应税服务，在境内未设有经营机构的，以其代理人为增值税扣缴义务人；在境内没有代理人的，以接受方为增值税扣缴义务人。

中华人民共和国境外的单位或者个人在境内提供应税劳务，在境内未设有经营机构的，以其境内代理人为扣缴义务人；在境内没有代理人的，以购买方为扣缴义务人。

5. 通用申报（基金规费）

地方规费是指各省、自治区、直辖市委托地方税务机关征收的各项地方性财政规费和其他收费，地方税务机关为规范缴费管理，参照税收管理方式对各项规费实行的申报管理业务。各费种申报使用各自的申报资料，也可使用通用申报资料，申报期限由各省、自治区、直辖市根据实际需要，结合税收管理制定。

（二十三）废弃电器电子产品处理基金申报

中华人民共和国境内电器电子产品的生产者，为基金缴纳义务人，应当依照规定缴纳废弃电器电子产品处理基金。基金缴纳义务人销售应征基金产品时缴纳基金。基金缴纳义务人向其主管税务机关申报缴纳基金。基金缴纳义务人应当自季度终了之日起15日内申报缴纳基金，向主管税务机关报送《废弃电器电子产品处理基金申报表》。基金缴纳义务人销售或受托加工生产相关电器电子产品，按照从量定额的办法计算应缴纳基金。应缴纳基金的计算公式为

$$应缴纳基金＝销售数量（受托加工数量）×征收标准$$

自2014年6月1日起，基金缴纳义务人（以下称受托方）受外贸公司（以下称委托方）委托加工电器电子产品，其海关贸易方式为"进料加工"或"来料加工"且由委托方收回后复出口的，免征基金。

（二十四）资料报送与信息采集

1. 财务报告报送与信息采集

（1）企业会计准则（一般企业）财务报表报送与信息采集。企业根据执行的企业会

计准则（一般企业）财务会计制度，应首先在税务机关进行财务报表的核定，确定其财务报表的报送范围和报送属期，报送税务机关规定的财务报表。

无论核定为按月报送还是按季报送的纳税人，在年度终了后，均需要向税务机关报送其本年度的年度财务报表，即财务报表年报。纳税人应按照规定的期限报送财务报表，逾期未报送的，税务机关应进行催报。

（2）企业会计制度财务报表报送与信息采集。企业根据执行的企业会计制度，应首先在税务机关进行财务报表的核定，确定其财务报表的报送范围和报送属期，报送税务机关规定的财务报表。

无论核定为按月报送还是按季报送的纳税人，在年度终了后，均需要向税务机关报送其本年度的年度财务报表，即财务报表年报。纳税人应按照规定的期限报送财务报表，逾期未报送的，税务机关应进行催报。

（3）小企业会计准则财务报表报送与信息采集。企业根据执行的小企业会计准则，应首先在税务机关进行财务报表的核定，确定其财务报表的报送范围和报送属期，报送税务机关规定的财务报表。

无论核定为按月报送还是按季报送的纳税人，在年度终了后，均需要向税务机关报送其本年度的年度财务报表，即财务报表年报。纳税人应按照规定的期限报送财务报表，逾期未报送的，税务机关应进行催报。

（4）行业会计制度财务报表报送与信息采集。企业根据执行的行业会计制度，应首先在税务机关进行财务报表的核定，确定其财务报表的报送范围和报送属期，报送税务机关规定的财务报表。

无论核定为按月报送还是按季报送的纳税人，在年度终了后，均需要向税务机关报送其本年度的年度财务报表，即财务报表年报。纳税人应按照规定的期限报送财务报表，逾期未报送的，税务机关应进行催报。

2. 税收调查相关资料

资料报送与信息采集是指税务机关采集纳税人单独报送的涉税资料，包括财务报表、企业年金财务报表、税收协定以及税务机关根据实际需要要求纳税人报送的其他纳税资料。资料报送和信息采集包含两种情况。

（1）仅接收纳税人报送的资料并做相应的记录，但是不采集其中的信息。

（2）接收纳税人报送的资料，并且将全部或者部分资料信息采集到征管系统。

税收资料调查企业数据采集是指税收资料调查企业认定后需要定期向税务机关报送反映税收资料调查企业分户基本信息、积累税收资料调查企业档案资料。

二、消费税管理

根据《国家税务总局卷烟消费税计税价格信息采集和核定管理办法》，针对卷烟消费税，县（区）局、市局、省局、总局四级税务机关需按照规定，设置相应岗位，对我国境内销售的所有牌号、规格的卷烟进行卷烟消费税计税价格信息的汇总，并根据汇总的信息对卷烟生产企业在生产环节销售的所有牌号、规格的卷烟进行卷烟消费税最低计税价格核定管理。

三、企业所得税管理

（一）非居民企业所得税汇算清缴审核

主管税务机关应在年度终了之日起 5 个月内完成非居民企业年度所得税纳税申报表及有关资料的受理、审核以及办理处罚、税款的补（退）手续。其中主管税务机关应结合季度所得税申报表及日常征管情况，对企业报送的年度申报表及其附表和其他有关资料进行初步审核，在 5 月 31 日前，对应补缴所得税、应办理退税的企业发送《非居民企业所得税汇算清缴涉税事宜通知书》。下发通知书时不形成应征，而是通知纳税人上门补缴税款，通过申报错误更正业务将申报表更正正确。

（二）确定受控外国企业

确定受控外国企业是指由主管税务机关对纳税人年度报送的《中华人民共和国企业年度关联业务往来报告表》附表《对外投资情况表（表八）》进行审核核实并汇总，根据税法规定审核确定受控外国企业的中国居民股东，根据已确定的受控外国企业中国居民股东通知该纳税人。

四、契税管理

承受方在土地出转让或房屋交易契税申报时，税务机关对交易价格有疑义时需进行契税交易价格评估，将评估价格与纳税人契税申报时填报的交易价格进行比对，无正常理由价格偏低的，必须遵从从高原则征收。

五、车辆购置税申报管理

（一）核定备案最低计税价格

车辆购置税是按照计税价格计算征收的，但是在现实征管中，以下一些情况下，纳税人申报的计税价格可能会与实际不符。

（1）纳税人购买自用或者进口自用应税车辆，申报的计税价格低于同类型应税车辆的最低计税价格，又无正当理由。

（2）纳税人自产、受赠、获奖或者以其他方式取得并自用的应税车辆。

（3）国家税务总局未核定最低计税价格的车辆，纳税人提供的有效价格证明注明的价格明显偏低。

（4）进口旧车，因不可抗力因素导致受损的车辆，库存时间较长、行驶里程较多的试验车辆，纳税人无法提供车辆有效价格证明。

对于上述情况，税务机关有权根据市场平均售价对应税车辆的最低计税价格进行核定。

（二）核定车辆购置税暂行最低计税价格

对国家税务总局未核定最低计税价格的车辆，纳税人申报的计税价格低于同类型应税车辆最低计税价格，又无正当理由的，主管税务机关可比照已核定的同类型车辆最低计税价格征税。同类型车辆由主管税务机关确定，并报上级税务机关备案。各省、自治区、直辖市和计划单列市税务局应制定具体办法及时将备案的价格在本地区统一。

各省、自治区、直辖市和计划单列市税务局将备案的价格在本地区统一后核定暂行最低计税价格。

（三）车价信息管理

车辆购置税价格信息管理工作包括车价信息的采集、上传、审核、汇审、发布及车辆最低计税价格的核定和下发等工作。

最低计税价格是指国家税务总局依据车辆生产企业提供的车辆价格信息，参照市场平均交易价格核定的车辆购置税计税价格。

车价信息采集范围为《中华人民共和国车辆购置税暂行条例》（中华人民共和国国务院令〔2000〕第294号）规定征收范围的所有车辆。

（四）车辆合格证电子信息重复使用

依据合格证电子信息办理车购税纳税申报的，合格证电子信息不能重复使用。已完税车辆因异地办理登记注册或多缴税款申请退税等原因，需使用合格证电子信息重新办理车购税纳税申报的，受理纳税人纳税申报的税务机关可通过车购税征管系统向税务总局提交合格证电子信息重复使用申请。合格证电子信息数据恢复后，税务机关依据合格证电子信息办理相关业务。

（五）车辆购置税特殊业务处理

在车购税申报纳税车辆中，有些特殊车辆会没有纸质合格证和合格证电子信息，如"未列入合格证信息管理系统"管理的车辆以及罚没拍卖、法院裁决、补征税款等特殊征税车辆，这些车辆无法通过扫描纸质合格证以及比对合格证电子信息的方式进行征收。同时，新版"合格证信息管理系统"2013年4月1日启用，2013年4月1日前生产（进口）的车辆也存在无合格证电子信息问题。

车辆购置税特殊业务处理方法适用所有无纸质合格证（和合格证电子信息）车辆、无合格证电子信息车辆。

适用车辆情形主要有以下六类：拍卖、走私罚没、法院裁决、已使用未完税、生产企业注销以及其他确实无法解决合格证电子信息问题的车辆。

六、申报对比

（一）增值税小规模纳税人票表比对

"增值税小规模纳税人票表比对"中税务机关采集的开票信息包括纳税人使用税控收款机开具的普通发票信息和非使用税控收款机开具的普通发票信息两种情况。

税务机关对纳税人报送的申报信息和采集的涉税信息进行比对时对"票表比对"异常信息需要核实异常原因，并区别不同情况进行处理：属于技术原因造成"票表比对"结果异常的，应受理其申报资料，并及时通知税控收款机技术部门进行维护；属于申报数据填报错误造成比对结果异常的，将申报资料退纳税人修改后重新申报；除上述两种原因外，比对结果异常的，应受理纳税申报资料，但对纳税人的税控IC卡不予清零解锁，同时填写《比对异常转办单》。

（二）增值税一般纳税人"一窗式"比对

"增值税一般纳税人'一窗式'比对"的票表比对是指利用存根联数据采集、抵扣联数据采集及其他业务模块采集的增值税进、销项数据与纳税申报表及附列资料表中的对应数据进行比对。票表比对包括普通发票与申报表的比对、增值税专用发票与申报表的比对，发票信息包括使用税控收款机开具的普通发票信息、非使用税控收款机开具的普通发票信息、防伪税控系统开具的增值税专用发票信息等，票表比对内容包括增值税防伪税控系统开具的防伪税控《增值税专用发票》（抄报税、认证）、货物运输业增值税专用发票税控系统开具的《货物运输业增值税专用发票》（抄报税、认证）、机动车销售统一发票税控系统开具的税控《机动车销售统一发票》、运输费用结算单据（《公路、内河货物运输业统一发票》）、海关进口增值税专用缴款书、代扣代缴税收通用缴款书。

（三）石脑油、燃料油消费税退税"一窗式"比对

"石脑油、燃料油消费税退税'一窗式'比对"是主管税务机关在对使用企业进行"石脑油、燃料油消费税退税审批"之前完成的工作内容，根据使用企业和生产企业的情况分别进行。在采集完成纳税人报送的涉税信息和退税申请表后，即时完成比对。"石脑油、燃料油消费税退税'一窗式'比对"管理的基本业务包括：增值税专用发票信息、海关完税信息、企业涉税信息和退税申请表采集；增值税专用发票信息、海关完税信息、涉税信息和退税申请表比对；比对结果的处理。其中增值税专用发票信息采集通过防伪税控认证系统实现；海关完税信息采集通过外部信息交换系统实现；涉税信息采集通过资料报送与信息采集实现；退税申请表采集通过退抵税（费）审批实现。本事项仅处理"一窗式"比对及比对结果的处理。

七、催报

纳税人未按照规定的期限办理纳税申报和报送纳税资料的，或者扣缴义务人未按照规定的期限向税务机关报送代扣代缴、代收代缴税款报告表和有关资料的，由税务机关责令限期改正，可以处 2000 元以下的罚款；情节严重的，可以处 2000 元以上 1 万元以下的罚款。

税务机关对未按规定期限办理纳税申报、报送财务报表等有关资料（指资产负债表、利润表、企业财务信息采集表等）的纳税人、扣缴义务人按规定生成催报清册，采用科学、合理的办法对纳税人进行催报处理。

八、征缴信息维护

（一）总分机构列名纳税人征缴信息维护

对总分机构列名纳税人的税款预缴和汇算清缴涉及的是否就地预缴、预算科目、预算级次等信息进行维护；对跨省合资铁路企业注册地及非注册地征收缴款的就地预缴标识及预缴比例等信息进行维护。

铁路运输企业（包括广铁集团和大秦铁路公司）、国有邮政企业、中国工商银行股份有限公司、中国农业银行、中国银行股份有限公司、国家开发银行、中国农业发展银

行、中国进出口银行、中央汇金投资有限责任公司、中国建设银行股份有限公司、中国建银投资有限责任公司以及海洋石油天然气企业（包括港澳台和外商投资、外国海上石油天然气企业）等企业下属二级分支机构均应按照企业所得税的有关规定向当地主管税务机关报送企业所得税预缴申报表或其他相关资料，但其税款由总机构统一汇总计算后向总机构所在地主管税务机关缴纳。

中国石油天然气股份有限公司（以下简称"中石油"）、中国石油化工股份有限公司（以下简称"中石化"）下属二级分支机构企业，不具有法人资格的，从 2011 年 1 月 1 日起，按照年度应纳所得税额 50%的比例，就地预缴企业所得税。

中国华融资产管理股份有限公司、中国东方资产管理公司应缴纳的企业所得税，由企业总机构统一汇总计算后，向总机构所在地主管税务机关申报预缴，年终进行汇算清缴。上述企业所属二级分支机构应按照企业所得税的有关规定，向其当地主管税务机关报送企业所得税预缴申报表和其他相关资料，各分支机构不就地预缴企业所得税。

（二）跨省合资铁路企业税收分配比例维护

跨省（自治区、直辖市，下同）合资铁路企业缴纳地方分享的所得税收入，按照相关省份铁路客、货运周转量和运营里程等因素所占比例在相关地区分配，分配比例每两年根据上述因素变化情况进行调整。国库部门收到中国铁路总公司集中缴纳的铁路运输企业所得税税款（欠税、查补税款和罚款，下同）后，将其中 60%列入"101041701 中国铁路总公司集中缴纳的铁路运输企业所得税"，40%列入"101041702 中国铁路总公司集中缴纳的铁路运输企业所得税待分配收入"。列入"101041702 中国铁路总公司集中缴纳的铁路运输企业所得税待分配收入"部分，由中央财政按照核定的比例定期分配给各地区，列入相关地方收入科目。

跨省合资铁路企业缴纳企业所得税税款，应按中央财政核定的分配比例在相关省进行分配，由相关省负责缴库的主管税务机关分别办理征缴。缴纳企业所得税时，预算科目填列"101043317 跨省合资铁路企业所得税"，预算级次填列"中央 60%，地方 40%"。

九、其他纳税核定

自 2012 年 7 月 1 日起，以购进农产品为原料生产销售液体乳及乳制品、酒及酒精、植物油的增值税一般纳税人，纳入农产品增值税进项税额核定扣除试点范围，其购进农产品无论是否用于生产上述产品，增值税进项税额均按照《农产品增值税进项税额核定扣除试点实施办法》的规定抵扣。

对以单一农产品原料生产多种货物或者多种农产品原料生产多种货物的，在核算当期主营业务成本以及核定农产品耗用率时，试点纳税人应依据合理的方法进行归集和分配。

年度终了，主管税务机关应根据试点纳税人本年实际对当年已抵扣的农产品增值税进项税额进行纳税调整，重新核定当年的农产品耗用率，并作为下一年度的农产品耗用率。

主管税务机关按照《农产品增值税进项税额核定扣除试点实施办法》第四条"成本法"的有关规定重新核定试点纳税人农产品耗用率，以及按照《农产品增值税进项税额核定扣除试点实施办法》第十四条有关规定重新核定试点纳税人扣除标准时，均应按程序报经省级税务机关批准。

第五节 税款征收

一、核定征收

(一)定期定额户核定管理

定期定额户核定与调整定额是指税务机关依职权提起的,对实行税收定期定额征收的个体工商户和个人独资企业,进行核定或者调整定额的一项业务。根据《个体工商户税收定期定额征收管理办法》(国家税务总局令〔2006〕第16号)第二十条规定,经税务机关检查发现定期定额户在以前定额执行期发生的经营额、所得额超过定额,或者当期发生的经营额、所得额超过定额一定幅度而未向税务机关进行纳税申报及结清应纳税款的,税务机关应当追缴税款、加收滞纳金,并按照法律、行政法规规定予以处理。其经营额、所得额连续纳税期超过定额,税务机关应当按照本办法第十九条的规定重新核定其定额。

(二)其他纳税核定

1. 居民企业所得税核定

根据《税收征管法》规定,纳税人依照法律、行政法规的规定可以不设置账簿的,税务机关有权核定其应纳税额。

纳税人的生产经营范围、主营业务发生重大变化,或者应纳税所得额或应纳税额增减变化达到20%的,应及时向税务机关申报调整已确定的应纳税额或应税所得率。此规定仅适用于核定征收企业所得税的居民企业。

纳税人应当向税务机关提出纳税核定申请,税务机关依法对纳税人进行纳税核定。

专门从事股权(股票)投资业务的企业,不得核定征收企业所得税。

下列纳税人不适用居民企业所得税核定征收办法。

(1)享受《企业所得税法》及其实施条例和国务院规定的一项或几项企业所得税优惠政策的企业(不包括仅享受《企业所得税法》第二十六条规定免税收入优惠政策的企业)。

(2)汇总纳税企业。

(3)上市公司。

(4)银行、信用社、小额贷款公司、保险公司、证券公司、期货公司、信托投资公司、金融资产管理公司、融资租赁公司、担保公司、财务公司、典当公司等金融企业。

(5)会计、审计、资产评估、税务、房地产估价、土地估价、工程造价、律师、价格鉴证、公证机构、基层法律服务机构、专利代理、商标代理以及其他经济鉴证类社会中介机构。

(6)国家税务总局规定的其他企业。

受理人员收到纳税人报送的《居民企业所得税核定征收鉴定表》后,审核纳税人提交的资料是否齐全、填写是否符合要求。

核定人员收到核定任务后,应进行逐户审查核实,根据征收方式认定的核定方法,提出初步核定意见。

具有下列情形之一的，核定其应税所得率。

（1）能正确核算（查实）收入总额，但不能正确核算（查实）成本费用总额的。

（2）能正确核算（查实）成本费用总额，但不能正确核算（查实）收入总额的。

（3）通过合理方法，能计算和推定纳税人收入总额或成本费用总额的。

纳税人不属于以上情形的，核定其应纳所得税额。

核定人员采用下列方法核定征收企业所得税。

（1）参照当地同类行业或者类似行业中经营规模和收入水平相近的纳税人的税负水平核定。

（2）按照应税收入额或成本费用支出额定率核定。

（3）按照耗用的原材料、燃料、动力等推算或测算核定。

（4）按照其他合理方法核定。

当采用一种方法不足以正确核定应纳税所得额的，可以同时采用两种以上的方法核定。采用两种以上方法测算的应纳税所得额不一致时，可按测算的应纳税所得额从高核定。

实行应税所得率方式核定征收企业所得税的纳税人，经营多业的，无论其经营项目是否单独核算，均由税务机关根据其主营项目确定适用的应税所得率。

核定人员完成初步核定后，主管税务机关按照便于纳税人及社会各界了解、监督的原则确定公示地点、方式，分类逐户公示核定的内容。

对经过公示的居民企业所得税核定结果，送达人员制作《税务事项通知书》送达纳税人执行，纳税人按规定进行纳税申报和缴纳税款。

2. 印花税核定

根据《税收征管法》规定，纳税人依照法律、行政法规的规定可以不设置账簿的，税务机关有权核定其应纳税额。纳税人为方便缴纳印花税，可向主管税务机关提出申请，选择采用核定征收的方式缴纳印花税，税务机关依法对纳税人进行纳税核定。

受理人员收到纳税人报送的相关税种纳税核定申请表后，审核纳税人提交资料是否齐全、填写是否符合规定。

核定人员接收核定征收印花税任务后，根据纳税人的实际生产经营收入，参考纳税人各期印花税纳税情况及同行业合同签订情况，确定科学合理的数额或比例作为纳税人印花税计税依据，提出鉴定意见。

对经过核定的其他纳税核定结果，主管税务机关制作《税务事项通知书》送达纳税人执行，纳税人按规定进行纳税申报和缴纳税款。

3. 其他税种核定

根据《税收征管法》规定，纳税人依照法律、行政法规的规定可以不设置账簿的，税务机关有权核定其应纳税额。纳税人应当向税务机关提出纳税核定申请，税务机关依法对纳税人进行纳税核定。

纳税人依照法律、行政法规的规定，需要核定应纳税额或应税所得率的，应在规定期限内向主管税务机关提交相关资料，领取并填写相关税种纳税核定申请表，申请办理纳税核定业务。

受理人员收到纳税人报送的相关税种纳税核定申请表后，审核纳税人提交资料是否齐全、填写是否符合规定。

核定人员接收其他纳税核定任务后，应进行逐户审查核实，根据征收方式认定的核定方法，提出核定意见。核定人员接收企业核定任务后，采用下列方法核定相关征收项目应纳税额。

（1）参照当地同类行业或者类似行业中经营规模和收入水平相近的纳税人的税负水平核定；按照应税收入额或成本费用支出额定率核定；按照耗用的原材料、燃料、动力等推算或测算核定。

（2）按照其他合理方法核定。当采用一种方法不足以正确核定应纳税所得额或应纳税额的，可以同时采用两种以上的方法核定。

①房地产开发企业有下列情形之一的，税务机关可以参照与其开发规模和收入水平相近的当地企业的土地增值税税负情况，按不低于预征率的征收率核定征收土地增值税。

a. 依照法律、行政法规的规定应当设置但未设置账簿的。

b. 擅自销毁账簿或者拒不提供纳税资料的。

c. 虽设置账簿，但账目混乱或者成本资料、收入凭证、费用凭证残缺不全，难以确定转让收入或扣除项目金额的。

d. 符合土地增值税清算条件，未按照规定的期限办理清算手续，经税务机关责令限期清算，逾期仍不清算的。

e. 申报的计税依据明显偏低，又无正当理由的。

②股权转让个人所得税的计税依据明显偏低且无正当理由的，可采取以下核定方法。

a. 参照每股净资产或纳税人享有的股权比例所对应的净资产份额核定股权转让收入。

b. 对知识产权、土地使用权、房屋、探矿权、采矿权、股权等合计占资产总额比例达50%以上的企业，净资产额须经中介机构评估核实。

c. 参照相同或类似条件下同一企业同一股东或其他股东股权转让价格核定股权转让收入。

d. 参照相同或类似条件下同类行业的企业股权转让价格核定股权转让收入。

e. 纳税人对主管税务机关采取的上述核定方法有异议的，应当提供相关证据，主管税务机关认定属实后，可采取其他合理的核定方法。

对经过核定的其他纳税核定结果，税务机关制作《税务事项通知书》送达纳税人执行，纳税人按规定进行纳税申报和缴纳税款。

4. 企业所得税核定（非居民企业）

根据《税收征管法》规定，纳税人依照法律、行政法规的规定可以不设置账簿的，税务机关有权核定其应纳税额。纳税人应当向税务机关提出纳税核定申请，税务机关依法对纳税人进行纳税核定。

纳税人依照法律、行政法规的规定，需要核定应纳税额或应税所得率的，应在规定期限内向主管税务机关提交相关资料，领取并填写企业所得税纳税核定申请表，申请办理企业所得税核定（非居民企业）业务。

受理人员收到纳税人报送的企业所得税纳税核定申请表后，审核纳税人提交资料是否齐全、填写是否符合规定。对纳税人提交资料齐全、符合法定形式的，受理纳税人申请并录入申请信息，制作并向纳税人发放《税务事项通知书》（受理通知）。

核定人员收到企业所得税（非居民企业）核定任务后，应进行逐户审查核实，根据征收方式认定的核定方法，提出核定意见。

在确定所得税核定征收方式时，应审核以下内容：账簿设置情况、收入总额核算情况、成本费用核算情况、纳税申报情况、纳税义务履行情况、其他情况。通过检查上述信息是否合格，确定非居民企业所得税的征收方式。

对于非居民企业，在"账簿设置情况""纳税申报情况""纳税义务履行情况"这三个条件全部合格的情况下，相关核定规则如下。

（1）"收入总额核算情况"合格但"成本费用核算情况"不合格时，征收方式为"按收入总额核定应纳税所得额"。

（2）"收入总额核算情况"不合格但"成本费用核算情况"合格时，征收方式为"按成本费用核定应纳税所得额"。

（3）"收入总额核算情况""成本费用核算情况"不合格但"经费支出总额核算情况"合格时，征收方式为"按经费支出换算收入核定应纳税所得额"。

（4）"收入总额核算情况""成本费用核算情况""按经费支出换算收入核定应纳税所得额"均合格时，征收方式为"查账征收"，提示"不能核定征收"。

税务机关可按照以下标准确定非居民企业的利润率。

（1）从事承包工程作业、设计和咨询劳务的，利润率为15%～30%。

（2）从事管理服务的，利润率为30%～50%。

（3）从事其他劳务或劳务以外经营活动的，利润率不低于15%。

税务机关有根据认为非居民企业的实际利润率明显高于上述标准的，可以按照比上述标准更高的利润率核定其应纳税所得额。

非居民企业与中国居民企业签订机器设备或货物销售合同，同时提供设备安装、装配、技术培训、指导、监督服务等劳务，其销售货物合同中未列明提供上述劳务服务收费金额，或者计价不合理的，主管税务机关可以根据实际情况，参照相同或相近业务的计价标准核定劳务收入。无参照标准的，以不低于销售货物合同总价款的10%为原则，确定非居民企业的劳务收入。

非居民企业为中国境内客户提供劳务取得的收入，凡其提供的服务全部发生在中国境内的，应全额在中国境内申报缴纳企业所得税；凡其提供的服务同时发生在中国境内外的，应以劳务发生地为原则划分其境内外收入，并就其在中国境内取得的劳务收入申报缴纳企业所得税。税务机关对其境内外收入划分的合理性和真实性有疑义的，可以要求非居民企业提供真实有效的证明，并根据工作量、工作时间、成本费用等因素合理划分其境内外收入；如非居民企业不能提供真实有效的证明，税务机关可视同其提供的服务全部发生在中国境内，确定其劳务收入并据以征收企业所得税。

采取核定征收方式征收企业所得税的非居民企业，在中国境内从事适用不同核定利润率的经营活动，并取得应税所得的，应分别核算并适用相应的利润率计算缴纳企业所得税；凡不能分别核算的，应从高适用利润率，计算缴纳企业所得税。

对经过核定的其他纳税核定结果，主管税务机关制作《税务事项通知书》送达纳税人执行，纳税人按规定进行纳税申报和缴纳税款。

5. 白酒消费税最低计税价格核定

已核定最低计税价格的白酒（除税务总局已核定消费税最低计税价格的白酒外，其他符合条件需要核定消费税最低计税价格的白酒，消费税最低计税价格由各省、自治区、直辖市和计划单列市国家税务局核定），销售单位对外销售价格持续上涨或下降时间达到 3 个月以上、累计上涨或下降幅度在 20%（含）以上的，税务机关依据纳税人的申请重新核定最低计税价格。

白酒生产企业申报的销售给销售单位的消费税计税价格低于销售单位对外销售价格 70%以下、年销售额 1000 万元以上的各种白酒，主管税务机关在规定的时限内逐级上报至国家税务总局。国家税务总局选择其中部分白酒核定消费税最低计税价格。

（三）社会保险费核定

1. 单位社会保险费缴费基数确定

根据各地实际情况，需要向税务机关申请办理社会保险费核定的缴费人，向税务机关提出办理缴费核定申请。税务机关在审核缴费人核定申请表和相关资料的基础上，核定该缴费人未来一段时间的费率或缴费额。

2. 灵活就业人员社会保险费缴费基数确定

根据各地实际情况，需要向税务机关申请办理社会保险费核定的缴费人，向税务机关提出办理缴费核定申请。税务机关在审核缴费人核定申请表和相关资料的基础上，核定该缴费人未来一段时间的费率或缴费额。

（四）农产品增值税进项税额扣除标准

1. 农产品增值税进项税额扣除标准核定

根据《财政部、国家税务总局关于在部分行业试行农产品增值税进项税额核定扣除办法的通知》（财税发〔2012〕38 号）（以下简称《通知》）规定，对财政部和国家税务总局纳入试点范围的增值税一般纳税人（以下称试点纳税人）购进农产品增值税进项税额，实施核定扣除办法。

试点纳税人购进农产品不再凭增值税扣税凭证抵扣增值税进项税额，购进除农产品以外的货物、应税劳务和应税服务，增值税进项税额仍按现行有关规定抵扣。

增值税一般纳税人委托其他单位和个人加工液体乳及乳制品、酒及酒精、植物油，其购进的农产品均适用《通知》的有关规定。

2. 农产品增值税进项税额扣除标准备案

试点纳税人购进农产品直接销售、购进农产品用于生产经营且不构成货物实体扣除标准的核定采取备案制，抵扣农产品增值税进项税额的试点纳税人应在申报缴纳税款时向主管税务机关备案。备案资料的范围和要求由省级税务机关确定。

二、税款征收

（一）征收开票

1. 一般征收开票

一般征收开票即税务机关依据国家法律、行政法规的规定将纳税人依法应纳的税款（包括费，下同）通过开具完税凭证方式进行征收的过程。从纳税人角度看，征收开票的过程同时也是税款缴纳的过程。

一般征收开票数据来源于各种纳税申报表、限售股转让所得扣缴个人所得税报告表、社保费申报表、废弃电器电子产品处理基金申报表、代扣代缴代收代缴报告、委托代征报告、税务处理决定书、特别纳税调整通知、税务行政处罚决定书、审计（财政）监督检查决定意见登记表、《税务事项通知书》（核定应纳税额）、出口退税追缴税款所产生的应征数据。申报错误更正也可能引起申报产生的应征数据发生变化。

纳入一般征收开票范围的应征税费具体种类有：一般申报应补税费、代扣代缴代收代缴报告应补税费（包含限售股转让所得扣缴个人所得税报告表）、查补税款、纳税评估应补税款、行政诉讼应补税款、行政处罚应补罚没收入（含罚款和没收非法所得，罚款又区分为行为罚款和涉税罚款，两种罚款可通过税种税目的不同选择来区别）、特别纳税调整应补税款、未办证纳税人核定应补税款、出口退税追缴税款及申报更正产生的应征税款；对于仍须将《中华人民共和国税收缴款书（出口货物劳务专用）》第二联（收据乙）转交购货企业的纳税人，纳税人通过横向联网电子缴税系统缴税后，给纳税人开具《中华人民共和国税收缴款书（出口货物劳务专用）》。

（1）开具税收票证。税收票证包括税收缴款书、税收收入退还书、税收完税证明、出口货物劳务专用税收票证、印花税专用税收票证以及国家税务总局规定的其他税收票证。

税收缴款书是纳税人据以缴纳税款，税务机关、扣缴义务人以及代征代售人据以征收、汇总税款的税收票证。主要包括以下几种。

①《税收缴款书（银行经收专用）》。《税收缴款书（银行经收专用）》是指由纳税人、税务机关、扣缴义务人、代征代售人向银行传递，通过银行划缴税款（出口货物劳务增值税、消费税除外）到国库时使用的纸质税收票证。其适用范围是：纳税人自行填开或税务机关开具，纳税人据以在银行柜面办理缴税（转账或现金），由银行将税款缴入国库；税务机关收取现金税款、扣缴义务人扣缴税款、代征代售人代征税款后开具，据以在银行柜面办理税款汇总缴入国库；税务机关开具，据以办理"待缴库税款"账户款项缴入国库。《税收缴款书（银行经收专用）》只能适用于开具纸质税票，并可以采用自缴核销、正划等电子缴款方式，不能用于实时扣款、批量扣款、银行端缴款等电子缴款方式。

②《税收缴款书（税务收现专用）》。《税收缴款书（税务收现专用）》是指纳税人以现金、刷卡（未通过横向联网电子缴税系统）方式向税务机关缴纳税款时，由税务机关开具并交付纳税人的纸质税收票证。代征人代征税款时，也应开具本缴款书并交付纳税人。为方便流动性零散税收的征收管理，本缴款书可以在票面印有固定金额，具体面额种类由各省税务机关确定，但是，单种面额不得超过 100 元。

③《税收缴款书（代扣代收专用）》。《税收缴款书（代扣代收专用）》是指扣缴义务人依法履行税款代扣代缴、代收代缴义务时开具并交付纳税人的纸质税收票证。扣缴义务人代扣代收税款后，已经向纳税人开具了税法规定或国家税务总局认可的记载完税情况的其他凭证的，可不再开具本缴款书。

④《税收电子缴款书》。《税收电子缴款书》是指税务机关将纳税人、扣缴义务人、代征代售人的电子缴款信息通过横向联网电子缴税系统发送给银行，银行据以划缴税款到国库时，由税收征管系统生成的数据电文形式的税收票证。《税收电子缴款书》适用于实时扣款、批量扣款、银行端缴款等电子缴款方式，不得用于收取现金。

出口货物劳务专用税收票证是由税务机关开具，专门用于纳税人缴纳出口货物劳务增值税、消费税或者证明该纳税人再销售给其他出口企业的货物已缴纳增值税、消费税的纸质税收票证。具体包括以下几种。

①《税收缴款书（出口货物劳务专用）》。《税收缴款书（出口货物劳务专用）》是指由税务机关开具，纳税人缴纳出口货物劳务增值税、消费税时使用的纸质税收票证。纳税人以银行经收方式、税务收现方式，或者通过横向联网电子缴税系统缴纳出口货物劳务增值税、消费税时，均使用本缴款书。纳税人缴纳随出口货物劳务增值税、消费税附征的其他税款时，税务机关应当根据缴款方式，使用其他种类的缴款书，不得使用本缴款书。

②《出口货物完税分割单》。《出口货物完税分割单》是指已经缴纳出口货物增值税、消费税的纳税人将购进货物再销售给其他出口企业时，为证明所售货物完税情况，便于其他出口企业办理出口退税，到税务机关换开的纸质税收票证。

印花税专用税收票证是税务机关或印花税票代售人在征收印花税时向纳税人交付、开具的纸质税收票证。具体包括以下几种。

①印花税票。印花税票是指印有固定金额，专门用于征收印花税的有价证券。纳税人缴纳印花税，可以购买印花税票贴花缴纳，也可以开具税收缴款书缴纳。采用开具税收缴款书缴纳的，应当将纸质税收缴款书或税收完税证明粘贴在应税凭证上，或者由税务机关在应税凭证上加盖印花税收讫专用章。

②《印花税票销售凭证》。《印花税票销售凭证》是指税务机关和印花税票代售人销售印花税票时一并开具的专供购买方报销的纸质凭证。

（2）电子缴税。在征收开票环节，有以下几种电子缴税方式。

①实时扣款。实时扣款时只能使用《税收电子缴款书》《税收缴款书（出口货物劳务专用）》。纳税人以银行经收方式、税务收现方式，或者通过横向联网电子缴税系统缴纳出口货物劳务增值税、消费税时，均使用《税收缴款书（出口货物劳务专用）》。

②自缴核销。自缴核销是纳税人持纸质《税收缴款书（银行经收专用）》到商业银行采用现金、银行转账等方式进行缴纳税款业务。

③批量扣款。批量扣款是对于"定期定额核定定额"业务中已核定定额标准且已签订三方协议的双定户纳税人，根据批量扣款清册，完成批量扣缴税款及申报的业务。

当纳税人需要正式完税凭证时，可通过"纳税凭证转开"换开纸质完税凭证。

④银行端查询缴款。银行端查询缴款是解决未签订委托缴款协议的纳税人通过财税库银横向联网系统，实现电子缴税的一种重要业务类型。

2. 简易申报开票

简易申报开票，指对实行简易申报、以征代报纳税人（缴费人）进行征收开票的业务。简易申报开票业务要求纳税人事先已办理设立登记手续，且在"定期定额核定定额"业务中已核定定额标准（社保费简易开票要求已做"社保费信息登记"，且已获得社保部门提供的缴费标准）。由于应纳税费标准事前已进行核定，纳税人（缴费人）申报业务产生时，直接依据核定的标准缴纳税费，税费缴纳后，视同申报义务同时完成。此类业务应征税费信息事先不产生，在征收开票时需要根据税款核定情况开票，开票后应征税费和征收税费数据同时产生。

纳入简易申报开票业务范围的具体类别有个体工商户定期定额户开票和社保费简易申报开票。

3. 预缴税费开票

预缴税费开票，指各种事先未产生应征数据的税费进行预缴开票的业务。此类业务应征数据事先不产生，需要在征收开票时提供开票所需各种信息，开票后应征税费和征收税费数据同时产生。

预缴税费开票包括分期预缴、出口货物预收税款、查补预收税款、特别纳税调整预收、代开发票预收税款、辅导期一般纳税人预缴税款、延期申报预收税款、其他预收等各种预缴税费的开票，由于事先未产生应征数据，其数据来源于操作员的直接录入或者代开发票中的《代开增值税专用发票缴纳税款申报单》《代开通用机打发票缴纳税款申报单》中的税额，系统在开票的同时产生《预缴税款通知书》，应征数据和征收数据同时产生。

预缴税费属性有分期预缴税款、特别纳税调整预收税款、代开发票预收税款、辅导期一般纳税人预缴税款、其他预收税款。

4. 呆账税金开票

呆账税金开票业务，指会统核算中已登记为呆账的欠税、事后又追缴收回后开票的业务，此类业务中应征数据未纳入账内核算。

5. 待缴库税款收缴开票

待缴库税款收缴开票，指从异地缴纳和从第三方账户划缴的不能直接缴库的非现金税款的业务。此类业务中由直接负责税款征收的县以上税务机关通过国库"待缴库税款"专户收缴，并在收到国库发送的收账回单的当日或次日，根据收账回单、纳税申报表、税务处理决定书等税收应征凭证，分纳税人填开《税收缴款书（银行经收专用）》，将税款解缴入库。

具体内容包括：从异地（含国外）汇款缴纳到国库的税款；从第三方账户划缴到国库的税款（税务机关行使代位权向次债务人（纳税人的债务人）收取欠款缴库的款项；人民法院、检察院和公安机关扣收的纳税人涉税资金中，需要缴库的款项；纳税人的资金被冻结或银行账户被撤销，用第三方支付给纳税人的支票、本票、银行汇票等票据（以下简称票据）缴纳税款的款项；其他由国家税务总局、财政部、中国人民银行认可不能直接缴库的款项。

（二）完税分割单开具

完税分割单开具是指已经缴纳出口货物增值税、消费税的纳税人将购进货物再销售给其他出口企业时，应当由销货企业凭已完税的原购进货物的《税收缴款书（出口货物劳务专用）》第二联（收据乙），到销货企业所在地的税务局换取《出口货物劳务完税分割单》；已经取得《出口货物劳务完税分割单》的出口企业再次将购进货物销售给其他出口企业时，销货企业应当凭原购进货物的《出口货物劳务完税分割单》第一联到销货企业所在地税务局再次换取《出口货物劳务完税分割单》。税务机关开具《出口货物劳务完税分割单》时，必须先收回原《税收缴款书（出口货物劳务专用）》第二联（收据乙）或原《出口货物劳务完税分割单》第一联。

（三）缴款书信息补采

缴款书信息补采是完成对纳税人自行填开《税收缴款书（银行经收专用）》信息的采集。

（四）员工社会保险费清缴

当缴费单位已进行了员工明细申报，但未完成员工社会保险费缴纳，员工因达到退休年龄、离职等情况而需清缴其名下欠费时，员工可以自行以单位名义来清缴个人名下的欠费，允许查询出所有单位下针对该员工的欠费（个人名下的单位部分及个人部分欠费），查询后按单位分别进行开票，并在备注栏中打印该员工身份证件信息、个人社保编号。

三、退抵税（费）审批

实际工作中，纳税人、扣缴义务人、委托代征单位因种种原因可能造成实际缴纳的税费大于应缴纳的税费（以下简称多缴税费），税务机关应根据实际情况将多缴税费予以退还或抵缴其原有欠税。对于符合条件的应退税款，税务机关应按照税收法律法规规定，及时为纳税人办理退税。

（一）误收多缴退抵税

误收多缴退抵税，指因税务机关误收，或纳税人误缴而产生的应退还给纳税人的税款。在实际征收过程中，税务机关发现纳税人超过应纳税额多缴的税款，应当立即退还。纳税人多缴税款的，自结算缴纳税款之日起3年内发现的，可以向税务机关要求退还多缴的税款并加算银行同期存款利息，税务机关应该按照税法要求及时退还相关税款，涉及从国库中退库的，依照法律、行政法规有关国库管理的规定退还。

（二）入库减免退抵税

入库减免退抵税，指纳税人经批准的减免税款由于此前已经缴纳（如先征后退），形成的应退抵税费。先征后退，指按税法规定缴纳的税款，由税务机关征收入库后，再由税务机关或财政部门按规定的程序给予部分或全部退税或返还已纳税款的一种税收优惠，并由税务部门定期退还已征的全部或部分税款。

（三）汇算清缴结算多缴退抵税

汇算清缴结算多缴退抵税，指按照分期预缴、按期汇算结算的征管方式，对纳税人多缴税款予以清算形成的应退税费。

（四）车辆购置税退税

已缴车购税的车辆，发生下列情形之一的，准予纳税人申请退税。

（1）因质量原因，车辆被退回生产企业或者经销商的。

（2）应当办理车辆登记注册的车辆，公安机关车辆管理机构不予办理车辆登记注册的。

纳税人申请退税时，应如实填写《车辆购置税退税申请表》，分别下列情况提供资料。

（1）未办理车辆登记注册的，提供生产企业或经销商开具的退车证明和退车发票、完税证明正本和副本。

（2）已办理车辆登记注册的，提供生产企业或经销商开具的退车证明和退车发票、完税证明正本、公安机关车辆管理机构出具的注销车辆号牌证明。

因质量原因，车辆被退回生产企业或者经销商的，纳税人申请退税时，主管税务机关依据自纳税人办理纳税申报之日起，按已缴税款每满1年扣减10%计算退税额；未满1年的，按已缴税款全额退税。

公安机关车辆管理机构不予办理车辆登记注册的车辆，纳税人申请退税时，主管税务机关应退还全部已缴税款。

符合免税条件但已征税的设有固定装置的非运输车辆，主管税务机关依据国家税务总局批准的《设有固定装置免税车辆图册》或免税文件，办理退税。

（五）车船税退抵税

已经缴纳车船税的车船，因质量原因，车船被退回生产企业或者经销商的，纳税人可以向纳税所在地的主管税务机关申请退还自退货月份起至该纳税年度终了期间的税款。退货月份以退货发票所载日期的当月为准。

纳税人在购买"交强险"时，由扣缴义务人代收代缴车船税的，凭注明已收税款信息的"交强险"保险单，车辆登记地的主管税务机关不再征收该纳税年度的车船税。再次征收的，车辆登记地主管税务机关应予退还。

（六）葡萄酒消费税退税

境内从事葡萄酒生产的单位或个人（以下简称生产企业）之间销售葡萄酒，实行《葡萄酒购货证明单》管理。销货方收到主管税务机关转交的证明单退税联后，应填报《葡萄酒消费税退税申请表》，持证明单退税联及退税申请表向主管税务机关申请退税。

（七）增值税期末留抵税额退税

为解决集成电路重大项目企业采购设备引起的增值税进项税额占用资金问题，对其因购进设备形成的增值税期末留抵税额予以退还。对国家批准的集成电路重大项目企业

[具体名单见《财政部国家税务总局关于退还集成电路企业采购设备增值税期末留抵税额的通知》（财税〔2011〕107号）]，因购进设备形成的增值税期末留抵税额予以退还，购进的设备属于《中华人民共和国增值税暂行条例实施细则》第二十一条第二款规定的固定资产范围。对于因批准的集成电路重大项目而形成设备留抵税额的，企业首次申请退还购进设备留抵税额时，可以一次性申请退还2009年以来形成的购进设备税额。

为解决因石脑油、燃料油征收消费税形成的增值税进项税额无法抵扣的问题，经国务院批准，决定对外购（含进口）石脑油、燃料油生产乙烯、芳烃类化工产品的企业实行增值税退税政策。自2014年3月1日起，对外购用于生产乙烯、芳烃类化工产品（以下称特定化工产品）的石脑油、燃料油（以下称2类油品），且使用2类油品生产特定化工产品的产量占本企业用石脑油、燃料油生产各类产品总量的50%（含）以上的企业，其外购2类油品的价格中消费税部分对应的增值税额，予以退还。企业在2014年2月28日前形成的增值税期末留抵税额，可在不超过其购进2类油品的价格中消费税部分对应的增值税的规模下，申请一次性退还。应于每月纳税申报期结束后10个工作日内向主管税务机关申请退税。

（八）石脑油、燃料油消费税退税

境内使用石脑油、燃料油生产乙烯、芳烃类化工产品的企业，包括将自产石脑油、燃料油用于连续生产乙烯、芳烃类化工产品的企业，将外购的含税石脑油、燃料油用于生产乙烯、芳烃类化工产品，且生产的乙烯、芳烃类化工产品产量占本企业用石脑油、燃料油生产全部产品总量的50%以上（含）的，按实际耗用量计算退还所含消费税。

四、税务代保管资金收取

税务代保管资金收取是指税务机关根据法律、行政法规、规章或有关规定和依据税务代保管资金收入报告流程审批结果，为履行征管职责，向纳税人、扣缴义务人、纳税担保人或者其他当事人收取的款项。

税务代保管资金收取的主要内容包括：个人出售住房所应缴纳的个人所得税纳税保证金；外省、自治区、直辖市来本辖区从事临时经营活动的单位和个人申请领购发票按现行规定交纳的发票保证金；纳税担保金；采取税收保全措施扣押的现金；税收强制执行拍卖、变卖的款项；国家税务总局、财政部、中国人民银行根据税收业务需要确定的其他资金。

五、海关代征税款录入

进口环节的增值税、消费税由海关代征。各地海关征收之后，缴入当地国库，国库返还海关专用缴款书第五联给同级税务机关，税务机关将海关专用缴款书的信息录入，进行核算。

六、现金票证汇总

现金票证汇总，是指税务机关以收现类票证自收现金税款、基金、费用及其滞纳金和罚款,或者委托代征代售单位(人)代征税款、基金、费用及其滞纳金后,使用《税收缴款书(银行经收专用)》将征收的税(费)汇总缴入国库的过程。

七、票证作废

税收票证作废是在税款征收或退还的过程中,因开具错误、丢失联次或是单份税票因印刷质量不合格等原因,无法正常使用的,可对税收票证进行作废处理。

八、票证销号

票证销号是指税务机关根据银行(国库经收处)、国库反馈的税款已成功办理入库或退库的信息,对已开具的税收缴款书、收入退还书等票证及相应的税款状态进行登记确认的过程。

九、不予加收滞纳金审批

依据税收法律、法规及相关规定,对涉及的纳税人、扣缴义务人不予加收滞纳金情形进行审批。因税务机关的责任,致使纳税人、扣缴义务人未缴或者少缴税款的,税务机关在 3 年内可以要求纳税人、扣缴义务人补缴税款,但是不得加收滞纳金。

如有纳税人善意取得虚开的增值税专用发票且购货方不知取得的增值税专用发票是以非法手段获得的,又被依法追缴已抵扣税款的,不适用税务机关加收滞纳金的规定情形。

由于电子缴税故障等非纳税人、扣缴义务人原因,致使纳税人、扣缴义务人未缴或少缴税款而产生的滞纳金,税务机关依职权不予加收滞纳金。

十、催缴

纳税人、扣缴义务人必须依照法律、行政法规的规定缴纳税款、代扣代缴、代收代缴税款。纳税人、扣缴义务人在规定期限内不缴或者少缴应纳或者应解缴的税款,经税务机关责令限期缴纳,逾期仍未缴纳的,税务机关除依照《税收征管法》第四十条的规定采取强制执行措施追缴其不缴或者少缴的税款外,可以处不缴或者少缴的税款 50%以上 5 倍以下的罚款。

税务机关对应缴未缴(指已形成应征税款但未按规定期限解缴入库,下同)的纳税人、扣缴义务人生成逾期未缴款清册,采用科学、合理的办法对纳税人进行催缴处理。

十一、欠税管理

(一)欠税公告

欠税公告指税务机关为了督促纳税人自觉缴纳欠税,防止新的欠税的发生,保证国家税款的及时足额入库,由县级以上各级税务机关将纳税人的欠税情况,在办税场所或者广播、电视、报纸、期刊、网络等新闻媒体上定期公告。

公告的欠税指纳税人、扣缴义务人、纳税担保人超过税收法律、行政法规规定的期限或者纳税人超过税务机关依照税收法律、行政法规规定确定的纳税期限(以下简称税款缴纳期限）未缴纳的税款。包括：办理纳税申报后，纳税人未在税款缴纳期限内缴纳的税款；经批准延期缴纳的税款期限已满，纳税人未在税款缴纳期限内缴纳的税款；税务检查已查定纳税人的应补税额，纳税人未在税款缴纳期限内缴纳的税款；税务机关根据《税收征管法》第二十七条、第三十五条核定纳税人的应纳税额，纳税人未在税款缴纳期限内缴纳的税款；纳税人的其他未在税款缴纳期限内缴纳的税款。

公告的欠税不包括滞纳金和罚款。

欠税公告的数额实行欠税余额和新增欠税相结合的办法，对纳税人的以下欠税，税务机关可不公告：已宣告破产，经法定清算后，依法注销其法人资格的企业欠税；被责令撤销、关闭，经法定清算后，被依法注销或吊销其法人资格的企业欠税；已经连续停止生产经营一年（按日历日期计算）以上的企业欠税；失踪两年以上的纳税人的欠税。

欠税公告期限为企业或单位欠税的，每季公告一次；个体工商户和其他个人欠税的，每半年公告一次；走逃、失踪的纳税户以及其他经税务机关查无下落的非正常户欠税的，随时公告。

（二）死欠核销

死欠核销指欠缴税款的纳税人发生破产、撤销情形，经过法定清算，被有关主管机关依法注销或吊销其法人资格，纳税人已消亡，税务机关依照法律法规规定，根据法院判决书或法定清算报告核销的欠缴税金及滞纳金、欠缴的税收罚款及没收违法所得。纳税人消亡后，税务机关又查处应补缴税款，且无可执行财产的，其无法追缴的查补税款、滞纳金、罚款及没收违法所得，应根据注销工商和税务登记的相关证明文件报省、自治区、直辖市和计划单列市（以下称省）税务机关确认核销。对实行员工明细管理的社会保险费缴费单位，核销其欠缴的社会保险费时，需要提交员工明细清单。

"死欠核销"仅指税收会计在账务处理上的核销，是一种内部会计处理方法，并不是税务机关放弃追缴税款的权利。因此，省税务机关不得直接对纳税人批复核销税款，对下级机关的核销税款批复文件也不得发给纳税人。

凡符合核销条件的死欠税款，一律报省税务机关确认。

（三）呆账税金处理

税务机关将已经确认为呆账的 2001 年 5 月 1 日之前发生的欠缴税金，在账外单独设置"待清理呆账税金"科目专项核算，没有发生清缴和核销情形时，不再纳入"应征"类科目核算反映；发生清缴和核算情形时，收回的欠缴税金和按规定核销的死欠必须在清缴与核销时列入"应征"类科目核算反映。

（四）抵缴欠税

依照税收法律法规，当纳税人发生纳税义务时，纳税人既有多缴应退税款又有欠缴税款的，税务机关可以将应退税款和利息先抵扣欠缴税款。

（五）增值税留抵抵欠

为了加强增值税管理，及时追缴欠税，解决增值税一般纳税人既欠缴增值税、又有增值税留抵税额的问题，当增值税一般纳税人办理增值税纳税申报后，对纳税申报表上既有期末留抵税额、又有增值税欠税的，应以期末留抵税额抵减增值税欠税。

（六）非居民欠税追缴

在中国境内承包工程作业和提供劳务的非居民（包括非居民企业和非居民个人）逾期仍未缴纳税款的，项目所在地主管税务机关应自逾期之日起 15 日内，收集该非居民从中国境内取得其他收入项目的信息，同时向其他收入项目支付人发出《非居民企业欠税追缴告知书》，并依法追缴税款和滞纳金。

取得来源于中国境内的股息、红利等权益性投资收益和利息、租金、特许权使用费所得、转让财产所得以及其他所得应当缴纳企业所得税的非居民企业未依照规定申报缴纳企业所得税，由申报纳税所在地主管税务机关责令限期缴纳，逾期仍未缴纳的，申报纳税所在地主管税务机关可以收集、查实该非居民企业在中国境内其他收入项目及其支付人（以下简称其他支付人）的相关信息，并向其他支付人发出《税务事项通知书》，从其他支付人应付的款项中，追缴该非居民企业的应纳税款和滞纳金。

十二、退库处理

退库是税务机关依照税法及国家有关规定，将已征收入库的税款从国库退还给纳税人、扣缴义务人和代征代售单位。

税务机关根据审批结果开具相应收入退还书。如果是现金退税的，应制作《税收事项通知书》（领取退税通知），送达给退税申请人。

开具税收收入电子退还书且经复核之后向国库发送退库信息。国库对税务机关电子退还书相关信息审核无误后，将退税款项及时划拨纳税人账户，人民银行国库将审核无误并已办理退库完结的信息和不符合政策规定的退回信息反馈税务机关，税务机关根据人民银行国库已办理退库完结返回的信息进行收入退还书的销号。

十三、调库（更正）

当纳税人有审批通过的《生产企业出口货物免抵调库审批表》或者退税审批特殊录入终审后，有免抵税额的，根据《生产企业出口货物免、抵、调库审批通知单》填开《更正（调库）通知书》送交国库办理调库，开具时应根据税务机关开具《生产企业出口货物免、抵、调库计划分配表》中的免、抵、调额度进行总额控制。

当税务部门填开的缴款书的预算级次、预算科目、收款国库错误，国库部门同时错误时，开具《更正（调库）通知书》并附原缴款书复印件，送交国库部门更正入库信息。

当纳税人既有应退税款又有欠缴税款需要抵扣的，并且抵扣的应退税款和欠缴税款属于不同款、项级预算科目时，根据《应退税款抵扣欠缴税款通知书》填开《更正（调库）通知书》（适应国库更正），通知国库部门办理更正。

税务机关在"金库对账"时发现的因四舍五入引起的误差需要调整的，由税务机关的计会部门填开《金库对账差异调整单》，无须送国库办理。

十四、金库对账

金库对账是税务机关与国库就入库税金及退库、更正、免抵调税金进行核对，确保税务机关和国家金库入库数字的一致。金库对账工作以各级国家金库为中心，以国家金库数据为标准进行核对。税务机关按日（旬、月、年）将同级国库转来的"预算收入日（旬、月、年）报表"的本期数及累计数与已销号处理的各类缴款书、税收收入退还书、调库（更正）通知书的合计数按预算级次、预算科目逐项进行核对，并可根据实际工作需要进行任意日期的对账。

对账不一致时，税务机关数据发生差错而国库数据正确的，税务机关应当通过数据红字更正方式或补充更正方式处理。国库和税务机关数据同时发生差错，或者国库数据发生差错而税务机关数据正确的，通过税款更正调库办理。

十五、票款损失

税务部门的自收税款发生被盗、丢失和征收过程中发生短差时，当事人应及时向领导报告，并按照处理权限（各级处理权限可按照损失金额自行设置）的规定逐级报告上级税务机关进行审核、审批处理。

税务部门的自收税款发生被盗、丢失，经损失税款追回和赔偿处理后，还有其余损失税款时，由票款损失核销人员发起票款损失核销工作。

■ 第六节   出口退税

一、出口退税认定

（一）出口退（免）税资格认定

出口企业应在办理对外贸易经营者备案登记或签订首份委托出口协议之日起 30 日内填报《出口退（免）税资格认定申请表》及电子数据，提供相关资料到主管税务机关办理出口退（免）税资格认定。

（二）出口退（免）税认定变更

出口企业或其他单位出口退（免）税资格认定的内容发生变更的，须自变更之日起 30 日内，持相关资料到税务机关申请办理出口退（免）税资格认定变更手续。

出口企业或其他单位申请变更退（免）税办法的，经主管税务机关批准变更的次月起按照变更后的退（免）税办法申报退（免）税。企业应将批准变更前全部出口货物按变更前退（免）税办法申报退（免）税，变更后不得申报变更前出口货物退（免）税。

（三）出口退（免）税认定注销

出口企业或其他单位申请注销退（免）税资格认定，如向主管税务机关声明放弃未申报或已申报但尚未办理的出口退（免）税并按规定申报免税的，视同已结清出口退税税款。

出口退（免）税认定注销前，启动清算子流程，清算子流程完毕后，办理出口退（免）税认定注销。

（四）退税定点商店认定管理

退税定点商店应当同时符合以下条件：国境内注册的，具有独立法人资格的增值税一般纳税人；具备境外旅客购物离境退税管理信息系统运行的条件，能够及时、准确地报送相关信息；安装并使用增值税专用发票防伪税控机或者使用普通发票"网上开票系统"；营业面积超过 2000 平方米；遵守税收法律法规规定，申请资格认定前两年内未发生偷税、逃避追缴欠税、骗取出口退税、抗税等涉税违法行为以及欠税行为；商店经营管理服务规范，符合《百货店等级划分及评定》（国家标准）中达标百货店的要求；具备涉外服务接待能力，能用外语提供服务，商品标签及公共设施同时标注中英文；经营商品品种丰富，基本包含财政部公告 2010 年第 88 号附件《退税物品目录》中所列商品。

（五）出口企业放弃免税权备案

增值税免税政策的出口货物劳务，出口企业或其他单位如果放弃免税，实行按内销货物征税的，应向主管税务机关提出书面报告，并应向主管税务机关报送《出口货物劳务放弃免税权声明表》，办理备案手续。自备案次月起执行征税政策，36 个月内不得变更。一旦放弃免税，36 个月内不得更改。

出口企业或其他单位可以放弃全部适用退（免）税政策（包含零税率应税服务）出口货物劳务的退（免）税，并选择适用增值税免税政策或征税政策。放弃适用退（免）税政策的出口企业或其他单位，应向主管税务机关报送《出口货物劳务放弃退（免）税声明》，办理备案手续。自备案次日起 36 个月内，其出口的适用增值税退（免）税政策的出口货物劳务，适用增值税免税政策或征税政策。

二、出口退税计划

（一）退税计划管理

国家税务总局根据各地上报情况和计划执行情况每年按需分批下达出口退税计划。各省级税务局在收到《国家税务总局关于分配××年第×批出口退税计划的通知》文件后，综合管理岗应将出口退税计划录入征管系统。各省、直辖市税务局根据本省各地实际情况，向下级税务局分配下达退税计划，系统应提供有权的上级机关根据实际执行情况进行调整的功能。

退税计划和免抵调计划不得混淆使用，不得超计划办理退（免）税。

（二）免抵调库计划管理

国家税务总局根据各地上报情况和计划执行情况每年按需分批下达免抵调计划。各省级税务局在收到《国家税务总局关于分配××年第×批出口退税计划（免抵调库计划）的通知》文件后，应将免抵调库计划录入审核系统。各省、直辖市税务局根据本省各地实际情况，向下级税务局分配下达免抵调计划，系统应提供有权的上级机关根据实际执行情况进行调整的功能。

退税计划和免抵调计划不得混淆使用，不得超计划办理退（免）税。

三、出口退税核准

对外贸企业兼营适用零税率应税服务的统一实行免退税政策。外贸企业因出口自己开发的研发服务或设计服务，退（免）税办法由免退税改为免抵退税办法。对小规模纳税人和非增值税纳税人，其发生的特准退税业务都可以适用免退税办法进行退税，如小规模纳税人一般情况下出口货物应该使用免税办法，但是其发生的特准退税业务可以适用免退税办法退税。

四、采购国产设备退税监管

（一）外商投资企业采购国产设备退税监管

自 2009 年 1 月 1 日起，对外商投资企业在投资总额内采购国产设备可全额退还国产设备增值税的政策已停止执行，但由于外商投资企业购进的已享受增值税退税政策的国产设备的退税监管期为 5 年，因此对外商投资企业采购国产设备退税进行监管。在监管期内，如果企业性质变更为内资企业，或者发生转让、赠送等设备所有权情形，或者发生出租、再投资等情形的，要求企业向主管退税机关补缴已退税款。

应补税款＝增值税专用发票上注明的金额×（设备折余价值÷设备原值）×
适用增值税税率
设备折余价值＝设备原值－累计已提折旧
设备原值和已提折旧按企业会计核算数据计算。

（二）研发机构采购国产设备退税监管

研发机构已退税的国产设备，由主管退税税务机关进行监管，监管期为 5 年。监管期的起始时间以增值税专用发票开具日期为准。监管期内发生设备所有权转移行为或移作他用等行为的，研发机构必须按以下计算公式，向主管退税税务机关补缴已退税款。

应补税款＝增值税专用发票上注明的金额×（设备折余价值÷设备原值）×
适用增值税税率
设备折余价值＝设备原值－累计已提折旧
设备原值和已提折旧按企业所得税法的相关规定计算。

五、出口货物函调

出口退税发函是指主管出口退税的税务机关（以下简称退税机关），对出口企业申报的出口退（免）税有《出口货物税收函调管理办法》第五条所规定情形之一的，应要求出口企业填报《外贸企业出口业务自查表》或《生产企业出口业务自查表》，并分析有关内容；对分析核查后不能排除明显疑点的，应向出口货物供货企业所在地县以上税务机关发函调查，并依据复函情况按规定进行处理。对需要函调的业务，由出口企业或其他单位所在地县以上税务机关主管局长审批后进行发函调查。

六、出口退（免）税特殊信息采集

负有出口退（免）税特殊信息采集职责的主管税务机关，在规定的期限内对免税出口计划备案的相关信息进行采集。

第七节 稽查

一、检举管理

（一）税收违法行为检举管理

税收违法行为检举是指单位、个人采用书信、互联网、传真、电话、来访等形式，向税务机关提供纳税人、扣缴义务人税收违法行为线索的行为。检举税收违法行为的单位、个人称检举人；被检举的纳税人、扣缴义务人称被检举人。检举人使用与其营业执照、身份证等符合法律、行政法规和国家有关规定的身份证件上一致的名称、姓名检举的，为实名检举；否则为匿名检举。

税务机关稽查局设立税收违法案件举报中心（以下简称举报中心）。举报中心受理检举事项的范围是：涉嫌偷税，逃避追缴欠税，骗税，虚开、伪造、非法提供、非法取得发票，以及其他税收违法行为。实名检举和匿名检举均须受理。检举人应当至少提供被检举人的名称或者姓名、地址、税收违法行为线索等资料。

受理口头检举，应当准确记录检举事项，交检举人阅读或者向检举人宣读，经确认无误以后由检举人签名或者盖章；检举人不愿签名或者盖章的，由受理检举的税务人员记录在案。受理电话检举，应当询问清楚，准确记录。受理电话、口头检举，经检举人同意以后，可以录音或者录像。

如果结束后举报人又就同一纳税人提出新的材料，重新举报则重新受理登记，作为新的检举案件，不采用补正的方式处理检举案件。在受理的拟处理意见上可以标明，并案查处或暂存待查。

（二）税收违法行为检举奖励管理

检举税收违法行为的检举人，可以向税务机关申请检举奖金。有下列情形之一的，不予奖励。

（1）匿名检举税收违法行为，或者检举人无法证实其真实身份的。

（2）检举人不能提供税收违法行为线索，或者采取盗窃、欺诈或者法律、行政法规禁止的其他手段获取税收违法行为证据的。

（3）检举内容含糊不清、缺乏事实根据的。

（4）检举人提供的线索与税务机关查处的税收违法行为无关的。

（5）检举的税收违法行为税务机关已经发现或者正在查处的。

（6）有税收违法行为的单位和个人在被检举前已经向税务机关报告其税收违法行为的。

（7）国家机关工作人员利用工作便利获取信息用以检举税收违法行为的。

（8）检举人从国家机关或者国家机关工作人员处获取税收违法行为信息检举的。

（9）国家税务总局规定不予奖励的其他情形。

税务机关对检举的税收违法行为经立案查实处理并依法将税款或者罚款收缴入库后，由税收违法案件举报中心根据检举人书面申请及其贡献大小，制作《检举纳税人税收违法行为奖励审批表》，提出奖励对象和奖励金额建议，按照规定权限和程序审批后，向检举人发出《检举纳税人税收违法行为领奖通知书》，通知检举人到指定地点办理领奖手续。《检举纳税人税收违法行为奖励审批表》由税收违法案件举报中心作为密件存档。

同一税收违法行为被两个或者两个以上检举人分别检举的，奖励符合《检举纳税人税收违法行为奖励暂行办法》（国家税务总局　财政部第 18 号令）规定的最先检举人。检举次序以负责查处的税务机关受理检举的登记时间为准。

最先检举人以外的其他检举人提供的证据对查明税收违法行为有直接作用的，可以酌情给予奖励。

二、稽查计划

稽查局应当在年度终了前制订下一年度的稽查工作计划，经所属税务局领导批准后实施，并报上一级稽查局备案。

年度稽查工作计划中的税收专项检查内容，应当根据上级税务机关税收专项检查安排，结合工作实际确定。

稽查局必须有计划地实施稽查，严格控制对纳税人、扣缴义务人的税务检查次数。

三、稽查选案

（一）稽查案源登记

稽查局应当通过多种渠道获取案源信息，集体研究，合理、准确地选择和确定稽查对象。

选案部门负责稽查对象的选取，并对税收违法案件查处情况进行跟踪管理；应当建立案源信息档案，对所获取的案源信息实行分类管理。

（二）稽查立案审批

稽查局选案部门对案源登记信息采取计算机分析、人工分析、人机结合分析等方法进行筛选，确定待查对象，进行稽查立案处理。

已经受理尚未查结的检举案件，再次检举的，可以作为重复案件并案处理。

稽查案源登记管理人员进行案源登记后可以直接进行立案审批，或稽查立案审批管理人员按条件对案源登记信息进行查询后进行立案审批，案源查询选项应当包括案源状态、纳税人识别号、纳税人名称、登记日期、主管税务机关、国标行业、登记注册类型、案源信息来源、案源拟处理意见等。

对批准立案处理的，制作《税务稽查任务通知书》，进行稽查案件任务分配，连同该案件相关的《税务稽查项目书》及其他附件资料一并选择移交检查部门。

对传递的案源信息，在立案审批时确定为不立案的，应将审批意见说明反馈给移送部门。

四、稽查检查

（一）检查任务分配

稽查案件任务分配是指检查部门接到相关部门的税务文书后及时安排人员实施检查的处理过程。

（二）稽查案件检查

稽查案件检查是指检查人员从接到案件检查任务、下达《税务检查通知书》开始，根据已掌握的被查对象的相关纳税信息制订相应的检查方案，依法实施涉税检查、制作相关表单、文书，到移交审理结束的业务处理过程。

稽查案件检查人员接到分配的检查任务后开始进行税收违法行为检查工作。

稽查案件检查人员对被查对象履行纳税义务的情况依法进行检查、取证、询问、协查等业务操作，填写稽查工作底稿及相关表证单书，制作《税务稽查报告》及其附表。

稽查案件检查人员在实施检查前，应做好案件分析工作，全面了解被查对象的生产经营状况、所属行业特点、财务会计制度、财务会计处理办法和会计核算软件，熟悉相关的税收政策，初步分析被查对象的涉税数据和外部数据，分析可能存在的涉税问题。

稽查案件检查人员在实施检查前，需要制订相应的检查实施方案，明确重点检查项目、检查方法、预计检查时间等事项内容。

检查人员与被查对象有下列关系之一的，应当自行回避，被查对象也有权要求检查人员回避。

（1）夫妻关系。

（2）直系血亲关系。

（3）二代以内旁系血亲关系。

（4）近姻亲关系。

（5）可能影响公正执法的其他利害关系。

被查对象要求税务检查人员回避的，由稽查局局长依法决定是否回避。经回避申请审查决定检查人员应当回避并重新安排检查人员进行稽查的，可向被查对象送达《税务事项通知书》，通知被查对象变更检查人员的情况。

检查应当由两名以上检查人员共同实施，稽查案件检查人员应制作并送达《税务检查通知书》，并向被查对象出示税务检查证和《税务检查通知书》。

检查过程中，需要对被查对象相关人员进行询问的，除在被查对象生产、经营场所询问外，稽查案件检查人员应制作并向被询问人送达《询问通知书》；向被询问人进行询问（调查）时，应制作询问（调查）笔录。

实地调查取证时，应对实地检查情况予以记录或者说明，由稽查案件检查人员制作《现场笔录》《勘验笔录》。

检查过程中，需要制作录音、录像等视听资料或以有形载体形式固定电子数据的，由稽查案件检查人员制作《视听资料、电子证据》记录单，进行相关处理。

检查过程中，需要提取证据材料原件的，由稽查案件检查人员制作《提取证据专用收据》，进行相关处理。

检查过程中，需要调验纳税人拥有且未开具的空白发票进行查验的，由稽查案件检查人员制作《调验空白发票收据》，进行相关处理。

检查过程中，需要调取发票原件的，由稽查案件检查人员制作《发票换票证》，进行相关处理。

检查过程中，检查人员就涉税事宜向有关人员进行调查时，可以由被查企业法定代表人、财务负责人或企业有关部门负责人或有关个人对本税务机关调查的事情的经过做出书面说明材料。由稽查案件检查人员制作税务案件当事人自述材料，进行相关处理。

到车站、码头、机场、邮政企业及其分支机构检查纳税人托运、邮寄应纳税商品、货物或者其他财产的有关单据、凭证和有关资料；向有关单位和个人调查纳税人、扣缴义务人和其他当事人与纳税或者代扣代缴、代收代缴税款有关的情况，从有关单位和个人取得有关资料及证明材料时，由稽查案件检查人员制作《税务检查通知书（二）》，进行相关处理。

检查过程中，从纳税人的账簿凭证取得涉税资料时，由稽查案件检查人员制作《税务稽查工作底稿（一）》；从被查对象的账簿凭证等资料以外的其他处取得有关涉税资料时，由稽查案件检查人员制作《税务稽查工作底稿（二）》，进行相关处理。

检查过程中，需要实施调账检查的，进行调取账簿资料通知书流程处理，收到纳税人账簿资料时由稽查案件检查人员制作《调取账簿资料清单》。

检查人员在对纳税人、扣缴义务人在银行或者其他金融机构的存款账户及案件涉嫌人员在银行或者其他金融机构的储蓄存款进行查询时，经县以上税务局局长或设区的市局局长批准，制作《检查存款账户许可证明》，进行相关处理。

检查过程中，需要对跨管辖区域纳税人或有关单位、个人进行函查的，应当于批准后发出协查信函，进行委托协查申请，请求对方税务机关调查。

检查过程中，若存在需要通知被查对象办理（除检查通知书及询问通知书以外）的事项，则可制作《税务事项通知书》，进行相关处理。

检查过程中，纳税人、扣缴义务人有下列情形之一的，检查人员可以责令限期改正。

（1）提供虚假资料，不如实反映情况，或者拒绝提供有关资料的。

（2）拒绝或者阻止税务机关记录、录音、录像、照相和复制与案件有关的情况和资料的。

（3）检查过程中，纳税人、扣缴义务人转移、隐匿、销毁有关资料的。

（4）有不依法接受税务检查的其他情形的。

检查过程中，发现纳税人有逃避纳税义务行为，并有明显的转移、隐匿其应纳税的商品、货物以及其他财产或者应纳税收入迹象的，依法需暂停支付被查对象存款的，扣押、查封被查对象商品时，对被查对象的财产进行保全处理。

检查过程中，对于上级税务机关督办的案件，需要向上级税务机关申请延期查结案件时，进行相关处理。

检查过程中，向上级税务机关报告督办的重大税收违法案件或上级交办的需要回复的举报案件的查处情况，以及达到大要案件报告标准的案件查处情况时进行稽查案件情况报告流程，制作情况报告表，进行相关处理。

检查过程中，纳税人查无下落并且无法强制其履行纳税义务的，制作《税收违法案件中止检查申请》，进行中止检查的相关处理。待中止检查的情形消失时，制作《税收违法案件解除中止检查申请》，进行相关解除中止检查的业务处理。

检查过程中，有致使检查确实无法进行的情形，制作《税收违法案件终结检查申请》，进行终结检查的相关处理。

检查过程中，下级税务机关认为案情重大，违法行为涉及多个其他地区、有重大社会影响的，可以报请上级税务机关组织督办。

检查过程中，需要变更检查所属期间的，通过案件变更事项处理，进行相关变更处理。

检查过程中，因案情复杂或其他客观原因无法在预定时间检查完毕的，制作《稽查案件延期申请》，进行稽查案件延期处理。

检查过程中，发现税务机关在税收政策、管理制度和措施方面存在缺陷或薄弱环节，由稽查案件检查人员制作《稽查建议书》，进行相关处理。

检查结束前，对调取的账簿资料、提取的证据原件、调验的空白发票需要依法退还，由稽查案件检查检查人员分别制作《调取账簿资料退还清单》《提取证据退还清单》《调验空白发票退还清单》，进行相关退还处理。

检查结束前，检查人员可以将发现的税收违法事实和依据告知被查对象，必要时可以制作《税务事项通知书》，向被查对象发出《税务事项通知书》，要求其在限期内书面说明，并提供有关资料。被查对象口头说明的，由稽查案件检查人员制作《陈述申辩笔录》，由当事人签章。

检查结束时，由稽查案件检查人员制作《拟查补、退税款汇总表（一）》（该表适应用于增值税一般纳税人的增值税查补）、《拟查补、退税款汇总表（二）》、《税务稽查报告》，进行相关处理。

在检查过程中或制作《税务稽查报告》时要初步判断是否达到国家税务总局规定的大要案标准，如果达到标准，按照大要案管理的要求进行相关业务处理。

在检查过程中，检查人员对纳税人电子信息系统进行检查时，需要经过所属稽查局局长审批后，再进行相关业务处理。

在检查过程中，被查对象存在不配合或阻挠纳税检查的违法行为，影响纳税检查正常开展，需要对此类行为进行税收违法行为处理。

检查结束提交审批时，需要审核《检查通知书》及其送达回证、《税务稽查报告》及其附表是否已经完整操作，对上述文书操作不完整的，不得转入审批节点。

《税务检查通知书》下发后，《税务处理决定书》下发前，纳税人补缴检查所属期间少申报缴纳的税款时，征收开票的税（费）属性代码值应该为"查补预收税款"。

稽查案件检查审批人员对检查完的案件已制作的表证单书及相关资料进行审批，填写审批意见。审批后，按下列不同情况进行相应处理。

（1）审批同意时，转入移交节点进行处理。

（2）审批意见为"审核不通过"时，退回启动节点进行处理。

（3）认为事实不清、证据不足、依据不准确，需重新检查的，退回稽查案件检查人员重新检查。

（4）认为表述不够清楚、准确的，退回稽查案件检查人员重新制作。

检查节点制作的表证单书经稽查案件检查审批人员审批同意后，由稽查案件检查移交人员制作《税收违法案件证据及其他资料交接清单》，移交审理部门，进行稽查案件审理。

（三）税务事项通知书

税务机关向纳税人、扣缴义务人通知有关税务事项时使用《税务事项通知书》。除法定的专用通知书外，税务机关在通知纳税人缴纳税款、滞纳金，要求当事人提供有关资料、办理有关涉税事项时均可使用此文书。

（四）税务检查通知书

实施检查前，税务机关应当告知被查对象或已经确定的调查对象（特别纳税调整）检查时间、需要准备的资料等，但预先通知有碍检查的除外。

（五）调取账簿资料通知书

调取账簿资料通知书流程是指税务机关检查过程中根据需要行使《税收征管法》第五十四条第（一）项规定的账簿资料检查权时，依据《税收征管法实施细则》的有关规定，调取纳税人（扣缴义务人）一定时期的账簿、凭证及有关纳税资料到税务机关接受检查的业务处理过程。

经县以上税务局（分局）局长批准，税务机关可以将纳税人、扣缴义务人以前会计年度的账簿、记账凭证、报表和其他有关资料调回税务机关检查，但是税务机关必须向纳税人、扣缴义务人开付清单，并在 3 个月内完整退还；有特殊情况的，经设区的市、自治州以上税务局局长批准，税务机关可以将纳税人、扣缴义务人当年的账簿、记账凭证、报表和其他有关资料调回检查，但是必须在 30 日内退还。

（六）检查存款账户许可证明

检查存款账户许可证明是指税务稽查机关检查人员在调查取证过程中，认为需要对从事生产、经营的纳税人、扣缴义务人在银行或者其他金融机构的存款账户及案件涉嫌人员在银行或者其他金融机构的储蓄存款进行查询时使用的一种稽查文书。查询从事生产、经营的纳税人、扣缴义务人存款账户的，应当经所属税务局局长批准，凭《检查存款账户许可证明》向相关银行或者其他金融机构查询。查询案件涉嫌人员储蓄存款的，应当经所属设区的市、自治州以上税务局局长批准，凭《检查存款账户许可证明》向相关银行或者其他金融机构查询。

（七）报请督（查）办案件

省、自治区、直辖市和计划单列市税务局办理涉及其他省区的重大案件，可以报请国家税务总局督办。在案件查办过程中，下级税务机关认为案情重大、违法行为涉及多个其他地区、有重大社会影响的，可以报请上级税务机关组织查办或者督促查办。

（八）稽查案件中止检查

稽查案件实施检查过程中，被检查人有下列情形之一，致使检查暂时无法进行的，检查部门可以填制《税收违法案件中止检查审批表》，附相关证据材料，经稽查局局长批准后，中止检查。

（1）当事人被有关机关依法限制人身自由的。

（2）账簿、记账凭证及有关资料被其他国家机关依法调取且尚未归还的。

（3）法律、行政法规或者国家税务总局规定的其他可以中止检查的。

（九）稽查案件解除中止检查

稽查案件解除中止检查是指已中止检查的稽查案件，中止检查的情形消失后，应当经稽查局局长批准后，恢复检查。已中止的督办案件，中止检查情形消失后，承办机关应当及时恢复检查。

（十）稽查案件终结检查

稽查案件终结检查是指稽查案件实施检查过程中，被检查人有下列情形之一，致使检查确实无法进行的，检查部门附相关证据材料，移交审理部门审核，经稽查局局长批准后，终结案件检查。

（1）被查对象死亡或者被依法宣告死亡或者依法注销，且无财产可抵缴税款或者无法定税收义务承担主体的。

（2）被查对象税收违法行为均已超过法定追究期限的。

（3）法律、行政法规或者国家税务总局规定的其他可以终结检查的。

（十一）检查电子信息系统审批

检查电子信息系统审批流程是指税务机关在检查过程中根据需要行使《税收征管法》第五十四条第（一）项规定的账簿资料检查权时，依据《国家税务总局关于印发〈税务稽查工作规程〉的通知》的有关规定，完成对纳税人电子信息系统进行直接检查，或者提取、复制电子数据调出检查过程。

对采用电子信息系统进行管理和核算的被查对象，可以要求其打开该电子信息系统，或者提供与原始电子数据、电子信息系统技术资料一致的复制件。被查对象拒不打开或者拒不提供的，经稽查局局长批准，可以采用适当的技术手段对该电子信息系统进行直接检查，或者提取、复制电子数据进行检查，但所采用的技术手段不得破坏该电子信息系统原始电子数据，或者影响该电子信息系统正常运行。

五、稽查审理

（一）审理任务分配

稽查案件审理任务分配是指审理部门接到相关部门的税务文书后及时安排人员实施审理的处理过程。

（二）稽查案件审理

稽查案件审理是指依据法律、行政法规、规章及其他规范性文件，通过对稽查实施过程中生成的《税务稽查报告》及其他稽查资料的审查、核实案件事实、审查鉴别证据、依法认定案件性质，制作《税务稽查审理报告》，由审理部门负责人审核，对本级审理的案件，制作《税务稽查结论》或者《税务处理决定书》，经批准后转入稽查执行流程进行处理；案情复杂的，稽查局应当集体审理；案情重大的，稽查局应当依照国家税务总局有关规定报请所属税务局集体审理。

对需要提请重大案件审理委员会审理的案件，进行重大税务案件审理流程，提请重大案件审理委员会办公室审理。

（三）涉嫌犯罪案件移送

涉嫌犯罪案件移送是指税务机关在依法查处违法行为过程中，发现纳税人、扣缴义务人有《税收征管法》第六十三条、第六十五条、第六十六条、第六十七条、第七十一条规定的涉嫌犯罪行为的，税务机关应当依法移交司法机关追究刑事责任。具体有以下几种情况。

（1）纳税人采取欺骗、隐瞒手段进行虚假纳税申报或者不申报，逃避缴纳税款数额较大并且占应纳税额10%以上的。

（2）扣缴义务人采取前款所列手段，不缴或者少缴已扣、已收税款，数额较大的，依照前款的规定处罚。

（3）对多次实施前两款行为，未经处理的，按照累计数额计算。

（4）有第一款行为，经税务机关依法下达追缴通知后，补缴应纳税款，缴纳滞纳金，已受行政处罚的，不予追究刑事责任；但是，5年内因逃避缴纳税款受过刑事处罚或者被税务机关给予二次以上行政处罚的除外。

以暴力、威胁方法拒不缴纳税款的，属于抗税罪，实施抗税行为具有下列情形之一的，属于《刑法》第二百零二条规定的"情节严重"。

（1）聚众抗税的首要分子。

（2）抗税数额在10万元以上的。

（3）多次抗税的。

（4）故意伤害致人轻伤的。

（5）具有其他严重情节。

有下列行为之一的，属于涉嫌犯罪案件。

（1）纳税人欠缴应纳税款，采取转移或者隐匿财产的手段，致使税务机关无法追缴欠缴的税款，数额在1万元以上。

（2）以假报出口或者其他欺骗手段，骗取国家出口退税款5万元以上。

（3）虚开增值税专用发票税款数额在1万元以上或者致使国家税款被骗取5000元以上；伪造或者出售伪造的增值税专用发票25份以上或者票面额累计10万元以上；非法购买增值税专用发票或者购买伪造的增值税专用发票25份以上或者票面额累计10万元以上；伪造、擅自制造或者出售伪造、擅自制造的可以用于骗取出口退税、抵扣税款的其他发票 50 份以上；盗窃增值税专用发票或者可以用于骗取出口退税、抵扣税款的其他发票 25 份以上，或者其他发票 50 份以上；诈骗增值税专用发票或者可以用于骗取出口退税、抵扣税款的其他发票 50 份以上，或者其他发票 100 份以上。

对达到涉嫌犯罪标准的案件，由涉嫌犯罪案件移送启动人员制作《涉嫌犯罪案件移送申请表》，并报请审批。

涉嫌犯罪案件移送最终审批权限为稽查局所属税务局局长。

《涉嫌犯罪案件移送申请表》经批准后，涉嫌犯罪案件移送人员制作《涉嫌犯罪案件移送书》移送公安机关，并进行文书送达流程。

（四）征管建议

征管建议是指审理部门对检查部门在检查中发现的税收征管漏洞或薄弱环节进行分析、整理，制作《征管建议书》，经审批同意后将该文书传递至被检查纳税人主管税务机关的处理过程。

（五）重大税务案件审理

审理委员会的办公室设在税务机关负责法制工作的机构。审理委员会办公室对调查终结的、符合一定标准的案件进行初审，并负责向审理委员会报送应由审理委员会审理的案件材料，以及最终做出处理决定。

对重大税务案件审理后认为事实清楚、证据确凿，适用法律错误或不当的，或者拟处理意见不当的案件通过审理委员会集体审理。

（六）稽查案件延期审理

稽查案件延期审理是指稽查案件审理应当自实施审理之日起 15 日内完成。确需延长审理时间的，应当经稽查局局长批准。

六、稽查执行

（一）执行任务分配

稽查执行任务分配是指执行部门接到相关部门的税务文书后及时安排人员执行的处理过程。

（二）稽查案件执行

稽查案件执行启动人员收到被分配的执行案件后，开始稽查案件执行业务处理。

稽查案件执行启动人员制作与案件相关的税务文书，将《税务处理决定书》《税务行政处罚决定书》《不予税务行政处罚决定书》《税务稽查结论》等税务文书送达给被执行人；在送达文书送达签字后，将税收违法案件查处情况通报税源管理部门，进行查补税费款和罚款的征收开票。

需要变更执行人员的，进行稽查变更事项处理。

如果纳税人申请执行人员回避的，进行申请税务人员回避处理。

如果行政机关实施行政处罚时，应当责令当事人改正或者限期改正违法行为。

当执行中出现《税务稽查工作规程》第七十条规定的中止情形时，稽查案件执行人员进行稽查案件特殊处理，依法中止稽查案件执行。

当执行过程中出现《税务稽查工作规程》第七十一条的终结执行情形时，稽查案件执行人员进行稽查案件特殊处理，终结稽查案件执行。

被执行人未按照《税务处理决定书》确定的期限缴纳或者解缴税款的；被执行人对《税务行政处罚决定书》确定的行政处罚事项，逾期不申请行政复议也不向人民法院起诉、又不履行的，稽查局经所属税务局局长批准，可以依法采取强制执行措施，或者依法申请人民法院强制执行。

经稽查局确认的纳税担保人未按照确定的期限缴纳所担保的税款、滞纳金的，责令其限期缴纳；逾期仍未缴纳的，经所属税务局局长批准，可以依法采取强制执行措施。

稽查局对被执行人采取强制执行措施时，应当向被执行人送达《税收强制执行决定书》，告知其采取强制执行措施的内容、理由及依据，并告知其依法申请行政复议或者提出行政诉讼的权利。

如果案件达到大要案标准或者是督转交办案件，在结案后，稽查案件执行人员需要编制大要案报告进行上报结案报告。

对符合强制执行条件的案件进行登记，由稽查案件执行启动人员进行强制执行登记流程，并选择强制执行措施。

对需要以公告文体或者其他形式将已经生效的税务违法案件行政处理决定进行公告，接受社会监督的，由稽查案件执行启动人员进行案件公告流程。

如果当事人对税务机关的处罚决定逾期不申请行政复议也不向人民法院起诉、又不履行时，稽查案件执行启动人员可以进行申请强制执行流程依法申请人民法院强制执行。

如果采取从被执行人开户银行或者其他金融机构的存款中扣缴税款、滞纳金、罚款措施时，由稽查案件执行启动人员进行强制扣缴流程。

如果拍卖、变卖被执行人已经扣押、查封的财产以抵缴税款、滞纳金或罚款时，由稽查案件执行启动人员进行拍卖变卖流程。

如果纳税人或扣缴义务人拒不接受税务机关处理的，税务机关可以收缴其发票或者停止向其发售发票，进行停供（收缴）发票流程。

稽查案件执行人员在案件执行过程中，发现有以下情况的，由稽查案件执行启动人员退回稽查审理部门或重大税务案件审委会进行查补税款和罚款变更或补充处理流程重新做出处理。

（1）做出的具体行政行为不符合法定程序的。

（2）做出的具体行政行为引用法律、法规有误的。

（3）被执行人出示新的证据与原调查取证材料不一致，需重新修改具体行政行为的。

（4）做出的税务处理文书与税务行政相对人实际名称不相符，需要重新修改的。

（5）在执行环节中，发现的其他需要退回的情况。

执行过程中发现纳税人故意违反税收法规欠缴应纳税额并采取转移或隐匿财产的手段，致使税务机关无法追缴欠缴的税款，数额较大，涉嫌逃避追缴欠税罪的，由稽查案件执行启动人员制作《涉嫌犯罪案件移送建议》，及时将执行情况通知审理部门，并提出向公安机关移送的建议，进行稽查案件审理流程。

执行过程中，发现纳税人有逃避纳税义务行为，并有明显的转移、隐匿其应纳税的商品、货物以及其他财产或者应纳税收入迹象的，依法需暂停支付被查对象存款的，扣押、查封被查对象商品时，可实施保全流程，对被查对象的财产进行保全处理。

行政机关实施行政处罚时，当有责令当事人限期缴纳税款情形时，稽查案件执行启动人员进行责令限期缴纳税款流程。

稽查案件执行结案人员在被执行人在限期内缴清税款、滞纳金、罚款或者稽查局依法采取强制执行措施追缴税款、滞纳金、罚款后，应当制作《税务稽查执行报告》，记明执行过程、结果、采取的执行措施以及使用的税务文书等内容，由执行人员签名并注明日期，连同执行环节的其他税务文书、资料一并移交审理部门整理归档。

《税务稽查执行报告》可以多次制作，每次制作完成保存时，系统判断是否符合结案标准，如果已经全部结清税款、滞纳金、罚款的，提示操作人员可以结案；如为检举案件，结案后需要及时将执行报告传递到税收违法案件举报中心（进行检举奖励管理流程）；如果为涉税事项内部移送的案件，结案后需要及时将执行报告传递到移送案件的税务机关或部门。

当执行文书对应的税款、滞纳金、罚款等已足额缴纳入库并且所有已启动的与该案件有关的流程已经结束时，可以结案，案件状态由系统变更为"执行完毕"。或者当稽查案件终结执行申请审批意见为同意（终审）并且所有已启动的与该案件有关的流程已经结束时，可以结案，案件状态由系统变更为"终结执行"。

稽查部门制作《税务处理决定书》《税务行政处罚决定书》等文书形成的应征信息，在主管税务机关执行入库时，系统应将入库信息即时推送到稽查执行部门。

（三）稽查案件中止执行

稽查案件中止执行是指稽查局执行部门在案件执行过程中发现有下列情形之一的，填制《税收违法案件中止执行申请》，附有关证据材料，经稽查局局长批准后，中止执行。

（1）被执行人死亡或者被依法宣告死亡，尚未确定可执行财产的。

（2）被执行人进入破产清算程序尚未终结的。

（3）可执行财产被司法机关或者其他国家机关依法查封、扣押、冻结，致使执行暂时无法进行的。

（4）法律、行政法规或者国家税务总局规定的其他可以中止执行的。

（四）稽查案件解除中止执行

稽查案件解除中止执行是指已中止执行的稽查案件，中止执行情形消失后，应当及时填制《税收违法案件解除中止执行申请》，经稽查局局长批准后，恢复执行。已中止的执行案件，中止执行情形消失后，承办机关应当及时恢复执行。

（五）稽查案件终结执行

稽查案件终结执行是指被执行人确实没有财产抵缴税款或者依照破产清算程序确实无法清缴税款，或者有其他法定终结执行情形的，稽查局可以填制《税收违法案件终结执行申请》，依照国家税务总局规定权限和程序，经税务局相关部门审核并报所属税务局局长批准后，终结执行。

七、稽查案件延期处理

（一）稽查案件检查延期处理

稽查案件检查延期处理是稽查案件检查应当自实施检查之日起 60 日内完成。确需延长检查时间的，应当经稽查局局长批准。

（二）重大税收违法督办案件检查延期处理

重大税收违法督办案件检查延期处理是指对于督办的重大税收违法案件，因案情复杂确实无法按时查处的，督办机关应当在查处期限届满前 10 日内向督办机关申请延期查处，提出延长查处期限和理由，经批准后延期查处。

（三）税收违法检举案件延期查处处理

税收违法检举案件延期查处处理是指对上级督办的税收检举案件，因案情复杂无法按期查结，经督办部门批准，可以延期上报查处结果，并定期上报阶段性的查办情况。

（四）重大税务案件审理延期

重大税务案件审理延期是指审理委员会办公室审理的案件应在 10 个工作日内完成，经审理委员会审理的案件应在 1 个月内完成。案情特别复杂的案件，可适当延长审理时间，但最长不得超过 40 日。

（五）案件变更事项处理

案件变更事项处理是指税务稽查过程中根据需要变更检查部门、检查人员、审理部门、审理人员、执行部门、执行人员、检查所属期间、举报中心工作人员等事项的业务处理过程。

（六）稽查案件情况报告

稽查案件情况报告是指税务机关对达到大要案标准的案件，应当按照规定的期限向上级税务机关报告案件情况的处理过程。对上级督办案件，按照规定时间报送案情报告或拟处理意见报告。

（七）税务稽查案卷

《税务处理决定书》《税务行政处罚决定书》《不予税务行政处罚决定书》《税务稽查结论》执行完毕，或者依照《税务稽查工作规程》第四十五条进行终结检查或者依照第七十一条终结执行的，审理部门应当在 60 日内收集稽查各环节与案件有关的全部资料，整理成税务稽查案卷，归档保管。

税务稽查案卷应当按照被查对象分别立卷，统一编号，做到一案一卷、目录清晰、资料齐全、分类规范、装订整齐。

税务稽查案卷分别立为正卷和副卷。正卷主要列入各类证据材料、税务文书等可以对外公开的稽查材料；副卷主要列入检举及奖励材料、案件讨论记录、法定秘密材料等不宜对外公开的稽查材料。如无不宜公开的内容，可以不立副卷。副卷作为密卷管理。

（八）稽查案件督转交办管理

在稽查案件处理过程中，某些组织查办重大税收违法案件和督促查办重大税收违法案件，由于特殊情况或其他非人为原因，造成案件无法在规定期限内查处或审理完毕，审理机关可在规定的期限内申请案件延期处理，经有关负责人或机关审批后延长案件处理期限。

对需要督办的重大税收违法案件，督办税务局（以下简称督办机关）所属稽查局填写《重大税收违法案件督办立项审批表》，提出拟办意见。

经督办机关领导审批或者督办机关授权所属稽查局局长审批后，向承办机关发出《税收违法案件督办函》，要求承办机关在确定的期限内查证事实，并做出税务处理、处罚决定。对重大税收违法案件，国家税务总局或者上级税务机关可以根据案件情况和查处需要进行督办。接收下级税务机关报送的督办案件的具体查办方案，批准后部署实施，并按照督办函确定的时限听取下级税务机关报告案件情况及查处进展情况。

本级税务机关在下级税务机关未按要求查处上报督办案件的查处情况时，使用《税收违法案件催办函》予以催办、催报。

对因督办案件情况发生变化不需要继续督办的，督办机关可以撤销督办，并向承办机关发出《税收违法案件撤销督办函》。

在处理督办案件过程中，跟踪案件查办过程，按照督办函确定的时限调用相关流程向督办机关报送情况，获得批准后实施，同时根据结案申请的审批结果，结束对承办案件的管理。

八、重大税收违法案件中止检查和中止执行

重大税收违法案件中止检查是指对于督办的重大税收违法案件，有《税务稽查工作规程》第四十四条规定的中止检查情形的，承办机关应当报请督办机关批准后中止检查。已中止的督办案件，中止检查情形消失后，承办机关应当及时恢复检查。

重大税收违法案件终结检查是指对于督办的重大税收违法案件，承办机关在案件检查过程中，出现《税务稽查工作规程》第四十五条规定情形，致使检查确实无法进行的，可以向督办机关申请终结检查督办案件，督办机关进行批复的业务处理过程。

重大税收违法案件中止执行是指对于督办的重大税收违法案件，有《税务稽查工作规程》第七十条规定的中止执行情形的，应当报请督办机关批准后中止执行的业务处理过程。

重大税收违法案件终结执行是指对于督办的重大税收违法案件，承办机关在案件执行过程中，出现《税务稽查工作规程》第七十一条规定终结执行的情形，可以向督办机关申请终结执行的业务处理过程。

九、稽查案件复查

稽查案件复查计划启动人员在需要制订稽查案件复查计划进行案件复查时启动。

需要进行案件复查时，复查计划启动人员启动，确定复查工作重点，根据复查工作

计划确定需要复查的税务稽查案件，制作《待复查案件清册》。

复查计划审批人员由主管税务局领导担任，对稽查局提出的《待复查案件清册》进行审批。审批意见为"同意（终审）"后，生成《复查案件清册》。

稽查局根据复查工作计划和《待复查案件清册》确定需要复查的税务稽查案件，组成复查组，并指定组长。复查组根据复查对象和复查目标提出复查工作方案。复查人员与复查案件有利害关系的，应当回避。

稽查局在实施复查前应当向处理税务稽查案件的稽查局（以下简称案件原处理单位）下达《税务稽查案件复查通知书》，如需实地检查则向复查对象出具检查通知书。

复查组通过案卷审查和实地调查相结合的方式对税务稽查案件实施复查。复查中制作税务稽查案件复查工作底稿，出具税务稽查案件复查报告，并向案件原处理单位出具《税务稽查复查报告意见反馈书》，征求案件原处理单位意见，根据反馈意见认真审核，对复查报告做必要的修改，组织审议并按结果制作税务稽查复查审议纪要，然后将稽查案件复查报告及案件原处理单位的书面意见一并报送组织复查的稽查局审批。案件原处理单位逾期未提出书面意见的，视同无异议。

组织复查的稽查局对税务稽查案件复查报告的事实内容和处理意见进行审批，根据不同情况分别对案件原处理单位及其人员的执法质量进行评价，做出税务稽查案件复查鉴定，对复查对象做出税务稽查案件复查结论。

十、规费检查

规费检查是指税务机关依法对缴纳社会保险费及其他规费的单位和个人履行缴费义务情况所进行的规费检查和处理工作的总称，缴费单位、缴费个人应当按时足额缴纳社会保险费及其他规费。规费包括由税务机关征收的社会保险费（基本养老保险费、基本医疗保险费、失业保险费）及其他各级人民政府规定或委托税务机关征收的各种规费。

规费检查可以使用与税收检查完全相同的流程，以达到税费同查的效果。如果需要单独对规费实施检查，为简化环节，可以使用直接完成规费检查的全过程。

十一、税务检查证管理

申请办理税务检查证是指税务检查证管理部门需要新办税务检查证、换发税务检查证、补发税务检查证或变更税务检查证，提出申请办理税务检查证的处理过程。

需要新办税务检查证、换发税务检查证、补发税务检查证或变更税务检查证时，税务检查证管理人员制作《办理税务检查证申请表》，由税务检查证管理审批人员对《办理税务检查证申请表》进行审批。《办理税务检查证申请表》审批同意后，上传至税务检查证统一发放和归口管理税务机关税务检查证管理处理人员进行税务检查证核发处理。

十二、案件公告

案件公告是指税务机关以公告文体或者其他形式将已经生效的税务违法案件行政处理决定进行公告，接受社会监督。

税务违法案件一般在办公场所设立的专栏内张贴公告。公告应当实事求是，扼要介绍税务违法事实，写明税务行政处理决定的主要内容及其适用的法律、法规依据，与此不相关联的其他情节和调查审理过程不应写入公告。公告不得泄露国家秘密、商业秘密和个人隐私。公告字句要通达简练,正确引用法律、法规规定的税务违法行为名称及相关条文,不得以税务行政处理决定书代替公告。

对违反发票管理规定两次以上或者情节严重的单位和个人,税务机关应当在办税场所或者广播、电视、报纸、期刊、网络等新闻媒体上公告纳税人发票违法的情况。公告内容包括纳税人名称、纳税人识别号、经营地点、违反发票管理法规的具体情况。

思 考 题

1. 税收征管各个环节的作用是什么?
2. 税收征管各环节之间的联系是什么?
3. 税法为什么要求纳税义务人主动申报纳税而不是由税务机关直接上门征收税款?
4. 核定征收的管理方式体现了什么样的税收管理原则?
5. 发票在税收征管中起到了什么作用?

案例 4:基于区域稽查实践分析的思考与建议

(江苏省地方税务局供稿,特此致谢!)

为发挥税务稽查职能作用,提升稽查执法效能,推进稽查现代化建设,2013 年,江苏省地方税务局创新推行稽查管理改革,探索建立区域稽查分局,变革属地稽查方式,提升稽查管理层级,减少执法干扰,优化稽查资源配置,集中发挥稽查震慑作用,有效引导税收遵从,实现了稽查管理集约化、高效化。然而实践中,区域稽查也遇到一些困惑和难题,需要统筹解决,以便更好地发挥稽查职能作用,营造更加公平公正的税收环境。

一、江苏地税区域稽查现状

(一)组织架构

全省按区域设置三个稽查分局,负责区域范围内一定规模以上的重点税源户、跨市且总部在辖区内企业集团公司的高风险应对以及省局稽查局交办的大案要案等其他案件的检查和执行。各设区市稽查局局长兼任区域稽查分局副局长,负责辖区内案件的组织和落实,做好工作保障和协调。省局稽查局检查执行科具体负责三个分局检查工作的统筹协调和组织实施。

(二)人力资源

区域稽查人员实行全省统筹,由各市稽查局择优选派。2014 年抽调 200 人共 66 个检查组,2015 年抽调 154 人共 51 个检查组,2016 年抽调 196 人共 65 个检查组。三年抽调人员中,具有"三师"资格 227 人,副科长以上 218 人,抽调人员约占全省稽查人员的 10%，平均年龄 42.2 岁。

（三）主要成效

先后印发了《税务稽查管理改革总体方案》《区域稽查分局案件管理暂行办法》《区域稽查分局经费保障办法》《区域稽查分局绩效考评办法》等文件，为区域稽查工作提供了制度保障。区域稽查分局严肃查办涉税违法案件，稽查职能作用发挥明显。2014～2016年共组织重点检查企业 238 户，直接查补入库 17.40 亿元，占全省稽查入库比例 15% 以上；部署纳税人督导自查 341 户，自查入库 7.96 亿元；查处大案要案 118 件，户均查补金额 506.75 万元，其中千万元大案要案 16 件。

二、江苏地税区域稽查存在的问题及原因分析

（一）机构虚拟，体制机制难以落实

（1）职责定位不清晰。限于精简机构和人员编制等因素，区域稽查分局虚拟设置、实体运作，取得一定成效的同时，也带来了职责定位难以界定等体制性问题，导致工作运行机制不够顺畅。如在人员配置上，区域稽查分局副局长由各市稽查局局长兼任，但在实际工作中，各市稽查局局长仍然以负责本地稽查工作为主，疏于管理区域分局工作。

（2）发展规划不明确。区域稽查每年都是阶段性的工作任务，检查人员根据工作需要临时抽调，区域稽查缺少长期发展规划，对集团化选案、团队化运作也缺少长远考虑，导致区域稽查工作后劲不足。

（3）部门协作不到位。少数部门对区域稽查工作重要性认识不足，部分单位有"多一事不如少一事"的思想，工作中不配合、不衔接、难协调等现象比较突出，导致区域稽查工作阻力重重，效率不高，难以形成有效的工作合力，影响检查质效。

（二）临时观念，管理难度相对较大

（1）基层存在应付心理。少数单位认为区域检查是临时性工作任务，不属于本部门工作绩效，因而思想上不重视，有应付的心理。主要表现在两个方面：一方面从各市稽查局来看，派出检查人员的素质参差不齐，部分单位派出人员年龄偏大、业务偏弱；另一方面从检查人员来看，区域稽查实行异地交叉检查，时间跨度长，工作压力大，且外出检查时交通、就餐等诸多不便，执法风险和廉政风险加大等原因，导致部分人员对区域稽查工作存有抵触情绪。

（2）精准选案难以保证。从 2014～2016 年查办的 238 户案件来看，其中，100 万元以下案件共有 120 件，占比为 50.42%；10 万元以下案件占比 34.1%，充分说明选案精准度不高。通过分析主要有三个方面原因：首先是税务机关内部征收、管理、稽查的信息不对称，选案数据质量不高；其次是选案依托的信息主要来自金税三期工程系统，企业申报部分纳税资料、数据不够完整；最后是稽查与工商、银行、海关、司法等部门电子应用系统独立开发应用，信息共享程度低。

（3）全面统筹存在盲区。区域稽查工作难以统筹管理，检查人员流动频繁、变动率较高，行政管理成本增加。同时，人员管理机制不够顺畅，抽调人员业务上归区域分局

管理，但工资、人事关系在当地，稽查人员主动接受抽调的内生动力不足。稽查队伍的不稳定、行政管理成本的提高和运行机制的不顺畅等管理"盲区"，一定程度上制约了省级稽查效能的发挥。

（三）环节复杂，检查过程问题明显

（1）超期现象比较普遍。检查时间超期问题频现，三年中，每户企业实施检查平均天数为 142.6 天，户均检查时间过长；审理时间超期问题比较明显，审理环节平均每户为 114.5 天，预审户均用时 14 天，集体审理户均用时 50 天，退回补正户均用时 50.5 天；执行时间较长问题同样存在，三年移送执行企业 223 户，执行结束 198 户，执行完成率 88.79%，执行环节平均 48.39 天。

（2）案卷标准不统一。以 2016 年为例，审理中共发现 406 个问题，户均约 5 个问题，主要集中在税务文书规范性、完整性、数据差错，证据瑕疵、违法事实程序瑕疵、适用税收政策有误等方面。通过分析发现，各地对稽查文书、案卷标准不统一和少数检查人员主观能动性和责任心不强，是导致稽查报告或底稿中出现明显的表述错误、笔误，税务文书制作中时间、地点、签章等缺失，明显的数据差错等低级错误的主要原因。

（3）审理流程多。区域稽查的审理环节多，一般需要经过以下环节：检查人员所在局进行本地预审——省局集中抽调各地审理人员审理（采用交叉审理）——省局稽查局审理科科长根据案情，采用书面和会议的方式集体审理——千万元以上提交省局重审委（法规）审理——制作文书经过领导审批——审理流程结束，流程耗时较长。预审主要是各个市的审理人员先行审理，而各地的审理规范和口径不完全相同。

（四）外部制衡，统筹协调阻力重重

（1）政策因素。首先是税收政策的滞后性和局限性。我国经济进入新常态后，新情况、新问题不断涌现，既有的税收法律、政策亟须修订完善。其次是同一政策在不同地区执行口径不一致，检查和审理人员理解程度与掌握口径也有差异，导致案件执行标准不统一。最后是少数政策不明确，难以把握，税企双方对涉税政策理解不一，导致无法定案。

（2）政府因素。区域稽查的对象多是各地大企业，部分企业往往都是地方政府重点扶持企业、招商引资企业，政府融资平台以及各地税源大户，在实施检查的时候，受到政府部门的非正常干扰过多。

（3）企业因素。区域稽查的企业规模较大，新型经济行为和商业模式比较多，涉税问题比较复杂。企业大部分采用的是国外软件系统，检查人员的查账软件无法采集账套。同时，部分企业配合度不强，企业集团经济、程序复杂，手续烦琐等造成检查人员取证困难。

三、提高江苏地税区域稽查效能的思考与建议

（一）制订规划，明确区域稽查的发展方向

（1）规划好检查对象。全省确定 3～5 年时间内的区域检查规划，区分行业、按照规模建立区域检查企业数据库，对数据库进行动态管理，适时调整检查对象，将有限的稽查资源优先用于大要案的查处上。对集团企业，要从省局层面进行统筹，建立从

上而下的检查机制，避免出现对集团企业分散检查、年年检查的现象。对新经济业态、业务刚刚起步、规模较小且不稳定如风险投资等不带有普遍意义的行业，一般不列入稽查对象。

（2）规划好队伍建设。要建立准入制度，建立全省区域稽查人才库，保障骨干队伍的相对稳定。对各地选派人员标准进一步明确，真正将业务素质高、敬业精神强、工作作风实的稽查人员选派到区域稽查分局。要规范考评和培训机制，优化《区域稽查分局考核办法》，修正考核指标，建立日常、可比、动态的数字管理制度和可持续的培训体系，对不适应要求的人员及时调离岗位。要建立激励机制，将区域检查工作表现与省局对下绩效考评挂钩，对表现突出的人员在提拔起用、评先评优、高层次培训等方面予以倾斜。

（3）规划好服务保障。充分考虑区域稽查的重要性和特殊性，做好执法用车保障。强化稽查装备建设，为区域稽查分局配备电子取证箱、执法取证仪、互联网搜索软件、爬虫软件等必要的办案装备，提高稽查装备科技化水平。

（二）全面统筹，建立规范有效的工作机制

（1）实行双实体运作。在现行的区域稽查分局基础上，按照苏南、苏北、苏中区域划分，在全省筹建3～4个具有独立执法职能、跨区域稽查分局，实现区域稽查由"机构虚拟、实体运作"向"双实体"的实质性转变。省局统筹解决每个区域稽查分局编制、人事、经费、业务等事项管理，构建稳定的高层次稽查队伍，提高执法层级，使区域稽查工作机制更为顺畅，不断提升区域稽查质效。

（2）实行团队化应对。组建精准分析团队，探索实施精准稽查。依托信息系统，广泛收集第三方涉税信息，针对企业疑点编制格式规范、内容详尽的检查预案，明确一案一预。强化数据分析，通过数据扫描，定位涉税疑点问题方向；通过数据透视，查找税收违法路径；通过数据会诊，锁定精准打击目标。组建精准打击团队，省市联动，通过集中化、跨层级、团队化管理，实现信息共享、协同作战，发挥工作合力。

（3）实行制度化重审。在省局层面，建立规范有序的重审制度，每季或每两个月召开一次重审会，建立部门事先协商、沟通机制，提高重案审理委员会的工作效率。

（三）内外联动，形成齐抓共管的稽查合力

（1）强化内部协作。建立与征管部门的工作协作机制，通过设置统一的信息传递文书，加强常态化工作联系；加强与风险管理部门的沟通，共同探索精准稽查，修正风险模型，提高选案准确度；加强与法规部门的合作，统一政策执行口径，出台税收违法案件取证指引；加强与税政部门的合作，明确税收政策确定性。通过加强内部多部门协作，有效发挥稽查以查促管作用，实现税收管查联动。

（2）强化外部联动。主动向地方党政领导汇报，深入宣传稽查部门依法"打击不法、保护守法、引导遵从"工作职责，打消各级政府领导对税务稽查执法可能影响地方经济社会发展的顾虑。在完善税务机关获取第三方信息法律制度的基础上，搭建政府部门涉税信息综合利用平台，建立与工商、金融、公安、国土、技监、海关、社保、房管、外汇、产权交易等部门的信息交流交换机制和信用联合惩戒体系。

（3）强化风险防范。根据区域检查各项业务工作、环节和岗位可能存在的执法风险

点，建设完善内控机制，建立预防和惩治稽查执法腐败工作体系，加强内部的督导和督查。要积极理顺与纪检监察部门、检察院等相关部门的关系，主动邀请相关部门帮助排查潜在的税务稽查执法风险，共同寻找对策进行防范、规避和化解，通过内外部共同发力，构筑执法风险"防火墙"。

（四）突出成效，强化稽查成果的增值利用

（1）做强稽查建议。针对稽查中发现的问题，形成稽查建议反馈给风险、征管、纳服和税政管理等相关部门，增强稽查建议的针对性、操作性、实效性，提高征管效率，实现税收征、评、管、查的闭环式管理，通过查处一个行业问题，提出一个行业规范，加强一个行业管理，规范一个行业税收，不断提升税收治理水平。

（2）加强成果应用。就发现的共性问题和个性问题深入进行思考，梳理风险点，细化自查辅导，形成案例分析材料和调研报告，总结好的做法和经验，充分放大稽查成果增值利用效应，引导税收遵从。

（3）加大宣传力度。不断加强对稽查案件的宣传和曝光力度，通过案件公告、媒体曝光、新闻发布、成果展示等形式，用具体案件震慑不法纳税人、教育广大纳税人，扩大税务稽查工作的社会效果。

（江苏省地方税务局课题组）

2017 年 12 月 5 日

案例 5：内外协作，长效控管，稽查积案清理成效显著

（江苏省常州市地方税务局供稿，特此致谢！）

2017 年以来，常州地税稽查局紧紧围绕省局全年积案清理的绩效目标，采取领导挂钩、逐户推进、节点落实、重点跟踪的方式，扎实推进积案清理工作。截止到 2017 年11 月底，全局累计清理各类积案 196 件，积案清理率达到 98%，清理入库税款、滞纳金合计 4120.43 万元。

一、高度重视，准确分析积案成因

（1）强化领导，工作部署到位。根据省局积案清理工作要求，稽查局制订了详尽的实施方案，包括人员配备、清理步骤、法律保障、督查跟进等制度，成立市局分管局长任组长，稽查局局长任副组长，风控、税政、征管、督审、监察等部门负责人为成员的积案清理工作领导小组，下设检查执行、疑难推进、督查考核三个工作组，召开积案清理工作部署会议，将待清理积案分配到各个稽查分局、检查科，落实到具体责任人。

（2）逐户排查，原因分析到位。以摸清积案底数为基础，开展案件摸底清查工作，根据案件的具体情况及性质，对照中止检查、终结检查、中止执行、终结执行的条件，实施分类处理。通过对执行环节积案情况的分析，执行难集中体现为被执行人拒不执行、逃避执行、税务机关执行不力以及外部环境干预等情况。据此，稽查局出台强制执行操

作方案,强化执行环节问题处理意见,操作方案突出以强制性为重点,以外部协作为核心,以失信惩戒为手段,规范积案执行环节问题处理,提高积案清理效率。

(3)有的放矢,措施制订到位。在摸清具体情况后,通过向局党组汇报、邀请法律专家团队提供法律依据支撑等方式,分类制订清理计划:对纳税人地址无法查找,或者其法定代表人等重要相关人员失踪无法联系、致使检查无法进行的,通过公安机关协助查找;对于涉嫌犯罪的案件,请公安机关提前介入,必要时向上级汇报协调解决;对于政策不明确、定性难、争议大的案件,充分利用税收政策确定性工作机制,协调法规、税政部门尽快明确,必要时聘请律师、法律专家参与案件研讨,提供咨询建议;对因征管系统原因导致的积案,与征管、数据部门协调,查找原因,分类处理。

二、建立机制,扎实推进积案清理

(1)建立定期通报工作机制。根据积案清单,要求各责任部门逐户核对积案产生原因,编制积案清理计划、明确完成时限。同时为确保积案清理工作有序开展,建立定期通报制度,各检查科半月向市稽查局汇报工作开展情况,及时商量对策,同时市稽查局按月通报积案清理工作情况,确保积案工作按序时进度完成。

(2)建立督查考核工作机制。市稽查局多次召开专题研讨会,充分听取基层单位对积案清理情况的汇报,根据企业实际情况进行归类处理,形成三种处理方式,即可结案、终结检查、终止执行。针对每种方式提出具体的操作要点,如条件要件、处理程序、表证单书等。同时考虑到案件的复杂性、风险性,对某些疑难案件实施"一案一议",由审理科梳理案件情况,提交市稽查局审委会集体进行讨论,明确解决方式及途径。为确保每一户案件清理落到实处,将积案清理工作纳入绩效考核和"四比一看"劳动竞赛,按季对清理情况进行评价考评。

(3)建立内外部协作工作机制。根据积案产生原因的不同,对内加强与市局业务处室的沟通,对外则建立与公安、法院等部门的联动机制。对政策理解有异议、重要证据有争议等原因造成的积案,协调税政、法规、督审等部门共同把关;对被查对象故意不配合、走逃、恶意对抗等原因产生的积案,加强与公安、银行、房管、国土、产权交易中心、法院等部门的沟通协作,取得显著效果。通过与公安协作,在公安部门常住人口信息系统中查找法定代表人信息,实现精确锁定;通过与银行部门协作,了解积案企业银行账户信息和资金往来情况;通过与房管、国土、产权交易中心协作,了解积案企业房产、土地、股权等资产的权属关系;对难于执行的案件,在较为充分掌握"人财物"的情况下,通过与法院协作,积极推进对积案企业的强制执行。据统计,2017年累计在公安常住人口信息系统查找12人次,布控限制法人代表出境1次,查询积案企业银行账户信息7次,查询积案企业房产及用地信息6次,申请法院强制执行5次,执行入库税款、滞纳金246万元。

三、精准发力,牢牢把控核心环节

(1)梳理法律法规,制定具体操作指引。召集熟悉税收、法律知识的人员成立专门项目组,对税收强制执行法律法规进行梳理。根据《江苏省常州地方税务局税务行政强制暂行办法》,结合工作实际需求,编制了《江苏省常州地方税务局税务行政强制业务操作规程（试行）》。该操作规程包含查封、扣押，阻止出境，法院强制执行等税收保全、强制执行操作指引，将具体时间节点、文书、事项等进行细化规范，让具体执行人员有章可循，提高了强制执行的正确性与效率。

（2）规范内部流程，主动实施行政强制。行政强制业务操作规程制定出台后，基层税务人员在实际操作中，对较为复杂的程序有了具备操作性的指引，尤其是在查封、扣押，拍卖、变卖等执行环节，更加得心应手。税务机关正确行使行政强制程序，有效地震慑了拒缴行为。对照该制度，主动发起行政强制执行程序4起。

（3）把控"四个环节"，有效防控积案再生。在选案环节，注重源头防范，运用大数据分析等手段，加强查前评估，提升选案精准度；在检查环节，将风险防范关口前移，制定检查实施环节的职责、风险点、执法标准及岗位间的衔接处理办法，严格规定每个环节的办理时限和要求，定期通报进度，同时加强团队运作，实行案件查处团队化运行机制，对专案、督办案件、重点税源检查等案件，实行项目管理和组长负责制，形成自发的内控节点；在审理环节，坚持分类分级审理，引入团队审理机制，负责疑难案件的审理，以集体智慧保证审理的合法性、准确性，同时借助外部智力支持，对被查对象争议较大的案件，必要时征询法律专家、专业技术人士的意见，突破审理中的难点、疑点；在执行环节，制定执行权力清单，细化执行规程，明确权利义务，提高执行成功率。

2017 年 11 月 3 日

税 源 管 理

第一节 税源管理概述

一、税源管理的基本概念

税源管理，是税收职能部门从其履行税收征收管理的需要出发，对税收征管执法所必要的（或潜在的）有关各种税源相关主体及其财产、行为等信息进行调查、收集、整理、统计、分析，并应用于税收征收管理的过程。因此，在本质上，税源管理是对税源信息的管理，而不是税收职能部门对税源相关主体及其财产、行为的管理。

税源管理的核心目标可以概括为：摸清底数，把握进度，确保收入。

税源管理的主要内容是依法对纳税人的涉税经济活动情况进行了解，掌握其应税收入或应税活动的发生规律，监督其纳税行为。

在现实工作中，税源管理的主要特征表现为：重点税源重点管理，专业化管理。

二、税源管理的基本要素

（一）管理主体

税源管理是税收管理的有机组成部分，前者服从和服务于后者，因此，税收管理的主体就是税源管理的主体，即税收职能部门。

（二）管理对象

税源管理的对象是税收征管执法所必要的（或潜在的）有关各种税源相关主体及其财产、行为等信息。

（三）管理手段

1. 组织手段

通过对税收职能部门内部结构、职能、工作机制的调整，使之适应当代税收环境中税源信息的存在形态及其运动特征，满足税收管理的实际需要。

2. 分类手段

从税收执法的视角看，各类税源信息的结构及其运动方式存在很多差异，以此为前提，从提高税收管理效率的角度对税源进行分类，从而构成税源管理专业化分类的基础。

3. 信息手段

充分利用现代信息技术和数据分析手段，科学、高效地组织税源信息，深入挖掘其中所蕴含的涉税信息，系统地应用于税收管理体系中。

三、税源管理的意义

税源管理的意义主要有以下三点。

（一）加强税源管理是现行经济制度的客观需要

我国以公有制经济为主体、多种所有制经济共同发展的经济制度使社会经济结构呈现出多样化、复杂化，由此导致税源结构的多样化、复杂化，增加了税收征管的难度。由于我国目前征管力量比较薄弱，征管手段滞后，相应的征管措施不配套，出现了管户不清、税源不明、一证多摊（点）、无证经营、虚假歇业、多头开户、隐瞒收入的现象，结果导致经营指标不实、纳税申报不准、计税依据失真、资金体外循环、税款大量流失。我国目前所有制结构的情况和经济发展的现状，客观上要求做好税源管理的基础工作，从源头入手，管住总户数，管好总税源，避免税基萎缩，促进经济发展。

（二）加强税源管理是税收管理自我完善的需要

从我国税收征管改革的过程来看，先后出现了按地区、行业、经济性质实行专查专管制到实行征收管理与检查两分离，或者征收、管理与检查三分离的管理模式，再到"以纳税申报和优化服务为基础，以计算机网络为依托，集中征收，重点稽查"的征管模式。税收征管改革使税收征管实现了重大突破。在技术手段上把计算机技术从税收管理的主要环节引入到各个环节中，使我国税收管理开始由传统的手工操作向现代管理转变。纳税申报制度的全面推行，由管事制取代管户制，实现了由管户向管事的转变，使征纳双方的权利和义务更加明确，体现了为纳税人服务的新管理理念。因此，强化税源管理是完善税收管理的内在要求和自我完善的过程。

（三）加强税源管理是依法治税的需要

目前，我国税收计划的制订仍然采取基数法，以上年完成基数确定下年度税收任务，然后分块下达。这种方法缺乏一定的科学性，在实际征收中存在偏松偏紧的随意现象。在任务紧时，一些税务部门想尽各种办法完成任务，"寅吃卯粮"、收过头税等现象时有发生。在任务松时，一些税务部门应收不收、应缴不缴，以免下一年度收入任务加重，增加实际征收中的困难。造成偏松偏紧随意现象的原因是没有准确掌握税源的变化，使税收计划的制订科学依据不足，导致税收偏离了税收法定原则。这种现象不仅人为地改变了税收管理规律，造成税收负担失真，使正常的征管工作秩序和程序遭到破坏，还削弱了税收执法职能，扭曲了税制公平，影响了企业公平竞争，使依法治税成为纸上谈兵。

第二节　税源管理的主要内容

税源管理工作的基本任务，就是通过收集、整理、分析税源信息，为税收管理、决策提供客观、准确、及时的依据。

一、税收风险管理

原则上，纳入税源管理的对象及其信息越多、越全面、越充分，就越有利于满足各项税收管理业务的需要。但是，随着经济全球化和我国工业化、信息化、城镇化、市场化、国际化的深入发展，纳税人数量不断增多，企业组织形式、经营方式呈现多样化，跨国家、跨地区、跨行业的总分机构、母子公司、关联公司等企业集团大量涌现，企业税务处理团队化、电算化、智能化水平日益提高。征纳双方信息不对称，税源管理人员少和纳税人户数多等矛盾日益突出，税源管理的复杂性、艰巨性不断加大，传统的单一由税收管理员管户的税源管理方式已难以适应。在有限的管理资源不能全面覆盖所有税源的情况下，只能有重点地开展税源管理工作。而管理重点的选择，就要突出对风险的应对，即以风险管理为导向，落实信息管税要求，通过税源专业化管理，把有限的管理资源用于风险大的行业和企业，才能适应形势的发展。

关于税收风险管理，在本书第八章"税收风险管理"部分有详细介绍，本章的相关内容从略。

二、税源分类管理

在管理活动中，由于管理对象在某些特征属性、行为模式、驱动机制等方面的差异性的客观存在，同样的管理制度或措施作用于不同的管理对象，效果的差别可能会很大，所以，有必要根据管理对象的客观属性进行分类。在此基础上，分别对每一类对象采取适合其特征的管理制度、措施，这是科学管理、精细化管理中基本的管理方法，是提高整体管理质量和效率的基础环节。

税源分类管理是根据纳税人群体（如某行业、某区域内的所有企业等）在不同方面所表现出的不同特征，结合现实可行的管理措施，将其划分成若干类型，找出规律，有针对性地加强管理。税源分类管理有多种形式，如按行业、按规模、按税种、按社会信誉等级、按注册类型、按纳税人类别、按特殊对象等。各种方法并非单纯地使用其一，往往是几个标准结合起来使用，通常采取以某一分类为主，在此基础上辅以其他分类的管理方法。

目前，我国实行的税源分类主要有以下几类。

（一）重点税源管理

纳税人个体的经济活动规模在很大程度上决定了其作为税源可能提供的税收收入的规模，在税源管理资源有限的情况下，从确保财政收入稳定的基本目标出发，把管理的重点放在能够提供大量税收收入的重点税源上，是比较现实、有效的选择。

重点税源管理突出对大企业实施以风险控制为导向的重点管理。根据大企业税收风险管理的特点，开展有针对性的税企沟通、综合评估和纳税服务。建立健全上下层级之间、职能部门之间的大企业管理协同机制，形成以大企业管理部门为主体，上下层级和各部门间既有分工又有合作的大企业专业化管理机制，协调处理大企业涉税事项。对重点大企业实行个性化服务和全程服务，不断提高大企业自觉遵从意识和自我遵从能力。充分发挥大企业税务风险管理指引的作用，建立大企业政策执行反馈制度、大企业涉税事项协调制度和大企业重大事项报告制度。

（二）行业分类管理

在现实中，各个行业的纳税人在生产经营、市场行为、资金流动等方面的行为模式差异巨大，但是在同一行业内部的纳税人之间，其行为模式又表现出相当程度的一致性。将这种纳税人经济行为模式的表现特征运用到税源管理工作中，就可以根据各行业纳税人的共性特征建立面向该行业的管理模式。针对中小企业面广量大、内控制度缺失、财务核算不规范等特点，实施以行业性风险监控为重点的专业化管理。根据不同行业企业的经营和核算特点，细化各行业管理的特殊要求，以行业分类总结管理的方法和规律。突出重点、渐次推进，健全实用性强的行业纳税评估模型和指标参数体系，分行业进行风险特征的筛选、分析，开展行业纳税评估。

（三）特殊对象分类管理

对于诸如跨国税源、特殊行业税源等特殊管理对象，采用常规管理方法难以实现有效的税源监控，因此，需要采取有针对性的管理措施，如针对跨国税源，要在国际税收管理合作机制的基础上建立日常管理与反避税、情报交换融为一体的跨国税源管理工作机制，增强跨国税源风险识别、应对与控制的准确性和针对性。推进反避税新领域的突破，认真做好预约定价谈签工作，强化同期资料管理，提高反避税工作水平。加强居民企业与非居民企业税收管理一体化，及时发布风险预警、风险点提示和管理方法指引，有针对性地开展非居民税收风险事项的专项调查，进一步加强对非居民转让境内股权交易的税收监管。

三、开展纳税评估

纳税评估是税务机关根据税收征管中获得的纳税人的各种相关信息资料，依据国家有关法律和政策法规，运用科学的技术手段和数据信息对比分析的方法，对纳税人和扣缴义务人纳税申报（包括减、免、缓、抵、退税申请）情况的真实性、准确性、合法性进行审核、分析、综合评定，并做出定性和定量的判断，为征收、管理、稽查提供工作重点和建议，从而对征纳情况进行全面、实时监控的一项管理行为。纳税评估遵循强化管理、优化服务，分类实施、因地制宜，人机结合、简便易行的原则。

纳税评估在税收实践中充分体现了效率原则、公正原则和税收收入职能，其重要性主要体现在税收征管、税务稽查行为中。纳税评估是一项综合性的管理行为，对人员的素质、配套的管理措施有较高的要求，有利于税务机关做好内部管理。一方面，可以增强税务工作人员学习理论知识的自觉性；另一方面，通过进一步分清责任，落实管理制度，杜绝随意执法和权力寻租行为的发生。

纳税评估的具体内容，在本章第三节有详细介绍，本节的相关内容从略。

四、优化征管资源配置

不论是税收风险管理、税源分类还是纳税评估，其基本目的都是从大量管理对象中筛选出管理的难点、重点，从而为优化征管资源配置的效率提供客观、科学的依据，将主要资源应用于主要方向，将专业资源配置于专业领域，实现税源管理的专业化、精细化，提高征管资源配置效率的优化。

就税务机关而言，征管资源主要是指各级职能机构和人员。优化征管资源配置，就是对机构、职能、人员的配置结构的优化。

（一）改革税源管理模式

顺应行政管理体制改革发展，根据经济发展水平、税源结构和信息化状况，对税务机关现行的税源管理模式进行优化，其核心是按照专业化要求，调整、改革现有税源管理模式，逐步实现从以征管职能主导的税源管理模式向适应分类专业化管理模式转变。

（二）重组税源管理机构

根据建立扁平化、无缝隙、服务型税务组织的目标，对税务机关现行的管理层级进行精简、优化，其核心是通过对传统税务组织机构的重组，来减少税务管理的纵向层次，拓展管理的横向宽度，从而增强税务机关的应变能力，使税务机关对外界的反应时间最短，对纳税人的反应效果最佳。

（三）优化管理职责划分

管理职责的划分就是在征管法允许的框架内，在税务组织机构重设的基础上，按照管理对象和内容分类，对现行征、管、查及内设机构的职能进行整合，对机构职能进行重新分配和优化。打破税收管理员固定管户模式，按照促进管理与加强监督相结合的原则，积极探索税收管理员管户事项与有权事项相分离的有效途径，建立管户与管事相结合的新型管理模式。

五、完善税源管理运行机制

税源管理，本质上是对税源信息的管理和利用。税源信息不同于税款，并不与各级、各地财政直接对应，而且在税务系统内部可以充分共享。所以税源管理可以在一定程度上打破行政级别和区划的限制，在数据集中的基础上实现更有效率的管理，并由此建立跨层级、跨部门、跨岗位的税源专业化管理运行机制，明确内部职责分工，完善组织体系，加强基础管理，形成新的税源管理运行机制。

税源数据向上集中后，税源控管方式也要相应改变，将流程再造的理念进一步引入各级管理层，将工作的着力点放在整合联动上，加强统筹协调，建立健全各级税务机关之间、税务机关内部各部门之间、税务机关与外部门之间纵横结合、内外协作、以信息化为依托的税源管理联动运行机制。充分发挥税源和征管状况监控分析领导小组的组织协调作用，统筹制订本级税收风险管理年度目标规划，建立预警指标、评估模型等，统一分析监控税源风险，统一下达风险预警指标和纳税评估重点，统一督导、考核和反馈税源管理和征管状况，避免基层重复劳动和对纳税人重复评估、检查。

在横向联动方面，主要是建立以联席会议为主的部门联动工作制度，明确各部门在税源管理工作中需要整合联动的具体范围和主要内容，增强部门间协同运作的计划性。在联席会议的框架内，对税收分析、税源监控、纳税评估、税务稽查等各环节工作明确牵头部门，进行归口管理，建立"以查促管、管查互动"的长效机制。联席会议各成员部门对本部门年度内需要列入整合联动的税源管理工作进行规划，明确主要内容、时间安排和具体要求后，提交联席会议进行审议整合，实行各税种统筹管理，减少多头、单项重复布置工作，不断提高基层整合应用各类风险信息、落实风险应对措施的质量和效率。同时，建立外部协作机制，加强与相关部门和社会组织的沟通协作，推进信息共享、综合治税和协税护税。

在纵向联动方面，合理调整划分各层级间税源管理职责，强化纵向配合。要着重提高上下层级之间各类税源管理信息和应对措施的整合传导效能。各级管理层遵循"减负增效"的原则，整合发布项目，规范发布流程，统一发布平台，切实做好向上接收数据信息的分析研究工作，能够由本级完成的不再层层下发。同时，重视做好发布数据指标的样本测试工作，验证发布信息的应用价值和可能形成的工作量，避免低效、无效数据传递到基层一线，增加基层负担。

六、构建信息化支撑体系

构建以信息技术为支撑的税源专业化管理模式，必须大力推进信息管税工作，不断规范工作流程的关键环节，实现高标准采集信息、高效率整理信息、高水平利用信息。要在构建一体化信息管税平台基础上，通过抓好数据采集管理、数据质量管理和数据应用管理来实现信息技术对税源专业化管理的支撑。

（一）构建一体化信息管税平台

信息化条件下加强税源专业化管理，必须以信息管税为依托，以涉税信息工作流为核心，建立健全信息化、专业化、立体化的税源专业化管理体系。通过业务和技术高度融合，充分发挥信息技术对税源专业化管理的促进作用，避免出现"两张皮"现象。

目前，在信息化建设方面，通过实施金税工程、信息管税，提高了税收管理水平。信息化建设从模拟手工操作到建立单个的应用系统，又从分散的应用系统逐步进行了一体化整合；从税务系统业务和行政类的操作应用型开始向分析管理型方向发展；从各类征管数据及其应用的独立分散到趋于集中。信息化应用系统已经基本覆盖到各个层级以及绝大多数纳税人。要发挥信息资源作用，必须按照"信息管税"思路，建立一体化信息管税平台，充分利用现代信息技术手段来加强信息技术对税源专业化管理的支撑。

（二）加大数据采集管理力度

1. 做好纳税人信息采集

掌握较高质量和必要数量的信息是信息管税的前提与基础。因此，推进信息管税，应将纳税人信息采集放在首位，以"准确、详细、全面、适时"为基本原则，从采集的质量、数量和方式三个层面入手，科学合理采集信息。及时准确地采集到纳税人的涉税信息，按照税源专业化管理需要进行适度采集，不断优化信息采集方式，提高信息采集的质量和效率。

2. 拓宽信息采集渠道

拓宽信息采集渠道，主要是为了解决征管信息不对称问题，其根本是解决什么样的信息才能有效管税，其途径主要有以下几点。

（1）汇总税务系统内的各类信息，包括税务登记信息、发票管理信息、申报表及附表信息、会计报表信息、税控装置信息等。

（2）增设其他信息采集渠道，与银行、海关、工商、质检、社保、房产交易所、证券交易所等部门建立第三方信息共享交换机制，加强信息横向比对，及时掌握企业的经营动态信息，发挥社会综合治税信息对税源的监控管理作用。

（3）分层级采集外部信息。对于外部信息，应根据信息的权威性、信息集中度和获取方便性，实行分层级采集。对于税务、工商、海关、质检、统计等直接影响税源管理，具有权威性、已经实现数据大集中的涉税信息，可以实行统一采集。

（4）根据行业特点，拓展第三方数据源。如房地产企业的数据源除企业财务数据、征管系统数据外，还可采集国土部门的受让出让土地信息、建设部门的预售许可信息等。

3. 提高发票信息采集面

发票一直是税源控管的重要手段，地位突出、作用明显，因此必须做好税控收款机和网络发票的推广工作，最大限度采集发票信息。税控收款机比较适合一些小企业，开票量比较大、开票金额比较小，如餐饮服务业、小型商业零售企业等。税控收款机的发展方向是逐步过渡到通过网上传输开票信息。网络发票比较适合一些大企业，开票量金额比较大、开票频度不高，如房地产企业。网络发票的应用，可以改变过去只能手工开具发票，税务人员只能实地核查发票的传统发票管理模式，实现了发票的网上开具和数据的网上实时存储。税务机关对企业发票开具的实时监控，提高了税务机关对发票管理的针对性和实效性，使得税务机关对发票使用情况的监管更有效率。

（三）强化数据质量管理

1. 提高纳税人申报资料质量

纳税人报送的各类申报资料是征管信息系统的主要数据源之一，它的质量严重影响着税务系统数据管理的质量。因此，税务机关要将对纳税人的宣传辅导作为一项长期的纳税服务工作来抓。另外，还要进一步推广电子申报方式，推广使用纳税人客户端的软件，实施税收数据采集电子化，减少纳税纸质资料向电子资料转变的二道环节，提高准确性、及时性。

2. 加强数据质量校验

数据质量差而造成的应用质量不高是目前影响税收征管效能的主要问题之一。为确保数据质量，一要选择适当的数据预处理技术，深度加工数据。即根据不同类型的业务和指标分析需求，对部分冗余数据、非一致性数据进行清理、集成、变换，从而剔除异常数据。二要将数据质量问题的调研、监控、考核形成制度化。重点加大对数据质量的审计和对违规异常操作的监控、纠正、反馈力度，规范和加强数据补正与清理工作，防范信息失真和相关的违法违纪行为，努力提供客观、真实、准确、完整的数据源。

3. 强化数据整合存储

为有效解决"信息孤岛"的问题，实现数据的全方位共享，统筹解决应用软件之间不能互相调用数据、软件功能交叉重复、异构数据库、数据结构差异等问题，一要强化信息整理存储，理清思路，统筹谋划，运用信息化手段做好"集中"和"整合"的文章，将纳税人分散于税收征管系统及其他各类软件中的涉税信息进行共享、抽取和多角度的对比分析；二要引入国际上先进的数据仓库技术，构建税务数据仓库。

4. 提高档案信息电子化水平

目前，税务系统中税收业务档案依然实行按户归集、手工管理的办法，妨碍了信息的及时共享，不便于加工利用，成为制约信息化进一步拓展应用空间和深度的"瓶颈"。为此，必须适应税源专业化需要，改变传统管理模式，实现档案的数字化整理、数字化归集、数字化审核、数字化存储和数字化检索，建立一个全新的档案电子化管理模式。

（四）强化数据应用管理

按照统一规范的原则，建立涵盖税收所有业务的涉税信息指标体系，研究设计评估分析模型，形成科学的评估分析指标体系及评估分析模型，逐步增强对纳税申报数据与财务数据、相关涉税信息的自动校验、相互对比、审核分析功能和风险识别能力。

将政府各部门海量数据与征管信息系统进行横向整合，加强申报信息和第三方信息的分析比对。将散居于政府各部门的有效数据规范高效有序接入并加以利用，从内部、外部系统实现对纳税人的经营情况、纳税情况、资金运用情况等各类涉税信息的全面掌握，实现与工商、海关、质监、商务、银行等部门信息的综合比对。

深化数据二次开发应用，深入挖掘数据背后所蕴含的含义，研究筛选判别纳税人不遵从行为，测算纳税人遵从风险的模型系统，提高风险排序能力，为制定税收政策、改善评估质量、加强税源监控提供依据。

七、建立和培养专业化人才队伍

税源管理专业化是一项复杂的系统工程，涉及税收工作的方方面面，因此，必须完善相关配套措施，以便有力推进税源专业化管理的全面实施。

培养和建立一支专业化的人才队伍是推进税源专业化管理的前提。要继续举办以税收政策、大企业税收管理、国际税收管理等为主要内容的高层次人才进修班，开展各类高层次人才的继续教育，着力培养一批拥有先进管理理念、具有较高技能的专业人才。全面开展基层一线干部岗位技能分类培训，按照岗位类别，大力组织全员培训、技能达标。采取团队式学习、导师制学习、课题研究、案例教学、难点攻关等多种形式，增强培训的专业性和实效性。在全员培训的基础上，重点组织税源分析、纳税评估、稽查、反避税等岗位能手竞赛。要整合管理资源，优化人力资源配置，将具有中高级专业等级、

"三师"资格的人员以及高层次复合型人才等,充实到情报管理、数据分析、大企业管理、行业管理以及反避税等专业化管理程度高的岗位,充分发挥其专业特长,逐步建立起一支综合素质高、专业技能强的税源专业化管理人才队伍。

八、全面实行纳税信用等级评定

以《税收征管法》为依据,学习外国先进经验,明确纳税评定的法律地位,界定纳税评定的内涵和范围。明确纳税评定是指税务机关对纳税人纳税申报的真实性、合法性进行核实、评定的程序,是税务机关的税源管理职责。纳税评定始于纳税申报完成或纳税义务已经发生,止于移交稽查立案查处。要完善纳税评定工作的程序和方法,按照全面初审、案头审核、实地调查、移送稽查等流程环节,厘清与纳税申报、税款征收、税务稽查之间的相互关系,规范操作文书,推动纳税评定工作向规范化、程序化、效率化方向发展。

■ 第三节 纳税评估

一、纳税评估的基本概念

纳税评估源自西方国家税收征管的基本理念,即纳税人是申报纳税主体,税务机关应为纳税人履行纳税义务提供服务,并通过风险管理,促进纳税遵从。其征管程序从接受纳税人申报开始,纳税人根据自己的经营记录,依法自主进行申报纳税;税务机关对其申报进行税收评定(审核),方法既可以采取办公室评定(案头评定),也可以采取实地检查,利用获取的相关信息与纳税人申报信息比对,以确定其申报的准确性,并据此做出纳税调整通知;通知发出后进入征税程序,税法赋予税务机关一系列实现税收债权的手段;在上述过程中,如发现纳税人有违法犯罪嫌疑,则展开犯罪调查;如果纳税人对税务机关评定、检查结果不服,可以提起行政复议或法律诉讼,这时举证责任由纳税人承担。在上述征管程序中,税务机关和纳税人双方法律责任明确,纳税人对自己的申报纳税行为负法律责任,无须税务机关审批。

由于包括税法在内的我国法律制度与西方国家并不相同(西方国家之间也各不相同),所以不能全盘照搬西方国家,但是西方纳税评估实践中的一些经验值得我们借鉴和参考。

(一)纳税评估的定义

纳税评估是指税务机关运用数据信息对比分析的方法,对纳税人和扣缴义务人纳税申报情况的真实性和准确性做出定性与定量的判断,并采取进一步征管措施的管理行为。纳税评估工作遵循强化管理、优化服务,分类实施、因地制宜,人机结合、简便易行的原则。

纳税评估是税源管理的有效手段,从一定意义上说,也是征管发展的出路和方向之一。通过纳税评估,可以对纳税人带有普遍性的问题和税收征管中存在的漏洞、可能出现的偏差性倾向进行分析,向征管部门提出改进意见和建议,从而为提高税收征管质量寻找着力点，实现对税源的有效监控并采取有针对性的管理行为。

申报纳税情况的真实性与合法性，集中体现为涉税信息报送及计税依据与应纳税额等关键数据指标的真实合法性，其中最关键的是计税依据与应纳税额等关键数据指标的真实合法性，由于应纳税额是由申报的计税依据乘以适用税率计算得出，所以关键数据指标是指纳税人申报计税依据的真实合法性。由此可知，纳税评估的核心不是对税收评估，而是对纳税人申报税源的真实准确性进行评估，是对纳税人取得的生产经营收入和经济效益的评估。评估纳税人税收经济关系的合理性，不是指申报数据所反映的税收经济关系合理性，而是申报应纳税额与真实税源之间的相关合理性。

（二）纳税评估的基本作用

税收征管质量的高低，取决于税务机关对各类税源监控能力的强弱，而税源监控手段是否先进、科学、易行，又直接影响到征管工作的效率。在纳税人数量逐渐增多、工作人员相对不足的情况下，纳税评估是提高税务机关税源监控能力必不可少的措施。纳税评估犹如税务机关实施管理的"雷达检测站"，通过设置科学的纳税评估指标体系，借助信息化手段，对监控区域内全体纳税人的纳税情况进行"扫描"，及时发现疑点，向其他管理环节传递排除疑点的意见，使各项管理措施环环相扣，避免税源流失。

开展纳税评估的前提和依据是充分掌握纳税人的申报、纳税与经营资料，而且这些资料必须全面并具有时效性，能够在短时间内形成可利用的数据源，保证评估人员在海量数据中筛选出有用的信息，用以实施有效的管理。要达到这个目的，只有借助现代化的信息处理手段。目前，金税工程系统的运行，为税务机关开展纳税评估搭建了平台。

在基层，设立税收管理员一定程度上解决了"疏于管理，淡化责任"的问题。在经济快速发展的今天，对各类经济实体特别是中小型经济实体，单纯依靠稽查手段，很难在较短的时间内掌握全体纳税人的真实纳税情况。及时进行纳税评估，通过指标分析、约谈、举证、实地核查等手段，可以进一步找准管理的主攻方向，巩固管理的基础。

（三）纳税评估与税务稽查的关系

纳税评估的形式同税务稽查存在程序上的相似性。根据现行规定，纳税评估和税务稽查既可以进行案头调账审核，也可以进行实地核查。但是，纳税评估是属于税收征管过程中的管理行为，用税务稽查的方式去做纳税评估显然是不妥当的。

税务稽查是对纳税人履行纳税义务的事后监督，侧重于打击偷税活动，维护税法的严肃性，对查出的问题既补税又罚款，符合移送标准的还要移送司法机关处理。税务稽查主要是针对大案要案、偷逃税行为进行检查，目的是使纳税人的税款及时、足额入库。纳税评估是一项管理活动，是对纳税人履行纳税义务的事前、事中和事后的全面监督，即对纳税人的财务情况、内部控制情况、涉税数据进行分析，做出总体评价，提出相应的征管建议。纳税评估的目的是做出总体评价，为进一步采取征管措施提供依据。因此，纳税评估不能以检查税款为目的，不能以检查税款代替对纳税人的涉税行为做出总体评价这个目标。从这个意义上说，纳税评估更全面，对税务人员的业务能力、各方面素质储备的要求更高。

纳税评估根据相关分析，确定出纳税人财务中的疑点，对于存在的疑点，根据现有资料仍不能明确判断，需要纳税人解释说明的，可由纳税评估人员进行询问核实。通过询问核实，不仅可以对纳税人申报缴纳税款的真实性、准确性、合法性进行审核评价，而且可以及时掌握纳税人的实际经营情况，对税务部门掌握的原有涉税信息进行不断修正。纳税评估以其成本低、效率高弥补了征管和稽查间的空白。通过纳税评估筛选，为稽查对象的确定进行梳理，不仅可使稽查选案环节避免随意性和盲目性，而且可使稽查的实施做到目标明确、重点突出、针对性强，从而有利于稽查重点打击作用的发挥。

按照受理申报、纳税评估、税务稽查、税款征收、法律救济等环节，规范税收征管基本程序如下。

（1）受理申报。税务机关应为纳税人提供多种申报纳税方式和渠道，方便快捷地受理纳税申报。

（2）纳税评估。明确纳税评估内容和流程：申报审核，对纳税申报表的逻辑性、完整性进行审核，确保纳税人申报信息的完整性。案头审核，依托相关涉税信息和风险预警指标、评估模型，通过计算机与人工相结合的方式对申报纳税进行案头审核，以核查申报纳税的真实性、合法性，并进行相应处置。约谈核实，对经过案头审核仍不能排除疑点的，可采取电话、信函、网络、面谈等方式进行约谈核实。实地调查，经约谈核实仍不能排除疑点的，应当进行实地核查。

（3）税务稽查。在纳税评估过程中发现纳税人有涉嫌偷、逃、骗税等以及需要立案查处的税收违法行为，应移交税务稽查处理。稽查部门立案后，要运用有效稽查程序和手段，依法查处，并及时将处理结果向税源管理部门反馈。积极倡导各级税务机关联合稽查、税务公安协作办案。优化稽查资源配置，全面推行市（地）级一级稽查模式，充实省、市税务局两级稽查力量。

（4）税款征收。对纳税人已进行纳税申报未缴纳的税款，以及经纳税评估和税务稽查应补缴、处罚的税款，依照法定程序进行征收；要充分运用法律授权的追缴欠税、纳税担保、税收保全、税收强制、代位权、撤销权、阻止出境等强制措施，做到应收尽收。

（5）法律救济。对纳税人的税收申诉、争议，要通过纳税人权益保护、行政复议、行政诉讼等途径做好法律救济工作，维护纳税人合法权益。

二、纳税评估的方法体系

纳税评估是一项复杂的税收数据分析业务。它的挑战性不仅在于鲜有成功经验可循，更在于数据的非完备性。由于现实工作过程中的条件限制，很难得到充分的数据，数据即使得到了，其一致性和准确性也不够理想，因此对数据分析方法就提出了更高的要求。

本节就目前国际上主要的数据分析方法做一个简要介绍。

数据分析方法主要分为定性分析和定量分析两类。定性分析法在纳税评估中已远远不能胜任，定量分析方法将成为主要工具。定量分析方法有数理经济方法、统计方法、计量经济方法、基于数据仓库的税收数据分析方法等。

数理经济方法主要是从经济原理和数理基础等方面研究建立经济理论模型，从而实现对经济现实问题的理论抽象，集中清晰地描述各种经济现象之间的联系。

统计方法是从样本性质推论总体性质。

计量经济方法则一般是将税收（包括总量与结构等方面）要素作为内生变量，经济指标作为外生变量，通过建立独立方程或方程组求解而取得结果。就其经济方面的有关计量模型方程式看，少则几十个，多则上百个。

数据仓库技术也成为信息化条件下的税务数据分析工作的重要工具。

（一）数理经济方法

1. 局部均衡分析

所谓局部均衡分析是指在其他条件不变的假定下，分析一种商品或一种生产要素的供给和需求达到均衡时的价格决定。换句话说，局部均衡分析是假定某种商品或某种生产要素的价格只取决于它本身的供求状况，即由其本身的供给和需求两种相反力量的作用而取得均衡，而不受其他商品或其他生产要素的价格和供求状况的影响。

社会经济现象纷繁复杂，任何一个经济问题都是各种复杂的因素相互作用的结果，但是要在一次分析中把所有复杂的因素和变量同时加以研究，是一件非常困难的事情，也很难实现。因此，只能通过"假定其他条件不变"的方法，将其他因素暂时搁置，只对其中的某一因素做专门的分析。然后依次采用这样的方法分析与此相关的其他因素。最后将所有局部均衡分析的结果总和，得到所研究的经济问题的较全面的结论。例如，对商品课税转嫁和归宿问题的研究就可以采取这样的分析方法。通过对某种商品或要素本身的供给与需求以及价格水平的影响，得到对该种商品或要素课税后税收的实际负担及负担转嫁情况。

但需要注意的是，局部均衡分析基本上是定性分析，主要利用图示或函数的形式分析，其主要结果是一些定性的关系。更重要的是局部均衡有一些明显的局限性，这使得实际应用中一般不从局部均衡分析的数理模型出发建立数量模型，进而进行定量分析。例如在对税收问题进行研究时，局部均衡分析忽略了税收引起的商品价格变化可能影响到其他市场，而其他市场的变化有可能对本市场的供求产生影响的情况。局部均衡能够处理的税收问题很有限，只限于特定的市场和税收，不能处理要素税，也不能处理一般所得税或商品税。

2. 一般均衡分析

一般均衡理论是现代经济学说中的基本理论之一，它阐述了国民经济系统中市场均衡和总量均衡的形成原理。自瓦尔拉斯（Walras）于1874年在《纯粹经济学要义》中提出一般均衡理论以来，经过众多经济学家100多年来的努力，特别是阿罗（Arrow）和德布鲁（Debreu）具有开拓性的推动和发展，一般均衡理论和建立在此理论基础上的一般均衡模型已成为国民经济市场均衡和总量均衡进行数量分析的最有价值的理论与方法之一。

所谓一般均衡分析，是在各种商品和生产要素的供给、需求、价格相互影响的假定下，分析所有商品和生产要素的供给与需求同时达到均衡时的价格决定。

换句话说，一般均衡分析是假定各种商品和生产要素的供给、需求、价格都是相互作用、相互影响的。一种商品和生产要素的价格不仅取决于其本身的供求状况，而且也要受其他商品和生产要素的供求状况及价格的影响，即在所有商品和生产要素的供给、需求都达到均衡时才能决定。它描述了在一定条件下供求关系的不均衡导致商品价格变化而引起各类经济变量变动及其使市场和商品的供求关系从不均衡向新的均衡运动的过程与轨迹。在实际分析中，尤其是政策分析过程中，需要建立可计算一般均衡模型，求解具体参数，进行具体问题的比较分析。

以商品课税转嫁和归宿问题为例。局部均衡分析没有涉及商品课税对其他商品或要素的供给与需求、价格水平等的影响。然而在实际生活中，各种商品或生产要素的供给与需求、价格水平等之间是相互联系、相会作用和相互影响的。例如，有的商品之间存在替代关系（如面包和饼干），有的商品之间则是互补关系（如汽车和汽油），当一种商品或生产要素的价格发生变化时，不但会引起其自身的供求关系变动，而且会引致其替代和互补商品供求关系及价格的变动，进一步对这些替代和互补商品或生产要素各自关联的替代和互补商品或生产要素的供求及价格产生影响。这意味着只要一种商品或生产要素的价格变动，就会在整个经济链条中产生一系列的多米诺连锁效应。这时，对税收转嫁和归宿问题仅采取局部均衡分析很难得到正确的结论。

3. 统计方法

对税收数据的统计分析的核心内容是指标分析。因为经济、税收和征管水平等需要各个指标的描述，其关系的分析就必须针对指标。现代统计分析方法从研究问题的角度大致可划分为四大类：分类分析方法、结构简化方法、相关分析方法和预测决策方法。

4. 聚类分析

聚类分析是运用事物本身所具有的某种数据特征，遵循"物以类聚"规律进行数据处理，为事物的分类管理提供数据支持的一种分析方法。

聚类分析要分类的对象是一批个体（或样本），对这些个体可用若干变量刻画其性质。这些变量是考虑到它们对所关心的分类问题有关而引进的，然后用专门的数学方法把这些样品分成若干自然的类，使每个类内部的性质相近，而不同类的个体的性质有较大的差异。基本方法有两种：一种是系统聚类，另一种是动态聚类。系统聚类是先把每个样本看成一类，逐步把相同的样品聚为同一类；动态聚类是先进行粗略的分类，然后再按照某种最优原则进行修正，直到将类分得比较合理为止。在实际应用分析中，常以重心为分类基本特征进行定性分析，以距离为基本度量尺度进行量化分类。

聚类分析与回归分析、判别分析一起被称为多元分析的三大方法。借用这种分析开展税收数据分析，可将具有某种税收共同特征的事物聚集在一起，以便更清楚地认识税收征管案例的分类特征，从而有针对性地提出有效征管措施。其基本原理是根据数据指标差异的绝对距离进行分类，结合矩阵分析技术，可以进行多指标的综合特征分析，为复杂事物的分类提供一种可行的分析方法。聚类分析的关键是找到一组关系密切的相关指标。例如根据企业税收调查资料对企业增值税税负进行分析。研究增值税的特性，可知增值税是对纳税人生产经营取得的增值部分的价值进行征税，因此企业的税负应与企业增值幅度保持同步变化，可以增值率和税负这两项指标作为样本变量开展相应的聚类分析。

5. 判别分析

在社会、经济、管理等领域的研究中，经常要对某一研究对象的归属做出判断。如在税务管理中，要判断某纳税人所在的纳税信用等级；在税务稽查中，要判断某纳税户是诚实纳税户还是偷税户；等等。这些都是判别分析可解决的问题。判别分析是一种应用性很强的多元统计方法。

判别分析法是从判别对象 y 和判别因子 $X_1, X_2, \cdots, X_n$ 的 n 组样品数据（$X_{1i}, X_{2i}, \cdots, X_{ki}, y_i$）出发，$i=1,2,\cdots,n$，根据一定的原理，选择适当形式的判别函数

$$y=f(X_1, X_2, \cdots, X_k)$$

在某种最优性准则下，确定 f 中的位置参数；而后按选定的判别准则，根据因子 $X_1, X_2, \cdots, X_k$ 已知的观测值，对判别对象 y 做出统计推断。因此判别分析的主要问题是寻找判别函数及确定判别准则。

判别分析按判别的组数来分，可分为两组判别分析和多组判别分析；按区分不同总体所用的判别函数类型来分，可分为线性判别和非线性判别；按判别对所处理的变量方法不同可分为逐步判别、序贯判别等。判别分析可以从不同角度提出问题，因此有不同的判别准则，如费舍尔（Fisher）准则、最小二乘准则和贝叶斯（Bayes）准则等，判别准则应在某种意义下是最优的。

6. 主成分分析

主成分分析也称主分量分析，是由 Hotelling 于 1933 年首先提出的。主成分分析是利用降维的思想，把多指标转化为少数几个综合指标的多元统计分析方法。

在研究实际经济问题时，为了全面、系统地分析问题，必须考虑众多对经济过程有影响的因素，所涉及的因素叫作指标，如指数就是统计中反映某一可量化事物综合情况和变动情况的指标。在开展数量分析工作中，经常会遇到如何全面综合反映某一事物或样本群体整体特征的情况。如经济形势、物价状况、税收管理水平等问题，每个指标都在不同程度上反映了所研究问题的某些信息，并且指标之间彼此还有一定的相关性，这时用单一指标描述无法给人以全貌的印象，但指标太多又会增大计算量和增加分析问题的复杂性，主成分分析就是解决这一问题的理想工具。

由于经济问题涉及的众多指标之间有一定的相关性，可将若干相关指标进行综合加工整理，如通过对原始指标相关矩阵内部结构关系的研究，或根据经济现象的内在联系找出同度量因素，由此找出影响某一经济过程的几个综合指标，使综合指标成为原来指标的组合。综合指标不仅保留了原始指标的主要信息，而且彼此之间又不相关，比原始指标具有某些更优越的性质，使得我们在研究复杂的经济问题时容易抓住主要矛盾。例如税收收入与国民生产总值和宏观税率有关，由此我们可以得到税收收入综合指数计算公式

$$税收收入综合指数 = \frac{\sum 报告期宏观税负率 \times 报告期国内生产总值}{\sum 基期宏观税负率 \times 基期国内生产总值}$$

7. 回归分析

社会经济现象之间的相互联系和制约是社会经济的普遍规律。在一定的社会环境、

地理条件、政府行为影响下，一些因素会推动或制约另外一些与之联系的因素发生变化。这种状况表明在经济现象的内部和外部联系中存在一定的因果关系。如税收的发展变化与一定的经济变量的数量变化紧密联系。税收不仅同和它有关的现象构成一个普遍联系的整体，而且在税收内部也存在许多彼此关联的因素。我们可以利用这种因果关系来分析税收收入，制定有关的税收政策，加强税收征管工作，充分发挥税收职能。

回归分析是指在统计分析中测度一个变量和另一个（或几个）变量的相互联系的形式，并根据资料建立恰当的数学模型，来反映变量间相互关系变动规律性的统计分析技术。当只考虑两个变量之间的关系时，此技术被称为简单回归分析。如影响工业部门增值税收入的因素非常多，但在众多因素中，工业增加值是最重要的一个因素，我们往往会把分析的重点放在工业增加值与工业部门增值税之间的关系上。此时简单回归分析就是研究该问题的一个有效工具。当我们考虑一个变量和多个变量的关系时，此技术被称为多元回归分析。例如在复杂的实际生活中，对某种税收经济现象产生重要影响的因素有许多。如税收计划人员要预测下一年度本地区的税收收入时，需要综合考虑地区 GDP、税务部门的税收征管水平、本地区经济特点等，此时就要用到多元回归分析技术。

8. 相关分析

相关分析是计算分析相关对象之间相关关系的一种多元统计分析方法。相关系数是统计学中用于反映两组数据相互关联程度的统计指标，它说明一组数据（自变量）对另一组数据（因变量）的影响程度。相关系数等于 1，表明两组数据完全相关；相关系数大于 0.9，表明两组数据高度相关；相关系数小于 0.9，表明两组数据不完全相关。通过分析相关系数，可以利用相关的一组数据（自变量）推断或预测另一组数据（因变量），研究其发生的可能性。

相关分析在经济实证研究中有着广阔的应用前景，因为许多经济现象之间都是多个变量对多个变量的关系。例如应用在税收经济关系分析问题上，可以说明税收经济内在关系的联系紧密与否，是揭示税收征管工作是否做到"应收尽收"的直接参考依据。又如当进行税收增长分析时，税收增长与税源增长之间可以进行相关性的分析。经济决定税收，不仅决定税收的总体规模，同时也决定着税收收入的变化。在税收政策和征管条件相对稳定的情况下，税收增长应与税源增长同步，所以两者之间应存在一定的相关关系。如果分析结果表明两者之间不存在相关关系，则说明税收征收与税源脱节，税收管理中存在随意性或主观操纵性。

相关分析在诸多的数理统计分析方法中是比较成熟的技术，可在各种统计分析软件中直接实现。应用这一分析技术可以从正反两个方面实施：一是数据处理前先确认两者之间是否存在某种因果关系，然后用数量分析检验这种关系的存在；二是事前不好确定各项因素之间到底哪种因素有直接影响，通过数量分析找出影响因素。

9. 对比分析

对比分析法的核心是将两个有联系的统计指标（绝对量和相对量指标，总量和总量指标以及相对量指标与相对量指标等）进行对比，用一个抽象化的比值表明变量之间的对比关系。例如税收对比是利用各种税务统计数量指标与其他相关联的经济指标之间的数量对比关系，来揭示和反映它们之间的相对水平、发展过程及差异程度。诸如国有经济占税收收入比重、税收负担率、地区税收收入比重等都是对比分析指标。

对比分析法可划分为纵向对比和横向对比。纵向对比分析或历史数据分析是指同一个体的同一指标在不同历史时期的数据比较分析，以期发现该事物在不同阶段的发展变化规律。常用的分析方法有趋势分析和变动率分析。如可以进行某省不同年度税收弹性的比较，从而发现该省税收收入增长与经济发展的协调程度。横向对比分析是指同一指标在不同个体、单位、地区之间的比较分析。横向对比分析最典型的分析例子就是税收分析中的同业税负分析。受市场均衡作用的影响，同一产品在生产技术工艺、原材料能源消耗方面有相近之处，适用税收政策有统一的要求，因此反映生产成本费用方面的指标有相同的规律特征。总结这种规律特征，以此检验个体数据指标的表现，可找出差异较大的个体予以预警。

对比分析能够较好地揭露各种社会经济现象的因果联系，但在运用中要把握以下原则。

（1）保持数据口径一致。即相互联系的两个对比指标之间具有可比性。时间可比，如与上年同期比；空间可比，如与相当规模的地区比；经济内容可比，如来自工业环节的增值税与工业增加值的比较。

（2）正确选择分析的相对指标和对比基数。例如，要研究大中型企业的税收负担问题时，如何合理选择相对指标来进行对比分析。

（3）要合理划分对比对象。对比分析是建立在合理分组比较对象的基础上的。如对某单位的税收完成情况进行分析，从总体的计划完成百分比情况看，可能是完成或超额完成了税收计划任务，但只有细化到各税种计划完成情况的分析时，才可能发现该单位的计划完成具体情况，分析出工作中存在的问题和薄弱环节。

10. 因素分析法

因素分析法又称指数分析法，是统计分析方法之一，是指当某经济指标同时受两个或两个以上因素变动影响时，度量各因素对该指标变动的影响程度，以便找出主要因素，抓住主要矛盾的方法。因素分析法可分为定性分析和定量分析两种。前者主要有领导者判断法、主管人员估计法、专家意见法等。后者有标价分析法、连锁替代法、微积分因素分析法、相关回归分析法等。

因素分析法包括因素分解、连锁因素分析和构成因素分析。因素分解是对总体指标变动的可能原因进行分解。如增值税税额可分解为商品销售收入和平均税负的乘积，而商品销售收入又由商品销售数量与平均单价决定。连锁因素分析是指对相互连接的因素，从它们的连锁关系去分析各个因素对事物变动的影响。构成因素分析则是对一个事物的各个构成部分的变化及其如何影响事物的变化进行分析。例如税收收入的变动是各税种收入变化共同影响的结果，因此要了解总收入的变化就需要对各个税种的变化情况进行分析。

因素分析法在税收数据分析中扮演重要的角色。例如，通过因素分析法可以发现各地区、各部门或各税种对税收收入的影响情况；了解税收收入增长和减少的原因；寻找影响收入的主要因素等。在税收问题的因素分析中，绝对数的称为数量指标，如国内生产总值，相对数的称为质量指标，如宏观税负，在分析绝对数对总量的影响程度时质量指标固定在基期，在分析相对数对总量的影响程度时数量指标固定在报告期。

（二）计量经济方法

计量经济方法也叫计量经济模型方法。它是一种因果分析方法，解释了经济活动中诸多因素之间的因果关系，因此在定量经济研究中占有特殊重要的地位。广义上讲，计量经济方法包括模型的定式、估算、检验、证实和应用；狭义上讲，模型的参数估算是其核心内容。计量经济方法在应用中是经济理论与实际数据相结合的统计推论方法。经济行为或运行关系一般是随机的相关关系。回归分析是研究随机的相关关系的主要方法，因此，从这个角度看，计量经济方法是发展了的回归分析方法。

模型法有两个特殊的优点。第一，它要有步骤地考虑特定的非经济因素的影响和对经济有重要影响的由外界决定的变量。这些变量可能由财政、金融或政府正常的政治决策来决定，也可能决定于模型外界的对经济有强烈影响的因素。前一类因素由经济政策工具组成。例如，税率、税收减免、贴现率、货币储备，或其他能够由政府决策来改变的经济成分。用数字表现来测度这些外界因素和它们对经济的影响。第二，它可以用来及时研究不同经济政策的效果。计量模型是一个包含许多政策工具的系数或者政策决定的变量的体系，这些都是政策可以控制或施加较大影响的。因此计量模型是分析政策方案的适当的一种定量手段。它不仅能研究可以控制的不同的政策方案，而且可以及时发现问题和预测未来发展。

从计量经济模型在经济研究中所起的作用来划分，它主要分为四个方面：结构分析、经济预测、政策评价和理论检验。从计量经济应用模型方面分类，它主要涉及下列领域：生产函数、需求函数、消费函数、投资函数、宏观经济模型和其他领域（诸如福利、就业等）。

经济计量模型中所用的变量可分为外生和内生的。

外生变量是事先确定的数据，即其值在解模型之前已被给定，不随模型的求解过程改变。外生变量又可被细分为政策变量和非政策变量。外生政策变量一般包括假定在政策控制下的财政与货币参数。如政府开支、税率、贴现率等。外生非政策变量包括许多可以机械处理的项目，如时间趋势及虚拟变量（定性变量），也包括与政策变量一样需要经过处理的一些数据，如汇率等。所有外生变量在模型求解或模拟之前，必须加以说明。经济计量模型的设计中有很大的一部分工作量在研究外生变量的选择和确定上。

内生变量集需由模型解释的那些变量所构成。即在确定外生变量后，通过模型求解确定这些变量的值。其中，有些内生变量是根据经济理论获得的恒等式决定的，如国民收入核算恒等式

$$国民收入＝消费＋投资＋政府购买＋净出口$$

有些内生变量则通过求解一些关系形式方程得到。这些方程是包括待定系数或参数的理论结构。这些参数是利用各种统计技术加以估计确定的。

计量经济模型中一般包含恒等式、行为方程和随机方程三种类型的模型方程。行为方程是基于经济理论，并用来测度对于经济理论所指明的，与所做决策有关的变量的反应模式。例如消费关系行为模型可根据凯恩斯关于收入增加消费也增加的理论设计。在经济模型中，行为方程包括关于消费、投资、进口需求、货币需求、定价以及这些关系次一级的行为关系。

随机方程包括技术和制度关系。技术关系描述对生产的工程约束以及生产、就业和能力之间的关系。例如,用来表述生产过程中资本与劳动力投入和产出之间关系的方程,如柯布—道格拉斯生产函数。制度关系是用来解释由法律或风俗习惯决定的那些现象的随机方程。例如说明征税的方程。一个最简单的对个人征税的方程是:

$$T = a_0 + a_1Y + \varepsilon$$

式中,T 为税收收入;Y 为作为征税基础的个人收入。a_0 和 a_1 的值包含税收制度中的各种参数,如税率、减免、收入分配等。税收制度的变化可能会影响方程参数,要确切地解释政策变化就必须直接说明这些政策变量。

概括地讲,传统计量经济学方法可分为两大类,即单方程计量经济学模型方法和联立方程计量经济学模型方法。单方程计量经济学模型以单一经济活动过程为研究对象,解释其因素之间的单项因果关系,是应用得最为普遍的计量经济学模型。联立方程计量经济学模型则分析了经济活动中诸多因素之间的相互依存的因果关系。时间序列分析则是计量经济学中一个比较新的分支。它主要是对随时间变化而不确定的数据进行定量分析,可以用于预测变量的时间路径。现实生活中存在大量具有时间序列特点的经济现象,如GDP、物价指数、税收收入等。通过对这些数据的有效分析,无疑可以提高决策水平。同时时间序列的可预测成分能够外推至未来期间,随着人们对动态经济学的兴趣日益增加,时间序列计量经济学已开始受到更多的重视。下面,我们对这三种方法做一简单的介绍。

1. 单方程计量经济学模型

社会经济问题中,变量之间往往呈现非线性关系。但一般而言,非线性关系可以通过各种变换转换成线性,如对数变换、级数展开等。因此单方程计量经济学模型主要指的是多元线性模型。

计量经济模型的参数估计包括两项任务。一是估计模型结构参数,这是定量描述变量之间关系所必需的;二是估计随机变量的分布参数,常采用的参数估计方法有普通最小二乘估计法(ordinary least square,OLS)和最大似然法(maximum likelihood,ML)。

抛开计量经济模型的经济意义不谈,它可被看作一个数学上的回归方程。因而在得到参数估计量后,需要利用数理统计的方法,对方程进行检验,主要包括拟合优度检验、方程显著性检验和变量显著性检验。拟合优度检验是回归方程对样本观测值的拟合程度的检验,表明解释变量对被解释变量的影响程度。方程显著性检验是对总体的线性关系是否显著成立做出的推断。变量显著性检验则体现了每个解释变量对被解释变量的影响程度。通过变量显著性检验可以将非重要因素从方程中剔除,建立更为简单的方程。

单方程计量经济模型的参数估计、模型统计检验等都是以模型符合若干基本假设为前提的。当现实应用中的经济背景违背基本假设,就需要采取一些措施加以处理。具体有,随机误差项中的某一或某些因素对被解释变量的影响会随着解释变量观测值的变化而变动,由此产生的异方差问题;经济变量前后期之间相互关联产生的序列相关问题;经济变量之间的线性相关导致的多重共线性问题。对于上述情况可以采用一些经验方法来加以处理。

2. 联立方程计量经济学模型

联立的计量经济学方程能够较好地描述经济活动中诸因素之间的关系。联立模型有两种表现形式：结构方程形式和简化形式。结构式模型是根据经济行为理论和活动规律建立的描述经济变量关系结构的完整计量经济学方程。简化式模型是将联立方程模型中每个内生变量仅表示成先决变量和随机项的函数，体现相互依赖的内生变量之间的相互影响。

在联立方程组方法中，有三种类型的变量，第一种是内生变量，内生变量是由模型系统解释的变量，其数值由模型内部决定。内生变量的参数是联立方程系统需要估计的元素。第二种是外生变量，外生变量指模型以外确定的变量，外生变量需要在模型求解以前事先确定，其参数不是联立方程求解的目标。第三种变量是滞后内生变量，指内生变量的前期值。第二种变量和第三种变量称为先决变量，在联立方程模型中，先决变量作为解释变量，内生变量作为某些方程的被解释变量，同时又可以作为其他方程的解释变量。

联立方程模型需要进行模型的识别和模型参数估计。模型识别解决从已知的简化式形式确定其结构式方程的问题。模型参数估计包括单方程的模型估计和联立方程模型的系统估计，且两种方法一般都要求模型是可识别的。单方程估计是逐一估计联立模型中的每一个方程，解决结构方程中解释变量与随机扰动项相关问题，主要包括间接最小二乘法（indirect least squares）、工具变量法（instrumental variables，IV）、两阶段最小二乘法（two-stage least squares，2SLS）、最小方差比方法（least variable ratio，LVR）和有限信息最大似然法（limited information maximum likelihood method，LIML）。系统估计法同时确定各方程参数，考虑模型总体结构对每个结构方程参数的影响，主要包括似无关回归法（seemingly unrelated regression，SUR）、三阶段最小二乘法（three-stage least squares，3SLS）和完全信息最大似然法（full information maximum likelihood method，FIML）。

一个联立方程计量经济学模型建立后，要对其进行模型检验。检验包括单个结构方程的检验和总体模型的检验两个方面。单方程检验包括对每个随机方程的经济含义检验、统计检验、计量经济学检验和预测检验。总体模型检验是对总体模型的模拟优度与预测精度的检验。

3. 时间序列分析

时间序列是将不同时期的数值按时间先后顺序排列起来而形成的数列。它一般由两个基本要素构成：一是反映某现象的变量所属期，二是反映该现象的指标及其指标值。时间序列分析的具体作用表现为：一是准确描述某现象的发展状态，二是分析现象的发展规律，三是预测现象的发展趋势和发展结果。因此时间序列分析可以作为预测的主要辅助工具。

时间序列预测方法是通过时间序列的过去分析经济变量随时间变化的统计规律，将变量序列分解为基本趋势、季节、周期和随机项，然后将这种规律延伸到未来以实现对该经济变量的预测。如对税收收入的时间序列分析就是根据税收收入过去的自身规律预测未来的税收收入。假定税收收入只与时间有关，根据历史上税收收入的时间序列，分析税收收入变化的特征、趋势和发展规律，可以做出对未来税收收入的分析和预测。

时间序列分析分为确定型时间序列分析和随机型时间序列分析。在我国，时间序列分析在经济中的应用，主要是确定型时间序列分析，包括指数平滑法、滑动平均法、时间序列的分解等。20 世纪 80 年代初开始应用 Box-Jenkins 法于经济预测。20 世纪 90 年代以来，时间序列方法开始在经济政策评价和宏观经济建模领域得到广泛重视。下面，我们简单介绍这两种分析方法。

（1）确定型时间序列法。确定型时间序列预测方法的基本思想是用一个确定的时间函数来拟合时间序列数据，其模型的一般形式为

$$Z_t = f(t, \beta) + u_i$$

式中，Z_t 为 t 时刻的预测变量；$f(t, \beta)$ 为以 β 为参数的函数；u_t 为随机扰动项。确定型时间序列模型的关键是确定函数 f 的形式，然后估计出参数 β，即可以用来进行预测。

确定型时间序列的基本趋势可分为线性趋势和非线性趋势两类。对于线性趋势的分析，主要有移动平均法、半数平均法、指数平滑预测法和季节变动模型等分析方法。对于非线性趋势，主要采用增长型经济曲线外推预测方法。

移动平均法也称继动平均法，可以用来有效地消除不规则变动和季节变动对原数列的影响。采用奇数项移动一次就可求得趋势值，采用偶数项移动则需要进行两次平均，即先进行移动平均，在此基础上，还需要移动平均，才能求得趋势值。移动平均数的移动项数要以所研究的经济现象的周期性而定。例如要研究月度税收收入情况，则进行 12 项移动平均，消除季节变动影响。

半数平均法是将全数列的项数平分为前后两个部分，分别计算出前半部分和后半部分的平均数，将其作为长期趋势线上的两个点，然后求出通过这两个点的直线方程。当数列为奇数项时，通常删去最早或中间的一项数字。

指数平滑预测法是基于距离现在越远的数据对现在影响越小，越近的影响越大，即时间序列数据对于预测未来的重要程度，会随着时间不同变化的原则，通过对不同时期的数据赋予不同权数的办法，反映不同的影响程度。在实际预测中，最常用的是对水平趋势的一次指数平滑和对线性趋势的二次指数平滑。

季节变动模型主要用于分析季节时间序列。由于季节变量受季节性因素影响按固定周期呈现出波动变化，测定季节变动可使用按月（或季）平均法和移动平均剔除法。针对季节变化与趋势水平的不同关系，可以采用加法模型、乘法模型或混合模型进行预测。

实际应用中，时间序列往往具有非线性趋势，非线性趋势非常多，常见的主要是具有某种规律的所谓增长型曲线，具体有以下几种。

多项式增长型曲线模型：

$$y_t = \sum_{i=0}^{k} a_i t^i$$

简单指数增长型曲线模型：

$$y_t = ab^t$$

修正指数增长型曲线模型：

$$y_t = k + ab^t$$

双指数曲线模型：

$$y_t = ab^t c^{t^2}$$

式中，a、b、c 为参数；t 为时间变量。

Compertz 曲线模型：

$$y_t = ka^{t^t}$$

式中，a、b、k 为参数，其中 k 为极限参数；t 为时间变量。

logistic 增长曲线模型：

$$y_t = \frac{k}{1 + ae^{-bt}}$$

式中，k、a、b 为参数，其中 k 称为极限参数。

（2）随机型时间序列法。随机型时间序列预测法认为不同时刻的变量存在相关关系，可以通过分析和揭示这些相关结构来进行预测。对于随机时间序列的预测主要是自回归移动平均模型（ARMA）和协整模型。

①ARMA 模型。ARMA 模型是一类常用的随机时序模型，由博克斯（Box）、詹金斯（Jenkins）创立，亦称 B-J 方法。它是一种精度较高的时序短期预测方法，其基本思想是：某些时间序列是依赖于时间 t 的一组随机变量，构成该时序的单个序列值虽然具有不确定性，但整个序列的变化却有一定的规律可循，可以用相应的数学模型近似描述。通过对该数学模型的分析研究，能够认识序列的结构与特征，达到最小方差意义下的最优预测。ARMA 模型有三种基本类型：自回归（auto-regressive，AR）模型、移动平均（moving average，MA）以及自回归移动平均（auto-regressive moving average，ARMA）模型。

在自回归模型中，时间序列 y_t 是它的前值和随机项的线性函数，表示为

$$y_t = \phi_1 y_{t-1} + \phi_2 y_{t-2} + \cdots + \phi_p y_{t-p} + \mu_t$$

称该时间序列 y_t 是自回归序列。式中描述了一个 p 阶自回归模型，记为 AR（p）。实参数 $\phi_1, \phi_2, \cdots, \phi_q$ 称为自回归系数，是待估参数。随机项要求是服从均值为 0，方差为 σ^2 独立同分布的正态分布。

在移动平均模型中，时间序列 y_t 是它的当期和当期的随机误差项的线性函数，可以表示为

$$y_t = \mu_t - \theta_1 \mu_{t-1} - \theta_2 \mu_{t-2} - \cdots - \theta_q \mu_{t-q}$$

称该时间序列 y_t 是移动平均序列。式中为一个 q 阶移动平均模型，记为 MA（q）。实参数 $\theta_1, \theta_2, \cdots, \theta_q$ 为移动平均系数，是模型的待估参数。

自回归移动平均模型是将时间序列 y_t 描述为其当前和前期的随机误差项以及前期值的线性函数，即表示为

$$y_t = \phi_1 y_{t-1} + \phi_2 y_{t-2} + \cdots + \phi_p y_{t-p} + \mu_t - \theta_1 \mu_{t-1} - \theta_2 \mu_{t-2} - \cdots - \theta_q \mu_{t-q}$$

式中为（p，q）阶的自回归移动平均模型，记为 ARMA（p，q）。$\phi_1, \phi_2, \cdots, \phi_p$ 为自回归系数，$\theta_1, \theta_2, \cdots, \theta_q$ 为移动平均系数，都是模型的待估参数。自回归模型 AR（p）和移动平均模型 MA（q）均可视为 ARMA（p，q）模型的特殊情况。

ARMA 模型具有一个使之区别于其他经济模型的重要特征，那就是，在某种程度上，描述某一时间序列是否适用该模型可由这些经验数据的具体特征来确认，这些特征被概括在所谓的自相关与偏相关系数中。ARMA（p，q）由于结合了 AR（p）和 MA（q）两个模型，其识别可以通过 AR（p）和 MA（q）来完成。

建立 ARMA（p, q）模型，首先应对模型研究的对象进行分析，判断其是否满足建模条件。如果序列不满足建立 ARMA 模型的条件，应考虑对原序列做适当调整，然后分析新序列是否能够用 B-J 方法建模。

②协整理论建模。ARMA 模型主要处理平稳时间序列，非平稳时间序列必须经过适当处理使序列满足平稳性要求。协整则是处理非平稳时间序列的有力工具。它描述了两个或多个序列之间的均衡关系，刻画了某些经济变量水平之间存在的稳定的长期关系，因此被广泛应用在经济问题的分析中。

协整概念是用来估计各变量之间长期均衡关系的一种方法。被某经济系统联系在一起的经济指标，从长远看，这些变量间应该具有均衡关系。在短期内，因为季节影响或随机干扰，这些变量有可能偏离均衡值。如果这种偏离是暂时的，随着时间的推移，这种偏离将回到均衡状态。如果这种偏离是持久的，就不能说这些变量间存在均衡关系。协整可以看作是对这种均衡的统计描述，它刻画了多个变量之间的长期均衡关系。

使用误差修正模型，首先要对要研究的非平稳时间序列做相应检验，以判断序列之间是否存在协整关系。DF（Dickey-Fuller）检验、ADF（扩展 Dickey-Fuller）检验、PP（Phillips 和 Perron）检验等都可用来检验协整性。对于协整向量未知的序列判定，就需要使用 Engle 和 Granger（1987），Stock 和 Watson（1988），Johansen（1988）提出的几种不同的协整检验及协整向量的估计方法。

Granger 表示定理告诉我们误差修正模型和协整的等价性。因此，一个协整过程一定可以用误差修正表示，满足误差修正模型的过程一定具有协整性。两个变量是协整的，它们之间应存在因果关系。这个因果关系提供了获得长期均衡的短期动态，其中滞后变量的变动描述了短期原因影响，而误差修正项则捕捉到了长期效果。例如，考察税收收入和国内生产总值之间的关系，可以应用协整理论来建立税收收入总量的误差修正模型，实现对税收收入的预测。

4. 计量经济模型

从计量经济学模型在经济研究中所起的作用来划分，可分为结构分析、经济预测和政策评价。经济结构分析研究经济系统的变量之间相互关系，目的在于说明各种经济现象，如弹性分析。经济预测是基于经济现象过去的表现预测未来。计量经济学模型建立在经济变量过去关系的基础上，因此较适用于短期预测，如税收收入的短期预测。政策评价是研究不同的政策对经济目标所产生的影响的差异，如税收政策评价。由于经济政策一般存在不可试验性，计量经济模型可以进行不同政策方案的仿真，通过比较运行结果鉴别各组政策变量值的优劣。

宏观经济计量模型在宏观总量水平上把握和反映经济运动的较全面的动态特征，研究宏观经济主要指标间的相互依存关系，描述了国民经济各部门和社会再生产过程各环节之间的联系。它建立在国民经济核算体系的数据基础上，并根据所研究对象的产业结构、消费结构、投资结构、进出口结构的特点，在各功能模块中进行部门的分解。

在实际税收问题的分析中，应注意不要只是简单地将税收经济理论表述为数学公式，而是要将所收集的数据经过加工、整理，并在所涉及的模型中估算出参数来。为了提高模型的真实性、准确性，在模型计算的同时，还需要重视随机因素和偶然因素的影响，增加随机误差项，帮助分析主要不确定因素的作用。

（三）基于数据仓库的税收数据分析方法

数据仓库是为满足数据分析的需要，在传统数据库上发展起来的技术。计算机分析型处理是对数据进行分析以发现数据背后的关联和规律，为决策分析工作服务，对响应时间要求不高，但要求数据比较全面，包括分析所需的组织内部各个部门的数据和相关的外部数据，这些数据除了当前数据外还需要有大量的历史数据。

数据仓库在税收数据分析中的主要作用是在金税工程的税收征管系统、行政管理系统和外部信息交换系统的基础上，为决策者提供支持服务。数据仓库提供的数据分析工具包括各种查询检索工具、多维数据的 OLAP（on-line analysis process）分析工具、数据挖掘（data mining，DM）工具等。

OLAP 是针对特定问题的联机数据查询和分析。OLAP 将特定问题相关的内容按照利于查询的方式进行组织，对于一些综合性的查询结果进行预选计算，使用户能够灵活地以多种方式快速地对该问题各方面的情况进行分析、比较。OLAP 分析基于多维数据模型，通过对多维数据集进行切片、切块、钻取、聚合和旋转等操作，能够从多个角度、多个侧面对多维数据集进行观察和分析。

数据挖掘是采用数学、统计、人工智能等领域的科学方法，如记忆推理、聚类分析、管理分析、决策树等技术，从大量的、不完全的、随机的数据中提取隐含在其中的，对决策有潜在价值的信息和知识的过程。数据挖掘最重要的是数据挖掘方法的研究和应用。数据挖掘方法分为两大类，即描述性分析方法和预测性分析方法。描述性分析方法用于了解系统实际数据的存在特性，而预测性分析是估计存在的模式的发展趋势。

描述性分析方法包括关联分析、聚类分析等；预测性分析包括决策树模型、神经网络模型、回归模型等。关联规则是发现大数据集中、数据项之间的关联或相关关系。聚类分析是在事先不规定分类的情况下，将数据按照其特征划分成不同的群组，要求群组之间差异尽量大，而群组内部差异尽量小。决策树方法则是利用信息论中的互信息（信息增益）寻找数据集合中具有最大信息量的属性字段，建立决策树的第一个节点，然后再根据该属性的不同取值建立树的分支，将最初的数据集分为 2 个或多个子集。然后，自上而下分别在这些子集上应用本方法建立下层节点，直到不能再分为止。神经网络法是一组连接的输入/输出单元，其中每个连接都与一个权相连。在学习阶段，通过调整神经网络的权，建立能够预测输入样本的正确类标号的神经网络模型，并用此模型对新的输入进行分类。

第四节　我国税源管理发展的历程、成效和经验

我国税源管理的发展大体上经历了三个时期：第一个时期是从 1949 年到 1978 年的计划经济时期，新中国税源管理处于初建和曲折发展时期，税源管理采取专责管理模式；第二个时期是从 1978 年到 1993 年的经济转轨时期，我国税源管理处于恢复和加强时期，税源管理采取"征管查"分离模式；第三个时期是从 1993 年至今的社会主义市场经济时

期，我国税源管理得到全面加强，发展为"以申报纳税和优化服务为基础，以计算机网络为依托，集中征收，重点稽查，强化管理"模式。

1. 计划经济时期专责管理模式（1949～1978年）

这一时期，所有制形式单一，经济结构简单，税制十分简化，纳税人数量有限。税源管理主要采取专管员专责管理模式。其特点是：一员到户、各税统管、征管查合一。随着经济体制改革的深入发展，多种经济成分和复合税制的出现，这种"一人进户、各税统管"模式的弊端也日益突出：一是专管员上门收税，实行"保姆"式管理，扭曲了征纳双方权利义务关系，不利于培养企业的纳税意识；二是专管员集征、管、查于一身，权力过分集中，缺乏有效监督制约，容易滋生"人情税、关系税"等腐败现象；三是专管员各自为战，互不沟通，信息分散，难以形成管理合力；四是管理手段落后，税收征管全靠手工操作，容易顾此失彼，征管效率和质量低下，征税成本偏高。

2. 经济转轨时期"征管查"分离管理模式（1978～1993年）

这一时期，税源管理采取"征管查"分离模式，即将税收征管工作划分为征收、管理、检查三个系列或征管、检查两个系列，设置相应业务职能机构，分别承担征收、管理、检查业务。其特点是：分解专管员权力，形成征、管、查两分离或三分离，实行不同形式的分责制约，形成内在的监督制约运行机制，实现征管机构的调整和细化，改专管员"上门收税"为纳税人"送税上门"，为建立责权明确、科学严密的纳税申报体系奠定了基础。

受时代发展局限，这种管理模式仍然存在不少问题：一是对税收征管改革的系统性认识不足，征管查衔接不紧、配合不力；二是没有彻底改变对纳税人的"保姆"式管理方式，征纳双方权利与义务划分不够清晰；三是征管手段仍依靠手工劳动，计算机应用效果不明显；四是中央和地方税收利益分配从以往高度集权的极端走向了过度分权的另一个极端，导致中央财力年年下降，宏观调控能力严重削弱，同时也助长了地方政府越权减免税等干涉税收工作的违法做法。

3. 社会主义市场经济时期的"34字"征管模式（1993年至今）

这一时期，税源管理实行"以申报纳税和优化服务为基础，以计算机网络为依托，集中征收，重点稽查，强化管理"模式。其突出特征是：划清了税收征纳双方的权利与责任；优化税务服务，方便纳税人办税；现代信息技术在税收征管中得到广泛应用；明晰了征收、管理、稽查三个专业机构的职责；强调税务稽查的打击作用，并在稽查体系内部按照选案、检查、审理、执行等职能建立分工制约机制；税源管理成为税收征管的基础性工作。

1994年，我国实施了中华人民共和国成立以来规模最大、范围最广泛、内容最深刻的一次税制改革。为了落实新税制，1996年，全国税务系统全面实施税收征管改革，确立"以申报纳税和优化服务为基础，以计算机网络为依托，集中征收，重点稽查"的"30字"税收征管模式。由纳税人到税务机关自行申报纳税，实现了征纳分离；现代信息技术进入税收管理领域，实现了手工操作逐步向计算机操作的转变；税务稽查严格按照稽查选案、稽查实施、案件审理、处理决定执行四个工作环节实行分工，形成既相互配合、又相互制约的运行机制；初步形成了征收率、入库率、处罚率等征管质量"十率"考核体系,实现了从单纯考核收入任务向收入任务与征管质量双重考核的转变。但是,"管户"到"管事"的转变过程中,过分强调集中征收、重点稽查,管理相对疏松,一些不易划分的事难免出现没人管或管不彻底的矛盾,出现了"疏于管理、淡化责任"的问题。同时,各种征管考核指标名目繁多,甚至一些指标本身设计不科学、不合理,挤占了税源管理的时间和空间,消耗了税务人员大量精力,使税收管理流于形式。

针对上述问题,2004 年,国家税务总局对原"30 字"模式加上了"强化管理"四个字,形成了"34 字"征管模式,并明确提出税收征管要走科学化、精细化管理的道路。全国各级税务机关认真贯彻国家税务总局要求,进一步规范征管机构设置及名称,理顺征管业务,优化征管流程,整合信息资源,大力推行申报征收"一窗式"、征管信息"一户式"、纳税服务"一站式"、车辆税收管理"一条龙"、房地产税收管理"一体化"等多种科学化、精细化征管方式。2006 年,全国初步建立"管户与管事"相结合的"税源监控、税收分析、纳税评估、税务稽查"税源管理新格局。但在全面落实税收管理员制度、强化税源管理工作中遇到不少问题和矛盾,突出表现在:纳税人(户)数量多与税收管理员少之间的矛盾;税源管理范围广与征管深度不够之间的矛盾;税收管理员责任大与职责落实不全面之间的矛盾;征收管理手段不断强化与存在税收流失风险之间的矛盾;纳税人经营方式变化频繁与税务机关掌握信息不足之间的矛盾;纳税评估安排多与实际效果差之间的矛盾等。

为此,2007 年以来,税务系统不断探索和深化征管改革,税收征管工作在继续坚持科学化、精细化管理的前提下,开始探索专业化管理。专业化管理就是根据纳税人的实际情况和管理的不同特点,以加强税收风险管理为导向,以实施信息管税为依托,以建立和培养专业化人才为支撑,积极探索实施分级分类管理,达到加大管理力度和强化管理深度的目的,优化服务,严格执法,不断提高税法遵从度和税收征收率。科学化、专业化和精细化管理三者之间是相互联系、相辅相成的,三者有机结合,才能发挥管理的最大效能。其中,科学化强调探索和掌握管理的规律,是加强管理的基础和前提;专业化强调根据纳税人的特点,实施有针对性管理,是加强管理的基本方法;精细化强调管理要精确、细致和深入,是加强管理的具体要求。这是国家税务总局总结近年来各地加强管理的经验,针对各项管理工作的特点而提出的管理工作新思路,体现了税务管理思想的与时俱进。

2008 年,国家税务总局启动了新一轮机构改革,设立了纳税服务和大企业税收管理机构,调整了税收管理信息化建设职能配置,整合并强化了执法监督和内部审计资源,规范了部分机构的职能配置和名称,改革后,国家税务总局机关行政司局的职数没有变化。此后,按照精简、统一、效能的原则和决策权、执行权、监督权既相互制约又相互协调的要求,省以下国税机关着力优化组织结构,规范机构设置,完善运行机制,分级建立了分工清晰、职责明确、运行高效、协调有序的税收管理体系。

2010 年 10 月,国家税务总局确定在安徽国税、江苏国税、河南国税、上海国税、广东国税、青岛国税、广东地税、山东地税 8 个单位开展税源专业化管理试点,着力在税源分级分类管理、风险管理、信息管税、一体化运行机制、流程再造、岗责优化等方面有所突破,进一步提高税源管理水平。

思　考　题

1. 简述税源管理和税收征收管理的联系与区别。
2. 简述税源管理在税收管理体系中的意义和作用。
3. 简述纳税评估和税务稽查的联系与区别。

案例6：纳税评估典型案例——A房地产开发公司

（贵州省遵义市汇川区国家税务局、汇川区地方税务局供稿，特此致谢！）

营改增以来，汇川区国税局、地税局携手强化重点行业管理，国地税联合开展纳税评估，减轻纳税人涉税检查负担，提高管理质效。以下是两局开展联合纳税评估的一则典型案例。

纳税人名称：A房地产开发有限公司

纳税人识别号：915203016669××××××

评估所属期间：2013～2016年

执行评估起止时间：2017年6月14日～2017年7月4日

一、接收的风险提示和应对指令

税前列支的成本费用异常。

二、评估对象生产经营、申报纳税的基本情况

A房地产开发有限公司于2007年11月成立，属私营有限责任公司，经营注册地：×××，法人：×××，经营范围：房地产开发经营、小区园林绿化工程。

该公司2013年至2016年期间，主要开发项目的名称"yyy"。该项目开发地址为www。项目初始开发时间为2011年4月，项目占地面积8337m²，开发建筑面积46 059.05m²，可售建筑面积44 284.77m²。该项目于2013年进入预售期，2016年进入完工确认收入期。

该企业2013年至2016年企业所得税申报具体情况如下表所示。

A企业2013年至2016年企业所得税申报具体情况

单位：元

序号	项目	2013年	2014年	2015年	2016年
1	销售收入				163 803 140.29
2	营业成本				134 024 151.40
3	期间费用合计	640 420.90	889 755.18	2 318 179.57	12 482 442.33
4	其中：管理费用	635 945.50	875 695.11	646 077.90	4 339 677.83

续表

序号	项目	2013 年	2014 年	2015 年	2016 年
4.1	其中的业务招待费	52 723.00	69 799.00	72 363.00	346 496.00
5	销售费用			1 669 181.00	8 139 326.51
5.1	其中的广告宣传费				3 112 849.51
6	财务费用	4 475.40	14 060.07	2 920.67	3 437.99
7	营业税金及附加	200 000.00			9 256 314.36
7.1	其中：营业税				6 989 045.24
7.2	土地增值税				1 187 524.16
8	营业利润	−840 420.90	−889 755.18	−2 318 179.57	8 040 232.20
9	营业外收入				
10	营业外支出				1 056 986.46
11	利润总额	−840 420.90	−889 755.18	−2 318 179.57	6 983 245.74
12	纳税调整增加额		2 407 315.00	2 943 123.21	1 195 584.86
13	纳税调整减少额				5 321 493.01
14	纳税调整后所得	−840 420.90	1 517 559.82	624 943.64	2 857 337.59
15	弥补以前年度亏损		−1 367 949.93		
16	应纳税所得额		149 609.89	624 943.64	2 857 337.59
17	应纳所得税		37 402.47	156 235.91	714 334.40
18	本年已预缴所得税额				
19	本年应补所得税额		37 402.47	156 235.91	714 334.40
20	本年已纳所得税额		37 402.47	156 235.91	714 334.40

有关该项目基本信息、企业所得税涉税指标、财务指标、项目开发指标的详细情况，请见《评估底稿》"（一）指标信息数据采集"。

三、案头审核、约谈举证、调查核实的问题及评析、约谈、举证的过程

通过对事先所采集的企业有关纳税申报资料以及财务报表、项目信息和开发指标进行案头审核分析，确定该企业 2013 年至 2016 年企业所得税存在如下风险。

（1）2013 年、2014 年可能存在未按期确认销售未完工产品所取得的预售收入的税收风险。

（2）可能存在开发产品未完工年度 2013 年、2014 年少计应纳税所得额的税收风险。

（3）2013 年、2014 年业务招待费可能超额税前列支的风险。

（4）2013 年、2014 年、2015 年可能存在未按期归集"营业税金及附加"，将 2013 年至 2015 年的"营业税金及附加"延迟到 2016 年才进行税前列支的风险。

（5）2016 年可能存在税前多列支营业成本的风险。

针对上述内容，我们经过部门第一次合议后，同意围绕上述风险点于 2017 年 6 月

16 日与企业进行了第一次税务约谈。2017 年 6 月 16 日经第一次约谈,企业相关人员对部分疑点的产生原因进行了解释说明,并表示同意对约谈中所涉及的上述 5 大风险点进行自查更正和补缴税款。

四、风险排除或风险处置的评估处理意见

2017 年 6 月 26 日经第二次部门合议会,对我们与纳税人的约谈结果形成意见,于 2017 年 7 月 4 日提交至区局纳税评估审议委员会会议审议,会议审议结果为同意企业进行自查并做相应的更正申报和补缴税款。2017 年 7 月 18 日,该企业完成了自行核查,并递交了《企业自查报告》。《企业自查报告》中体现了对第一次税务约谈中所涉及全部风险点的自查结果和处理意见。至此,我们结合纳税人的《企业自查报告》,对本次评估中的风险点排除、处置情况和形成的评估处理意见如下。

(一)风险点排除、处置情况

1. 国税部分

风险点一:2013 年、2014 年可能存在未按期确认销售未完工产品所取得的预售收入的税收风险。

处置:该企业 2013 年取得预售房款收入 2 539 827.20 元,未进行 2013 年度企业所得税纳税申报,应调增 2013 年度应纳税所得额 4 256 261.90 元;该企业 2014 年取得预售房款收入 4 256 261.90 元,仅在 2014 年度企业所得税纳税申报时申报预售收入 2 407 315.00 元,应调增 2014 年应纳税所得额(42 562 619.00-24 073 150.00)×10%=1 848 946.90 元。

风险点二:可能存在开发产品未完工少计应纳税所得额的税收风险。

处置:同上风险点一处置。

风险点三:2013 年、2014 年业务招待费可能超额税前列支的风险。

处置:2014 年度税前列支业务招待费 69 799.00 元,实际发生额为 69 799.00 元,业务招待费纳税调整增加额为 0 元。2014 年业务招待费扣除限额为 41 879.40 元,应调增 2014 年超额税前列支业务招待费 27 901.60(69 799.00-41 897.40)元。

2015 年度业务招待费实际发生额 72 363.00 元。根据企业自查,2015 年申报税前利润-2 318 179.57 元中由于填报有误,仅包含了业务招待费 43 417.80 元。故 2015 年少申报税前利润 28 945.20(72 363.00-43 417.80)元。本年度更正后的税前利润应为-2 347 124.77 [-2 318 179.57-(72 363.00-43 417.80)]元。

风险点四:2013 年、2014 年、2015 年可能存在未按期归集"营业税金及附加",将 2013 年至 2015 年的"营业税金及附加"延迟到 2016 年才进行税前列支的风险。

处置:该企业 2016 年一次性税前列支"营业税金及附加"9 256 314.36 元中含以往年度已交营业税及土地增值税等税金合计 6 612 532.20 元,具体明细为:2013 年"营业税金及附加"792 444.00 元,2014 年"营业税金及附加"2 717 670.88 元,2015 年"营业税金及附加"3 102 417.32 元。故应调减 2013 年应纳税所得额 792 444.00 元,调减 2014 年应纳税所得额 2 717 670.88 元,调减 2015 年应纳税所得额 3 102 417.32 元,调增 2016

年应纳税所得额 6 612 532.20 元。

风险点五：2016 年可能存在税前多列支营业成本的风险。

处置：该企业报备实际发生的项目开发总成本为 176 766 224.48 元。按建筑面积法（已售建筑面积 33 578.48 m²/可售建筑面积 44 284.77 m²）所确定的分摊率 75.82%，2016 年确定已售开发项目开发成本为 134 024 151.40 元，2016 年申报税前列支项目营业成本 134 024 151.40 元。经核查，在报备实际发生的项目开发总成本中存在：使用内部收据结算的"建筑安装工程费" 568 833.16 元；与开发成本无关的项目 1 400 326.48 元，合计金额为 1 969 195.64 元。故该企业实际发生的合规项目总开发成本应为 174 797 064.84 元，应减少开发成本 1 969 159.64 元。按 75.82%分摊率，该企业 2016 年确定已售项目开发成本应调减 1 969 159.64×75.82%＝1 493 016.84 元，2016 年申报税前列支营业成本应调减 1 493 016.84 元，调增应纳税所得额 1 493 016.84 元。

2. 地税部分

2016 年 6 月，根据纳税人提供资料、中介机构出具《土地增值税清算鉴证报告（初稿）》，经纳税评估核实后出具意见：截至 2016 年 4 月 29 日共计取得销售收入 139 832 126.00 元，其中销售普通标准住宅 217 套，取得销售收入 100 811 114.00 元；还房视同销售收入 39 021 012.00 元（计税收入为 38 969 776.66 元）。2016 年 11 月，中介机构出具《土地增值税清算鉴证报告》（定稿），发现当时确认的截至 2016 年 4 月 29 日取得销售收入 139 832 126.00 元中有 15 111 802.00 元应为非普通住宅收入，因会计归集错误，误计入普通住宅收入；因中介机构原因，还房计税收入少计 14.20 元，故截至 2016 年 4 月 29 日，营业税计税收入应为 139 780 904.86 元，其中：普通住宅 183 套，销售收入 85 699 312.00 元；非普通住宅 34 套，销售收入 15 111 802.00 元；还房计税收入 38 969 790.86 元。2016 年 5 月 1 日至 2017 年 5 月 30 日，增值税不含税收入 23 972 014.29 元（普通住宅 61 套）。

（二）评估处理意见

综上所述对风险点一至五的处置情况，形成如下评估处理意见。

1. 国税部分

根据《企业所得税法》第十条第八款，《企业所得税法实施条例》第二十七条、第二十九条、第三十三条、第四十三条，国税发〔2009〕31 号第九条之规定，做如下处理意见。

（1）企业 2013 年应予调增应纳所得税额 1 768 472.40 元（应确认预售收入 2 539 827.20－营业税金及附加调减 792 444.00＋业务招待费调增 21 089.20），当年度调整后所得为 928 051.50 元（1 768 472.40－已申报应纳税所得额 840 420.90），弥补累计亏损 813 966.79 元后应纳税所得额为 114 084.71 元，应补缴 2013 年度企业所得税 28 521.18 元。

（2）2014 年度应予调增应纳所得税额－840 804.38 元（应确认预售收入 4 256 261.90－已申报预售收入 2 407 315－营业税金及附加调减 2 717 670.88＋业务招待费调增 27 919.60），当年度调整后应纳税所得额为 676 755.44 元（已申报应纳税所得额 1 517 559.82－840 804.38），当年度应纳企业所得税 169 188.86 元，申报已缴纳企业所得税 37 402.47

元，应补缴企业所得税 131 786.39 元。

（3）2015 年度自查后确认少申报利润总额 28 945.20 元，当年度调整后应纳税所得额为－3 131 114.39 元（已申报应纳税所得额 624 943.64－3 727 112.83＋28 945.20），当年度应纳企业所得税 0 元，申报已缴纳企业所得税 156 235.91 元，2015 年多缴企业所得税 156 235.91 元。

（4）2016 年度应予调增应纳税所得额 4 341 470.45 元（营业成本调减 1 493 016.84＋营业税金及附加调增 6 612 532.20－2013 年至 2015 年已确认预售收入 9 085 571.60＋2016 年申报已确认预售收入 5 321 493.01），当年度调整后应纳税所得额为 7 198 808.04（已申报应纳税所得额 2 857 337.59＋4 341 470.45）元，弥补 2015 年亏损 3 131 114.39元后应纳税所得额为 4 067 693.65 元，2016 年度应纳企业所得税 1 016 923.41 元，当年度企业已申报缴纳企业所得税 714 334.40 元，应补缴企业所得税 302 589.01 元。

2. 地税部分

（1）营业税金及附加。截至 2017 年 5 月，商住楼住宅已全部销售，商业用房及车库未销售。宾馆已全部移交给社区居委会。

截至 2016 年 4 月 29 日，取得营业税计税收入 139 780 904.86 元（普通住宅 85 699 312.00元；非普通住宅 15 111 802.00 元；还房计税收入 38 969 790.86 元），应申报缴纳营业税 6 989 045.24 元，城市维护建设税 489 233.17 元，教育费附加 209 671.35 元，地方教育费附加 139 780.90 元，经核查，纳税人已申报缴纳。

2016 年 5 月 1 日至 2017 年 5 月 30 日，取得增值税不含税收入 23 972 014.29 元（普通住宅），实际缴纳增值税 1 198 600.71 元，应申报缴纳城市维护建设税 83 902.05 元，教育费附加 35 958.02 元，地方教育费附加 23 972.01 元，经核查，纳税人已申报缴纳。

（2）土地增值税。纳税人委托中介机构对"yyy"项目进行土地增值税清算，经核查，"yyy"项目普通住宅增值额未超过扣除项目金额 20%，免税；非普通住宅增值额未超过扣除项目金额 50%，应申报缴纳土地增值税 1 221 919.79 元，已申报缴纳 1 187 524.16元，应补申报缴纳 34 395.63 元；宾馆（还房）未产生增值，不征土地增值税。（纳税人已于 2017 年 3 月 30 日做土地增值税清算纳税申报）

（3）土地使用税。截至 2017 年 5 月，应申报缴纳土地使用税 471 912.83 元，已申报缴纳。

（4）印花税。截至 2017 年 5 月，应申报缴纳印花税 113 826.70，已申报缴纳 112 934.00元，应补 2017 年 3 月房屋租赁合同印花税 892.70 元。

（5）房产税。2017 年 3 月，收到房屋租赁收入 130 000.00 元，应申报缴纳上半年房产税 3900.00 元，未申报缴纳。

综上所述，A 房地产开发有限公司应补申报缴纳地税税款 39 188.33 元，其中：土地增值税 34 395.63 元，印花税 892.70 元，房产税 3900.00 元。

2017 年 7 月 28 日，企业进行了更正申报，办理多缴抵税后，实际补缴税款 354 649.15元，缴纳滞纳金 29 818.74 元。

（执笔：韩利）

2017 年 12 月 2 日

案例 7: 湖南永州探索国地税深度合作新路径

(湖南省永州市国家税务局供稿,特此致谢!)

2015 年以来,永州市国税局、地税局深入贯彻落实国家税务总局和湖南省国税局、地税局关于加强国地税合作的有关精神,顺应税收管理形势的发展变化,因地制宜,统筹兼顾,聚焦改革目标,创新合作方式,优化合作流程,完善落实标准,破解合作难题,效果良好。

一、总体思路及工作目标

湖南省永州市国税局、地税局以落实《深化国税、地税征管体制改革方案》为重点,以方便纳税人办税、减轻征纳负担、提高征管质效为目标,结合地方实际,在全市范围内大力探索实施国地税合作新方式、新模式。

(一)总体思路

以依法征管、权责清晰、科学效能为原则,以"放管服"改革为要求,以推行纳税人自主申报纳税、提供优质便捷办税服务为前提,以信息共享为基础,以现代信息技术为依托,以提高征管效能为目标,以完善合作制度、机制为保障,因地制宜,统筹兼顾,优化资源配置,努力构建永州市国地税合作新篇章。

(二)工作目标

认真贯彻落实国家税务总局和湖南省国税局、地税局工作部署及要求,着力创新合作方式,优化合作流程,完善落实标准,并以此为基础积极创建创新示范项目,率先在重点合作事项上走在全省前列,并得到省国税局、地税局认可,切实发挥"先行者""排头兵"作用,争创全国百佳国税局、地税局合作市级示范区,推动永州市国地税实现深度合作。

二、主要做法

(一)凝心聚力,构建国地税全面合作格局

1. 建立政府主导的国地税合作领导体制

永州市成立了由市政府主要领导任组长,市直 20 多个相关部门为成员的国地税合作工作领导小组,各县(区)也相应成立了合作工作领导小组,统筹协调督促国地税合作,为推进国地税合作提供了有力的组织保障。同时,市、县区两级都成立了由政府牵头、财税三家具体负责的综合治税工作机构,加强各级各部门对协税护税工作的支持和考核,国地税合作大格局逐步形成。

2. 健全国地协同的国地税合作工作机制

市级层面成立了市国税局、市地税局合作工作领导小组。组长由市国税局、市地税局主要负责人担任;领导小组下设办公室,由市国税局、市地税局分管征科工作的局领

导任主任，市国税局征收管理科、市地税局征管和科技发展科主要负责人担任副主任，双方各派一名副科长担任专职联络员，实行联合办公。建立健全了决策、协调、通报、监督、考核五项合作工作机制，每半年召开一次国税局、地税局联席会议，每季召开一次调度会议，不定期召开日常联席会议，并将日常监督与专项监督相结合，全方位、多举措确保合作全面有序推进，目前市级层面召开联席会议33次，联合发文80份。

3. 搭建定期交流的国地税合作推进平台

为促进国地税合作重点事项的有效落实，由市国税局、市地税局牵头，每半年组织召开一次全市税务系统的国地税合作专题现场会，各县区国税局、地税局的分管局领导、相关部门负责人参加，每次专题会议安排国地税合作工作做得好的单位在会上介绍经验，与会人员现场参观国地税合作工作流程，总结前阶段国地税合作中存在的不足，对下阶段工作进行专门安排部署。全市国地税系统的干部在一起交流心得，对照先进，查找差距，为推进国地税合作提供了强大动力，国地税合作理念厚植于干部的心灵深处。目前，市级层面召开了联合办税、县级国地税合作示范区建设等专题现场会议4次，效果良好。

（二）创新集成，明确国地税深度合作重点

1. 推广"一窗式"办税，联合服务提质效

（1）建设星级办税窗口。联合成立市级纳税服务中心，以推行"一窗一人办税"服务模式为重点，加强办税大厅制度建设，有6个县区局实行窗口互派，2个县区局共驻政务大厅，3个县区局共建办税服务厅，全市所有办税服务厅均通过了标准化验收，实现了国税地税业务"一窗一人"联合办税，形成了"进一家门、在一个窗口、办两家事"的纳税服务模式。

（2）多渠道征集意见。全市税务系统从2015年开始，每年开展一次"需求大征集、服务大走访""问需求 优服务 促改革"等国地税联合大走访活动，全面了解纳税人所思、所需、所忧。2017年上半年，实地走访企业13 681户，个体户2329户；发放调查问卷16 010份，征集纳税人意见和建议共计75条。同时，利用"永税在线"微信公众平台，开展意见线上征集有奖活动，主动征集纳税人意见。

（3）拓宽多元化服务方式。简并资料报送，纳税人申请办理的所有国税地税涉税业务，统一由办税服务厅集中受理，纳税人报送纸质报表、资料时，只需向办税服务厅报送一份，国税地税信息共享。明确规定各环节的审批时限，统一将审批时限缩短至法律规定时限的1/3以内，审批时限提速2/3。联合成立了纳税人权益维护中心，不断完善和拓展以"永税在线"为主的"智慧税务"手机客户端功能，通过微信公众平台、税企QQ群等渠道，加强税企互动，推行多元化申报办税方式。在两个县区试点安装自助办税终端机，全天候满足纳税人自助办税需求。

2. 实施"一把尺"执法，协同征管堵漏洞

（1）联合开展个体定税。建立了"联合定税、同步征收、分别入库"的个体税收管理工作制机，定期共享涉税信息，成立联合定税小组，每年选择1～2个行业、专业市场或部分经营额较大的国地税共管户联合进行税源分析测算，联合核定定额，共同公示评

定税结果，统一制作下发核定通知。2017 年以来，协同定期定额核定 1.25 万户。

（2）协同开展委托代征。严格执行先征收税款、再代开发票，确保两家税款同征同管，在办理代开增值税专用或普通发票过程中，统一代征个人所得税、城建税等相关地方税费。联合与邮政、街道等单位或部门签订委托代征协议，明确代征范围、项目、税费征收率。2017 年以来，通过"以票控税"增加各项税收 1.2 亿元。

（3）协同实施房地产行业管理。国税地税两家成立房地产业联合征管办公室，对外来施工企业和房地产项目，统一建立台账，全程跟踪，动态管理。利用政府涉税信息平台，及时收集整理发改、住建、国土、房产等部门的房地产和建筑行业涉税信息，大力推行"先税后证、先税后检、以证控税"征收模式，强化源泉控管和过程监管；加强对建筑业和房地产业发票管理，对窗口代开发票的纳税人，实行"先税后票"，同步征收国税地税。2017 年以来，共采集应用相关职能部门提供的建筑业及房地产业涉税信息 2000 余条；通过统一税费征缴，增加地方税收 5200 万元。

（4）联合开展进户核查。对同一纳税人的涉税信息存在国税地税双方不一致的，统筹协调进户人员和时间，联合调查认定，统一标准，分别执行，实行"一个团队进户、一把尺子执法"。

3. 推进"一体化"稽查，联合稽查防风险

（1）加强联合风险分析。市、县（区）两级成立联合风险分析工作小组，共同制订风险管理工作计划，确定风险应对主题，督促落实对重点行业、重点企业和重点项目的联合风险管理措施，按照"统一信息采集、统一项目分析、统一数据口径、统一发布平台"原则，联合分析预警指标，共同确定高风险纳税人名单，推送风险应对任务，采取联合组队方式实施风险应对，定期反馈交流风险应对成果。2017 年以来，永州市国税地税共同确定风险预警名单 836 户，联合推送风险纳税人 141 户，对 36 户风险纳税人采取了联合应对，入库税收 973.49 万元。

（2）健全联合稽查机制。成立联合稽查工作领导小组，双方各派出 1 名稽查副局长、1 名信息员到对方稽查局工作，共同负责对联合稽查工作的统筹规划、协调督导；设立稽查信息联络专员，实施稽查信息分级分类交换，坚持联合选案，每年初确定一批联合稽查对象，国税地税抽调业务骨干组成联合检查组，同步进户检查、同步调取账簿、同步调查取证、联合审理，对同一个税收违法行为，统一案件定性标准及自由裁量权。2016 年以来，全市国地税稽查系统召开联席会 16 次，对 116 户纳税人实施立案稽查，累计查补入库各类税款 628 万元。

（3）联合开展发票打假行动。加大假发票重大案件的查处力度，2017 年 7 月，冷水滩区国税地税联合，查获了一起永州市某电子有限公司虚开住宿发票案，查实非法代开的增值税税控盘 2 个，非法代开发票记账联 175 份，涉及虚开增值税普通发票 110.99 万元，相关涉案人员已被刑事拘留，目前，该案在进一步深挖当中。

4. 实行"一揽子"统筹，队伍融合建铁军

（1）联合交流选派。市级层面，以纳税服务、税收征管岗位的科级及以下干部和各类业务骨干为主，每年互派挂职交流人数 1 名以上；县区层面，以分管征管、纳服工作的领导班子副职和各类业务骨干为主，每年互派交流人数原则上不少于 2 名，其中应有

1 名领导班子副职。出台了《干部交流工作实施方案》，对交流对象、选派范围、交流形式、工作期限以及交流干部的日常管理考核等事项做了明确规定。2017 年，永州市国税地税互派干部 50 余人。

（2）联合强化党建。积极开展"两学一做"学习教育活动，共同下基层、下企业、讲党课。2017 年以来，国地税相关人员联合到 11 个基层税务分局、20 余家企业讲党课，进行交流、座谈。全市各办税服务厅成立了联合党支部，积极开展国地税共建"党员示范岗"活动，充分发挥了基层党员的先锋模范作用。

（3）联合共建队伍。联合邀请省内外专家，开展营改增、税务稽查等联合业务培训 6 期 400 余人次。联合开展全市税务系统青年干部素质竞赛 1 次，评选出永州市税务系统优秀青年干部 20 人；联合开展稽查案件评选会 2 次，评选优秀案例 4 例，分别开展案件讲解分析和经验介绍，共同提高稽查办案水平；联合开展办税服务人员集中业务培训，开展办税操作竞赛，进一步提高办税窗口人员的业务素质；聘请机关单位、新闻媒体和纳税人代表等 32 人组成联合特邀监察员，主动接受社会外界对全市税务系统政风行风的监督。

5. 探索"一条线"考评，联合考核促合作

（1）统一考评内容。按照国地税合作工作领导小组统一要求，将落实《国家税务局地方税务局合作工作规范》（3.0 版）规定的 51 项合作事项纳入考评，细化考核标准，推进合作意见，协调机制建设，统一制订合作计划，提高工作效率。

（2）统一指标标准。针对"国地税合作"三级指标，共设"各地工作的总体评价""国地税合作规范""项目创建工作" 3 个考点，对信息共享、互设服务窗口、合作征收税款、联合进行政策宣讲和开展风险应对等项目进行细化，着力加强对联合办税、联合征管、联合稽查、干部交流、绩效管理等国地税合作重点项目的指标设计，赋值 70 分进行考核。

（3）统一结果运用。该项指标作为市国地税局对县区局进行"千分制"考核的一部分，纳入年终考评，作为全市国地税系统评选"2017 年度绩效管理先进单位"的依据。同时也将考核结果作为在全市系统评选 3 个"国地税合作优秀示范单位"的主要依据，并对优秀示范单位在国地税联席会议上予以表彰。

三、主要成效

（一）提高了合作意识

社会各界及政府相关部门充分认识到了加强税收共治的必要性、重要性，市、县区两级政府均建立了协税护税工作机构，相关部门积极主动协助税务部门开展综合治税，切实改变了税务机关"单兵作战"的被动局面。

（二）提高了税收质量

通过加强国地税合作，有效化解了税源不清、管控乏力等突出问题，组织收入大幅增长，收入质量稳步提升。2017 年上半年，全市国税系统入库不含车购税的各项收入 36.7 亿元，同比增收 15.5 亿元，增长 73.11%，增幅排名全省国税系统第二，剔除新增"营改增"收入，完成省政府考核口径收入 25.2 亿元，同比增长 18.86%，圆满完成了"双过半"目标任务；全市地税系统共组织税收收入 31.15 亿元，同比增收 7.67 亿元，增长

29.92%，增幅排名全省地税系统第二。

（三）提高了办税效率

通过全面推行"一窗一人办税"模式，使纳税人在同一办税场所、在任何一个办税窗口，即可完成国税、地税两家业务，办税更便捷、更高效，解决了纳税人办税多头跑、多头找，重复排队、重复报送资料等问题，大大缩短了纳税人的办税时间，减轻了纳税人负担，极大地提高了纳税人的满意度和获得感。

（四）提高了征管质量

通过加强国地税合作和联合管税、联合稽查，有效地整合了税收管理资源，提高了管理的针对性和有效性，堵塞了税收征管漏洞，提升了税收征管效率，也使税收执法更公平、更规范、更透明，进一步规范了税收征管秩序，有力地防范了税收风险。

（五）提高了税务形象

通过加强国地税合作，永州市国税局地税局的社会形象进一步提升。2016 年以来，市国税局机关继续保持"全国文明单位"荣誉称号，先后获得全省法制工作先进集体、全省国税系统绩效管理先进单位、全市绩效考核先进单位、全市综合治理先进单位、全市推进依法行政工作先进单位等 10 余项荣誉。永州国税的纳税人满意度连续 3 年排名全省第一，连续 6 年被评为永州市优化经济发展环境和机关效能建设先进单位，连续 5 年获永州市市直单位年度绩效考核第一名，连续 16 年被评为市直单位先进基层党组织。市地税局先后获得永州市文明标兵单位、绩效管理先进单位、精神文明建设与意识形态先进单位、综合治理先进单位、优化经济环境和机关效能建设工作先进单位等诸多荣誉。

（执笔：肖明剑）

2017 年 11 月 30 日

案例 8：遵义市国地税房地产税收一体化管理项目简介

（贵州省遵义市国家税务局、遵义市地方税务局供稿，特此致谢！）

遵义市国地税针对房地产行业"管理链条长、信息共享难、管理手段弱"等问题，实施房地产税收一体化管理。采用"1＋5"（1 项工作方案＋5 个工作指引）方法，按照"遵从管理导向、自下而上推进、协作持续深化"的原则，在互派管理骨干、联合基础管理、协作风险管理、典型案例讲评、推动信息共享等方面深入探索，为破解"营改增"行业管理难题积累了经验。该做法在全省推广，并受到省国税局、地税局主要领导表扬，在人民网、《中国税务》等媒体上报道。

一、为什么创新

为贯彻落实《深化国税、地税征管体制改革方案》，按照国家税务总局《国家税务局、地方税务局合作工作规范》（3.0 版）深化国地税合作要求，遵义市国税局、遵义市地税局携手并进，迎难而上，积极探索税收共治的有效途径，致力破解重点行业税收管理难题，联合启动了房地产税收一体化管理项目。

二、怎么创新

遵义市国地税以"遵从导向、自下而上、试点推广、持续深化"的思路，于 2016 年选择全省国地税合作示范区习水县先行试点房地产税收一体化管理。2017 年初，以示范区经验为主，整合其他区县经验，市国地税局牵头，按照"共治理念集成，管理方式集成，国地资源集成，攻坚思路集成，涉税信息集成，纳税服务集成"六个集成理念，制定"1＋5"措施，在全市 15 个区县全面推行房地产税收一体化管理。

（一）共治理念集成，思想统一步齐调稳

（1）国地一体倡议，政府集思广益。由遵义市政府牵头，建立起"政府主导、税务主责、部门配合、社会参与、信息支撑"的税收共治工作机制，将发改、住建、工商等 20 余家单位列入税收共治成员单位，为全市财税大数据云平台建设建言献策。促成税收保障办法纳入地方政府立法计划。

（2）征纳观点碰撞，风险未雨绸缪。全市 15 个区县对房地产行业开展走访调查。召开行业纳税人座谈会，就房地产行业税收风险点、日常管理难点、政策咨询辅导等进行观点交换。

（二）管理方式集成，统筹协作，职责分明

组织全市国地税骨干力量集中办公，拟定全市总体工作方案和"1＋5"附件（1 套项目管理台账模版，业务流程、涉税节点、基础管理、风险识别应对、涉税法律法规 5 类指引）。从"创建一体化工作机制、搭建信息共享平台、协作开展基础管理、统筹实施风险管理、探索创建内控管理机制、创新工作方式方法"等方面入手，选取一定比例的房地产企业纳税人，结合国地税所得税汇算清缴、纳税评估、土地增值税清算等工作，联合开展风险应对。

（三）国地资源集成，精英荟萃，力合则劲

市县两级成立房地产税收一体化管理领导机构，设立由国地税"一把手"任组长，分管领导直接负责的房地产税收一体化管理领导小组，以及房地产税收一体化管理办公室，国地税人员统一进驻，统筹开展基础管理和风险管理。

（四）攻坚思路集成，流程明晰，节奏精准

（1）图解流程，摸清行业规律。通过第三方信息归集，整合"土地交易、开工许可、销售许可"等环节信息，对应行业业务流程，建立房地产开发行业管理示意图。

（2）聚焦难点，抓住关键税种。以示意图为基准，按流程梳理国地税税种，将土地增值税、个人所得税、企业所得税、增值税等税种的申报情况全面纳入分析，将视线聚焦在税收占比居于前列的土地增值税和增值税两个税种管理，提出攻坚思路。

（3）分类建账，项目链式控管。抓住"土地取得、房地产开发、增量房销售、土地

增值税清算"四个关键环节，分项目建立台账，监控企业收入确认、成本结转等重点事项，将房地产开发过程中涉及的所有税费全部纳入"一体化"管理，确保国税、地税涉及的税种管理全面到位。

（五）涉税信息集成，数据运用，提升效能

（1）聚集内部数据源。依托金税三期系统，提取信息纳入项目台账，为风险分析供支撑。

（2）建立外部信息库。运用共建平台传输数据，构建关联数据库，将一体化管理成员单位信息纳入平台。

（3）统一风险处置流程。运用涉税信息，构建风险分析模型，识别全市房地产开发企业税收风险，国地税共同制作约谈预案。

（六）纳税服务集成，事半功倍，税企称心

（1）国地一体服务。国地税共同开展行业纳税服务，从政策辅导、发票开具、纳税申报、房屋交易流程等方面提供服务，向房地产行业纳税人宣讲营改增相关政策，辅导规范房地产项目增值税发票开具，并延伸向建筑服务纳税人宣传规范开具增值税发票，为房地产纳税人顺利抵扣增值税创造条件。

（2）集中把脉排险。国地税共同为纳税人把脉涉税风险，发送遵从风险提示，帮助其准确排险。

（3）联合入户评估。针对部分房地产纳税人涉税风险，国地税按照纳税评估规程开展联合评估，既统一执法尺度，又避免多头入户，减轻了纳税人涉税检查负担。

三、创新的成效

（1）做法获得各方认可。国家税务总局财产和行为税司、征管和科技发展司专题刊发遵义经验。省国税局、地税局主要领导给予表扬性批示。人民网、《中国税务》、《贵州日报》等媒体进行报道。遵义国地税切实减轻纳税人负担获得普遍赞誉。

（2）试点经验全省推广。2017年7月，省国税局、地税局印发《房地产税收一体化工作方案》，遵义市房地产税收一体化管理做法在全省税务系统推广。

（3）风险管理成效显著。以税收风险管理为导向，创设了重点行业税种联合管理典范，2017年全市国地税协作追缴房地产行业流失税收12 736万元。其中：国税6784万元，地税5952万元。

（执笔：钱晓岚，何春凯）

2017年12月1日

第五章

税收计划管理

■ 第一节 税收计划

财政预算是政府的财政收支计划，是对政府年度财政收支的规模和结构所做的安排，表明政府在财政年度内计划从事的主要工作及其成本，以反映政府的财政收支状况，体现政府活动的范围和方向，表明政府政策意图和目标。财政预算是具有法律效力的文件，它的级次划分、收支内容、管理职权划分等基本结构以及它的编制、执行和决算的过程都由预算法严格制约，它的具体内容要经国家立法机构审批后才能公布实施。预算的法制化管理使政府的财政行为置于法律的约束和人民群众的监督之下。

财政预算由财政收入和财政支出构成，其中，税收作为国家主要的财政收入来源，构成了财政预算收入管理的主要对象。从财政预算管理的视角出发，税收管理属于财政预算收入管理，必须服从国家的预算制度安排，遵循国家关于预算收入的法律规范。

财政预算是由一系列相互关联的、关于财政收入和支出的计划构成的，每一项财政支出都需要相应的财政收入作为其来源，如果没有收入就无法支出。因此，在财政预算管理实践中，只有在制订关于财政收入的来源、结构、数量、实现时间等要素的严格计划并保障其得以顺利实施的前提下，才有可能对财政支出进行计划安排并使之完整、有序、顺利实施。财政预算支出管理固有的计划性，决定了主要由税收构成的财政收入管理的计划性，也就构成了税收计划管理的必要性来源。

税收的计划管理与依法治税并不矛盾。首先，如上所言，税收计划管理作为财政预算管理的一部分，具有来自预算法的充分的法理依据，它本身就是依法治税的一个方面；其次，税收计划管理的目的是保障财政收入的稳定性和持续性，是对大量纳税人所缴纳的税收收入的计划管理，而不是对具体的、个别的纳税人纳税行为及其金额的事先计划；最后，税收计划本身就是在税收法律、法规、政策以及中央政府（或地方政府）所制订的国家（或地方）社会经济发展计划的基础之上，结合客观经济现实进行编制的。

税收计划管理是税务机关在税收法律、法规、政策以及中央政府（或地方政府）所制订的国家（或地方）社会经济发展计划的基础之上，结合客观经济现实编制税收计划，用以指导、组织和监督税收工作的一项管理行为。税收计划管理是有计划的税收收入的组织系统和管理制度的总称，是税务机关为保证税收计划的实现，对税收计划的编制、分配、调整、考核、检查所进行的综合管理。税收计划管理是税收管理的重要内容，也是税收征收管理的重要依据。税收计划管理体制的基本原则是：坚持以税法为基础，适应财政管理体制需要的原则；坚持统一计划，分级管理的原则；坚持统一性与灵活性相结合的原则。

一、税收计划管理的基本内容

（一）编制计划

编制一份面向管理目标、切实可行的计划，是实行计划管理的前提和基础。税收计划编制部门根据政府指定的财政收入预算中税收收入的总量和结构，确定税收计划的收入目标；然后按照计划执行的期限（一般以年度为一个基本的计划执行期限），结合国民经济和社会发展计划、税收收入的客观规律，按照法律、法规、政策的规定，通过信息收集、预测分析、税源调查等一系列工作，运用科学方法将总的收入任务分解到各个时期，形成税收计划的阶段性目标（如从计划年度1月至12月，每个月的收入进度目标）和结构性目标（如总的税收收入中，中央级收入和地方级收入各占多少；每个税种的收入各占多少，等等），由此形成税收计划的基本框架。

税收计划的编制应当按照国民经济发展计划、现行财政税收体制、税收政策、价格水平，并参照以往年度的税收计划资料及目前的经济税源变化来进行编制。国民经济计划是编制税收计划的基础，国民经济计划的规模和发展速度将决定税收收入的规模与速度。税收计划的编制必须以国民经济发展计划为依据，才能切实可靠。经济发展的质量和税收也有着直接的联系，只有资金的投入产生了效益，税收收入才能有较大幅度的增长；相关的经济政策在我国商品经济不是十分发达的情况下，国家的宏观经济政策也是我们编制税收计划必须考虑的问题，如资产重组、吸引外资的政策变化，都会给税收收入的变化带来影响。

在现实工作中，在报送和分配前，还需要对各级税收计划编制后进行审核，通过业务技术的审核和最后审定，保障税收计划的质量，确保其能够得以顺利实施。

（二）税收计划的分配

计划的编制一般遵循由顶向下的编制方法，即首先制订全局性的计划，然后根据计划执行机构的组织结构，将各项计划任务逐层分解到下级机构。这个过程既是完整的税收计划的形成过程，同时也是税收计划的核定和下达过程。税收计划的分配原则是实事求是，积极平衡；反复测算，全额分配；积极动员，明文下达。

税收计划的分配需要考虑的各方面因素非常复杂、多样，计划分配的结果直接关系到全局计划能否顺利实现，必须本着客观科学、实事求是、综合平衡的原则，达到既保证税收计划落到实处，又能充分调动各单位积极性的效果。目前，我国税收计划的分配一般采用基数法和国内生产总值税收负担率法。

（三）税收计划的调整

国家预算一旦经过全国人民代表大会的批准，就具有了法律效力，必须遵照执行，不得更改，否则将对社会经济造成巨大的冲击。因此，作为国家预算的重要组成部分，税收计划一经确定，就不得随意变动。但是在某些特定情况下，如在预算执行期间，发生重大经济、财政税收政策调整和变动以及自然灾害等，引起财政需求或税源变化，可依照法律规定的程序，根据财政需要调整税收计划。

（四）税收计划执行情况的监督检查

基于税收收入对于国家预算的重要性，税收计划的实际执行情况必须得到有效的监督，通过法律和行政的强制力使之得以顺利实施，这就是税收计划管理的主要方面。税收计划管理一般采取"自上而下"的方式进行，重点在于通过一定的组织系统和一系列的管理制度，将监督和制约措施落实到各级、各地、各个税务机关组织各项税收收入的各个工作环节之中。

税收计划执行情况的检查分析是计划管理中的重要内容。按照我国现行制度规定，税收计划要按旬掌握进度，按月、季、年分析检查计划执行情况。检查是对税收计划执行情况和执行结果进行有组织、有步骤、有目的的检查，以便发现计划执行过程中出现的薄弱环节和存在问题，从而采取有效措施解决问题，挖掘新的潜力。分析是对计划执行情况和结果进行综合的分析，它要借助于一定的分析方法，研究影响税收完成情况的主客观因素，并确定各种因素对税收计划变动的影响程度。进而总结经验与教训，逐步掌握和认识税收计划完成的规律，不断采取措施，组织新的平衡。

（五）经济税源调查

经济税源调查是税收计划管理的重要的基础性工作。其目的是分析税源变化趋势，增强组织收入工作的预见性和主动性。特别在逐步建立社会主义市场经济体制过程中，我国经济结构、产业结构都在发生深刻的变化，势必会引起经济税源发生较大的变化，进而对经济收入产生直接影响，在此形式下的经济税源调查就更加重要。

经济税源调查的内容包括：国民经济发展变化对税收的影响；一定时期内国家的经济政策、财税政策变化对税收的影响；财税体制变化对税收的影响；重点税源的发展变化对税收的影响；加强税收管理工作对税收的影响。

经济税源调查的方法：按调查内容的不同分为全面调查和专题调查；按调查是否连续分为经常性调查和一次性调查；按调查的组织形式分为税源统计报表调查和实地调查。

二、税收计划管理的组织

国家税务总局是国家税收计划管理组织的领导机关，审查全国税收计划的编制情况，听取全国税收计划执行情况的报告。

国家税务总局计划统计司是全国税务系统税收计划管理最高执行机构，负责拟定全国税收计划的指导方针、指标体系、编制方法、审批程序以及其他有关规定，编制、分配全国税收计划和检查执行情况，组织研究税收计划执行中的重大问题，总结税收计划工作经验，指导各级税务机关的计划工作。

各省、自治区、直辖市税务系统计划机构负责制订本省、本地区本系统的税收计划编制、分配、检查和指导下级计划管理工作。

各地区、市、县税务系统计划机构负责制订本地、市、县本系统的税收计划编制、分配、检查和指导下级税务机关的计划管理工作。

我国税务计划的组织机构按我国税收管理体制和行政区划划分，这样便于税收计划的组织管理和适应财政体制的需要。

第二节　税收统计

统计，是一门收集、分析、解释和提供数据的学科。税收统计是统计学的一个重要组成部分。它是根据税收工作的要求，按照统一的税收制度，运用专门的统计方法，反映税收经济现象总体上的数量关系及发展变化规律的一项专业统计。随着经济体制改革和财政体制改革的深入，税收制度的进一步完善，税收不仅在筹集国家财政收入方面越来越重要，同时，加强宏观调节、发挥经济杠杆的作用也越来越突出。那么，及时、准确、系统地反映税收在国民经济中的地位和作用，为制定和检查税收政策、编制和考核税收计划、加强税收的征收管理工作提供可靠的信息，就成为税务统计责无旁贷的任务了。

税收统计作为社会经济统计的一个分支，与社会经济统计相比既有共性，又有特性。它不仅具有社会经济统计的数量性、总体性、具体性和社会性等一般性特征，而且都遵循着从定性分析到定量分析，再从定量分析到定性分析的过程。但是由于税收统计是适应税收领域的一种专门统计，因而有着区别于其他专业统计的特点，具体表现为如下几点。

（1）税收统计依据的是国家的税收法律、法规，因而税收统计结果具有法律效力，是国家公布社会经济成果的主要资料来源。

（2）税收统计的对象是税收现象，即反映税收资金运动状况的各种经济现象。涉及税收收入、税源变化、税收管理等方面的资料。

（3）税收统计的内容具有广泛性。因为税收收入来源于国民经济的各个部门、各个行业、各种经济类型，涉及生产、分配、交换和消费的各个领域，因而内容上具有广泛性。同时通过各经济指标的不同数值，动态地反映了经济结构、产品种类及经济税源的变化。

（4）税收统计资料来源规范。税收统计是税务机关内部的税收资金核算过程，统计资料来源于基层税务机关，因而具有统一、规范、准确的特点。

（5）税收统计重视的是价值指标，将实物量的核算置于辅助地位。

统计学分析方法，可以应用于税收管理的许多领域，具体有如下几方面。

（1）为税收计划提供资料。税收统计反映税收来源。税源结构、税源分布、税源的增减变化和税收收入情况所提供的绝对数、相对数、平均数等，是编制税收计划和检查计划执行情况的主要依据。

（2）进行税收收入预测。在统计学中，有不少预测模型和方法已经在一些经济领域成熟运用，将这些方法引入到税收预测和收入规划工作中，有助于提高税收收入预测的科学性和准确性，为编制、执行和调整税收计划提供客观依据。

（3）发现征管薄弱环节。当前的税收征管体系运行于持续发展变化的经济社会环境中，不断出现的新经济行为、新技术应用、新产品、新情况都可能超越原有征管体系的管理范围或管理手段，使之难以对这些新事物发挥正常作用。在现代信息技术的支撑下，税务系统已经可以获取海量数据，通过利用包括统计学方法在内的各种技术手段对大数据加以分析利用，可以有效地发现税收征管工作中存在的某些薄弱环节，及时采取措施予以弥补，提高税收征管的效率和质量。

（4）加强税收政策效应分析，为税制改革、征管模式改革服务。税收政策的出台，要充分考虑多方面的因素和各个层次的利益。国外普遍采用围观模拟模型，利用统计抽样技术，根据样本企业数据，可以对社会经济系统的运行情况进行模拟，进而分析拟采取的新的税收政策对国家税收、不同地区、不同行业等方面的影响效果，由此评价和比较各种政策选项，做出改革决策。

（5）深入剖析税收和经济之间的数量关系，为运用税收进行宏观经济调控服务。税收和经济之间的数量关系，是一个至今仍具有挑战性的经典问题，因为它们之间的数量关系会随地域、时间、经济发展水平、税收经济政策等因素的不同而各异。运用包括统计方法在内的数量分析方法对税收与经济的关系进行分析，有助于发挥好税收的宏观经济调控职能。

第三节　税收分析

一、税收分析的含义

税收分析是运用科学的理论和方法，对一定时期内税收与经济税源、税收政策、税收征管等相关影响因素及其相互关系进行分析、评价，查找税收管理中存在的问题，进而提出完善税收政策、加强税收征管的措施建议的一项综合性管理活动。它是税收管理的重要内容和环节，是促进税收科学化精细化管理、充分发挥税收职能的重要手段。

税收分析是相对于税收数据的业务应用而言的一类数据应用分类，二者之间并无绝对的、固定不变的边界。例如某些相对成熟、可靠的数据分析方法，经科学验证和实践检验确实可以支持某种纳税评估业务的需求，并被作为一种业务手段应用于纳税评估业务中，则成为一种税收业务的数据应用。

二、税收分析的作用与意义

1994 年的税制改革是中华人民共和国成立以来规模最大、范围最广泛、内容最深刻的一次税制改革。从那以后，中国的经济和社会结构经历了巨大的变革，尤其是在 2001 年底中国加入世界贸易组织（World Trade Organization，WTO）之后，融入经济全球化浪潮的必然趋势对中国的税制建设和完善提出了更高的要求。

经过 20 多年的建设，税收信息化取得了巨大的成就，积累了大量的数据，对数据的分析和应用逐步展开，这突出体现在金税工程对专用发票违法行为的震慑作用和利用信息化作为手段加强征管提高征收率等方面。但是，目前我国税务系统对数据的分析和应用水平仍然不够理想。在当前税制建设和完善的过程中，数据分析可以帮助税务部门发现有价值的信息和知识、支持管理和科学决策，愈加显得不可或缺。

（一）税制调整的要求

这主要体现在：不仅要考虑税制调整后税收收入的变化，还要考虑税制调整对纳税人的影响、对税源的影响、对产业结构调整的影响和对区域经济发展的影响；不仅要从国内实际情况出发，还要基于经济全球化的格局，考虑国内企业参与国际竞争的问题，WTO 国民待遇的问题和国际税收竞争的问题；不仅要基于公平、效率和税收中性的原则对现有税种进行调整，还要设计燃油税、物业税、遗产税和赠予税等新税种。

进行税收制度调整不仅要分析制度调整后对税收收入的影响，还要分析对经济发展、经济结构的影响，而且还要从数量上模拟结果，全面权衡各方面的利弊。但是，从多数文献资料上看，我国的税改基本上是根据往年数据进行简单算账得出新制度对税收收入的影响，而很少有分析新制度对经济发展和经济结构影响的数据。由此可见，在我国税制调整过程中迫切需要应用税收经济理论和模型，结合现代技术，从已经掌握的数据中发现所需要的知识，模拟税收制度调整的运行结果。

例如，税务机关通过对现有各类综合经济数据的分析，可以了解区域内的综合经济发展情况及趋势与税收关系，确定和指导税收工作的开展内容与方向，建立区域税负分析体系，以此来研究解决区域内影响税收发展的宏观问题，并在此基础上建立相应的模型模拟税制调整后区域税负的变化和税收收入的变化。

（二）依法治税的要求

社会经济的快速发展在带来更多税收收入的同时，也使得治税环境日趋复杂。从经济主体的结构看，国有、集体、个体、外资、合资等多种经济成分并存；从经济活动的特征看，在经济全球化的背景下，物流、资金流、信息流更加活跃，经济行为的表现形式日新月异，活动方式日趋复杂。基层税收工作将长期面对偷税与反偷税、腐败与反腐败的斗争，处于十分复杂的内外环境之中。总体看来，税制建设和完善对基层税收部门的征收手段、管理手段、稽查手段、监控手段、内部监督机制、人员素质和税法宣传等方面提出了更高的要求。

依法治税有两方面的含义，一方面是依法纳税，另一方面是依法征税。根据信息不对称理论，就涉税信息而言，纳税人掌握的信息多于税务部门，下级税务部门多于上级税务部门，而且这三者之间一直处于矛盾斗争之中，很难保证依法治税。如何尽量降低信息不对称的影响，实施依法治税，通过税收分析和深度利用或许可以找到问题的答案。

例如，税务机关可以建立预警监控体系，对非正常户，一般纳税人零、负申报，纳税人申报异常，"四小票"抵扣情况以及纳税人分行业税负率等税收征管工作中的一些重点指标进行监控，及时掌握纳税人的异常动态，以便采取有效措施堵塞漏洞，防患于未然。

（三）税收精细化管理的要求

税收的精细化管理就是要按照精确、细致、深入的要求，明确职责分工，优化业务流程，完善岗责体系，加强协调配合，避免大而化之的粗放式管理，抓住税收征管的薄弱环节，有针对性地采取措施，抓紧、抓细、抓实，不断提高管理效能。税收精细化管理对于基层税务机关的定位和职能回归、征管质量和效率的提高、征管模式的落实、税收职能作用的发挥，都有重要的现实意义。在加强精细化管理的实践中，实施纳税人的分类管理、建立预警监控体系、加强纳税评估和保证决策的科学性都对目前的税收征管部门提出了更高的要求。

税收管理要走科学化、精细化之路是历史发展的必然趋势，国家税务总局已经提出了具体要求，而且正在实施。我国纳税人众多，纳税意识差别较大，相对而言税务人员偏少，管理工作量大，如果采取普遍、没有针对性的管理，效果自然不会令人满意。只有在当前信息化建设的基础上，从数据中获得信息，用更多的知识来武装自己，充分发挥创造力和判断力，提高管理针对性，才能实现精细化管理。

例如，税务机关可以将数据分析与纳税评估、统计分析、税源控制、预测分析等工作紧密结合，为税收目标的制订与实现、税收过程的控制与调整提供依据；可以运用回归分析法和趋势分析法，进行经济与税收的相关分析、行业税负分析、税源抽样调查的数据分析等，以找到数据之间的前后关联性和必然性，从而发现其内在的规律。

（四）优化纳税服务的要求

以为纳税人服务为基本内容的为纳税人服务观，表达的是政府与社会公众的一种新型关系，其核心是从计划经济条件下单纯的监督管理方式向市场经济条件下"公共服务"方式的转变，把"监管"型政府部门转变为"服务"型政府部门。为纳税人服务意味着税务机关在降低征税成本的同时，还要尽可能地降低纳税人成本。为纳税人服务不仅要求税务机关全面树立服务纳税人的服务意识，强化服务观念，还对高效的服务机制与完善的服务手段提出了更高的要求。

提高纳税人服务水平涉及很多方面，绝非局限于树立服务意识、转变服务观念。其中很重要的一点是税务机关必须能够根据纳税人的纳税行为特点进行聚类，为主要的几类纳税人优化或重新设计纳税服务流程，有针对性地提供纳税服务手段，从而从根本上提高纳税人服务水平、降低纳税成本。

例如，税务机关可以通过开展对纳税人基本情况的数据分析，结合纳税人对服务的满意度反馈和提出的相关意见与建议，发现纳税人自身特点与纳税服务需求之间的关系，从而帮助税务人员有针对性地根据纳税人的特点设计服务流程，提高服务效率，进而提高纳税人的满意度。此外，税务机关还可以通过税收分析手段对纳税人的纳税成本进行估算，从而了解纳税人服务水平的提升空间，跟踪了解纳税人服务水平的变化，同时为税务机关的内部考核提供可靠的依据。

（五）解决信息不对称问题的要求

加快信息分析利用，实现由数据管理向信息管理，进而向知识管理、智能管理的跃升，能够帮助税务机关解决征管领域中存在的信息不对称问题。

首先，税收分析可以帮助税务机关获取更多有关纳税人的信息，从而解决税务机关处在"委托人"地位的问题。对于试图隐匿真实信息的纳税人而言，其必然会想尽一切办法提供虚假但是看起来又相当真实、合理合法的纳税申报资料，如果单独考察这些资料，税收征管部门很难从中获取真实的信息，很难解决信息不对称的问题。但是，如果税务机关以税收分析为基础开展纳税评估，对所有纳税申报资料进行横向、纵向的对比分析，就能从中发现问题，并有甄别地进行税收稽查，进而对那些试图隐匿信息的纳税人产生一定的威慑作用。

其次，开展税收分析的过程本身能够帮助税务机关完善信息采集机制，加强外界信息的收集与整理，建立信息采集、存储和整理的平台，从而优化税务机关获取信息的渠道与流程。正如本书第三章和第九章所描述的，在税收分析过程中，必须从信息采集源头到决策支持信息的展示建立一整套业务流程，并且体现在系统的构建上。正是在这个过程中，税务机关可以获得更多的内部信息和外部信息，可以更加妥善和合理地加以存储和管理，可以更加有效地提高获取信息的质量，从而在一定程度上解决信息不对称的问题。

三、税收分析的常用方法

（一）对比分析法

对比分析法是指通过各项税收指标之间或者税收与经济指标之间的对比来描述税收形势、揭示收入中存在的问题。税收数据的对比分析通常包括规模、结构、增减、进度、关联税种等方面的对比分析，税收与经济的对比分析主要采用税负和弹性两种方法。

（二）因素分析法

因素分析法是指从经济、政策、征管以及特殊因素等方面对税收、税源进行分析。其中，经济因素包括经济规模、产业结构、企业效益以及产品价格等变化情况；政策因素主要是指税收政策调整对税收、税源的影响；征管因素主要包括加强税源管理和各税种管理、清理欠税、查补税款等对税收收入的影响；特殊因素主要是一次性、不可比的增收减收因素。

（三）数理统计分析法

数理统计分析法是指运用一元或多元统计分析、时间序列分析等数理统计理论和方法，借助先进统计分析工具，利用历史数据，建立税收分析预测模型，对税收与相关影响因素的相关关系进行量化分析。

四、税收分析的主要内容

（一）税负分析

税负分析分为宏观税负分析和微观税负分析。宏观税负分析包括地区税负分析、税种税负分析、行业税负分析等，如地区税收总量与地区生产总值对比，工商业增值税与工商业增加值对比，企业所得税与企业利润对比，行业税收与相关经济指标对比等，反映宏观层面的税负情况；微观税负分析是针对企业层面的税负分析，通常采取同行业税负比较的方式，揭示企业税负与同行业税负的差异，查找税收征管漏洞。

（二）税收弹性分析

税收弹性分析分为总量弹性分析和分量弹性分析。总量弹性分析是从全国（地区）税收总量和经济总量上做弹性分析，分析税收增长与经济增长是否协调；分量弹性分析是从税种、税目、行业以及企业税收等分量上与对应税基或相关经济指标进行细化的弹性分析，分析税收增长与经济增长是否协调。要注意剔除税收收入中特殊因素的影响，以免因特殊增收减收因素影响真实的弹性，掩盖税收征管中的问题。

（三）税源分析

通过企业生产经营活动的投入产出和税负率等指标的分析对企业财务核算和纳税申报质量进行评判。利用工商、银行、统计以及行业主管等外部门数据，细致测算判断企业税源状况。通过对宏观经济数据的分析，开展税种间税基关系的研究，开展增值税、消费税、企业所得税等主要税种的纳税能力估算，从宏观层面测算分析各地税源状况和征收率，减少税收流失。

（四）税收关联分析

对有相关关系的各种税收、税源数据进行对比分析，包括发票销售额与申报表应税销售额，申报应征税收与入库税款和欠税，增值税与所得税，宏观经济和企业财务经营状况与税收、税源等关联数据分析，有效地发现企业纳税申报、税款征收和入库中存在的问题，加强税收管理。

五、税收分析的基本类型

按照分析对象的层次划分，税收分析分为宏观分析和微观分析两个层面。

宏观分析反映全国或地区、税种、行业税收总量等宏观领域税收与经济总量的关系，包括税收与经济关系研究、税源测算、纳税能力估算等。运用税负比较、弹性分析等手段从宏观层面揭示税收增长与经济发展是否协调、税源管理和征收情况是否正常。

微观分析反映微观领域税款征收入库情况。通过对企业生产经营活动的监控分析、与同行业平均税负比较以及纳税评估等手段，及时发现企业财务核算和纳税申报中可能存在的问题，发现征管的薄弱环节，进而提出堵塞漏洞、加强征管的建议。

税收分析还可分为常规性分析和专题分析两种形式。

常规分析主要反映当期（月、季、年）税收收入的总体情况和形势，其主要内容有：准确判断和客观描述税收收入形势；深入透彻分析税收增减变化的原因，进行各主要税种、行业的税收与相关经济情况的对比分析；发现税源变动、征收管理以及政策执行中存在的问题；预测收入趋势，提出加强税收管理、完善税收政策的措施建议。

专题分析主要对税收中特定问题或现象进行分析，通常包括：对问题或现象进行客观描述；对问题或现象产生的根源进行分析；对发展趋势做出预测；提出改进的措施建议。

六、税收数据分析的基本过程

税收数据分析，既可以理解为建立一个税收数据综合分析方案（系统）的过程，也可以理解为这一数据分析方案（系统）在税收工作实践中的应用过程。本节主要是在充分考虑后者的基础上对前者的探讨，并借鉴 SIG 提出的 CRISP-DM（cross-industry standard process for data mining）的思想，将这一过程划分为业务理解、数据理解、数据整备、建模、评估和实施六个环节。在随后的分析中，每个环节都被看作一个具有相对明确的功能边界、输入和输出的过程来进行探讨。

（一）业务理解

如果将参与数据分析项目的各方粗略分为用户、数据分析方法的设计人员和软件设计人员三类，业务理解阶段既是这三方共同合作、相互学习的过程，也是三方动态博弈的一个过程。

因为项目将由各方共同完成，所以合作和相互学习是业务理解的基础。

首先，一个税收数据分析项目就是一个税收业务、税收数据及其分析方法、系统技术实现等各方面的融合体，融合的层次、方式和目的决定了相关人员相互学习对方领域知识及合作的程度。

其次，各方会从自身业务的角度来理解任务目标，但通过合作与学习形成某种大家都能接受的方式来描述它是必要的，这也是这一阶段的主要成果之一，即各方对该项目的共识。而达成共识的另一个前提是各方通过学习和交流了解对方能够做到什么、不能做到什么。各方共识的一个基本作用是划清了项目的任务边界。

最后，由于税收数据分析既是理论研究与税收实践相结合的探索，也是各种信息技术应用于理论与实践的尝试，在业务、方法和技术方面都存在不同程度的实验性，所以分析的结果与理想状态及客观事实之间难免存在一定的差距，这种可能性将一直存在于项目的整个生命周期中，而随时回到业务理解的阶段是不现实的。因此，需要在各方合作和对对方领域知识充分理解的基础之上共同形成问题反馈和处理的机制，这也是业务理解阶段需要完成的一项主要工作。这些机制可以表现为相关人员的组织和协调；也可以体现在某些协议文件上；还可以成为软件系统的一个部分或一种功能，如自主学习的能力。一般而言，当系统的初始输出并不理想或既有系统不再适应外部条件的变化时，对于大多数项目来说，问题反馈和处理的机制往往是项目成败或生命周期能否得以延续的关键因素。

从另一个角度来说，每一方相对于其他两方而言，都更加了解本领域的知识和自身的状态，这是一个信息不对称的现实。在这个前提下，当问题并不只有唯一的解决方式时，各方都需要通过对对方领域知识的学习，结合自身的业务能力，综合考虑成本、风险、未来发展、物质利益等方面的因素，形成自己对该项目的评价标准。再根据这个标准，设定自己对该项目目标的期望和底线，即哪种结果对自己最有利，哪种结果是自己参与这个项目的最低目标。各方都会从各自的期望出发，通过交流和对对方领域知识的学习来调整自己的期望和底线，并试图影响对方对各自期望和底线的调整。这是一个三方动态博弈的过程，其结果，如果没有任何一方退出该项目的话，将获得一个各方的期望趋于一致的项目实施方案，这就意味着业务理解阶段基本完成。

（二）数据理解

如果说在业务理解的阶段解决了"做什么"，那么数据理解阶段需要回答的问题就是"怎么做"。当参与项目的各方在上一阶段就项目的总体目标达成了一致之后，接下来就应通过对抽样数据的试探性分析，在数据及其分析方法、软件开发技术等更加具体的问题上展开合作，进一步深入地理解对方的工作思路和方法，就上述各方面的协调配合的细节获得共识，并对各个合作环节中有关数据、数据源、数据分析方法、技术实现等具体问题形成一套统一规范的描述，这实际上是制定了关于该项目的相关标准。

数据理解阶段始于对数据的初步收集，或者说抽样。通过这一过程，可以熟悉数据的含义、用途、来源、获取数据的方法、源数据的性质和结构。尽管是初步的收集活动，但所有可用的数据源、所有类别的相关数据以及所有可行的数据收集方法都应该有所尝试，必要时还可通过图形化呈现工具和其他的统计方法理解数据，并做出以后分析时所用变量的简略一览表以及各个变量到其数据源的映射表，并标注上适用的获取数据的方法，下一阶段的数据准备将以此为基础进行。

在初步收集到一些数据之后，各方都应从自身业务的角度对不同来源的数据质量进行评估。因为不同行业、部门使用的数据首先是满足它们各自的业务需求的，而不同的业务对数据有着不同的要求和处理方式，有时甚至同名的数据也可能在口径、单位、精确程度等方面相差甚远。对每一类数据的质量评估应形成一个表，今后可以从中选择比较接近项目要求的源数据或制订相应的数据转换方案。

对于初步收集到的数据，还应进行一些内部属性的探索，如通过计算其相关系数矩阵来发现源数据之间可能存在的联系，结合对相关领域业务的理解，可以获得一些对下一步的工作非常有指导意义的先验知识。反之，如果事先已经获得了某些相关的先验知识或已有某种假设，也可以利用这批数据做一些检验，找出感兴趣的数据子集。

数据理解可以说是即将进行的数据分析对小规模的抽样数据集的预演，通过这个阶段的活动，主要达成以下目标。

（1）基本形成对所有可用的数据及其来源和处理方法的较为清晰而具体的描述，形成关于该项目的相关标准，构造相关的元数据和数据模型，并以规范的方式记录下来。

（2）从中选择出对这个项目较为适用的部分（如果有可选对象的话）。

（3）检验下一步将会使用的一些先验知识、假设和方法。

（三）数据整备

数据整备阶段将为数据分析构建一个适用的数据环境，其任务有以下几个方面。

1. 对源数据进行清洗和整理

数据分析中所使用的数据的质量对于分析结论的准确度和可信度起着决定性的影响。造成数据质量问题的原因，既有各类源数据的异构性和低质量，也有相关信息系统设计上对有关问题的疏失，还有历史上会计、统计制度的变迁，行政辖区的变化，部门的撤、改、并等因素对一些历史数据的质量也会造成很大的影响。因此，建立严格的数据审核机制，对纳入数据分析工作的数据施以规范化的质量控制、进行必要的数据清洗、保持数据的完整性，是确保数据分析工作质量必不可少的步骤。

W.H.Inmon 博士把数据仓库构造过程中数据清洗的过程分为以下六个步骤，可资借鉴。

步骤一：元素化，将非标准的数据统一格式化成数据元素。这项工作主要依据规范化的数据模式进行。

步骤二：标准化，将元素标准化，根据数据字典消除不一致的表述方式。

步骤三：校验，对标准化的元素进行一致性校验，即修改内容上的错误。

步骤四：匹配，在其他记录中寻找相似的记录，发现重复异常。

步骤五：消除重复记录，根据匹配结果进行处理，可以删除部分记录或者把多个记录合并为一个更完整信息的记录。

（第四、五两个步骤属于完整性控制的范畴。）

步骤六：档案化，将经过清洗的数据及重要的清洗记录写入数据集中。

通过数据清洗，基本可以解决作为孤立个体的数据的质量问题。但是，依靠有限的人力、物力和技术资源建立起来的税收管理信息系统本质上永远只是现实业务简化的（有时也是经过了优化的）抽象模型，既不可能包含所有的涉税信息，更不可能将相关信息之间的所有逻辑关系都呈现给用户。从这个意义上来说，税收数据分析的任务就是找出那些被有限的信息系统所忽略或不能表达出来的信息之间的联系。因此，不仅需要按照统一的标准对数据进行清洗，更要确保所探寻的数据之间的客观联系不会被人为地破坏或丢失，也就是确保数据的完整性。数据完整性是指在数据分析中，要保证分析应用需要的基础数据来源表对应主码的唯一性、数据采集的有效性、参照数据和被参照数据之间数据的一致性。

2. 构建元数据和数据模型

元数据是描述数据组织内的数据及其结构和建立方法的数据。在数据整备过程中，元数据的作用主要表现为：定义数据源及其属性、描述和规范从源数据到目标数据的对应规则、描述相关的业务逻辑，以及在数据实际装载到数据组织前的其他必要的准备工作，贯穿了数据整备的各个环节。

同时，为了系统地分析、利用数据资源，还需要用数据组织的形式来描述数据之间的关系，把各种杂乱无序的数据统一组织到合理的、关联的、分析型的新结构中去，以形成某种整体结构化的数据集合，满足面向应用主题的需要。对数据整体结构化的描述即数据模型是数据组织结构的基础，它是描述数据、数据联系、数据语义以及一致性约束的概念工具的集合。

在数据理解环节所形成的相关标准的基础上，需要结合数据分析项目的具体实现过程，在概念和技术层面上，建立相关的元数据和数据模型。

3. 为该项目中将要用到的各种数据分析方法和处理技术提供适用的数据环境

不论是为了建立一个持续的、长效的涉税数据分析的工作机制，还是仅仅完成某项"一次性"的数据分析任务，都需要一个与该项数据应用相适应的数据组织机制。为开展某一项涉税数据分析而进行的各项数据准备工作，其实就是面向该项应用主题建立或规范其数据组织的过程。具体而言，需要经历以下几个阶段。

首先，一项数据应用任务所需数据需要进行物理上或逻辑上的相对集中，以便利用。对于数据量相当大、数据源相当多的数据分析工作来说，一般要在进行分析前集中数据；如果数据来源比较单一，从数据源抽取数据的成本较低，可以考虑在分析过程中随时集中数据。但源系统的负载和运行中产生的风险也需要有稳妥的解决方案，如建立或利用源系统的数据备份。

其次，相对集中起来的数据以及相关的元数据和数据模型需要进行有效的管理。涉税信息流是处于运动状态而不是静止不动的，而且元数据和数据模型也都有一个建立、维护和必要时进行调整的过程。因此，对于在时间、空间、业务等方面有相当跨度的涉税数据分析工作来说，它所面对的数据在相应的维度上也是流动的，所以需要一个适应数据动态变化的数据管理机制，从而能够根据需要对其中的数据（包括元数据和数据模型）进行添加、修改、删除和调整。

最后，也是最重要的阶段，是对集中管理的数据进行面向应用主题的组织。将数据集中起来的目的是利用它们，而不同类型、不同主题的数据应用工作利用数据的方式和对数据及其结构、模型的要求各有不同，这就要充分利用现有资源，建立面向主题的、集成的、相对稳定的、反映历史变化的数据组织。

在现代技术条件下，进行数据管理和建立面向主题的数据组织的技术实现一般以数据库和数据仓库技术为依托。

4. 对源数据进行必要的预处理

许多数据分析方法所要求的输入数据不能从数据源直接获得，所以需要在源数据的基础上进行预处理，如某种程度上的聚合或构造某些数据结构等，因分析方法的要求不同而异。

预处理的结果将作为数据分析的数据来源，因而也存在数据质量和完整性控制的问题。特别是在对不熟悉的领域的数据进行处理时，某些数据在其原有数据结构中的含义、确切的描述对象等方面的知识都需要深入掌握，否则可能会在正式开展分析之前就埋下失败的隐患。

5. 建立有效管理和利用分析结果的机制

数据分析的结果既可为本行业的业务工作提供决策支持，也是未来其他数据利用工作可以利用的宝贵成果，在数据整备阶段应考虑对分析结果的有效管理和利用机制。

数据分析的成果，既包括参与项目的各方在业务理解阶段达成共识的、应向最终用户提供的数据分析的输出，也包括项目进行中对有关数据及其分析方法和系统设计技术的整理与检验所形成的文档，以及项目进行过程中所遇到的问题及其解决方式的记载。

对于长期的、持续性的数据利用工作和专业的数据分析人员而言，对历次数据分析过程的详细记录以及对这些记录的整理和分析材料，也许比某一次数据分析的结论更为重要。成功的数据分析项目将为今后的类似任务提供有效的结论和经过实践检验的过程模式，而失败的项目则可以为后来者提供可以避免重蹈覆辙的经验教训。因此，从某种意义上来说，衡量一个数据分析组织（人员）的业务能力的标准，主要在于其是否拥有足够的分析案例，以及是否能有效地管理和利用这些宝贵的案例资源。

（四）建模

建模阶段的工作，因数据分析任务的不同而存在很大的差异。有的情况下，仅仅是对既有成熟方法的具体化，如估计某个模型的参数，或者通过尝试不同的建模技术或结合不同数据集，并衡量模型性能的不同，选出最适于任务目标的模型；有的情况下，由于种种原因，需要对模型做一定的调整，如在理论前提与现实状况存在差异的情况下，模型的前提、结构、参数估计方法等需要调整以适应应用环境；有时则可能需要从相关理论和任务目标出发去推导出全新的模型，如某些指标或联立指标的设计。

在实际工作中，不同层次的决策往往需要在不同层次上进行数据分析，而同一项业务也会对数据分析同时提出"点""面"兼顾的需求，如纳税评估，既要对尽可能多的纳税申报资料的真实性和准确性做出定性的判断，又要对存在疑点的纳税人的具体情况做定量的评估。显然，运用某种单一的数据分析方法、一次性地解决这一类问题并使之达到实用化的程度是非常困难的，一种可行的思路是采用方法体系而不是只用某一种"万能"方法来部分取代人工劳动，即分层和综合的思路。

所谓分层，是指为不同层次的决策支持需求设计不同层次的数据分析方法，对不同聚集程度的数据进行分析。同时，当需要处理的数据对象的数量极其庞大时，可以应用分层筛选思想，随着对象范围的缩小而逐步增加分析的深度。

任何一种数据分析方法都有一定的适用条件和作用边界，在没有"万能"方法的前提下，多种不同的分析工具相互配合、综合运用，可以在一定程度上、一定范围内获得相对全面的分析功能，这就是综合的思想。

（五）评估

对一个数据分析方案（系统）的评估至少包含以下两层含义。

（1）确保系统可以完成预设的业务目标，确定所有重要业务问题已经被充分地考虑，这是对系统功能的基本要求。这一类评估一般在系统设计接近完成时进行，主要目的是检验系统是否达到了设计要求。

利用测试数据集对分析的结论进行检验的方法只适用于可观测的结论，对于不可观测的结论，则需要进一步用实验分析的结果来帮助做出业务决定，然后收集并分析实施结果的反馈意见，间接做出评价。

与系统设计方案过于接近的评估方案往往难以侦测出系统存在的某些结构性问题，可以有效避免这种风险的做法是采取类似于软件工程中的白盒测试与黑盒测试的模式，由系统设计人员和未参与项目设计的用户或专家分别从不同的角度对系统进行独立评估，然后比较分析各自的结论。

（2）当一个数据分析系统达到设计要求，投入实际运行之后，其功能即处于比较稳定的状态，或者说其功能状态已被冻结，但系统所处的外部环境总是处于变化的状态中，对于数据分析的功能需求也随之演变。一个数据分析系统的整个生命周期就是这一矛盾不断发展直至不可调和的过程。例如，使用某一方法体系对纳税人的申报情况进行评估，经过若干个评估周期之后，该体系的评估效能会下降，如筛选出来有疑点的纳税人经过其他手段核实之后确实存在违法情况的比例下降了，这一方面说明这个评估体系对纳税人的某些违法行为起到了明显的遏制作用，另一方面也意味着该评估方法体系效能的退化。

虽然无法从根本上解决这个问题，但通过某种方式使既有系统的功能状态在一定程度上随着外部环境的变化而迁移是可行的。这个思路在 IT 行业已经获得了广泛的应用，如通过打补丁使软件的功能得以变化。数据分析系统（不论是否作为一个软件实体存在）同样可以通过这样的途径进行自我更新，问题在于需要一个对系统进行检验和评价的机制来为更新提供需要解决的问题对象，侦测方法体系可能发生的退化，这就是另一个层面上的评估机制。

（六）实施

税收数据分析已经并且必将越来越对税收工作的各个层次、各个环节、各个方面产生深远的影响。但就其基本作用而言，主要还是体现在辅助决策方面，即为制定税收政策、做出税收管理决策以及开展税收业务提供基于定性和定量的数据分析的依据，而不是直接形成决策。

尽管税收数据分析可能会用到高深的数学工具，也许需要建立在庞大的计算平台之上，但其本质是各种数据分析方法作用于税收数据的过程，并不神秘。相反，由于分析所用的数据、方法及其应用环境的局限，其结论往往存在局限性，如精确程度、适用范围等，在实际应用中都需要审慎分析，理性对待。

税收数据分析服务于税收以及相关的业务，通过提供数据分析的结论来影响后者，提高其质量，而后者通过反馈使用结果的方式来影响和改善前者，这是一种良性的结合方式，也是税收数据分析得以持续发展进步的动力。

思 考 题

1. 依法征税与税收计划管理矛盾吗？
2. 税收计划管理与财政预算有什么联系？
3. 税收数据分析的作用和意义是什么？

案例9：从税收视角看 H 市大数据产业发展现状及建议

（安徽省淮南市国家税务局供稿，特此致谢！）

2016年8月，H 市大数据产业基地正式跨入 A 省第二批战略性新兴产业基地序列。为打好"数据资源牌"，做强大数据产业，H 市市委、市政府按照打造国家大数据综合试验区要求，全力推进大数据产业基地建设，着力打造数据汇聚、应用引领、业态融合、众创共享的大数据产业，促进了行业集聚发展，取得良好成效。本文以纳入 A 省战略性新兴产业监控范围内的企业为样本（以下简称样本企业），从税收的视角分析 H 大数据产业的发展现状和存在的问题，运用 SWOT 方法综合分析大数据产业面临的优势、劣势、机会和威胁，提出产业发展的建议，供领导参考。

一、产业发展现状

（一）登记户数迅速增加

2016年6月，H 市大数据产业基地内国税部门登记大数据相关企业88户。2016年12月，登记户数增长到106户。2017年6月登记户数已达到118户，较2016年底增长

11.3%，增加 12 户；较 2016 年上半年增长 34.1%，增加 30 户。登记企业带动直接就业近 2400 人，带动关联就业近万人。

（二）实现产值快速增长

2017 年上半年，H 市大数据产业基地累计实现产值 10.5 亿元，同比增长 23.5%，完成固定资产投资 11.89 亿元，同比增长 36.2%，两项指标均高于全市平均水平；样本企业合计申报增值税应税收入 8.53 亿元，同比增长 20.5%，增幅较 2016 年提高 15.1 个百分点；合计入库国税收入 0.44 亿元，同比增长（同口径下）27.6%，增幅较 2016 年提高 21 个百分点。

（三）企业实力不断增强

2017 年上半年，纳入省统计监控的大数据产业企业 36 户，较 2016 年同期增加 2 户；入库税款百万元以上企业 10 户，较 2016 年同期增加 1 户。其中，A 公司和 B 公司等企业实现当年设立当年盈利。

二、存在的突出问题

（一）产业规模依然较小

2016 年，H 市大数据产业基地累计实现产值 28.72 亿元，占全市生产总值的 3.0%；样本企业合计入库国税收入 0.84 亿元，占全市国税收入总量的 1.2%，其中，入库税款在 10 万元以下的企业 13 户，占样本企业的 36.1%。2017 年上半年，实现产值占全市生产产值的 2.2%，样本企业入库国税收入占同期国税收入总量的 0.9%，两项指标所占比重均有所下降。大数据产业总体规模依然较小，对整体经济和税收的影响不大。

（二）税收贡献能力不强

2016 年，H 市实现生产总值 963.8 亿元，入库国税收入 70.63 亿元，每百元产值的税收产出为 7.3 元；同期大数据产业每百元产值的税收产出仅为 2.9 元，不到全市平均水平的 40%。2017 年上半年，大数据产业每百元产值的税收产出提高到 4.2 元，也仅占全市平均水平的 42.4%。一方面，作为能源型城市，H 市信息技术和高科技产业基础薄弱，发展较为落后，税收产出较弱。另一方面，部分企业受到总分支机构税款缴纳方式变动的影响，税收产出与其实现的收入不对等，如电信行业，由于自 2016 年 12 月起三大运营商在省内各地市的分公司暂停预征税款，导致样本企业中三大运营商在 H 市的分公司尽管在 2017 年上半年申报营业收入 10.65 亿元，但并没有税收贡献。

三、SWOT 综合分析

SWOT 分析法是用来确定分析对象自身的竞争优势、劣势、机会和威胁，从而将内部资源与外部环境等各方面内容进行综合和概括的一种分析方法，其中，S（strengths）和 W（weaknesses）是内部因素，O（opportunities）和 T（threats）是外部因素。运用 SWOT 分析方法把各种影响因素加以综合分析，可以更全面地认识 H 市大数据产业发展现状。

（一）优势（strengths）

1. 区位优势显著

H市位于长江三角洲腹地，A省中北部，具有承东启西、贯通南北、接应沿海、联络中原的功能和区位特性。借助长三角城市群、中部崛起等区域发展战略，H市面向华东、中部市场，加强与各地的合作对接，区位优势明显。H市大数据产业基地位于高新技术产业开发区，是经省政府批准设立的省级高新技术开发区。

2. 用电成本较低

H市能源丰富，煤炭产量和装机容量均位居全省前列，两条1000千伏特高压起点站都在境内。目前，H市正在推进直供电模式，利用低热值煤电厂，为战略性新兴产业基地提供安全和低成本用电，每度电价约降低0.2元，根据物价部门统计，一般工商业用电均价在0.8元每度，大数据产业基地的运营成本主要集中在电力支出方面，较低的电价将大大降低数据中心的运营成本。

3. 产业基础较好

一方面，H市作为全国重要的煤炭资源型城市，拥有众多与煤炭资源相关的企业，包括机械制造、煤化工、瓦斯治理、煤产品检测检验、煤炭交易等行业，积累了大量的大数据资源。另一方面，某电信运营商面向华东地区建设的超大型数据中心落户H市高新区，主要发展IDC（internet date center）托管业务，构建云计算服务平台，满足集中化的IT支撑平台、核心网、业务平台的需求，支撑全国数据交互，有利于H市乃至A省信息产业的跨越式发展。

（二）劣势（weaknesses）

1. 研发人员投入不足

虽然高科技企业要求"具有大学专科以上的科技人员占企业当年职工总数的30%以上"，但大多数企业当年实际投入的研发人员低于这一水平。如2016年C公司共有职工345人，其中当年投入研发人员81人，占比23.5%，不到1/4；D公司共有职工120人，其中当年投入研发人员20人，占比16.7%；E公司共有职工153人，其中当年投入研发人员17人，占比11.1%。

2. 企业创新能力较弱

企业研发费用投入较少，创新能力较弱。2016年样本企业实际发生研发费用3372万元，占当年营业收入的2.7%；与2015年度相比，研发费用的增长速度不到3%，企业研发意愿不强。截至2017年8月底，样本企业中仅有11户企业被认定为高新技术企业，不足样本企业总数的1/3。

（三）机会（opportunities）

1. 大数据市场前景广阔

当今世界，新一轮科技和产业革命正在蓬勃兴起。数据是基础性资源，也是重要生产力。随着数据的爆炸式增长与相关技术的发展，我国大数据的应用需求与市场前景良好。政府层面的高度重视，"十三五"大数据专项规划的制定，资本市场的投资热情高涨，均是对未来大数据市场发展的看好。2015 年，A 省政府明确提出，全力推进"一中心两基地多园区"云计算和大数据产业空间布局。未来，A 省将着力打造 F 市云计算大数据生产应用中心和 H 市数据存储中心，可以预见，A 省大数据产业将进入高速发展通道。

2. 经济转型发展迫切需要

煤炭电力为 H 市经济税收发展做出了重大贡献，但也因为产业结构一煤独大，过分依赖煤电产业，导致经济发展抗风险能力较弱。"十二五"期间，H 市第二产业增加值增幅大幅下降，对国税收入产生严重影响，产业结构转型势在必行。当前，A 省信息技术产业正处在结构快速调整和规模高速增长的关键时期，为 H 市的产业转型提供了契机。只有抢抓创新发展机遇，改造提升传统产业，大力发展新业态，建立一个科技新城，H 市才能实现从二产到三产的一体化发展。

（四）威胁（threats）

1. 同业竞争激烈

A 省大数据相关产业发展迅速，华为数据中心和城市云数据中心，以及政务云、语音云、金融云、医疗云、交通云等一批重点工程的建设带动云计算大数据产业快速发展，尤其是智能语音产业基地、云计算产业园、物联网产业园、公共安全产业园等一批创新创业基地正在加快建设，H 市的大数据产业发展面临很大的竞争。

2. 高端人才缺乏

从人才因素看，虽然 H 市两所大学设立了大数据学院，培养大数据专业人才，但从人才培养到投入使用需要 3~4 年的时间。另外，与 F 市等地相比，目前 H 市吸引高端专业人才的条件并不突出，大数据人才依然严重缺乏。

四、相关政策建议

通过 SWOT 综合分析可以看出，H 市发展大数据产业面临的主要问题还是创新和人才的问题。所以，发展 H 市大数据产业除了要尽快实现龙头企业的引领效应外，关键还是从人才和创新入手。

（一）大力培育关键企业

（1）引导发展具有较强竞争力的大数据龙头企业，利用龙头企业的品牌、研发和资金等综合优势带动上下游企业，推进产业集聚发展，打造具有本地特色的优势产业集群，带动产业发展。

（2）引导发展电子信息制造产业，对接国家"互联网＋"行动计划、中国制造 2025 等与大数据产业发展相关的政策，结合 A 省和 H 市产业基础，紧抓当前我国制造业转型和沿海城市群产业带转移的机会，加强与省内地市和长三角、珠三角等地的产业合作对接，积极参与产业分工，引导发展与大数据相关、发展前景较好的电子信息制造产业。

（二）支持企业创新发展

（1）充分发挥政府的作用，在准确把握发展方向和原则的基础上，抓住重点领域、关键环节和核心问题，找准着力点和突破口，采取切实有力的措施，加大政府财政资金的引导支持力度。

（2）积极支持引导企业加大研发创新投入，通过核心技术突破和资源集成，加强科技协作和优势科技资源的有效整合，促进各类创新要素向企业集聚。

（3）加快企业研发成果的产业化，构建从成果转化、产业化到广泛应用的快速反应机制，将研究成果向企业转移的流程制度化、法律化，助力技术创新和科技成果快速产业化、市场化，缩短技术创新周期，保证创新研究的有效性。

（三）加强专业人才培养

（1）制定促进产业发展的人才政策，在个人所得税奖励、住房安置、创业奖励、出入境、配偶工作、子女教育等方面出台更具吸引力的政策。

（2）加快人才引进，加快建设 H 市软件与信息服务产业"人才高地"，大力实施高端人才"集聚工程"，支持国家、省"千人计划"人才带项目、带技术在产业基地创新创业，引进一批产业领军人才和创业团队。

（3）加快人才培养，在与大学合作建立大数据学院的基础上，以定向委培等方式，培训一批职业技能优秀的技术人员，促进创新创业人才聚集，为软件与信息服务产业发展提供技术和智力支撑。

（四）积极发挥财税作用

（1）设立财政专项资金，支持重点领域、关键技术的研发创新，构建具有核心技术、自主知识产权的大数据产业。

（2）加大税收政策的支持力度。加强税收优惠政策宣传，通过税务网站、微信平台、纳税人学堂等渠道，广泛宣传相关产业税收优惠政策，同时不折不扣地落实各项政策，通过税收减免、研发费用加计扣除、固定资产加速折旧等措施，减轻企业负担，提升企业盈利能力。

（3）加强金融支持，帮助中小企业发展，积极推广"税融通"等创新金融产品，实现纳税信用的增值利用，解决企业融资难的问题。

2017 年 12 月 3 日

第六章

税务行政管理

第一节　税务行政管理概述

一、行政管理

"行政"是"行政管理"的简称，指一定的社会组织，在其活动过程中所进行的各种组织、控制、协调、监督等特定手段发生作用的活动的总称。首先，它属于国家的范围，即属于公务，不是其他社会组织和个人的任务。其次，也不是一切国家权力都是行政权力，只有行政机关或者政府的权力才是行政权力。它有别于议会的立法权和司法机关的检察权及审判权。最后，行政权属于"执行权"，它是按照法律规定的权限和程序去行使国家职能从而实施的法律行为。

行政管理的基本法律依据是行政法。在行政法意义上，行政具有以下特征。

（1）行政是指公共行政，而不包括企事业单位的一般行政，二者区别在于：其一，性质不同。公共行政具有公共性质；一般行政具有个别或局部的非公共性质。其二，目的不同。公共行政的目的在于谋求公共利益，维持公共秩序；一般行政的目的是谋求个别或局部的利益。其三，手段不同。公共行政具有许多特权，可以采取强制措施；一般行政不能将自己的意志强加于他人，只能采取合同的方式。因而它们分别适用不同的法律制度。

（2）行政是行政机关的活动。从形式上看，行政限定于行政机关的活动。法律对于国家的活动按其表现机关的不同，规定不同的法律制度。行政法上的行政只能是指行政机关的活动。

（3）行政的实质在于组织管理国家事务，而非立法机关的制定法律，也非司法机关的裁决案件，这是从实质上对行政的界定。组织管理活动直接影响公民的权益，因而需要法律规范，并适用不同于其他活动的法律规则。

行政管理是一个由多个环节和有机部门组成并有效运作的过程。它们主要有行政决策、行政执行、行政协调、行政信息、行政监督。

行政管理的主体包括：行政组织和机构，行政领导以及执行公务的工作人员。

行政管理方法简称行政方法，指行政机关及其工作人员为实现行政目标，从公共组织内外部环境和管理对象的实际情况出发，在一定的管理思想和原则指导下所采取的各种措施、策略、技巧的总和。行政方法的内容包括三个方面：一是基本手段，主要有行政指令手段、法律手段、经济手段、思想工作手段。二是行政程序，它不只是一种办事的手续，也是一种规范行政行为的法律程序。三是技术方法。

二、税务行政管理

以税务行政机关为主体的行政管理活动统称为税务行政管理。

税务行政管理的法律依据来自宪法、税法、行政法以及其他相关法律。税务行政管理的内容主要有税务管理机构的设置、税务人员管理、税务机关事务管理、税务行政法规和行政监督、纳税服务等。税务行政管理的组织结构，已经在本书第一章第二节"税务部门"部分做了介绍，此处不再赘述。

税收管理与税务行政管理是密切联系又存在区别的两个不同的概念。可以从三个方面理解两者之间的关系：第一，从管理主体的角度看，在税收管理范畴内，由税务机关进行的各种管理活动都属于税务行政管理。第二，税务机关的税收管理活动都要在税务行政组织内，遵循行政法律和行政组织管理原则，采取行政方法，通过行政程序来执行。第三，税务行政管理还包括税务行政系统内部的行政事务管理活动，与其他行政部门的内部管理基本一致。

学习税收管理，必须对税务行政管理有所认识，因为在税收管理实践中，一切管理活动都是在税收管理体系内，遵循行政管理的法律、制度和原则，按照行政管理的程序和方法进行的。所以，行政管理是税收管理的基本形式和基本方法，是税收管理部门将税收法律、法规、政策具体落实到实践中的基本途径。

第二节　公文处理

公文，是"公务文件"的简称，是机关组织在公务活动中，按照特定的格式、一定的处理程序形成和使用的书面材料，又常被称为"文件"。我国党政机关公文的格式、种类、行文规则、办理等都按照中共中央办公厅、国务院办公厅印发的《党政机关公文处理工作条例》（延伸阅读3）执行。党政机关发布的公务文书，其具体内容、制定程序、格式、发布方式等都必须符合法律和有关规章的规定，否则无效。

公文处理工作是指公文拟制、办理、管理等一系列相互关联、衔接有序的工作，是包括税务行政管理在内的行政管理活动的基本形式。

行政管理机关在工作中所进行的传达贯彻党和国家的方针政策，公布法规和规章，指导、布置和商洽工作，请示和答复问题，报告、通报和交流情况等活动，均以公文的流转和处理为基本形式，以公文为管理工作的基本依据。

一、公文处理在行政管理活动中的意义

第一，公文是党政机关实施领导、履行职能、处理公务的具有特定效力和规范体式的文书，是传达贯彻党和国家的方针政策，公布法规和规章，指导、布置和商洽工作，请示和答复问题，报告、通报和交流情况等的重要工具，是行政管理系统中各个层级、

各个部门之间交换、传递工作信息的正式载体，是行政工作的规范性书面记录，也是收文单位或个人执行或处理相应事务的正式依据。

第二，通过对公文种类、格式、行文规则、拟制、办理、管理等环节的规范化、标准化的要求，实现行政管理工作在形式、流程方面的规范化，从而避免由于部门、人员的差别导致行政管理工作的混乱无序。

第三，公文处理的规范流程和管理标准，并不仅仅是形式上的要求。公文处理流程本身就体现了管理部门之间及其内部机构之间在行政管理事务方面的权责分工和监督制约机制，公文处理流程中，处于各个环节的人员都要根据自身岗位职责对文件进行相应的处理或书面表达自己的意见和建议，任何一个环节都不能缺失。因此，原则上，任何个人都无法独立编制、发布一份公文，而各项行政管理事务又必须以公文为依据，这就形成了对任何个人越权干扰管理活动或通过公文徇私舞弊的制度约束机制。

第四，当一份文件按照规范性要求处理完成时，也就留下了各个处理环节部门、人员对公文处理的书面记录。如果这份公文出现了任何问题，则可以根据记录追查相应环节的责任。

二、公文的基本格式

公文的格式是指公文的规范性样式，包括其中必须包括的必要信息及其分别在公文版面的布局规范、表述方式等。学会读懂公文所包含的信息，对于全面、完整、深入地理解公文有重要的意义。

一份正式公文，按照由上至下的阅读顺序，一般包括以下信息。

（1）发文份号，表示公文印制份数的顺序号，即这份公文一共印制了多少份、这一份是其中的第几份。发文份号一般用于重要或涉密公文，发文单位可以根据发文/收文登记记录和份号的对应关系，逐一落实每一份文件的去向，以便准确掌握文件信息的发布范围，必要时还可以据此收回文件以免流失导致泄密。涉密公文还应标明密级和保密期限，我国公文的密级分为"绝密""机密"和"秘密"三个等级。根据涉密范围和实际保密需要，还要注明保密期限，以便收、发密件的双方对公文的管理。在公文第一行的位置，如果是紧急公文，还需要注明紧急程度，分为"特提""特急""加急""平急"四个类型，表示对公文送达和办理的时限要求。

（2）公文第二行的位置一般是较大字体的发文机关标志，由发文机关全称或者规范化简称加"文件"二字组成，也可以使用发文机关全称或者规范化简称。联合行文时，发文机关标志可以并用联合发文机关名称，也可以单独用主办机关名称。俗称"红头文件"的公文的"红头"，指的就是发文机关用以印制公文的"文头纸"上面的红色发文机关标志。

（3）在发文机关标志之下，是由发文机关代字、年份、发文顺序号组成的发文字号。联合行文时，使用主办机关的发文字号。例如："中办发〔2012〕14 号"。如果是下级对上级的上行文，还要包括签发人姓名，以明确发文的责任。

（4）公文标题的基本结构由发文机关名称、事由和文种组成，如"××大学教务处关于统计教师个人情况的通知"。通过阅读公文标题，就可以大致了解该份公文的主要内容和主要要求。

（5）在公文标题的下一行，是主送机关，标明该公文的主要受理机关，应当使用机关全称、规范化简称或者同类型机关统称。公文的主送机关非常重要，有的情况下，一份公文所承载的公务要求并不是普遍性的，而是针对特殊或部分对象的，这就要看清主送机关是否包括本单位（或个人），以明确承办单位是否需要办理这份公文，或者本地区（行业或其他范围）是否要按照这份文件执行。与主送单位相对应的是公文的抄送机关，即除主送机关外需要执行或者知晓公文内容的其他机关，抄送机关信息一般在公文的末尾。

（6）主送机关信息之下，就是公文的正文，表述公文的内容。在公文的每一页，还要有页码，以免由于印制、装订、传送环节的疏漏，导致文件不全。

如果限于正文篇幅或者其他原因，正文没有包括但又与公文办理有关的文件资料，就作为附件随正文一并发出。如果一份公文包括了附件，就要在正文之后列出公文附件说明，标明顺序号和名称，以便收文单位对照执行。

（7）全文内容之后，要有发文机关署名，标明这份公文是由哪个单位发出的。发文机关署名之下，要有成文日期，标明会议通过或者发文机关负责人签发的日期。联合行文时，署最后签发机关负责人签发的日期。

一般而言，一份公文，仅有打印或复印的发文机关署名是不够的，而必须在发文机关署名和成文日期之上加盖发文机关专用的印章，并与署名机关相符。有特定发文机关标志的普发性公文和电报可以不加盖印章。

三、公文的行文规则、办理流程和管理简介

在行政管理工作中，不同层级、不同形成方式、不同目的、不同用途的公文，都有其特定的类型，不能相互混淆。按照公文用途分类，大致可以分为指令性的决议、决定、命令、意见、通知；告知性的公报、通告、通报；平级机关之间咨询、会商性的函；下级对上级的请示、报告、议案；上级对下级的请示予以回应的批复，以及记录性质的纪要。

一个单位形成一个公文并将其发送给收文机关，称为行文。发文单位和收文单位就特定行文行为构成行文关系。行文关系受各单位之间的隶属关系和职权范围的约束，并由相关制度予以约束，以明确各级机关在管理工作中的责权关系，避免各种越级、越权情况的发生。

一个单位发出公文的过程，称为公文的拟制，具体包括起草、审核、签发等环节。起草环节一般由相应的业务部门承担，拟制出公文初稿后，要经过单位领导的审核，然后由单位领导签字，批准发出。拟制好的公文进入发文程序，还要由行政办公室就公文的格式、内容、办理程序等进行复核；然后进行发文登记，作为本单位发出文件的正式书面记录，再交付印制；印制完成后，还要经行政办公室和承办单位对文字、格式和印刷质量进行检查后分发。

一个单位收到公文并进行处理的过程，称为公文办理，主要包括收文办理、发文办理和整理归档。其中，收文办理主要程序有如下步骤。

（1）单位负责公文收发的部门或人员要对来文进行签收，注明收到公文数量、时间、公文题目及文号等，作为收到公文的书面记录。签收是收文单位对发文单位的手续，而收到公文后，收文单位还要立即进行收文登记，作为将这份公文纳入本单位公文办理程序的第一个环节。

（2）完成收文登记后，收文单位负责收发公文的部门（一般是行政办公室或文秘部门）会对收到的公文进行初审，检查其是否应当由本机关办理，是否符合行文规则，文种、格式是否符合要求，涉及其他地区或者部门职权范围内的事项是否已经协商、会签，是否符合公文起草的其他要求。如果来文经初审不符合相关规定，则应当及时退回来文单位并说明理由。

（3）经过初审后，来文正式进入收文单位的公文办理程序，行政办公室会根据来文性质和具体要求，提出拟办意见，如建议由某个业务部门承办等，然后报本机关负责人批示，再根据领导批示转有关部门办理。

（4）收文的办理，一般分为传阅、答复、转发等方式，传阅是一种要求传阅对象传看阅读文件以了解其内容并签名表示已阅的正式的信息告知方式；答复是就来文内容向发文单位做出正式书面回复的办理方式，答复仍以正式公文形式进行，是一种机关、部门之间交换意见、进行咨询的正式方式；转发是将上级单位或其他单位的来文再以发文方式转给下级单位，是一种行政系统内部进行信息传递的正式方式。

（5）一个单位收到和发出的公文及有关材料，应当根据有关档案法律法规以及机关档案管理规定，及时收集齐全、整理归档。

■第三节　人力资源管理

人力资源管理也称为人事管理，是税务行政管理的重要内容，根据税务管理职能职责进行机构、岗位设计，科学合理地调配人员，并提供必要的保障。具体包括：机构编制管理，人员调配管理，职位分类管理，干部任免管理，工资管理，保险福利管理，考核奖惩管理，出国出境管理，对税务系统人员因公（私）出国出境历史记录管理，人事统计管理，职称管理，后备干部管理，评先创优管理，退休审批管理和离退休人员管理。

■第四节　财务管理

财务管理是行政机关实现资金合理配置、提高会计信息质量、保证国有资产安全完整、强化审计监督的有效手段。主要包括收入支出管理、基本建设管理、固定资产管理。

（1）收入支出管理。收入支出管理是对税务系统收入支出的反映，是财务管理工作的重要环节，是对预算执行的直接反映和体现，是税务系统基层单位财务工作的核心内容。收入支出管理由行政单位、事业单位、企业单位、基本建设等核算部分构成；收入支出管理的管理内容还包括银行账户管理、年度决算和经费领拨管理等。

（2）基本建设管理。基本建设管理是对税务系统基本建设项目全过程管理，是财务管理活动的重要组成部分。实施基本建设管理的目的是实现基本建设资金的合理配置和安全运行，保证基本建设活动合法、合规、公平、高效，提高基本建设项目工程质量和资金使用效益，防止腐败现象的发生，是确保税收管理活动有效的重要保障。

（3）固定资产管理。固定资产管理是对税务系统固定资产信息登记、处置、变更、内部变动等信息的管理，是财务管理的分支和重要组成部分，是税收管理工作的重要保障。固定资产管理的主要目的是确保固定资产的合理配置、使用；确保固定资产资金的科学投入，发挥固定资产的最大使用效率；同时，确保固定资产的安全与完整。

第五节　税务监察

税务监察是指税务监察机构对税务机关及其工作人员执行国家税法、税收政策、规章制度的行政行为进行监督检查的一种制约制度。它是国家行政监察的重要组成部分，也是法制监察的重要组成部分，税务监察的监督检查范围包括税务执法监察、特邀监察员税务人员违法违纪行政处分、税务干部廉政责任制和税务人员廉洁自律等。

一、税务监察的作用

税务监察对加强税务机关及其税务人员执行国家税法和税收政策以及税收制度的监督检查、提高税务人员的执法意识、加强税收征收管理、促进税务机关依法治税、加强税务机关和税务人员的廉政建设等方面，都具有十分重要的作用。

1. 确保税收法律、法规、政策的正确实施

通过税务监察活动可以对税务机关和税务人员的行政行为实施监督检查，及时发现问题，制止违法违纪行为，制约他们滥用税收行政权，能够起到保证税法、税收政策和税收制度正确实施的作用。税务机关和税务人员的违法违纪行为以及不正当的行政行为，不仅会影响税收法律、法规、政策的正确实施，而且会直接或间接地危害国家和人民的经济利益。通过税务监察活动，对税务机关和税务人员的违法违纪案件进行查处，阻止其不当的行政行为，并采取有效措施予以纠正，就会防止税务机关和税务人员的违法违纪行为及不正当的行政行为对国家和人民利益的损害。

2. 促进税务干部的廉洁自律

通过税务监察活动，对税务人员的违法违纪行为和不当行为进行行政处罚，以反面教育税务干部提高思想觉悟、奉公守法和为政清廉的自觉性，增强执行税法、税收政策和税收制度的责任感，提高其鉴别能力和防腐拒腐的能力，从而有利于促进税务干部的廉政建设和惩治腐败现象。

3. 促进各项税务工作制度的完善

税务监察活动不仅具有被动受举纠偏的功能，而且具有主动完善各项税务工作制度建设的功能。通过税务监察活动，监督检查和查处违法案件，认真分析违法违纪行为发生的原因，找出税务工作规章制度的漏洞，提出改进税务工作规章制度制约不足和管理失衡等建议，从而促进税务工作规章制度的不断完善。

二、税务监察机构

税务监察机构是税务机关单独设置的行使监察职能并管理监察工作的专门的职能部门。一般具有监督检查税务机关及其工作人员贯彻执行税法和工作人员违法违纪行为的检举控告以及税务机关和纳税人不服政纪处分的申述、调查处理税务机关或者税务人员违法违纪的行为、参与配合税务机关搞好廉政制度等职责。同时，还有对违法违纪行为进行立案调查处理、参加有关会议、查阅有关的文件与资料等权利。各级税务机关都必须设置监察机构，一般是国家税务总局设置税务监察司，下面根据情况应设置监察处、室（科、股）。要根据工作需要配备监察人员，并可设置相当于本级机构行政领导干部级别的监察专员、监察员、助理监察员。税务监察干部实行岗位轮换制度，一般期限为 3～5 年。各级税务监察机构原则上要按照"分级管理，下管一级"的干部管理体制进行监察管辖，必要时上级税务监察机构可以直接管辖下级税务监察机关管辖范围内的监察事项。

三、税务监察的程序

税务监察机构的税务监察活动，特别是查处的案件，一般要经过受理、立案、调查、审理、定性处理、批复和呈报等程序。税务监察机构对从不同渠道来源的案件线索进行鉴别，对属于税务监察范围和自己管辖的案件，做出予以接受或不予接受的决定，是税务监察的首要环节。税务监察机构对已接受的案件决定进行调查审理的法定程序。立案必须填写立案请示报告，必须履行报批手续，经批准后才能进行立案。立案之后，就要进行案件调查。在调查之前要做好各项准备工作，如组织人员成立调查组、熟悉有关材料、制订调查方案，等等。在调查中，要认真收集能够证明案件真实情况的一切证据，包括物证、书证、证人、证言、调查对象的交代和申辩鉴定结论、勘验与检查笔录及其他能证明案件事实的材料。案件事实查清后，要依法提出处理意见，做出调查总结。调查总结既是调查取证阶段的结束程序，又是移送审理阶段的准备程序。税务监察案件审理就是对调查阶段提出的处理意见进行审核并做出结案意见的过程。同时，要将结案意见写出结案报告报批，并对有结论的案件进行整理，立卷归档。

■ 第六节   税务行政处罚

税务处罚是指有关权力机关依法对违反税收法规的纳税人、代扣代缴义务人和其他当事人实施的一定制裁。税务处罚是维护税法严肃性，保证税法贯彻实施的根本性措施。税务处罚根据处罚相对人是否构成犯罪的违法情节不同，又分为税务行政处罚和税务刑事处罚。税务行政处罚是税务机关日常行政行为的组成部分，是税收行政管理的重要内容，是维护税法严肃性、保证"依法治税"原则贯彻的有力保证。

一、税务行政处罚概述

税务行政处罚是指依法享有税务行政处罚权的税务机关，对违反税收法律规范尚未构成犯罪的税务行政管理相对人（纳税人、扣缴义务人和其他当事人）给予行政制裁的具体行政行为。税务行政处罚是行政处罚的重要组成部分，其基本法律依据为《中华人民共和国行政处罚法》（以下简称《行政处罚法》）、《税收征管法》和《发票管理办法》。

《行政处罚法》第二十条规定，"行政处罚由违法行为发生地的县以上地方人民政府具有行政处罚权的行政机关管辖。法律、行政法规另有规定的除外"。《税收征管法》第七十四条规定，"本法规定的行政处罚，罚款额在二千元以下的，可以由税务所决定。"税务行政主体为税务所，同时由当事人违法行为发生地管辖。

就违法当事人而言，由于税务违法行为是一种过错行为，无论当事人行为的主观动机是属于故意还是过失，只要当事人有税务违法行为存在，并有法定依据给予行政处罚的，就要承担行政处罚的法律责任。

税务行政处罚的手段包括经济处罚和行为处罚，其实质是对违法者权益的限制剥夺，或者对其设定新的义务。

二、税务行政处罚的原则

1. 处罚法定原则

处罚法定原则包括：一是实施处罚的主体必须是法定的行政主体，即有处罚权的税务机关；二是处罚的依据是法定的，即实施处罚必须有税收法律、法规的明确规定；三是税务行政处罚的程序合法，即遵循法定程序。

2. 公开、公正原则

根据《行政处罚法》规定，设定和实施行政处罚必须以事实为依据，与违法行为的事实、性质、情节以及社会危害程度相当。对违法行为给予行政处罚的规定必须公布；未经公布的，不得作为行政处罚的依据。

3. 过罚相当原则

税务行政处罚的种类和给予处罚的幅度轻重要与当事人违法行为对社会的危害程度的大小相符。

4. 处罚与教育相结合原则

税务行政处罚只是手段，不是目的。因此，税务机关在实施行政处罚时，要责令当事人改正或者限期改正违法行为。

5. 一事不再罚原则

对当事人的同一个违法行为，不得给予两次以上的行政处罚。

三、税务行政处罚的形式

税务行政处罚形式主要包括财产罚和行为罚。

财产罚主要包括罚款和没收非法所得。如《税收征管法》第六十一条规定："扣缴义务人未按照规定设置、保管代扣代缴、代收代缴税款账簿或者保管代扣代缴、代收代缴税款记账凭证及有关资料的，由税务机关责令限期改正，可以处二千元以下的罚款；

情节严重的,处二千元以上五千元以下的罚款"就属于罚款。第七十一条规定:"违反本法第二十二条规定,非法印制发票的,由税务机关销毁非法印制的发票,没收违法所得和作案工具,并处一万元以上五万元以下的罚款"就属于罚款和没收非法所得。

行为罚指依法取缔被处罚的纳税人原本享有的某些权利,如《税收征管法》第六十六条规定:"对骗取国家出口退税款的,税务机关可以在规定期间内停止为其办理出口退税",停止为其办理出口退税就是取缔了被处罚的纳税人原来所享有的出口退税权利。第七十二条规定:"从事生产、经营的纳税人、扣缴义务人有本法规定的税收违法行为,拒不接受税务机关处理的,税务机关可以收缴其发票或者停止向其发售发票",收缴其发票或者停止向其发售发票也就意味着被处罚的纳税人不能再取得发票。

四、税务行政处罚的设定

1. 对轻微违法行为的处罚

(1)根据《税收征管法》规定,纳税人未按照规定的期限申报办理税务登记、变更或者注销税务登记;未按照规定设置、保管账簿或者保管记账凭证和有关资料;未按照规定将财务、会计制度或者财务、会计处理办法和会计核算软件报送税务机关备查;未按照规定将其全部账号向税务机关报告的;未按规定安装使用税控装置,或者损毁或者擅自改动税控装置的,依据《税收征管法》第六十条规定,纳税人有上述行为之一的,由税务机关责令限期改正,逾期不改正的,可以处 2000 元以下的罚款;情节严重的,处 2000 元以上 1 万元以下的罚款。

(2)纳税人未按照规定使用税务登记证件,或者转借、涂改、损毁、买卖、伪造税务登记证件的,处 2000 元以上 1 万元以下的罚款;情节严重的,处 1 万元以上 5 万元以下的罚款。

(3)扣缴义务人未按照规定设置、保管代扣代缴、代收代缴税款账簿或者保管代扣代缴、代收代缴税款记账凭证及有关资料。依据《税收征管法》第六十一条规定,对上述行为,由税务机关责令限期改正,逾期不改正的,可以处 2000 元以下的罚款;情节严重的,处 2000 元以上 5000 元以下的罚款。

(4)纳税人未按照规定的期限办理纳税申报和报送纳税资料的,或者扣缴义务人未按照规定的期限向税务机关报送代扣代缴、代收代缴税款报告表和有关资料的,依据《税收征管法》第六十二条规定,对上述行为,由税务机关责令限期改正,可以处 2000 元以下的罚款;情节严重,可以处 2000 元以上 1 万元以下的罚款。

2. 对存在主观故意、直接妨害税款征收的违法行为

(1)从事生产、经营的纳税人、扣缴义务人在规定期限内不缴或者少缴应纳或者应解缴的税款,经税务机关责令限期缴纳,逾期仍未缴纳的,依据《税收征管法》第六十八条规定,对上述行为,税务机关除依照本法第四十条的规定采取强制执行措施追缴其不缴或者少缴的税款外,可以处不缴或者少缴的税款 50% 以上 5 倍以下的罚款。

(2)偷税。依据《税收征管法》第六十三条规定,纳税人采取伪造、变造、隐匿、擅自销毁账簿、记账凭证,在账簿上多列支出或者不列、少列收入,或者经税务机关通

知申报而拒不申报，或者进行虚假的纳税申报，不缴或者少缴应纳税款，是偷税。对纳税人偷税的，由税务机关追缴其不缴或者少缴的税款、滞纳金，并处不缴或者少缴税款50%以上5倍以下的罚款；构成犯罪的，依法追究刑事责任。扣缴义务人采取前款所列手段，不缴或者少缴已扣、已收税款，由税务机关追缴其不缴或者少缴的税款、滞纳金，并处不缴或者少缴税款50%以上5倍以下的罚款；构成犯罪的，依法追究刑事责任。

（3）逃避追缴欠税。依据《税收征管法》第六十五条规定，纳税人欠缴应纳税款，采取转移或者隐匿财产的手段，妨碍税务机关追缴欠缴的税款的，由税务机关追缴欠缴的税款、滞纳金，并处欠缴税款50%以上5倍以下的罚款；构成犯罪的，依法追究刑事责任。

（4）骗税。依据《税收征管法》第六十六条规定，以假报出口或者其他欺骗手段，骗取国家出口退税款的，由税务机关追缴其骗取的退税款，并处骗取税款1倍以上5倍以下的罚款；构成犯罪的，依法追究刑事责任。对骗取国家出口退税款的，税务机关可以在规定期间内停止办其办理出口退税。

（5）抗税。依据《税收征管法》第六十七条规定，以暴力、威胁方法拒不缴纳税款，是抗税，除由税务机关追缴其拒缴的税款、滞纳金外，依法追究刑事责任。情节轻微，未构成犯罪的，由税务机关追缴其拒缴的税款、滞纳金，并处拒缴税款1倍以上5倍以下的罚款。《税收征管法》中规定的偷税、骗取出口退税行为与1997年颁布实施的新刑法规定的偷税罪、骗取出口退税罪的客观行为表现存在差别。这是立法时间上的不协调造成的。由于刑法属于基本法，且新《刑法》颁布的时间又在其后，所以《税收征管法》应做相应的修订。2001年新修订的《税收征管法》把两者统一起来。

3. 违反发票管理办法的行为

（1）未按规定印制、领购、开具、取得、保管发票；未按规定生产发票防伪专用品；未按规定接受税务机关对发票的检查。依据《发票管理办法》第三十六条的规定，行为人有上述行为之一的，税务机关应责令限期改正，没收非法所得，可以并处1万元以下罚款。

（2）非法携带、邮寄、运输、存放空白发票。依据《发票管理办法》第三十七条的规定，行为人有上述行为之一的，由税务机关收缴发票，没收非法所得，可以并处1万元以下罚款。

（3）私自印制、伪造变造、倒买倒卖发票、私自制作发票监制章、发票防伪专用品。依据《发票管理办法》第三十八条的规定，行为人有上述行为之一的，由税务机关依法予以查封、扣押或者销毁，没收非法所得和作案工具，可以并处1万元以上5万元以下罚款。行为人有上述三类妨害发票管理的违法行为，导致他人未缴、少缴或骗取税款的，依据《发票管理办法》第三十九条的规定，税务机关除没收非法所得外，可以并处未缴、少缴或骗取的税款1倍以下罚款。

五、税务行政处罚的程序

（一）税务行政处罚的简易程序

税务行政处罚的简易程序是指税务机关及其执法人员对于公民、法人或者其他组织违反税收征收管理秩序的行为，当场做出税务行政处罚决定的行政处罚程序。简易程序的适用条件，一是案情简单、事实清楚、违法后果比较轻微且有法定依据应当给予处罚的违法行为；二是给予的处罚较轻，仅适用于对公民处以 50 元以下和对法人或者其他组织处以 1000 元以下罚款的违法案件。符合上述条件，税务行政执法人员当场做出税务行政处罚决定应当按照下列程序进行。

（1）向当事人出示税务检查证或者其他税务行政执法身份证件。

（2）告知当事人受到税务行政处罚的违法事实、依据和陈述申辩权。

（3）听取当事人陈述申辩意见。

（4）填写具有预定格式、编有号码的税务行政处罚决定书，并当场交付当事人。税务行政执法人员当场制作的税务行政处罚决定书，应当报所属税务机关备案。

（二）税务行政处罚的一般程序

除了适用简易程序的税务违法案件外，对于其他违法案件，税务机关在做出处罚决定之前都要经过立案、调查取证、告知与听证、审查、决定等程序，适用一般程序的案件大多是情节比较复杂、处罚较重的案件。

1. 立案与调查程序

立案是指税务机关通过行政管理或者社会公众的举报发现税务行政违法行为线索，再经过计算机或者人工归类对采集的案源进行选案，确定具体的调查对象。经初步审核分析，认为当事人具有行政违法嫌疑的，进行立项建档，制订调查计划，为正式调查做好必要的准备。选案是立案的前期阶段，也是案件查处的一项极为重要的工作，选案适当，立案准确，就为案件查处的顺利进行打下良好的基础。立案是进行调查取证的前提，是查处违法行为的开端。查处税务行政违法行为，必须首先经过立案。税务机关查处税务行政违法行为，必须经过选案、立案，准确确定调查对象。调查是税务机关查处税务行政违法案件过程中的法定必经程序。

调查是行政机关对当事人发生的违法行为经过检查、勘验、鉴定等手段获取证据、查清事实的过程，为正确适用法律规范提供坚实的事实根据。不经过细致的调查工作去查清事实，就不可能正确适用法律规范，对违法行为就不可能做出正确处理，也就不可能实现行政处罚的目的。《行政处罚法》第三十条、第三十六条规定，除可以当场做出行政处罚的外，行政机关发现公民、法人或者其他组织有依法应当给予行政处罚的行为的，必须全面、客观、公正地调查，收集有关证据，查明事实，违法事实不清的，不得给予行政处罚。《行政处罚法》的这些规定，说明了调查程序的重要性和必要性。税务机关查处税务行政违法行为时，应当严格按照《行政处罚法》《税收征管法》和国家税务总局《税务稽查工作规程》的规定进行立案、调查取证。

2. 告知与听证程序

（1）告知。《行政处罚法》第三十一条规定，行政机关在做出行政处罚决定之前，应当告知当事人做出行政处罚决定的事实、理由及依据，并告知当事人依法享有的权利。税务机关在查处税务违法行为时，应于调查终结之后做出处罚决定之前，向当事人先行告知有关事项，这也是税务机关的一项法定义务。没有履行告知程序的，税务机关做出的税务行政处罚决定无效。因此，税务机关在对当事人的违法行为调查终结以后，必须及时以税务机关的名义向当事人发出《税务行政处罚告知书》，告知当事人查处情况。告知内容主要包括：第一，经调查取证获取的当事人违法行为的事实证据；第二，当事人行为所触犯的法律规范；第三，当事人违法行为应当受到行政处罚的法律依据；第四，拟给当事人行政处罚的种类、幅度范围、标准；第五，当事人应当享有的各项权利，如陈述申辩权、符合听证条件的听证权等。

（2）听证。听证是指税务机关对当事人某些违法行为做出处罚决定之前，按照一定形式听取调查人员和当事人意见的程序，使做出的行政处罚决定更加公正、合理。根据1996年9月28日国家税务总局发布的《税务行政处罚听证程序实施办法（试行）》的规定，税务行政处罚听证的范围是对公民做出2000元以上或者对法人或其他组织做出1万元以上罚款的案件。税务行政处罚听证主持人应由税务机关内设的非本案调查机构的人员（如法制机构工作人员）担任。税务行政处罚听证程序如下。

①凡属听证范围的案件，在做出处罚决定之前，应当首先向当事人送达《税务行政处罚事项告知书》，告知当事人已经查明的违法事实、证据、处罚的法律依据和拟给予的处罚，并告知当事人有要求举行听证的权利。

②要求听证的当事人，应当在收到《税务行政处罚事项告知书》后3日内向税务机关书面提出听证要求，逾期不提出的，视为放弃听证权利。

③税务机关应当在当事人提出听证要求后的15日内举行听证，并在举行听证的7日前将《税务行政处罚听证通知书》送达当事人，通知当事人举行听证的时间、地点、主持人的情况。

④除涉及国家秘密、商业秘密或者个人隐私的不公开听证外，对于公开听证的案件，应当先期公告案情和听证的时间、地点，并允许公众旁听。

⑤听证会开始时，主持人应当首先声明并出示税务机关负责人授权主持听证的决定，然后查明当事人或其代理人、调查人员及其他人员是否到场，宣布案由和听证会的组成人员名单，告知当事人有关的权利义务，记录员宣读听证会纪律。

⑥听证会开始后，先由调查人员就当事人的违法行为进行指控，并出示事实证据材料，提出处罚建议，再由当事人或其代理人就所指控的事实及相关问题进行申辩和质证，然后控辩双方辩论；辩论终结，当事人进行最后陈述。

⑦听证的全部活动，应当由记录员制作笔录并交当事人阅核、签章。

⑧完成听证任务或有听证终止情形发生时，主持人宣布终止听证。听证结束后，主持人应当制作听证报告并连同听证笔录附卷移交审查机构审查。

（3）审查程序。审查机构收到调查机构移交的案卷后，应对案卷材料进行登记，填写《税务案件审查登记簿》，并对案件进行审查。审查机构应对案件下列事项进行审查。

①调查机构认定的事实、证据和处罚建议适用的处罚种类、依据是否正确。

②调查取证是否符合法定程序。

③当事人陈述申辩的事实、证据是否成立。

④已经听证的，当事人听证申辩的事实、证据是否成立。审查机构应在自收到调查机构移交案卷之日起10日内审查终结，制作审查报告，并连同案卷材料报送税务机关负责人审批。

（4）税务行政处罚决定。审查机构做出审查意见并报送税务机关负责人审批后，应当根据不同情况分别制作以下处理决定书再报税务机关负责人签发。

①有应受行政处罚的违法行为的，根据情节轻重及具体情况予以处罚。

②违法行为轻微，依法可以不予行政处罚的不予行政处罚。

③违法事实不能成立，不得予以行政处罚。

④违法行为已构成犯罪的，移送公安机关。

税务机关做出罚款决定的同时制作《税务行政处罚决定书》，还应当载明罚款代收机构的名称、地址和当事人应当缴纳罚款的数额、期限等，并明确当事人逾期缴纳是否加处罚款。当事人申请行政复议或者提起行政诉讼的期限，从决定书送达之日起计算。

六、税务行政处罚的执行

税务行政处罚的执行是指履行税务机关依法做出的行政处罚决定的活动，它是税务行政处罚的实现阶段。税务机关的行政处罚决定一经做出，即产生法律效力，如果被处罚人不主动履行，税务机关可以通过执行措施强制其履行。税务行政处罚的执行程序，是税务行政处罚决定的落实，是税务行政管理职权实现的重要体现。

根据《行政处罚法》和《税收征管法》的有关规定，税务行政处罚决定依法做出后，当事人应当在税务行政处罚决定的期限内，予以执行。

当事人对税务行政处罚决定，既不依法向税务机关申请行政复议，也不依法向人民法院提出行政诉讼的，做出行政处罚决定的税务机关可以采取下列措施。

（1）到期不缴纳罚款的，每日按罚款数额的3%加收罚款。

（2）申请人民法院强制执行。当事人确有困难，需要延期或者分期缴纳罚款的，经当事人申请和税务机关批准，可以暂缓或者分期缴纳。在暂缓、分期缴纳的期限内，不应加收罚款；逾期仍不缴纳的，应当依法加收罚款和强制执行。做出罚款决定的税务机关应当与收缴罚款的机构分离。税务机关对当事人做出罚款处罚的，应当由当事人自收到处罚决定书之日起15日内，到指定的银行缴纳罚款。银行应当收受罚款，并将罚款直接上缴国库。但是依照简易程序当场做出税务行政处罚，罚款数额在20元以下或者不当场收缴罚款事后难以执行；或者在边远、水上、交通不便地区，依照一般程序做出罚款决定后，当事人向指定的银行缴纳罚款有困难，经当事人提出，税务机关及其执法人员可以当场收缴罚款，并按规定的期限和程序办理上缴国库手续。

（一）税收保全

当税务机关有根据认为从事生产、经营的纳税人有逃避纳税义务行为的，可以在规定的纳税期之前，责令其限期缴纳应纳税款；在限期内发现纳税人有明显的转移、隐匿其应纳税的商品、货物以及其他财产或者应纳税的收入迹象的，税务机关可以责成纳税人提供纳税担保。如果纳税人不能提供纳税担保，经县以上税务局（分局）局长批准，税务机关可以采取书面通知纳税人开户银行或者其他金融机构冻结纳税人的金额相当于应纳税款的存款的税收保全措施。

纳税人在规定的限期内缴纳税款的，税务机关必须立即解除税收保全措施；限期期满仍未缴纳税款的，经县以上税务局（分局）局长批准，税务机关可以采取书面通知纳税人开户银行或者其他金融机构从其冻结的存款中扣缴税款的强制执行措施。

1. 税收保全的一般程序

税务机关对从事生产、经营的纳税人以前纳税期的纳税情况依法进行税务检查时，发现纳税人有逃避纳税义务行为，并有明显的转移、隐匿其应纳税的商品、货物以及其他财产或者应纳税的收入迹象的，可以按照规定的批准权限采取税收保全措施。

税务机关对单价 5000 元以下的其他生活用品，不采取税收保全措施。

税务机关扣押商品、货物或者其他财产时，必须开付收据，查封商品、货物或者其他财产时，必须开付清单。执行扣押、查封商品、货物或者其他财产时，应当由两名以上税务人员执行，并通知被执行人。被执行人是自然人的，应当通知被执行人本人或者其成年家属到场；被执行人是法人或者其他组织的，应当通知其法定代表人或者主要负责人到场；拒不到场的，不影响执行。

扣押、查封价值相当于应纳税款的商品、货物或者其他财产时，参照同类商品的市场价、出厂价或者评估价估算，确定应扣押、查封的商品、货物或者其他财产的价值时，还应当包括滞纳金和拍卖、变卖所发生的费用。

实施扣押、查封时，对有产权证件的动产或者不动产，税务机关可以责令当事人将产权证件交税务机关保管，同时可以向有关机关发出协助执行通知书，有关机关在扣押、查封期间不再办理该动产或者不动产的过户手续。对查封的商品、货物或者其他财产，税务机关可以指令被执行人负责保管，保管责任由被执行人承担。继续使用被查封的财产不会减少其价值的，税务机关可以允许被执行人继续使用；因被执行人保管或者使用的过错造成的损失，由被执行人承担。

稽查局采取税收保全措施时，应当向纳税人送达《税收保全措施决定书》，告知其采取税收保全措施的内容、理由及依据，并依法告知其申请行政复议和提起行政诉讼的权利。采取冻结纳税人在开户银行或者其他金融机构的存款措施时，应当向纳税人开户银行或者其他金融机构送达《冻结存款通知书》，冻结其相当于应纳税款的存款。

2. 税收保全的简易程序

实施保全（简易）是针对未按照规定办理税务登记的从事生产、经营的纳税人以及临时从事经营的纳税人［包括到外县（市）从事生产、经营而未向营业地税务机关报验登记的纳税人］实施的税收保全措施。由税务机关对未按照规定办理税务登记的从事生产、经营的纳税人以及临时从事经营的纳税人核定其应纳税额，责令缴纳；不缴纳的，税务机关可以扣押其价值相当于应纳税款的商品、货物。

扣押纳税人商品、货物的，纳税人应当自扣押之日起 15 日内缴纳税款。

税务机关扣押商品、货物时，必须开付收据；对扣押的鲜活、易腐烂变质或者易失效的商品、货物，税务机关根据被扣押物品的保质期，可以缩短规定的扣押期限。

税务机关执行扣押商品、货物时，应当由两名以上税务人员执行，并通知被执行人。被执行人是自然人的，应当通知被执行人本人或者其成年家属到场；被执行人是法人或者其他组织的，应当通知其法定代表人或者主要负责人到场；拒不到场的，不影响执行。

扣押价值相当于应纳税款的商品、货物时，扣押商品的价值参照同类商品的市场价、出厂价或者评估价估算。扣押价值还应当包括滞纳金和扣押、保管、拍卖、变卖所发生的费用。

实施扣押时，对有产权证件的动产或者不动产，税务机关可以责令当事人将产权证件交税务机关保管，同时可以向有关机关发出协助执行通知书，有关机关在扣押期间不再办理该动产或者不动产的过户手续。

（二）阻止出境

欠缴税款的纳税人或其法定代表人需要出境，但尚未结清应纳税款、滞纳金，又不提供担保的，税务机关可依法向其申明不准出境后仍执意出境的，填写《阻止欠税人出境布控申请表》阻止其出境。

阻止欠税人出境由县级以上（含县级）税务机关申请，报省、自治区、直辖市税务机关审核批准。

欠税人为自然人的，阻止出境的对象为当事人本人。

欠税人为法人的，阻止出境对象为其法定代表人。

欠税人为其他经济组织的，阻止出境对象为其负责人。

上述法定代表人或负责人变更时，以变更后的法定代表人或负责人为阻止出境对象；法定代表人不在中国境内的，以其在华的主要负责人为阻止出境对象。

欠税人实施出境限制应严格掌握，原则上个人欠税 3 万元以上，企业欠税 20 万元以上，方可函请公安边防部门实施边控。但对拒不办理纳税申报的，可不受上述金额限制。对纳税人的欠税事项，凡能在境内控管的，尽可能不要留待欠税人出境时解决。

税务机关在被阻止出境的欠税人结清所欠税款或提供纳税担保后，依法解除其出境限制。

（三）行使代位权

欠缴税款的纳税人因怠于行使其到期债权，或者放弃到期债权，对国家税收造成损害的，税务机关依法申请人民法院行使代位权。

我国《合同法》第 73 条规定："因债务人怠于行使其到期债权，对债权人造成损害的，债权人可以向人民法院请求以自己的名义代位行使债务人的债权，但该债权专属于债务人自身的除外。代位权的行使范围以债权人的债权为限。债权人行使代位权的必要费用，由债务人负担。"

审批人员对行使代位权或撤销权的申请进行审批，填写审批意见。

在审批同意后，根据审批意见，办理人员制作《民事起诉状》，并收集相关证据后，向有管辖权的人民法院（被告所在地的人民法院）提起诉讼。

（四）行使撤销权

欠缴税款的纳税人无偿转让财产，或者以明显不合理的低价转让财产而受让人知道该情形，对债权人造成损害，对国家税收造成损害的，税务机关可依法申请人民法院行使撤销权。

（五）强制执行

在税务机关对纳税人采取税收保全措施后，对于限期期满［责令限期缴纳税款《税务事项通知书（限期缴纳）》限期缴纳税款时限] 仍未缴纳税款的；设置纳税担保后，限期期满 [纳税担保到期处理《税务事项通知书（限期缴纳）》限期缴纳税款时限] 仍未缴纳所担保的税款的（被除执行人为纳税担保人）；逾期（《税务处理决定书》缴款时限＋对应的《文书送达回证》"送达日期"）不按规定履行税务处理决定的；申请人逾期（《复议决定书》送达纳税人12个工作日且未处于诉讼状态）不起诉又不履行复议决定的；逾期（一审《判决书》"文书制作日期"＋7日＋15日＋5日且未诉讼状态，或者二审《判决书》"文书制作日期"＋7日）不按规定履行税务行政处罚决定的；当事人对税务机关的处罚决定逾期不申请行政复议也不向人民法院起诉、又不履行的；其他经责令限期缴纳，逾期 [责令限期缴纳税款《税务事项通知书（限期缴纳）》限期缴纳税款时限] 仍未缴纳税款、规费的，可以采取税务强制执行措施。税务强制执行包括以下几种。

1. 强制扣缴

强制扣缴是税务机关对税务行政管理相对人采取的强制执行措施中的一种。当税务行政管理相对人未按限缴期限缴纳税款、滞纳金、罚款时，税务机关通过内部审批文书报经有审批权限的税务局长批准后，决定对税务行政管理相对人采取强制扣缴措施，向其下达强制扣缴的书面文书，通知银行及其他金融机构从税务行政管理相对人存款中扣缴税款、滞纳金及罚款。

用人单位逾期仍未缴纳或者补足社会保险费的，社会保险费征收机构可以向银行和其他金融机构查询其存款账户；并可以申请县级以上有关行政部门做出划拨社会保险费的决定，书面通知其开户银行或者其他金融机构划拨社会保险费。

2. 拍卖变卖

拍卖变卖是在税收强制执行或者税收保全过程中所采取的一种措施。拍卖是指税务机关将抵税财物依法委托拍卖机构，以公开竞价的形式，将特定财物转让给最高应价者的买卖方式。变卖是指税务机关将抵税财物委托商业企业代为销售、责令纳税人限期处理或由税务机关变价处理的买卖方式。当纳税人、扣缴义务人未在限期内缴纳或解缴税款，纳税担保人未按照规定的期限缴纳所担保的税款时，或者在稽查过程中对税收保全的商品、货物或者其他财产需要提前进行拍卖变卖处理的，经有审批权限的税务局局长批准，税务机关可以采取依法拍卖或者变卖所扣押、查封的商品、货物或者其他财产的措施，以拍卖或者变卖所得继续实施保全或者抵缴税款。

有下列情形之一的，税务机关可依法进行拍卖、变卖（符合条件的，可以自行启动；如果人工启动，系统进行监控；如不满足下列条件之一，则不能启动该流程）。

（1）采取税收保全措施后，税收保全税款所对应的《税务事项通知书》规定的限期期满仍未缴纳税款的。

（2）设置纳税担保后，限期期满仍未缴纳所担保的税款的。

（3）逾期不按规定履行税务处理决定的（《税务处理决定书》确定的期限）。

（4）逾期不按规定履行复议决定的（复议决定上规定的期限）。

（5）逾期不按规定履行税务行政处罚决定的。

（6）其他经责令限期缴纳，逾期仍未缴纳税款的。

税务机关按照《税收征管法》第五十五条的规定采取扣押、查封的税收保全措施过程中，在税收保全期内，已采取税收保全措施的财物有下列情形之一的，税务机关可以制作《税务事项通知书》，书面通知纳税人及时协助处理。

（1）鲜活、易腐烂变质或者易失效的商品、货物。

（2）商品保质期临近届满的商品、货物。

（3）季节性的商品、货物。

（4）价格有急速下降可能的商品、货物。

（5）保管困难或者需要保管费用过大的商品、货物。

（6）其他不宜长期保存，需要及时处理的商品、货物。

税务机关采取强制执行措施时，对未缴纳的滞纳金同时强制执行。

税务机关将扣押、查封的商品、货物或者其他财产变价抵缴税款时，应当交由依法成立的拍卖机构拍卖；无法委托拍卖或者不适于拍卖的，可以交由当地商业企业代为销售，也可以责令纳税人限期处理；无法委托商业企业销售，纳税人也无法处理的，可以由税务机关变价处理。国家禁止自由买卖的商品，应当交由有关单位按照国家规定的价格收购。

拍卖、变卖抵税财物，由县以上税务局（分局）组织进行。变卖鲜活、易腐烂变质或者易失效的商品、货物时，经县以上税务局（分局）局长批准，可由县以下税务机关进行。

税务机关拍卖变卖抵税财物时按下列程序进行。

（1）制作拍卖（变卖）抵税财物决定书。经县以上税务局（分局）局长批准后，对被执行人下达拍卖（变卖）抵税财物决定书。依照法律法规规定需要经过审批才能转让的物品或财产权利，在拍卖、变卖前，应当依法办理审批手续。

（2）查实需要拍卖或者变卖的商品、货物或者其他财产。在拍卖或者变卖前，应当审查所扣押商品、货物、财产专用收据和所查封商品、货物、财产清单，查实被执行人与抵税财物的权利关系，核对盘点需要拍卖或者变卖的商品、货物或者其他财产是否与收据或清单一致。

（3）按照规定的顺序和程序，委托拍卖、变卖，填写拍卖（变卖）财产清单，与拍卖机构签订委托拍卖合同，与受委托的商业企业签订委托变卖合同，对被执行人下达《税务事项通知书》，并按规定结算价款。

（4）以拍卖、变卖所得支付应由被执行人依法承担的扣押、查封、保管以及拍卖、变卖过程中的费用。

（5）拍卖、变卖所得支付有关费用后抵缴未缴的税款、滞纳金，并按规定抵缴罚款。

（6）拍卖、变卖所得支付扣押、查封、保管、拍卖、变卖等费用并抵缴税款、滞纳金后，剩余部分应当在3个工作日内退还被执行人。

（7）税务机关应当通知被执行人将拍卖、变卖全部收入计入当期销售收入额并在当期申报缴纳各种应纳税款。拍卖、变卖所得不足抵缴税款、滞纳金的，税务机关应当继续追缴。

抵税财物除有市场价或其价格依照通常方法可以确定的外，应当委托依法设立并具有相应资质的评估鉴定机构进行质量鉴定和价格评估，并将鉴定、评估结果通知被执行人。委托拍卖的文物，在拍卖前，应当经文物行政管理部门依法鉴定、许可。

税务机关应当在做出拍卖决定后 10 日内委托拍卖。税务机关可以自行办理委托拍卖手续，也可以由其上级税务机关代为办理拍卖手续。

下列抵税财物为无法委托拍卖或者不适于拍卖，可以交由当地商业企业代为销售或责令被执行人限期处理，进行变卖。

（1）鲜活、易腐烂变质或者易失效的商品、货物。

（2）经拍卖程序一次或二次流拍的抵税财物。

（3）拍卖机构不接受拍卖的抵税财物。

委托商业企业变卖的，受委托的商业企业要经县以上税务机关确认，并与商业企业签订委托变卖合同。有下列情形之一的，属于无法委托商业企业代为销售。

（1）税务机关与两家（含两家）以上商业企业联系协商，不能达成委托销售的。

（2）经税务机关在新闻媒体上征求代售单位，自征求公告发出之日起 10 日内无应征单位或个人，或应征之后未达成代售协议的。

（3）已达成代售协议的商业企业在经第二次核定价格 15 日内仍无法售出税务机关委托代售的商品、货物或其他财产的。

下列情况可以用拍卖、变卖收入抵缴罚款。

（1）被执行人主动用拍卖、变卖收入抵缴罚款的。

（2）对价值超过应纳税额且不可分割的商品、货物或者其他财产进行整体扣押、查封、拍卖，以拍卖收入抵缴未缴的税款、滞纳金时，连同罚款一并抵缴。

（3）从事生产经营的被执行人对税务机关的处罚决定逾期不申请行政复议也不向人民法院起诉、又不履行的，做出处罚决定的税务机关可以强制执行，抵缴罚款。

拍卖变卖结束后，税务机关制作拍卖、变卖结果通知书以及拍卖、变卖扣押、查封的商品、货物、财产清单一式两份，一份税务机关留存，一份交被执行人。

被执行人在拍卖、变卖成交前缴清税款、滞纳金的，税务机关应当终止拍卖或者变卖活动，并将商品、货物或其他财产退还被执行人，扣押、查封、保管以及拍卖或者变卖已经产生的费用由被执行人承担。被执行人拒不承担上述相关费用的，继续进行拍卖或者变卖，以拍卖、变卖收入扣除被执行人应承担的扣押、查封、保管、拍卖或者变卖费用后，剩余部分税务机关在 3 个工作日内返还被执行人。

对抵税财物经鉴定、评估为不能或不适于进行拍卖、变卖的，税务机关应当终止拍卖、变卖，并将抵税财物返还被执行人。对抵税财物经拍卖、变卖程序而无法完成拍卖、变卖实现变价抵税的，税务机关应当将抵税财物返还被执行人。抵税财物无法或不能返还被执行人的，税务机关应当经专门鉴定机构或公证部门鉴定或公证，报废抵税财物。

3. 申请法院强制执行

申请法院强制执行是税务机关采取的强制执行措施中的一种。在当事人对税务机关的处罚决定逾期不申请行政复议也不向人民法院起诉、又不履行时，做出处罚决定的税务机关可以依法申请人民法院强制执行。复议申请人逾期不起诉又不履行行政复议决定的，或者不履行最终裁决的行政复议决定的，税务机关可以依法申请人民法院强制执行。税务机关向法院提出申请后，由法院采取强制执行措施。法院强制执行完毕，通知税务机关将税款、滞纳金、罚款、罚金、没收违法所得征收入库时，通知征收开票部门将上述款项征收入库。当事人包括从事生产经营的纳税人、扣缴义务人和非生产经营纳税人、扣缴义务人。

4. 现金扣缴

现金扣缴是税务机关对税务行政管理相对人采取的强制执行措施中的一种。当税务行政管理相对人未按限缴期限缴纳税款、滞纳金、罚款，且有处于保全状态或担保状态的现金时，税务机关通过内部审批文书报经有审批权限的税务局局长批准后，决定对税务行政管理相对人采取现金扣缴措施，向其下达现金扣缴的书面文书，通知税务行政管理相对人扣缴税款、滞纳金及罚款决定及结果。

七、纳税担保

纳税担保是指经税务机关同意或确认，纳税人或其他自然人、法人、经济组织以保证、抵押、质押的方式，为纳税人应当缴纳的税款及滞纳金提供担保的行为。

（一）纳税担保的适用情况

根据《纳税担保试行办法》第三条规定，纳税人有下列情况之一的，适用纳税担保。

（1）税务机关有根据认为从事生产、经营的纳税人有逃避纳税义务行为，在规定的纳税期之前经责令其限期缴纳应纳税款，在限期内发现纳税人有明显的转移、隐匿其应纳税的商品、货物以及其他财产或者应纳税收入的迹象，责成纳税人提供纳税担保的。

（2）欠缴税款、滞纳金的纳税人或者其法定代表人需要出境的。

（3）纳税人同税务机关在纳税上发生争议而未缴清税款，需要申请行政复议的。

（4）税收法律、行政法规规定可以提供纳税担保的其他情形。

（二）纳税担保的办理程序

纳税人、扣缴义务人需要提供纳税担保的，向税务机关提交《纳税担保书》，对于以财产担保的，同时需提交《纳税担保财产清单》，纳税抵押和纳税质押形式的担保还需要提供相关部门出具的抵押登记的证明及其复印件。社会保险费缴费人或其他缴费担保人需要提供缴费担保的，除另外提交《缴费担保书》外，其他参照纳税担保的要求提交。

税务机关对纳税人担保人（社会保险费缴费担保人）的担保资格、担保能力等进行事前审核，符合纳税人担保条件的，税务机关应予受理。税务机关应首先判断纳税人担保人是否办理税务登记，如纳税担保人未办理税务登记，则先对纳税担保人的基本信息进行登记。

纳税担保申请确认受理人员受理纳税人、扣缴义务人的纳税担保申请后，根据纳税人、扣缴义务人（社会保险费缴费人或其他缴费人）申请的担保形式，制作《纳税担保书》《缴费担保书》），对于担保形式为纳税抵押和纳税质押的，需制作《纳税担保财产清单》。

税务机关领导对《纳税担保书》进行审批。纳税担保书须经纳税人、纳税保证人签字盖章并经税务机关签字盖章同意方为有效。

审批终审后，对经纳税人、纳税保证人签字盖章并经税务机关签字盖章的《纳税担保书》进行发放处理。

（三）纳税担保解除

税务机关对纳税人应当缴纳的税款、滞纳金，以税务机关同意或确认的纳税人或者其他自然人、法人、经济组织以保证、抵押、质押的方式提供纳税担，纳税人或纳税担保人在规定的期限内缴纳税款及滞纳金或复议决定撤销原具体行政行为后，税务机关解除纳税担保的处理。

（四）纳税担保到期处理

根据《纳税担保试行办法》第十三条规定，纳税人在规定的期限届满未缴清税款及滞纳金，税务机关在保证期限内书面通知纳税保证人的，纳税保证人应按照纳税担保书约定的范围，自收到纳税通知书之日起 15 日内缴纳税款及滞纳金，履行担保责任。

纳税保证人未按照规定的履行保证责任的期限缴纳税款及滞纳金的，由税务机关发出《责令限期缴纳通知书》，责令纳税保证人在限期 15 日内缴纳；逾期仍未缴纳的，经县以上税务局（分局）局长批准，对纳税保证人采取强制执行措施，通知其开户银行或其他金融机构从其存款中扣缴所担保的纳税人应缴纳的税款、滞纳金，或扣押、查封、拍卖、变卖其价值相当于所担保的纳税人应缴纳的税款、滞纳金的商品、货物或者其他财产，以拍卖、变卖所得抵缴担保的税款、滞纳金。

根据《纳税担保试行办法》第二十三条、第二十四条、第二十九条第二款、第三十条规定，纳税人在规定的期限内未缴清税款、滞纳金的，税务机关应当依法拍卖、变卖抵押物，变价抵缴税款、滞纳金。纳税人在规定的期限届满未缴清税款、滞纳金的，税务机关应当在期限届满之日起 15 日内书面通知纳税担保人自收到纳税通知书之日起 15 日内缴纳担保的税款、滞纳金；纳税担保人未按照规定的期限缴纳所担保的税款、滞纳金的，由税务机关责令限期在 15 日内缴纳；逾期仍未缴纳的，经县以上税务局（分局）局长批准，税务机关依法拍卖、变卖抵押物、质押物，抵缴税款、滞纳金。

社会保险费缴费担保到期的处理办法参照纳税担保到期处理的有关规定。

第七节　税务行政救济

行政救济，是指公民、法人或其他组织认为具体行政行为直接侵害其合法权益，请求有权的国家机关依法对行政违法或行政不当行为实施纠正，并追究其行政责任，以保护行政管理相对方的合法权益。一般是基于行政相对人的申请而发生，其途径主要是行政复议、行政赔偿、行政诉讼。

税务行政救济的主要内容有税务行政复议、税务行政赔偿、税务行政诉讼。

一、税务行政复议

行政复议是指公民、法人或者其他组织，对有关行政机关做出的行政行为不服，依法向做出行政行为的上级机关提出申诉，由上级机关对该行政行为是否合法与适当重新进行审议，并做出裁决的行政法律制度。根据《税收征管法》的规定，纳税人和其他税务当事人认为税务机关的行政行为侵犯了其合法权益，可以向税务行政复议机关申请复议，即税务行政复议。

税务行政复议，是指纳税人和其他税务当事人对税务部门所做的征税决定及处罚决定不服时，向税务行政复议机关提出重新裁决的程序制度。

（一）税务行政复议的特点

1. 复议的前提是税务争议

税务争议是指在税务活动中，税务当事人与税务部门之间由于税务机关的行政行为而引起的纠纷和争议。复议必须以税务争议为基础，没有税务争议就不能引起复议，它是构成税务行政复议的前提条件。非税务争议也不能引起复议。

2. 一般以上级税务机关为复议机关

税务行政复议体现的是一种行政监督权。对一级行政机关做出的处理决定，只有其上级主管机关才有权予以裁决。因此，税务行政复议应由做出行政行为的税务机关的上级主管机关进行，本级机关无权复议。除了上级税务机关进行复议，在特定情况下，本级人民政府也是税务行政复议机关。

3. 先缴税再复议

纳税人、扣缴义务人、纳税担保人同税务机关在纳税上发生争议时，必须先依照税务机关的纳税决定缴纳或者解缴税款及滞纳金或者提供相应的担保，然后才可以依法申请行政复议。对行政复议决定不服的，可以依法向人民法院起诉。

4. 复议前置

复议前置是指当事人对具体行政行为有争议，必须经过复议程序，对复议机关复议决定不服时，才能向人民法院提起诉讼。

（二）税务行政复议的原则

1. 回避原则

如果参与税务行政复议案件的工作人员与所办理的案件存在利害关系，应自行退出或复议机关指令其退出该案件的处理。

2. 合议原则

复议机关审理税务行政复议案件时，应采取召集各相关部门共同审议、集体表决、少数服从多数的审理制度。

3. 禁止不利变更原则

行政复议机关在申请人的行政复议请求范围内，不得做出对申请人更为不利的行政复议决定。

（三）税务行政复议的受案范围

税务行政复议受案范围是指税务行政复议机构对哪些行政行为拥有复议权。从另一方面说，即纳税人或者其他当事人在哪些情况下，可以向复议机构提起复议申请。税务行政复议受案范围是指具体行政行为，不包括抽象行政行为。

1. 具体行政行为

具体行政行为，是指在行政管理过程中，针对特定的人或事所采取具体措施的行为。在税收上具体包括以下内容。

（1）税务机关做出征税行为，主要包括四方面。

①征收税款。

②加收滞纳金。

③审批减免税和出口退税。

④税务机关委托扣缴义务人做出代扣代收税款行为。

（2）税务机关做出责令纳税人提供纳税担保行为。

（3）税务机关做出税收保全措施。

（4）税务机关做出税收强制执行措施。

（5）税务机关做出税收行政处罚行为。

（6）税务机关拒绝颁发税务登记证、出售发票或不予答复的行为。

（7）其他具体行政行为。

2. 抽象行政行为

抽象行政行为是指以不特定的人或事为管理对象，制定具有普遍约束力的规范性文件的行为（行为具有对象不特定性或普遍性）。包括两类，一类是行政立法行为，另一类是制定不具有法源性的规范性文件的行为。

《中华人民共和国行政复议法》（以下简称《行政复议法》）第七条规定：公民、法人或其他组织认为行政机关做出具体行政行为所依据的一般规范性文件不合法，在对具体行政行为申请复议时，可以一并向复议机关提出对该规范性文件规定的审查申请。

根据这一法律依据，在税务行政复议过程中，纳税人对税务行政机关做出具体行政行为提出复议时，如果认为其具体行政行为不合法规，可以提出审查申请。其法规具体包括以下内容。

（1）国家税务总局和国务院其他部门的规定。

（2）其他各级税务机关的规定。

（3）县级以上地方各级人民政府及其工作部门的规定。

（4）乡、镇人民政府的规定。

3. 税务行政复议的管辖

1）一般管辖

一般管辖分为上一级税务机构管辖、申请人选择管辖和国家税务总局本机关管辖三种情况。

（1）根据《行政复议法》第十二条第二款以及《税务行政复议规则》的规定，对省级以下各级税务机关做出的税务具体行政行为不服的，向其上一级税务机关申请复议；对省级税务机关做出的具体行政行为不服的，向国家税务总局申请复议。

（2）对国家税务总局做出的具体行政行为不服的，申请人首先必须向税务总局申请复议。对税务总局复议决定不服，申请人既可以向法院提起行政诉讼，也可以向国务院申请裁决，国务院的裁决为最终裁决。

2）特殊管辖

对一般管辖以外的行政主体做出的税务具体行政行为，实行特殊管辖，具体有以下几方面。

（1）对税务机关依法设立的派出机构，依照法律、法规或者规章的规定，以自己的名义做出的税务具体行政行为不服，向设立该派出机构的税务机关申请复议。

（2）对扣缴义务人做出的代扣税款行为不服的，向主管该扣缴义务人的税务机关的上一级税务机关申请复议；对受税务机关委托的单位做出的代征税款行为不服的，向委托税务机关的上一级税务机关申请复议。

（3）对被撤销的税务机关在撤销前做出的税务具体行政行为不服的，向继续行使其职权的税务机关的上一级税务机关申请复议。

（4）对税务机关做出的税务具体行政行为不服的，向国家税务总局申请复议；对税务机关与其他机关共同做出的具体行政行为不服的，向其共同的上一级行政机关申请复议。有上述所列情形之一的，申请人也可以向具体行政行为发生地的县级地方人民政府提出行政复议申请，由接受申请的县级地方人民政府依法进行办理。

4. 税务行政复议的程序

1）税务行政复议的申请

税务行政复议申请，是指公民、法人或其他组织向法定复议机关做出行政复议，要求其对某一具体行政行为进行审查并做出裁决的意愿表达。申请是税务行政复议程序的第一个环节。

（1）申请方式。申请人既可以书面方式申请复议，也可以口头方式申请复议。书面申请不受格式等限制；口头申请不仅适用于不识字的申请人，也适用于识字的申请人。

（2）申请法定期限。《行政复议法》规定，公民、法人或者其他组织认为行政机关的具体行政行为侵犯其合法权益的，可以自该具体行政行为生效之日起 60 日内向复议机关申请复议。因此，税务行政复议的申请期限基本依照《行政复议法》制定，必须复议是 60 日，选择复议是 15 日。

复议申请期限有两种例外情况：一是法律规定的申请期限超过 60 日的，依法律的规定；二是因不可抗力或者其他正当理由延误法定申请期限的，申请期限自例外消除之日起继续计算。

（3）申请条件。复议申请条件根据《行政复议法》，仅限于以下三种：①申请的行为属于行政复议的受案范围；②申请必须在法定期限内提出，如无特殊情况不能超过 60 日或 15 日提出复议申请；③申请人必须具备主体资格，即法定权益未受具体行政行为侵害的人，不能提出复议申请。

2）税务行政复议的审理

根据《行政复议法》的规定，税务行政复议机关收到申请后，应当在 5 日内进行审查。

（1）审查的内容。审查税务行政复议案件，应当对被申请人做出的原具体行政行为的合法性和适当性进行审查，具体包括五项内容：①做出税务具体行政行为的主体是否具备执法主体资格；②税务具体行政行为事实是否清楚，证据是否确凿、理由是否充分；③税务具体行政行为适用的依据是否正确；④做出税务具体行政行为是否符合法定程序；⑤税务具体行政行为有无明显不当。

（2）审查的中止和终止。申请人申请行政复议时，对原行政行为所依据的有关规定提出审查申请的，行政复议机关对该规定有权处理的，应当在 30 日内依法处理；无权处理的，应当在 7 日内按照法定程序转送有权处理的行政机关依法处理，有权处理的行政机关应当在 60 日内依法处理。行政复议机关在对被申请人做出的行政行为审查时，认为其依据不合法，本机关有权处理的，应当在 30 日内依法处理；无权处理的，应当在 7 日内按照法定程序转送有权处理的国家机关依法处理。处理期间，中止对行政行为的审查。

行政复议决定做出前，申请人要求撤回行政复议申请的，经说明理由，可以撤回。撤回行政复议申请的，行政复议终止。税务行政复议机关责令被申请人重新做出税务行政行为的，被申请人不得以同一事实和理由做出与原行政行为相同或者基本相同的行政行为。

（3）复议决定赔偿。申请人在申请行政复议时可以一并提出行政赔偿请求，复议机关对符合国家赔偿法的有关规定应当给予赔偿的，在决定撤销、变更具体行政行为或者确认具体行政行为违法时，应当同时决定对被申请人依法给予赔偿。申请人在申请税务行政复议时没有提出行政赔偿请求的，税务复议机关在依法决定撤销或者变更税款、滞纳金、罚款以及对财产的扣押、查封等强制措施时，应当同时责令被申请人退还税款、滞纳金和罚款，解除对财产的扣押、查封等强制措施，或者赔偿相应的价款。

（4）复议决定书。税务行政复议机关做出行政复议决定，应当制作行政复议决定书，并加盖印章。复议决定书一经送达即发生法律效力，申请人和被申请人应当履行。如申请人对复议决定不服，可以在接到复议决定书之日起 15 日内向法院起诉。

3）税务行政复议的决定

税务行政复议决定，是指税务行政复议机关在审查复议案件事实的基础上，依法对税务具体行政行为是否合法和适当做出具有法律效力的决定。

（1）复议决定期限。根据《行政复议法》的规定，税务复议机关应当自收到受理复议申请之日起 60 日内做出行政复议决定。如情况复杂，不能在规定期限内做出行政复议决定的，经行政复议机关负责人批准，可以适当延长，并告知申请人和被申请人，但是延长期限最多不得超过 30 日。

（2）复议决定种类。税务行政复议机关负责法制工作的机构应当对被申请人做出的具体行政行为进行审查，提出意见，经行政复议机关的负责人同意或者集体讨论通过后，做出行政复议决定。具体决定种类有三种：一是维持决定。具体行政行为认定事实清楚，证据确凿，适用依据正确，程序合法，内容适当，决定维持。二是履行决定。被申请人不履行法定职责的，决定其在一定期限内履行。三是撤销、变更确认决定。具体行政行为有下列情形之一的，决定撤销、变更或者确认该具体行政行为违法，决定撤销或者确认该具体行政行为违法的，可以责令被申请人在一定期限内重新做出具体行政行为：①主要事实不清、证据不足的；②适用依据错误的；③违反法定程序的；④超越或者滥用职权的；⑤具体行政行为明显不当的。被申请人不按照规定对申请书副本或申请笔录提出书面答复、提交当初做出具体行政行为的证据、依据和其他有关材料的，视为该具体行政行为没有证据、依据，决定撤销该具体行政行为。

5. 税务行政复议的执行

申请人逾期不起诉又不履行的，税务机关可以分别情况进行处理。

（1）维持原具体行政行为的复议决定，由最初做出具体行政行为的税务机关申请法院强制执行，或者依法强制执行。

（2）改变原具体行政行为的复议决定，由复议机关申请法院强制执行，或者依法强制执行。

二、税务行政赔偿

税务行政赔偿是指税务机关及其公务人员侵犯公民、法人或其他组织合法权益并造成经济损失的，依法由税务机关负责赔偿的一种行为。在我国，国家行政机关是为人民服务的机关，当行政机关及其工作人员的行政行为损害了人民利益的时候，理应给予赔偿，这也是人民合法权益得到充分保障的标志。行政赔偿还有利于对行政机关和工作人员进行法律监督，促进国家行政机关改进工作和提高工作效率。

《中华人民共和国行政诉讼法》（以下简称《行政诉讼法》）规定，行政机构或者行政机构工作人员做出的具体行政行为侵犯公民、法人或者其他组织的合法权益并造成损害的，由该行政机构或者行政机构工作人员所在的行政机关负责赔偿。如果税务机关及其公务人员做出的税收具体行政行为违反税法、法规和有关法律法规的规定，给纳税人、扣缴义务人、纳税担保人和其他当事人造成了损失，并且税务机关及其公务人员的侵权行为是由于主观上的故意或者过失造成的，则该税务机关应当对当事人进行行政赔偿。

《税收征管法》第八条规定，纳税人、扣缴义务人对税务机关所做出的决定，享有请求国家赔偿的权力；第三十九条规定，纳税人在限期内已缴纳税款，税务机关未立即解除税收保全措施，使纳税人的合法利益遭受损失的，税务机关应承担赔偿责任；第四十三条规定，税务机关滥用职权违法采取税收保全措施、强制执行措施，或者采取税收保全措施、强制措施不当，使纳税人、扣缴义务人或者纳税担保人的合法权益遭受损失的，应当依法承担赔偿责任。

《行政诉讼法》第六十七条规定，公民、法人或者其他组织单独就损害赔偿提出请求，应当先由行政机关解决，对行政机关的处理不服，可以向人民法院提起诉讼。

依据《中华人民共和国国家赔偿法》（以下简称《国家赔偿法》）规定，国家赔偿以支付赔偿金为主要方式，赔偿义务机关能够通过返还财产或者恢复原状实施国家赔偿的，应当返还财产或者恢复原状。

1. 支付赔偿金

这是最主要的赔偿形式。支付赔偿金简便易行，适用范围广，它可以使受害人的赔偿要求迅速得到满足。

2. 返还财产

这是对财产所有权造成损害后的赔偿方式。返还财产要求财产或者原物存在，只有这样才谈得上返还财产。返还财产所指的财产一般是特定物，但也可以是种类物，如罚款所收缴的货币。

3. 恢复原状

这是指对受到损害的财产进行修复，使之恢复到受损前的形状或者性能。使用这种赔偿方式必须是受损害的财产确能恢复原状且易行。

三、税务行政诉讼

税务行政诉讼是指公民、法人和其他组织认为税务机关的具体行为违法或者不当，侵害其合法权益，请求人民法院对税务机关的具体行政行为的合法性和适当性进行审理裁决的诉讼活动。

（一）税务行政诉讼的特征

根据《行政诉讼法》的规定，税务行政诉讼具有以下基本特征。

1. 选择复议与复议前置相结合

根据《税收征管法》的规定，当事人同税务机关在纳税上发生争议时，必须先申请行政复议，对税务行政复议决定不服的，才可以向人民法院起诉，未经复议而直接向人民法院起诉的，人民法院将不予受理。除了纳税争议外，其他具体税务行政行为，当事人可以选择申请行政复议，也可以不经复议直接向人民法院起诉。

2. 对具体行政行为合法性审查

《行政诉讼法》第五条规定：人民法院审理行政案件，对具体行政行为是否合法进行审查。与刑事诉讼和民事诉讼相比，具体行政行为合法性审查原则是行政诉讼最基本的特征。

3. 行政诉讼期间具体行政行为不停止执行

具体行政行为不停止执行原则是指在行政诉讼中，当事人争议的具体行政行为不因原告提起诉讼而停止执行。税收是国家财政收入的主要来源，如果由于纳税人向法院提起税务行政诉讼期间，对该纳税人的税收即停止执行，就会影响财政收入的稳定性，导致严重后果。所以，在税务行政诉讼期间，非特殊情况下，税收行为不停止执行。

根据《行政诉讼法》第五十六条规定，有下列情形之一的，停止具体行政行为的执行：①被告认为需要停止执行的；②原告或利害关系人、申请停止执行，人民法院认为该行政行为的执行会造成难以弥补的损失，并且停止执行不损害国家利益、社会公共利益行的；③人民法院认为该行政行为会给国家利益、社会公共利益造成重大损害的；④法律、法规规定停止执行的。

4. 举证责任倒置

《行政诉讼法》第三十四条规定，被告对做出的行政行为负有举证责任，应当提供做出该行政行为的证据和所依据的规范性文件。有别于我国民法"谁主张，谁举证"的法律原则。

5. 不适用调解

当事人提起税务行政诉讼的标的是税务机关的具体行政行为，也就是要求人民法院对税务机关的具体行政行为的合法性做出明确判断，即该行为是合法的还是非法的。法院不能通过调解的方式中止诉讼而导致该问题模糊化，所以税务行政诉讼不适用调解。但是也有例外。《行政诉讼法》第六十条规定："行政赔偿、补偿以及行政机关行使法律、法规规定的自由裁量权的案件可以调解。"因为税务机关的具体行政行为是否导致了当事人的损失，以及损失多少，并不涉及税务机关的法定职权，所以双方可以通过协商解决行政赔偿责任问题。

（二）税务行政诉讼的程序

1. 税务行政诉讼的提起

公民、法人和其他经济组织不服税务机关的行政处理决定或者复议决定，向人民法院提起行政诉讼。起诉的方式一般有口头提起与书面提起两种。公民、法人和其他经济组织向人民法院提起税务行政诉讼，应当向人民法院提交起诉状。

2. 税务行政诉讼的受理

人民法院在接到原告的起诉状后，应按条件加以审查，并在7日内做出立案或不予受理的裁定。

3. 税务行政诉讼的审理与判决

行政诉讼的审理阶段一般包括宣布开庭、法庭调查、法庭辩论、合议庭评议和宣告判决等几个程序，其中比较重要的是法院调查和法庭辩论。法庭辩论结束后，由合议庭评议，并在评议的基础上依法做出判决。原告和被告对人民法院的一审判决不服，均有权在判决书送达之日起15日内向上一级人民法院提起上诉，逾期不上诉的，一审判决即发生法律效力。

4. 二审程序

由于行政诉讼实行二审终审制，因此上一级人民法院的二审判决或裁定是终审判决或裁定，对二审的判决不得再提起上诉。

5. 执行

《行政诉讼法》第九十五条、第九十六条规定，对于公民、法人或者其他组织拒绝履行判决、裁定的，行政机关或者第三人可以向第一审人民法院申请强制执行，或者由行政机关依法强制执行。如果行政机关败诉，并且不履行判决和裁定的，一审人民法院可以采取如下措施：对应归还的罚款或者应当给付的赔偿金，通知银行从该行政机关的账户内划拨；在规定期限内不履行的，从期满之日起，对该行政机关负责人按日处 50～100 元的罚款；将行政机关拒绝履行的情况予以公告；向监察机关或者该行政机关的一上级行政机关提出司法建议。接受司法建议的机关，根据机关规定进行处理，并将处理情况告知人民法院；拒不履行判决、裁定、调解书，社会影响恶劣的，可以对该行政机关直接负责的主管人员和其他直接责任人员予以拘留，情节严重，构成犯罪的，依法追究刑事责任。

思 考 题

1. 税务行政管理在税收管理体系中的作用是什么？
2. 公文管理在税务行政管理中的作用是什么？
3. 税务行政管理制度设计是如何体现"依法治税"的原则的？

案例 10：吉林省地税局强力推进高素质人才培养

（吉林省地方税务局供稿，特此致谢！）

致天下之治者在人才。近几年来，吉林省地税局本着"人才兴税"的理念，从高素质人才培养入手，着力打造一支精税收、懂法律、会管理的高素质人才队伍，以此推动地税事业持续健康发展，取得了显著成效。

认清形势，把高素质人才培养摆在突出位置。2010 年，针对干部队伍中高素质人才匮乏，严重影响税收工作质效的实际，吉林省地税局做出重要决策，将高素质人才培养列为一个时期全局重点工作，纳入重要日程，摆在突出位置。结合地税实际制定了《"十二五"期间加快高素质人才培养的实施意见》，明确提出"十二五"期间，培养 30 名博士生、300～500 名硕士生，以及 300～500 名注册税务师、注册会计师、律师，全省地税系统高素质人才占比超过 15%的目标。并加大投入，严加考核，将目标任务分解到全省地税系统，确保该项工作取得有效落实。

创新方法，拓宽高素质人才培养途径。针对高素质人才培养任务重与自身培训条件差的实际，吉林省地税局多措并举，不断拓宽人才培养途径。一方面，积极开展联合办学。与对外经济贸易大学、吉林大学和东北师范大学等知名大学开展合作，大力培养经济、税收、法学、计算机方面的博士、硕士和"三师"。另一方面，积极引导自学。为充分调动干部自学深造积极性，省局对通过自学取得高层次学历证书和"三师"资格证书人员，报销学习费用，纳入省局人才库，在重点岗位上培养锻炼。同时强化学习保障，组织考前辅导，预留脱产复习时间，购买网校学习软件，开办夜校辅导班。

完善机制，增强高素质人才培养工作活力。积极探索有效的激励机制，提出"以考促学""以评促学""以奖促学""以用促学"工作要求，把干部学习情况与评先、奖励、职务晋升挂钩，在竞争上岗和推荐选拔时，对高素质人才加分或优先列为考察人选。目前高素质人才被提拔为科级干部的达到 243 人（次），处级干部达到 80 人（次）。同时，通过宣传、表彰、优先选派参加省外学习考察等方式，在全系统大力营造尊重知识、尊重人才、重用高素质人才的良好环境。

通过以上措施，全省地税系统高素质人才培养取得了良好成效。截至 2016 年底，全系统共有高素质人才 1882 人，占干部总人数的比例达到 18%，比 2010 年提高了 13 个百分点，在全国税务系统中已经居于领先水平，为地税事业的持续健康发展提供了有力的人才支撑，促进了征管、执法、服务等多方面深层次的提升。2010 年以来，全省地税收入保持稳定增长，地税部门影响力持续增强，得到了省委、省政府和国家税务总局的高度肯定，以及广大纳税人和社会各界的广泛赞誉。高素质人才培养的良好效果，正对地税事业的长远发展产生积极的推动作用。

2017 年 11 月 29 日

案例 11：湖南永州国税用创新集成理念推进队伍管理团队化

（湖南省永州市国家税务局供稿，特此致谢！）

2016 年以来，面对当前税收现代化建设任务重、重点工作涉及面广、税收专业人才限于岗位职责难以发挥自身才能的现状，永州市国税局坚持创新集成理念，打破现有的机构和部门界限，组建重点工作攻坚克难专业团队，建立起"工作项目化、项目团队化、团队责任化、责任绩效化"的团队管理模式。激发了干部干事创业的积极性，引导干部形成了大局意识和团队观念，在全市系统形成了目标明晰、人尽其才、百舸争流的新格局，受到系统内外的一致好评。

一、理念、原则及目标

国家税务总局局长王军同志在 2017 年全国税务工作会议上提出，要实现税收现代化目标，必须坚持创新集成。湖南省永州市国税局坚持以创新集成理念为引领，坚持问题导向，结合实际，将现有的人力资源进行有效整合，大胆探索队伍管理团队化模式，发挥团队力量对税收重点难点工作进行攻关，探索出了一个高效运行的队伍管理新格局。

（一）团队化管理理念

在现有行政组织架构和管理体制下，以"目标明晰，人尽其才，互信协作，责任共担"为理念，打破机构和部门界限组建团队，建立"工作项目化、项目团队化、团队责任化、责任绩效化"的队伍管理模式，形成分工明确、职责清晰、相互衔接、运行高效的队伍管理新格局，充分激发和调动工作人员的积极性、主动性和创造性，建设一支综合素质较高、适应税收现代化要求的国税干部队伍。

（二）团队化管理原则

（1）围绕中心，服务大局。围绕税收中心工作，服务全市工作大局，在市局党组的领导部署和职能部门的协同合作下开展工作。

（2）统筹协调，团队优先。统筹协调团队管理中的人力资源配置，妥善处理团队兼职工作人员在机构隶属和团队隶属中的工作职责分工矛盾，在团队集中办公期间优先保证完成团队工作任务。

（3）整合资源，优势互补。鼓励全市国税系统各级、各岗位工作人员积极参与各项目团队。团队成员原则上要求具备相关的岗位工作实践经验和相应的专业技能，优先吸收相关专业的人才库人员，培养和挖掘出一批专业素养高、具有主动创新和组织协调能力的优秀人员，在工作中发挥团队化建设的"尖刀突破"作用。

（4）成果导向，提质增效。探索实行"项目驱动、合作共赢"等有利于增强队伍活力和提高工作绩效的运作模式。以绩效论功评奖，全面提升团队的整体运作绩效，有效发挥团队的引领示范作用，实现团队工作既定目标。

（三）团队化管理目标

（1）高效推进重点难点工作。
（2）发现培养专业人才。

二、主要做法

（一）营造一个理念强自觉，解决"不愿建团"的认识问题

1. 集中学习，统一思想

在 2016 年四季度和 2017 年一季度党组中心组学习中，将团队化建设作为主要学习内容，就组建专业团队，解决队伍凝聚力不强、高素质人才作用发挥不力、重点难点工作难以推进等问题进行了讨论。各县区局利用局长办公会、局务会等会议对团队化管理模式进行宣讲，提高中层干部对团队化的认识。同时，邀请原北京大学教授张京华，就行政机关集成人才资源、组建专业团队、抓好工作落实，给市局机关全体干部和各县区局局长做了专题讲座，通过学习和讲座，进一步统一了思想认识，坚定了抓团队化建设的决心。

2. 领导带头，倡导推动

在构建团队化文化建设上，一是局领导主动宣传团队化管理，身体力行，市局主要领导对团队化建设每项重要工作都提出明确要求，亲自靠前组织。市局领导班子成员开展"基层工作月活动"，每月下基层不少于 7 天，宣讲团队化管理理念，调研基层团队化运行情况。二是领导牵头团队化管理。市局领导班子成员每人每年负责抓 1 个全局性的团队化工作项目，明确工作要求和目标任务，下发正式公文，接受干部职工监督检查。三是分头督促工作。市局党组成员按照各自分管科室、联系单位分线督查团队化管理，实地检查每个团队工作项目的落实情况。2017 年，市局领导班子成员共对全市系统 45个团队工作进行了跟踪督促，每件工作都按时保质完成。

3. 广泛研讨，达成共识

从 2016 年下半年开始，市、县区两级国税机关在党组会、局务会、科务会等各类

会议上开展团队化管理大讨论，各单位、各部门深入剖析了目前工作中存在的重点难点工作难以推进、专业化高素质人才资源利用不充分等现象的原因，并就整合人才资源、组建专业团队、攻克重点难点工作提出了对策，就永州国税重点工作项目团队化管理提出了意见建议，通过层层研讨，共收集到组建专业团队、抓好工作落实的建议126条。在此基础上，形成了《永州市国家税务局系统重点工作项目团队化管理办法（试行）》。干部职工通过研讨，对团队化建设有了充分了解，主动要求参与团队，发挥自身的特长。

（二）坚持两项原则促优化，解决"如何建团"的瓶颈问题

1. 坚持应需组建专业团队

2017年初，市局党组针对全市国税重点难点创新工作、上级局或地方党政部署的重要工作事项、市局党组研究确定的重点工作等，确定了8大类40项重点工作任务。同时，将需要跨部门、系统上下联合和系统内外协同的重点工作任务，明确为年度重点工作项目，由市局党组班子成员牵头组建专业团队，采取"一个项目、一名领导、一个团队、一抓到底"的模式，集中最专业的骨干力量，调动系统内外的优势资源，推动重点项目的落实落地。2017年，市局机关通过部门申报、局领导指定、团队化建设领导小组审议等方式，确定重点工作项目12个，组建了"国税文化建设""党建工作""永税在线""企业所得税风险管理"等12个团队；各县区国税局也根据工作需要，组建了纳税服务、精准扶贫、抗洪抢险、文明创建等33个团队。

2. 坚持因事精选团队成员

各团队根据团队任务需要，设立相应的团队工作岗位，每个岗位的人选，在全市系统内从省、市局各类专业人才库中挑选，从市局机关、县区局各单位各部门中挑选，精选出专业技能强、主动创新和组织协调能力强的优秀团队成员。同时，个别团队还从高校、地方党政机关等系统外邀请了专家、学者加入团队。例如，国税文化建设团队邀请了原湖南人民广播电视台台长王本锡为成员，指导永州国税文化建设。据统计，市局层面的12个团队，共吸收了系统内外72人为团队核心成员。系统外成员5人，市局机关41人，县区局26人。其中，副科级以上领导干部25人。"三师"人才和业务骨干26人；35岁以下的青年干部28人，组建起了内外结合、上下联动、老中青搭配的专业团队。

（三）健全三项机制聚合力，解决"团队运行"的抓手问题

1. 健全管理机制，明确职责抓落实

将团队建设与税收日常工作相结合，进一步理顺团队成员日常岗位工作与团队任务的关系。一是明确团队运行模式。团队实行项目组长负责制，一般由重点项目的牵头部门负责人担任，由1名局领导担任团队负责人，团队核心成员3～5名，其他成员20人以内，团队工作以分散办公为主、集中攻关为辅，定期召开团队碰头会，需要集中攻关时，报经团队负责人同意，集中3～5天时间办公，切实避免机构管理与团队运行管理相互冲突的问题。二是明确团队成员职责。每个团队均制定了专门的管理办法和工作方案，明晰了主办部门和协办部门，明确了团队的总体工作目标、工作内容、实施步骤和工作要求，确定了各个核心成员的职责分工，团队成员在做好本职岗位工作的同时，还要保质保量完成团队分配的任务。三是明确团队保障措施。各团队在开展工作中，需要的经费、设备、办公场地，报经团队化管理领导小组同意后，由行政经费予以保障。2017年，全市系统共支出团队化运行经费150多万元。

2. 健全监管机制，突出重点抓落实

一是建立跟踪督导机制。领导小组办公室采取随机检查、邀请第三方评估机构定期评估等措施对团队化工作跟踪督导，每月对团队进度和质量等情况进行阶段性跟踪督查，每季度召开团队领导小组会议，听取项目组织汇报，推进团队工作有效实施。2017年以来，领导小组共开展跟踪检查23项次，听取团队工作汇报48次。二是建立督查督办机制。领导小组办公室牵头，对各团队项目实施进展情况进行督查督办。各团队严格按照《督查督办单》要求按时保质办结，并将办理情况及时向领导小组办公室反馈。领导小组办公室采取电话督办、会议督办、实地督办等形式，按照"一季一督查、半年一调度、年底结总账"的要求实行台账管理，对全市系统各团队项目落实情况督查到底。三是健全情况通报机制。以局务会、专题会等形式，协调解决团队项目工作落实过程中存在的困难。采用日常督查、专项检查、定点检查等方式，准确掌握各团队项目落实情况，及时发现工作落实中存在的问题，对推进顺利有成效的团队给予表扬，对于工作推进不力未达到预期效果的团队，以会议、文件等形式进行情况通报。

3. 健全考评机制，严格奖惩抓落实

一是严格团队项目阶段评审。每季度开展一次团队项目执行情况讲评，面对面逐个分析各团队负责项目的实施状况，指出具体问题，逐条提出改进建议。对项目实施不力、没有效果的团队，采取通报、追回已拨经费、撤销团队等处理措施。2017年以来，对6个团队进行了通报批评，追缴已拨经费20余万元。二是严格团队运行年度考评。2017年2月，永州国税对2016年下半年试行的10个项目团队开展了年度评审，评审采取成果展示会、现场点评会、集中鉴定评估等方式，对各团队完成工作任务的情况或取得的阶段性成果，进行综合考评，评选出特等奖团队1个，优胜奖团队2个，奖励特等奖团队1万元项目经费，优胜奖团队每个0.8万元项目经费。三是严格团队考评结果运用。对评定为优胜奖、特等奖的团队，在年度绩效管理中对团队主办和协办单位部门、团队成员所在单位部门给予分档次的组织绩效加分。在团队总体加分额度内按团队成员贡献度进行分配，给予相应的个人绩效加分或数字人事日常绩效加分。

三、工作成效

（一）宣传推荐了永州国税

积极向系统内外各级各部门和新闻媒体宣传推荐永州国税各团队在实施重点项目工作中的好经验好做法，进一步树立国税形象，为各项目团队顺利开展工作营造了良好氛围。文化建设团队精心谋划，与冷水滩区局、党建等团队协作，积极向国家税务总局报送情况，税务总局局长王军同志就永州国税上门走访"两会"代表、学习贯彻党的十九大精神等工作先后 2 次做出表扬批示；《经济日报》先后两次专题报道永州国税精准扶贫工作，《中国税务报》用半个版面推介了永州国税基层党建工作的经验做法，《湖南日报》专题报道了永州国税地税合作的经验，永州国税的服务非公经济、向直属机构纪检派驻、所得税管理等工作在《湖南国税通讯》得到了推荐。2017 年，永州国税在系统内外市级及以上刊物媒体宣传团队项目 42 次。

（二）应用推广了团队项目

对试点运行成熟的团队项目，及时总结可复制可操作的工作模式，主动向各级各部门推广，为服务大局、改革创新提供典型做法。永州国税全市广大党建工作者称之为"永州国税现象"，《永州情况》专题刊发国税"党建网格化"经验文章，号召全市各级党组织学习，2017 年，共接待省内外单位参观学习近 1000 人次。"永税在线"团队打造的"永税在线"微信公众平台作为全省率先实现"掌上办税征纳互动"的市州级综合性服务平台，被永州市委选中作为创新项目参与 2017 年湖南省管理创新奖的评比。2017 年，共有 6 个团队项目在系统内或地方相关部门推广。

（三）展现展示了国税形象

各团队项目积极参与各类活动竞赛和荣誉争创，在评比争创的过程中，展现了永州国税的风采。"永税在线"团队组织业务骨干参加省局"岗位大练兵、业务大比武"（纳税服务类）竞赛活动，获得团体三等奖；市局廉政监督教育团队在全市党风廉政建设知识大型电视竞赛节目"爱莲战队"中，获得亚军；国税文化团队组织合唱队，在永州市委日前举办的"喜迎十九大·建设新永州"市直机关大合唱比赛中，获得一等奖。各县区团队还先后为本单位争创了"全国文明单位""全国工人先锋号""全国巾帼文明岗""全国税务系统先进集体"等诸多荣誉。永州国税机关继续保持全国文明单位荣誉，先后获得湖南省法制工作先进集体、湖南省国税系统绩效管理先进单位、永州市综合治理先进单位、推进依法行政工作先进单位等 10 多项荣誉；连续第 6 年被评为永州市优化经济发展环境和机关效能建设先进单位，连续第 5 年获永州市绩效评估先进单位，连续第 16 年被评为市直单位先进基层党组织。2017 年 1～10 月，全市入库不含车购税收入 55.33 亿元，同比增长 60.91%，增幅排名全省第三，绩效考核在全省各市州局中排名第三。

（四）发现培养了专业人才

团队化建设和项目实施中，发现和培养了一大批优秀专业人才，为永州国税事业发展提供了优质人力资源。有 3 名业务骨干从县区局选调到市局机关工作，有 85 人获得"三师"资格，有 1 人入选国家税务总局领军人才培养对象，有 6 人次进入了国家税务总局省局市局人才库（115 工程），有 112 人次获得市级以上的各类荣誉。

（执笔：肖明剑）

2017 年 12 月 1 日

第七章

纳 税 服 务

第一节　纳税服务的理论来源

美国历史学者 Charles Adams 在对赋税历史大量研究的基础上提出："实际上，历史上绝大多数重大事件的背后——国家的繁荣、叛乱和革命、自由和奴役以及绝大多数战争——赋税都扮演着重要的角色，这几乎成为一个公理"。他对赋税所扮演的历史角色是这样描述的：政府的赋税总是逐渐扩张到人民不堪忍受的程度，接着是纳税人暴动、暴力和社会结构的巨变。如果 Charles Adams 的言论成立，就意味着只要国家存在，国家所赖以生存的赋税永远是一个"必然的罪恶"。当然，在现代社会中，由于政治民主的不断推进、行政效率的提高、资讯的发达，绝大多数由于税收引发的社会矛盾都可以消弭于引发重大事件之前。但税收本身仍然是国家与民众之间利益关系的核心所在，现代国家税权的不断膨胀，已使税收成为公权力干预私人生活和侵犯基本权利的一个主要载体。如何避免税收堕入 Charles Adams 所描述的恶性循环之中，或至少在一定程度上缓解国家与民众之间由于税收产生的利益争执，仍然是理论研究和税收实践中的一个重大课题。

在西方，纳税服务的理论源头可以上溯到社会契约论，该理论认为，既然国家是基于社会契约而产生，那么作为契约一方的纳税人，对于政府如何征税、如何使用税收自然享有决定和监督的权利，也有获得纳税服务的权利。进入 20 世纪，新公共管理理论认为，政府的工作应当以顾客为导向，应当增强对社会公共需要的回应力，转变政府角色，建立服务型政府。税务机关作为具体的职能部门，其所提供的服务就是为纳税人提供专业化、专门化的纳税服务。

在纳税人权利的保障方面，国外学者主要是围绕财产权与税权、财政立宪主义和宪政下的财产权与征税权的关系等进行研究。因为在发达国家，纳税人权利保护已经比较完善，尤其是在美国和德国等宪政比较完善的国家中，纳税人权利由类似《纳税人权利法案》形式的法律文本来保护，税务机关行政管理已经比较科学，所以绝大部分国外研究并不集中对纳税人权利本质、性质、分类等问题进行研究，而是集中在权利法案的设计、知情权的操作以及税务机关的服务改进等方面。

从经济学的视角考察税收活动，在自由市场环境下，为确保市场能够充分、有效地进行资源配置，应通过加强对税收制度及其执行方式的约束，避免或减轻税收对市场资源配置效率造成的负面影响，并降低税收成本、提高税收效率。但是，税收制度不会自动运行，税收收入的实现需要社会、纳税人和政府在相关制度安排下付出相应的代价，这些代价的总和构成了广义的税收成本。在税收成本之中，相当一部分是由于税收制度的设计、税收工具的选择和税收措施的运用与经济运行自身规律不协调所导致的无谓损失。因此，降低税收制度所带来的社会总无谓损失符合社会公众的共同利益，从而成为一种公共需要，为满足这种公共需要而提供相应的产品和服务，属于公共品的范畴，又与税收制度的存在与运行直接相关，即为纳税服务。随着税收成本理论的不断发展和完善，各类税收成本及其在社会、纳税人和政府之间的分配关系逐渐得以明晰，为量化地评价税收与现实经济环境的协调程度，并据以选择较为适宜的税收制度、工具和措施提供了有效的分析框架和途径，也将是开展纳税服务的重要依据和内容。原则上，政府征税可以有无数的工具及其组合，但采取任何工具都必须支付相应的成本，如收集有关信息的成本、确定谁应该纳税和每一个纳税人应该缴纳的数额的成本、征税工作的运行成本等，即税收制度的交易费用。不同的税收制度运行于不同的社会环境中会产生不同的交易费用，这就需要在具体的、现实的局限条件下，在各种可行的收入分配方案及其执行层面做出有效率的选择，从能够获得同等收益的制度安排中选择交易费用最低者。因此，税收制度是为了降低政府获取财政收入的交易费用而设立的，但它本身的确立和运行仍然存在交易费用。所以，从政府和社会的共同利益出发，必须通过一套交易成本较低的、有限的税收工具体系来筹措既定的收入。税收制度的交易费用最终要由社会公众承担，它的存在事实上增加了税收价格，也就是在税收制度所规定的公共品价格的基础上增加了税制执行的交易费用，降低该项交易费用也就成为经济体系内推动税收制度变革的内在动力。现实中，税收制度的交易费用不可能消失为零，否则税制本身就不必要了，但通过采取某些措施降低其交易费用的可能性是存在的，此即纳税服务存在和发展的必要性。税制交易费用的产生原因和构成相当复杂，需要在不同的制度层面针对不同的交易费用成因采取相应措施，这些不同制度层面上的措施就构成了税收服务体系。

再从管理学的视角出发，新公共管理理论和新公共服务理论摒弃了传统管理理论中关于人性恶的假设前提，而代之以理性经济人的假设前提，并由此出发，提出利用人的经济性特征，通过市场机制引导个人做出有利于个人利益与公共利益相一致的选择。这一思想为税收服务体系的作用原理和机制提供了理论依据，也为理解税收服务与税收管理的关系提供了有益的思路。税收服务和税收管理的根本目的都是促进纳税人的税收遵从度，保障纳税人的合法权利，确保税收法律、法规、政策的有效执行。所不同的是，传统的税收管理模式以法规制度及其赋予税收管理机构的权力为基础，以严格的法定征税程序为规范，与纳税人追求自身利益的经济活动的行为模式并不一致，从而可能与纳税人的利益发生冲突或要求纳税人非自觉地满足某些管理要求，付出额外的遵从成本。而基于新公共管理理论和新公共服务理论的税收服务则强调税收制度安排应从纳税人利益的角度出发，充分利用纳税人的经济特性，依靠人们对新的制度安排的一致同意和自觉遵守，而不是依靠强制力量使他人无条件地服从，把在传统征管制度安排下不能得到的外部利益通过改变现有安排而实现内在化。税收服务并非税收管理的对立面，而是在经济全球化、信息化的时代背景下，借助先进的技术手段和管理理念，对传统税收管理模式的创新。税收服务也并不意味着对税收法规制度以及税收管理机构合法权威的否定或漠视，而是以提高税收效率为根本目的，对税收管理模式的现代化改造。

第二节　纳税服务的产生和发展

中华人民共和国成立后，随着社会主义改造的完成，由于生产资料所有制的基本改变，税收事实上成为国有经济内部的一种资源配置形式，而不是收入分配。因为所谓"分配"至少在两方利益主体之间才有可能进行，而在单一的公有制经济结构下的税收经济关系中，不存在这样的利益分立与对立的情况。

随着高度集中计划体制的确立，国家财政建立在国有企业财务的基础上，国有企业的经营利润直接构成了国家财政收入，而且形成国家财政收入的主要组成部分，税收则不是财政收入的主要渠道和主要形式。在高度集中的资源计划配置制度和没有自主经营权的微观经营机制为特点的计划经济体制下，国家的经济运行完全服从于由政府统一制定和管理的经济计划之中，整个经济体系内的资源完全以计划方式进行配置。因此，税收作为一种资源的计划配置方式，与经济体系的资源配置方式之间并不存在矛盾，其实，税收本身也是这个经济计划中的一个部分。

在只有唯一产权主体——国家——的经济体中，税收法律关系也不能从多个独立的利益主体之间的债权或债务关系去看待，而只能理解为执行国家税收计划的部门与执行国家生产计划的部门之间的行政法律关系。而行政法律关系主体在行政管理活动过程中的地位是不平等的，行政机关是以国家的名义行使职权，参加法律关系的，当行政相对人不履行行政法规定的义务时，行政机关可以强制其履行。正因为如此，我国的税收制度在内容、执行方式甚至税制的形成机制方面至今仍表现出浓厚的行政管理的色彩。同时，对于生产经营活动完全被纳入国家计划的国有企业，税务部门显然无须像对待私营企业那样通过严密的税收制度安排和复杂的税收监管措施来对其进行税收监管，从而使得税制简化、征管手段粗糙。中华人民共和国成立后至20世纪80年代初期我国逐步形成和完善的"一员进户，各税统管"的税收专管员制度就是以行政手段进行税收征管的直接体现。

由于上述种种原因，从20世纪50年代中期至80年代中期，在我国这一特定历史时期的特殊历史环境下，纳税服务产生和发展的必要条件及内在要求并不强烈和迫切。尽管如此，在传统税收征管中，纳税服务意识和措施事实上也有所体现，如专管员同时承担了税法宣传、纳税咨询辅导、办理税务登记以及收缴税款等职能，由此简化了征税对象的涉税事务，降低了征税对象的遵从成本，税收专管员制度在很长的一段时期内发挥了积极作用。

1978年12月，党的十一届三中全会在北京举行。全会做出的实行改革开放的新决策，开始了中国从"以阶级斗争为纲"到以经济建设为中心的历史性转变。1984年，《中共中央关于经济体制改革的决定》确认社会主义经济是有计划的商品经济，开始了中国市场化取向的改革之路。改革开放进程中的税收制度演进特征，首先体现在激活国有企业的活力与保证国家财政收入之间的动态化的调整过程。在改革开放之初，国有企业是中国经济的命脉，要维持计划体制的框架，就必须增强国有企业的活力，放权让利的改革，是维持这种体制的历史路径所决定的。在国家财政收入的两条主要渠道中，随着国家放权让利的推行，直接来自企业收入的比重将会逐步降低，为保证国家财政收入的稳定，就必须改革原来的财政模式，提高税收收入在整个财政收入中的贡献。

改革的推行是一个利益冲突的过程：首先，由于私有产权（或部分的产权，如承包就是所有权与经营权的分离）的出现，税收不再是单纯的国有经济内部的资源配置活动，对于私有经济而言，税收就是国家凭借政治权力参与其收入分配的行为。然而，国家在治税观念上，仍然是依托传统计划经济时期内在于经济过程中的分配观念，如"国家得大头、集体得中头、个人得小头"，因而在相应的税收制度设计、执行上仍然保留了大量计划和行政命令的痕迹，与产权分立的市场经济所要求的依法治税还有相当的距离。其次，市场机制在资源配置领域的出现和发展，与带有明显计划经济时代特征的税收制度、税务系统的组织体系、税收工具、税收管理手段等方面发生矛盾和冲突的可能性出现了。再次，由于国家继承了计划经济体制下的那种包揽性，无法对公共产品置之不顾，因此，寻求替代收入机制的内在要求也就十分迫切。然而，受历史认识的局限性，由于国家财政还内在于经济过程之中，还没有认识到和有效区分凭借所有权的形式获得企业利润收入与凭借政治权利获得税收收入这两种收入方式的边界，因此，当强调利用税收制度来调整国家与企业之间的分配关系的过程中，试图利用税收收入的方式来完全取代利润收入，设置了较高的税率导致企业的普遍不满。最后，在税收征管模式方面，在税收经济关系中出现了个人利益、部门利益、地方利益与国家利益的竞争，使得掌握税收执法权力的税务人员进行权力寻租成为妨碍税收公平与效率的现实威胁，改革传统征管制度安排、设计有效的执法监督机制的必要性日渐突出。改革的主线就是分解专管员的权力，实行不同形式的分责制约，这是我国税收管理模式发展上的一大进步。由开始实行管户交流、岗位轮换，到后来实行征收管理与检查两分离或者征收、管理与检查三分离的管理模式。

利益的冲突推动了税收制度改革的进程，税收与经济改革、发展的矛盾需要从经济、政治、法律、管理模式等多个层面采取缓解措施。由此，纳税服务的必要性得以显现，国内理论界提出了"为纳税人服务"的概念，各地税务部门针对税收征管工作中出现的各种矛盾，积极探索适宜的服务措施和服务机制，取得了一定的成效。

1992 年，党的十四大正式确定我国经济体制改革的目标是建立社会主义市场经济体制，以此为导向，我国的国家收入机制改革也进入新的阶段。在计划经济体制下，国家通过将社会资源控制在自己手中而能够直接控制着社会剩余，国家发起和推动的改革，就是对这种资源配置方式的扬弃。在放松对社会资源的管制后，社会资源配置是由分散化和多元化的微观主体来完成的，国家不再完全直接控制社会资源的配置，这就意味着，国家必须重建收入机制以适应这种变化。重建国家收入机制就是通过逐步建立和完善税收制度来实现。因此，建设和完善税收制度的种种努力，就一直伴随着经济体制改革过程的始终。在这个过程中，由于国家的生产建设职能还没有完全退出，有着内在的财政支出冲动，改革过程中的利益冲突也需要国家协调等多种原因，进一步增加了财政支出的压力。尽管从长期来看，通过改革会形成经济和财政之间的良性循环，但是在改革的过渡期内，财政压力则表现得更直接、更明显，也迫使国家倚重于强调收入的制度安排。因而，在现有的技术水平下，将会选择那些能筹集收入最大化的制度安排。

1994 年的税制改革，就是在上述宏观背景下发生的。税制结构的变化必然对税收征管模式提出新的要求，这一时期税收征管改革的主线，就是"以纳税申报和优化服务为基础，以计算机网络为依托，集中征收，重点稽查"的新征管模式的提出和完善。纳税申报制度的全面推行，专管员由管户向管事的转变，在完善和发展了分责制约的积极成果的同时，将人与人之间的制约上升为机构制约和程序制约的制度安排，使这种分责制约更加规范有力。并且在坚持分责制约、分解权力的同时，还注意了对管理权限的逐步集中统一。这一阶段的税收征管改革在技术手段上把计算机技术由主要环节引入税收管理的各个环节，使我国税收管理开始由传统的手工操作向现代管理转变。随着所有制结构在改革进程中的变迁，纳税人作为独立或相对独立的产权主体，出于在税收法律、经济关系中维护自身权益的需要，要求政府提供纳税服务的呼声日渐强烈，成为纳税服务在我国税收领域的发展和成熟的外部动力；与此同时，在新的所有制结构下，税务部门不再是受唯一产权主体（国家）和整个经济社会的管理者（政府）的指派执行税收计划的一个机构，而是受法律授权负责具体执行税收法律制度的一个行政执法部门，从执法的立场开展税收工作。这就要求税务部门摆脱计划经济时代那种行政体系内部的管理模式，在税收法律关系中充分保障和尊重纳税人的合法权益，从而为纳税服务从一种理念转化为税收制度安排及其管理模式中的重要内容提供了内在的动力。1994年，我国在一些地方试行"纳税申报，税务中介，税务稽查"三位一体的税收征管模式，旨在取消专管员固定管户制度。1996年，我国推行新的税收征管改革，建立"以申报纳税和优化服务为基础，以计算机网络为依托，集中征收，重点稽查"的新征管模式。1997年，国务院办公厅转发国家税务总局深化税收征管改革方案，国家税务总局全面推行征管体制改革。经过多年的实践，新税收征管模式已逐渐完善。各地建立办税服务厅，完善窗口设置，拓展窗口服务功能，由税务人员上门催缴转变为纳税人主动申报。

第三节 我国纳税服务工作的发展和现状

1993年12月召开的全国税制改革工作会议上，首次提出了纳税服务的观念。

在1996年全国税收征管改革工作会议上，国家税务总局进一步明确提出"以纳税申报和优化纳税服务为基础，以计算机网络为依托，集中征收，重点稽查"的税收征管模式。为纳税人提供服务成为税收征管的一项重要内容。

进入21世纪，我国纳税服务跨入一个全新发展时期，服务经济建设、服务社会发展、服务纳税人的"三服务"理念成为纳税服务内涵的综合表述，纳税服务逐步步入法制化、规范化轨道。

2000年8月，广东省珠海市地税局试点成立了"纳税人服务中心"，开创了我国城市纳税服务的先河。而后，北京、江西、山东、福建等省市也陆续开展了纳税服务的实践。

2001年4月28日，全国人大常委会审议通过并颁布了修订以后的新《税收征管法》，第一次将纳税服务确定为税务机关的法定职责。新《税收征管法》第七条明确规定：税务机关应当广泛宣传税收法律、行政法规，普及纳税知识，无偿地为纳税人提供纳税咨询服务。

2003 年，国家税务总局在《国家税务总局关于加强纳税服务工作的通知》（国税发〔2003〕38 号）中对纳税服务的定义是："纳税服务是税务机关根据税收法律、行政法规的规定，在纳税人依法履行纳税义务和行使权利的过程中，为纳税人提供的规范、全面、便捷、经济的各项服务措施的总称。"

2005 年 10 月，国家税务总局在总结各地经验的基础上，出台了我国第一部纳税服务规范：《纳税服务工作规范（试行）》。

2006 年 12 月，国家税务总局制定下发了《国家税务总局关于进一步推行办税公开工作的意见》，系统地规范了税务系统推行办税公开工作的具体事项和要求，有效地促进了纳税服务体系建设。

2008 年 9 月，在由中国税务学会、内蒙古自治区国家税务局等举办的"纳税服务与依法纳税"论坛上，国家税务总局副局长解学智指出，我国当前和今后一个时期的纳税服务工作，将以纳税人为中心，改进和完善纳税服务，提出了"以纳税人为中心"的纳税服务新理念，并进一步阐明了纳税服务的重要意义。他指出，开展纳税服务是构建和谐税收征纳关系的内在要求，是加强税收法制建设的迫切需要，是完善税收征管体制的重要举措，同时也是国际税收征管发展的共同趋势。因此，税务机关要充分认识开展纳税服务的必要性和重要性。

2009 年全国税务系统纳税服务工作会议以来，纳税服务部门基于征纳双方法律地位平等的服务理念，按照"始于纳税人需求、基于纳税人满意、终于纳税人遵从"的要求，以法律法规为依据，以纳税人正当需求为导向，以信息化为依托，以提高税法遵从度为目标，不断解决制约纳税服务效能提升的突出问题，全面加强纳税服务全局性、系统性、基础性建设，纳税服务工作取得了明显效果。目前，纳税服务已经与税收征管并列为我国税务部门的两大核心业务，形成了比较完整的纳税服务体系，常态化的纳税人需求响应机制正在形成。从税务总局到基层国、地税局，都建立了纳税服务职能部门；制定了《纳税服务规范》，对税务机关与纳税人接触的各个工作环节的服务规范进行了详细、具体、明确的规定；依托税务管理信息系统（目前主要是"金税三期"），建立了以办税服务厅、网站、服务热线为载体的，功能全面的纳税服务工作平台（在 2016 年 10 月完成的"金税三期"工程中，纳税服务功能已经嵌入该系统中）。

第四节　纳税服务体系建设

纳税服务体系建设包括制度体系、平台体系、宣传培训体系、纳税人权益保障体系、信用体系、社会协作体系、保障体系和数据分析应用体系等各个体系的建设。

一、制度体系建设

通过建立健全包括法律法规、行政规章、规范性文件、内部工作制度在内的制度体系，完善纳税服务顶层架构，理顺纳税服务协同机制，持续更新纳税服务规范，推动机制制度落实创新。

（一）纳税服务的顶层设计

纳税服务的基本原则是尊重和保护纳税人权利，这一原则首先要确立在税收管理制度的顶层设计层面，在税收管理所遵从的制度层面全面地贯彻这个原则，具体体现在税收法律、法规、政策、工作制度等方面。例如，在税收征收管理法的修订中，确立尊重和保护纳税人权利的基本原则，明确纳税人权利义务和社会中介服务，维护纳税人合法权益。

纳税服务的根本目标是促进纳税人的税法遵从度，形成税务机关依法治税、纳税人依法纳税的税收管理新格局。要实现这个目标，首先需要在法律框架内合理划分纳税服务与税收执法的边界，改变传统管理模式下税务机关对原本应该由纳税人承担的纳税义务管得太多、约束太多的局面，将依法属于纳税人的权利和责任都归还给纳税人，由纳税人依法主动履行自己的纳税义务，并承担相应的法律责任，在这个基础上，才能明确税务机关的服务职责和服务义务。

如上文所述，纳税服务的经济意义在于减轻纳税人遵从税法的制度性成本，也就是说，减少纳税人为了遵从税法、履行纳税义务而付出的各项成本。这就要求在税收管理制度的设计中，进一步简政放权，取消、合并各种涉税审批环节，简化或优化办事程序，切实减轻纳税人办税成本。

在具体的税收管理过程中，对纳税人合法权益的尊重体现在办税流程的各个环节，所以要根据服务能力、服务平台和外部环境的发展、变化，持续完善《全国税务机关纳税服务规范》，以细化宣传咨询、权益维护和文明服务等纳税服务业务为重点，制定切实可行的纳税服务业务操作标准，有效规范引领各级税务机关的纳税服务工作。

（二）完善纳税服务的协同机制

有效组织、充分利用税务系统外部各种社会服务资源，是有效提高纳税服务质量和效率的捷径。例如，如果将部分服务项目部署在金融服务机构遍布城乡各地的服务网络上，就能以较低的经济成本和时间成本实现服务覆盖面的极大拓展，而且还能极大地节省纳税人办理相关事务的成本。如果能够与政府其他职能部门实现管理信息的共享并进一步建立各部门协同服务机制，最终促进社会化大服务格局形成，将极大地提高服务效率，节省税务机关付出的管理成本。与此同时，在税务系统内部，国、地税之间，上下级之间、业务部门之间、前台与后台之间的内部协同服务机制也有进一步加强和优化的空间。

（三）健全纳税服务工作制度

纳税服务最终要体现在税收管理活动中税务机关与纳税人接触和交流的各个工作环节，对于纳税服务的各项要求，就具体分解、细化、落实在对于"窗口部门""窗口环节"工作制度、工作方式、工作标准以至于工作态度的规范性约束以及相应的监督制约机制上面。主要是以建立优质便捷的现代纳税服务体系为主线，持续完善融合互通的平台管理制度、精准及时的宣传咨询制度、有针对性的培训辅导制度、规范高效的办税服务制度、快速响应的权益保护制度、促进遵从的信用管理制度、资源整合的社会协作制度和体系完备的保障制度，形成紧紧围绕税收职能、以纳税人合理需求为导向、提升服务治理能力、和谐征纳关系的，覆盖纳税人办税全过程的现代化纳税服务工作制度。具体包括首问责任制度、限时办结制度、延时服务制度、预约服务制度、24 小时自助办税制度等一系列办税服务工作制度。

首问责任制度是指纳税人到税务机关或通过电话等方式办理涉税事项或寻求涉税帮助时，首位接洽的税务工作人员为纳税人办理或有效指引纳税人完成办理涉税事项的制度。

首问责任制度解决纳税人在办税过程中遇到疑难需寻求帮助和运行不畅问题，改善了纳税人盲目排队、等候现象，进一步缩短了税务部门与纳税人之间的距离，让纳税人明白办税，在提高办税效率的同时，得到了社会各界的一致好评。

限时办结制度是指税务机关对纳税人发起的非即办事项，要求办理的各环节、各岗位在规定的时限内办结或答复的制度。按照限时办结制度的要求，利用网站、微信、手机 APP、办税服务厅电子显示屏或者触摸屏、公告栏等渠道公开相关事项的办理时限。办税服务场所工作人员在受理非即办事项时，应告知纳税人办理时限，并在规定的期限内办结事项。因客观原因不能按期办结需要延期的事项，应当由受理部门分管领导批准后，在办理时限到期之前告知纳税人，并明确延期办理时限。限时办结制度，一方面严格限定了税务机关纳税服务人员办理业务的时间，对于无合理原因超时办结的事项，将对延误环节的责任人进行责任追究，防止无故拖延，提高工作效率；另一方面，向纳税人公开事项办理时限，给予公众知情及监督的权利，促进了纳税服务工作的规范和高效。

延时服务是指税务机关对已到下班时间，为正在办理涉税事宜或已在办税服务场所等候办理涉税事项的纳税人提供延长办税工作时间的服务制度。各级办税服务厅在办税高峰时期为纳税人提供延时服务、中午休息时间不间断服务，能够避免纳税人多次跑的问题。

预约服务制度是指税务机关与纳税人约定在适当的工作时间办理涉税事项的制度。预约服务内容包括涉税事项办理、税收政策咨询和规费政策咨询等，服务窗口对在预约时间内上门的纳税人给予优先办理。预约服务可以由纳税人发起，也可以由税务机关发起，服务时间由双方协商约定。纳税人发起预约办理，一到即办，即办即走，可节约纳税人的等候时间；税务机关根据申报期办税业务量峰值高低、办税事项集中度等情况向纳税人提出错峰预约，能够有效缓解办税高峰期间办税服务厅的压力，均衡办税服务厅业务量。

（四）服务机制制度创新

随着社会经济的发展，各种新生事物不断出现，纳税服务体系建设是一项"永远在路上"的课题，税务机关必须紧跟时代的发展，适应并引领税收经济新常态，积极汲取现代服务理念，结合实际统筹开展服务体制、机制、平台和措施创新，才能跟上形势的发展和纳税人对服务水平、质量的要求。例如，随着现代互联网的发展，逐步通过网上办税平台、移动办税平台、12366 纳税服务热线、自助办税终端等渠道向纳税人提供 24 小时自助办理涉税事项，就是与时俱进的平台和措施的创新。当此类服务发展到一定程度，推动了原有纳税服务体系结构、运行机制方面的发展变化，就上升为体制、机制的创新了。

二、平台体系建设

纳税服务工作的开展，需要一定的服务场所或者依托诸如电话、互联网等具备信息传播、交流功能的网络平台为服务业务提供技术支撑。目前，全国税务系统各级征收单位均已设立办税服务厅，建立了全国统一的纳税服务"12366"热线电话，各级、各地税务机关的网站也都已开通，形成了"办税服务厅、电子税务局、纳税服务热线"三大服务平台。

上述三大纳税服务平台并不是最终形态，而是在当前资源和技术条件下的一个阶段性的状态。随着信息技术的进一步发展，计算机网络可承载的应用将越来越丰富，为传统服务、电话服务与互联网深度融合创造越来越多的技术条件，纳税服务平台未来将走向实体服务、热线服务、网络服务的并行互通的方向，实现服务平台间的信息共享、功能互补、质量管控、服务监督，打造全国规范统一、运转高效的纳税服务综合平台；树立全国统一的，集税法宣传、纳税咨询、办税服务、权益保护于一体的"12366"纳税服务品牌形象，全方位地提升纳税服务工作的质量和效率。

（一）实体办税服务厅

未来，实体办税服务厅大量现有的、常规的、事务性的、已经规范化的服务功能将逐渐迁移到网络平台上，税务机关与办税人之间的"直接接触式服务"将被基于网络信息交互的"非接触式服务"所取代，实体办税服务厅资源就可以转而承载在线服务所不能解决的问题。

（二）电子税务局

一方面，从纳税人和社会公众的视角看，电子税务局是一个基于互联网的宣传、咨询、业务办理服务平台，未来，电子税务局将承载越来越多的纳税服务职能，成为提供纳税服务的主要平台。在当代人工智能技术、大数据分析技术、移动网络技术等技术条件支持下，电子税务局系统可以为纳税人提供各类自助式或交互式的服务方式，完成大部分常规的涉税事务办理和宣传、咨询业务。

另一方面，从税务系统的角度看，电子税务局是税务部门信息系统中面向社会提供纳税服务的一个子系统，该子系统对外提供的各种服务功能，是建立在对大量税收法律、法规、政策资料的收集、整理，对各类涉税知识、咨询业务数据进行分析和深度利用的基础之上的。上述各类数据、信息、知识是由数据库系统进行管理并不断更新、修正、完善、调整。

（三）热线服务

由于涉税经济活动遍布社会经济的方方面面，涉及经济、社会、文化、政治、自然乃至于个人知识结构和心理状态等方面的因素不可胜数，由此引起的涉税问题也不可穷尽，电子税务局平台能够设定答复、解决的问题永远不可能覆盖如此广泛的领域，很多涉税问题必须通过人与人的交流沟通才能理解和解决。对于纳税人而言，在不需要办理书面手续或提交书面材料的前提下，通过电话咨询、办理涉税业务显然比去实体办税服务厅更为方便、快捷，所以，纳税服务热线平台是纳税服务平台体系中不可或缺的部分。

但是，纳税服务热线的服务质量取决于话务人员的业务素养和服务态度，因此，未来将在全国统一、两级集中、远程座席模式的基础上，逐步建立纳税服务热线国家级区域中心，负责服务细分下专业化领域的纳税咨询服务；升级改造全国纳税服务热线系统，优化"集中受理、分类应对、协调督办、绩效评估"热线服务流程，加强对服务态度、规范用语、回复质量的管控，有效提升热线服务接通率和服务满意度；建立知识库统一管理、实时修正机制，逐步实现知识库兼容，提高宣传咨询服务的准确性和统一性。

三、宣传培训体系建设

税收法律、法规、政策、制度的宣传，一直是纳税服务的重点工作，也是税收文化的重要组成部分。宣传体系的建设，主要围绕宣传口径、宣传内容、宣传媒介、税法培训及纳税辅导四个方面开展。

（一）宣传口径

口径，在宣传领域，是指宣传内容、方式方面的规范或标准。涉税宣传虽然可以有丰富多样的形式，但是宣传的内容涵盖国家税收法律、法规、政策、制度，既具有法律的严肃性，又与广大纳税人甚至社会公众的切身利益密切相关，如果涉税宣传不能统一口径，就有可能出现对某项法律法规、政策的宣传不一致的情况，进而导致纳税人对其理解和执行的偏差，最终对税收工作或纳税人利益造成损失。因此，统一宣传口径是宣传体系建设的重要方面。通过建立税收知识库修正机制，实现全国通用知识运维、更新的集中管理，为多渠道的涉税宣传咨询服务和落实首问责任制度提供统一后台支持；在税务系统内全面开放的基础之上，逐步扩大知识库向纳税人和社会公众的公开查询，强化文件同步解读管理，突出新政新规宣传，实现税法宣传咨询内容的准确权威、更新及时、口径统一、指向明确。

（二）宣传内容

宣传是一种广而告之的活动，其受众是包括纳税人在内的广大社会公众，所以涉税宣传的内容应该具有较强的普遍性、及时性，能够有针对性地解决大量社会公众对于税收领域的共性的问题，这就要求纳税服务部门定期收集和分析咨询业务数据，提炼纳税人共性需求，制作共性涉税宣传产品；对所有纳税人普遍加大权利义务告知，明晰征纳双方权责。同时，宣传活动是单向的信息推广，一般不能与受众进行及时交流和互动，要达到预期的宣传效果，也就是使受众能够有效地接受和理解，就要求宣传的内容具有比较强的适用性和准确性，在表达方式上生动易懂、有针对性。

此外，随着通信技术的发展，宣传活动也可以由普遍告知发展为针对不同受众群体提供个性化信息推送的模式，如基于用户个性化需求的短信订制服务，为纳税人提供更加贴合个性化需求的涉税资讯。

（三）宣传媒介

当代各种传媒技术和平台日新月异，为涉税宣传提供了大量可选择的媒介资源。例如，通过税务微博、税务微信、税务 APP 等主动推送税收政策信息和咨询热点、难点，有效解答社会公众关心的共性问题，减少实体服务平台和热线咨询服务的工作压力。

（四）税法培训及纳税辅导

上述宣传要素，属于单向的信息发布、推送，一方面内容比较简短、零散；另一方面也不能就宣传内容为受众答疑解惑，虽然可以起到让社会公众了解税收知识、知晓重要涉税信息的作用，但是还不足以指导办税人员准确、及时地办理相关涉税事务。因此，还需要面向纳税人及时举办有针对性、实用性的税法培训及纳税辅导，使之全面、系统、准确地掌握相关法律、法规、政策及其最新变化情况，促进纳税人对税收管理工作的理解和配合。

税法培训及纳税辅导的形式，目前主要有纳税人学堂、税法培训班以及集中或个别辅导等方式。其中，纳税人学堂是一种相对固定的、面向纳税人的涉税培训机制，有实体学堂和网上学堂，定期或不定期开展线上或线下培训，定期组织专题培训与辅导答疑，根据纳税人需求设置和调整培训内容及课程设置。其他形式的培训辅导则比较灵活，可以依托各类传媒平台实现形式多样的办税辅导。

四、纳税人权益保障体系建设

纳税服务的根本宗旨就是维护和保障纳税人的合法权益。要将这一宗旨贯彻落实到纳税服务工作中，就需要建立相应的工作监督机制，确保在各个工作环节中，纳税人的合法权益都能得到保障，或者在其受到税务部门及其工作人员的侵害后，能够有投诉的渠道，并及时响应和处理维权需求。

（一）社会监督机制建设

通过将办税工作规范、纳税人权利、服务承诺等事项向社会公开，使办税工作置于公众的监督之下，接受社会公开监督。

（二）内部监督机制

1. 绩效考核机制

推进绩效管理，完善绩效考核机制，改进管理指标体系，科学制订绩效计划，提高过程管控质量，统筹推进定性考核与定量考核，加强督查和强化考核结果运用，促进形成强化责任、齐抓落实的绩效管理格局，建立完善工作落实机制，促进各项绩效重点工作任务稳步、有序推进。

2. 纳税人维权响应和处理机制

建立健全纳税人投诉响应和处理机制，落实相关责任，及时处理和反馈纳税人对服务部门、人员的投诉，并将其纳入对部门和人员的考核管理制度中，通过奖惩措施实现对服务质量和态度的控制。

3. 行政复议和行政诉讼的处理机制

简化行政复议申请手续，畅通复议申请渠道，依法办理复议案件，严格履行复议决定；积极应诉法院受理的税务行政案件，认真履行法院的生效判决和裁定；严格按照《国家赔偿法》执行行政赔偿，保证纳税人受到的损失依法获得赔偿。

五、纳税信用体系建设

在现代市场经济条件下，纳税人的信用程度直接关系到其切身利益。在构成纳税人信用的各种因素中，标志其守法诚信程度的纳税信用是一个重要的方面。税务机关通过建立纳税人的纳税信用管理机制，可以有效引导纳税遵从。

纳税信用管理，主要包括纳税信用评价、信用信息共享和信用奖惩三个环节。

纳税信用评价，是根据纳税人在涉税活动中的遵纪守法情况的记录，通过诸如分级、积分等方法，对其纳税信用程度进行的总结性评价。

税务机关对纳税人进行信用评价的结果提供给其他管理部门或者服务行业后，可以作为其管理该对象或向其授予信用程度的一种客观依据，这一信息传递给银行后，银行就会降低对它的授信程度，使其从银行获得贷款的难度增大、额度减小。通过信用信息共享，就可以实现多部门对失信纳税人的联合惩治，从而形成促使纳税人守法的强大合力。

六、社会协作体系建设

纳税服务的社会协作体系，是指利用税务机关之外的其他部门、行业的服务资源，使之纳入纳税服务体系之中，并与税务系统自身的服务平台实现协同，增强社会联合服务能力，推动市场化服务，充分调动社会化的服务资源，共同形成纳税服务工作合力，提升纳税服务效能。

社会服务资源中，为纳税人提供专业服务的，主要是涉税中介服务行业。对于该行业，税务机关通过加强指导和监督，制定管理规范，完善相关资格认证制度，促进其自律和健康发展。分布在其他各部门、行业中的服务资源，税务机关主要通过建立各种协作机制，实现资源共享，拓展纳税服务网络。此外，某些特殊情况下，如果税务机关难以满足纳税人合理需求，还可以尝试通过政府购买、劳务派遣等方式向社会购买服务，满足纳税人个性化、专业化、效能化需求。

七、保障体系建设

（一）组织保障

综合考虑纳税服务需求的分布情况，优化纳税服务机构设置，健全纳税服务机构工作制度，加强纳税服务统筹管理，明晰纳税服务部门工作职责，厘清纳税服务边界；建立与税源专业化改革相适应的各部门、各环节的纳税服务岗责体系，形成全员、全过程的服务格局。

（二）人力资源保障

建立健全纳税服务人员岗位业务技能培训、考核、测试制度，合理配置服务人员，建立纳税服务人员激励机制，提升纳税服务人员服务能力。

（三）纳税服务绩效评价

加强对纳税服务工作开展情况的跟踪分析、明察暗访、督查督导，客观评价税务机关内部纳税服务工作绩效；以办税服务厅和其他监控数据为基础，对实际服务情况的真实性和准确性做出定性、定量的判断，进而帮助税务局优化窗口服务 KPI（key performance indicator，关键绩效指标）指标，帮助税务机关建立统一的纳税服务标准，实现科学的绩效考核；积极引入第三方机构开展纳税人满意度调查和纳税人税法遵从度测算，全面评估掌握税务机关外部满意度评价和纳税人税法遵从状况。

（四）12366 知识库管理及运维

12366 税收知识库是国家税务总局统筹建设、各级税务机关分级维护的，将税收相关法律、法规、规章和规范性文件以及其他税收知识，按照准确、及时、规范、全面、实用的标准进行归集整理，形成基础性、系统性、关联性、易用性的知识集，并通过信息化手段进行存储、组织、管理和使用的税收业务支持平台。知识库是 12366 工作人员向纳税人提供涉税咨询服务的主要依据和税法宣传的重要素材，也为税务机关工作人员咨询解答、税收征管、行政执法提供参考。

思　考　题

1. 纳税服务与税务管理之间的关系是什么？
2. 纳税服务与税收成本的关系是什么？
3. 纳税服务的核心目标是什么？

案例 12：构建纳税服务大格局　优化税收营商好环境

（江苏省常州市地方税务局供稿，特此致谢！）

近年来，围绕国务院和国家税务总局、省局深化落实"放管服"改革要求，常州地税以问题和需求为导向，着力构建纳税服务大格局，统筹全系统力量共同做好纳税服务工作。纳服部门在省局和市局党组的领导下，坚持秉承"从一开始，服务不止"的理念，以"纳税服务亮点工程"为抓手，勇于担当，敢于尝试，努力争取服务创新、创优，为优化营商环境提供支持。

一、内外联手强合作，纳税服务同声唱

市局党组确立纳税服务"一把手"工程的地位，认真研究和把握纳税服务的新形势新要求，引导全系统牢固树立纳税服务"一盘棋"思想，出台了 33 项优化纳税服务的重

要措施，着力构建具有常州特色的纳税服务大格局，打通服务纳税人的"最后一公里"。完善纳税服务体制机制建设，建立优化服务的部门职责清单，理顺部门协同关系，开创全员参与、全程服务、全面联动的新局面。发挥纳税服务工作管理职能，每季度组织召开纳税服务联席会，定期通报各项措施落实情况，督促各部门统筹推进纳税服务工作。全系统纳税服务工作呈现面上开花、点上突破的格局，开通"办税直通车"服务。组建税收服务智囊团，致力解决纳税人的疑难和个性化问题。创建"毗陵税苑"大讲堂，围绕"走出去"，对公司改制、上市跨境重组业务等关注度较高的热点问题进行解读。在全国首创纳税人保护官制度，成立纳税人权益保护中心，组建纳税人保护官队伍，参与到重大案件审理、涉税案件听证听辩会、税务研讨、协调处理纳税人投诉、化解涉税争议等工作中。持续推进国地税合作工作，连续 13 年召开国地税合作联席会议，2017 年共确立 18 项合作内容，统一采取项目化管理方式推进。国地税会同市信用办、金融机构等30 多个部门共同研究推出纳税信用协同管理，全面实现税收共治格局。为更好的服务纳税人和扩大合作成效，双方再次在"一窗一人一机"模式上强强联手，为联合创建全国市级合作示范区奠定基础。

二、聚焦痛点谋改革，创新服务续新篇

聚焦税收"主业"，响应省局"大走访"和市委市政府"三大一实干"活动号召，牵头推动全系统在大讨论中凝聚共识、提升站位，在大走访中问计于民、广集良策，在大转变中强化担当、勇于革新。市局领导亲自带队，分批走访辖区内重点税源企业，每月定期参加办税服务厅"三带三推"驻点值班，听取纳税人意见，现场办公解决疑难问题。组织深入溧阳市南渡镇，走访企业和村民家庭 2000 余户，为多户企业和居民解决疑难问题。

坚持问题和目标导向，主动对焦纳税人需求，推进办税便利化改革。针对房产交易办税"排队时间长、往返多次跑、重复报资料"等痛点问题，为让纳税人多跑网路，少走马路，在省局和市委市政府的大力支持下，依托房产、公安、民政等部门数据共享，简并办税资料，简化办税流程，在短短两个月内"房产交易智能办税系统"便成功开发和推广使用，实现办税资料简化和办税流程优化，在全省率先推出了"增量房自助办税、存量房线上办税"的新模式，等候及办税时间从原先的 1 小时缩至短短几分钟。在推广宣传过程中，项目组通过召集座谈会、走访房产中介公司、集中培训等形式，广泛听取纳税人意见，并主动为新交付楼盘提供上门服务，提升服务效能。为实现房产交易"最多跑一次"的改革目标，常州地税还和不动产登记中心开设了联办窗口，纳税人在一个窗口就能办理缴税和办证。设计线上办理率、审核通过率等办税能力指标，通过常州地税微信和媒体定期通报房产中介办税能力情况，引导纳税遵从和推广网上办税。截至 2017 年 11 月 27 日，自助办税共受理增量房缴税 6826 笔，入库税款 10 341.63 万元；全市范围网上受理存量房交易办税 5894 笔，审核通过 4717 户，办结 3791 户，入库税款 9360.85 万元，网上办理率达 80%以上。

为满足纳税人个性化需求，开发非即办事项办理进度查询软件，创新推出移动终端缴税服务，实现微信和支付宝缴税。通过微信可查询各办税服务厅人流量，方便纳税人

选择办税地点。长期坚持第三方明察暗访工作，定期通报一线窗口的作风与规范化建设情况，各办税服务厅纳税人满意率达 99.94%。

三、持之以恒优服务，宣传辅导赢美誉

紧扣税收热点，重点发挥税收宣传阵地作用，每年重点打造 1～2 个辐射面广、影响力大的税收宣传精品。在继 2015 年成立"大学生创业税收服务中心"、2016 年举办江苏省"春风杯"税收主题小品大赛、开展"勇往职前"大学生职场秀活动后，2017 年，联合市工商联等部门共同举办"为税而站"常州纳税人办税能力大赛，吸引了 2 万余人参与网上答题，10 支团队参加最后的总决赛，在提高纳税人办税能力的同时，助力企业转型升级，增强全民依法纳税意识。

重点发挥税收宣传新媒体、自媒体作用，在辅导纳税人方面，创建"一点通微课堂"品牌，及时收集纳税人的热点难点问题，每期制作 3 分钟左右轻松有趣的真人秀讲解，让纳税人一点就通，此品牌受到纳税人的广泛好评。在"一点通微课堂"外，继续探索"互联网＋纳税服务"新途径，2017 年引入网络直播平台开展纳税人学堂在线培训，单场培训最高突破 7500 人次，覆盖多个省市纳税人。截至 2017 年底举办各类现场培训 33 场，"微课堂"学习点击累计超 3 万人次，网络课程学习人数达 10 万人次。每季度与财政、国税联合举办财税公益培训，邀请社会知名财经专家授课，本年现场受训人数达 1300 人次。以 12366 热线税收服务团队为基础，吸引 160 余名企业办税员构建"众包互助"平台，引导办税员互帮互助提高办税技能。

四、有情有义搭平台，柔性关怀激活力

树立"有情有义有担当、无怨无悔无止境"的纳服文化理念，为员工搭建风采展示的各类平台。定期组织党团和廉政教育主题活动，邀请东航员工开展纳税服务礼仪及沟通技巧培训，开展"规范服务我最优"岗位技能竞赛。创意制作"诚信纳税我想说""再见，营业税"等多部税宣微视频。善于发挥节日文化，在"三八妇女节""母亲节""六一儿童节"等节日举办"税月之歌"歌咏比赛、"背后的守望"——寻找最美家庭、"最美风景在身边"纳服标兵颁奖典礼、"春风十里不如你"风采展示等活动。每月评选"纳服之星"，用典型事例和人物感染更多人。走进员工家庭，拍摄《地税追梦人》《爱要大声说出来》和《爱，就是陪伴》等温馨视频，举办"好家书·好家风·好家训"和"书山有路，我心闪亮"系列读书征文活动，培养高雅情操。开展"NLP 情绪与压力管理"培训，调适员工心理，提升幸福感。组织"地税儿女顶呱呱，美好家庭乐融融"亲子趣味运动会，让员工感受地税大家庭的温暖。组建"五四红旗""税花朵朵开"志愿服务团队，组织"荧光税影"公益夜跑、"一袋牛奶的暴走"等爱心捐助活动，连续多年参与全市妇女儿童公益服务项目，引导员工积极向上向善。

五、2018 年纳税服务工作思路

以问题和需求为导向，持续构建服务大格局，重点围绕制度创新、手段创新和措施创新，在推进办税便利化改革、推进信用协同管理、加强国地税合作、维护纳税人权益等方

面开展工作，重点提高工作站位，强化责任担当，不断深化"放管服"，优化营商环境。

（一）持续推进办税便利化改革

1. 集思广益，拓展网上和自助办税功能

依托纳税人之家、网络和微信平台广泛征集纳税人需求，梳理现有电子税务局和自助办税机的功能，收集一线窗口办税中存在的问题，探索从界面优化、系统稳定、功能增加和管理优化方面进行升级，建议省局或市局试点优化新办户登记套餐、申报错误更正、社保费缴纳、涉税信息查询及在线规范文书、纳税信用等级出具、手续费结算常态化、流程查询等网上功能，重点拓展自助办税机的证明开具、社保缴纳、个税申报缴纳、代开房租普票、非即办事项进度查询等功能，推动实现线上线下办税同质化。

2. 加强部门合作，简化办税流程

增加与不动产管理部门联办窗口数量，优化完善房产交易办税系统功能，拓宽房产交易网上办税业务范围。2018年全面推行"增量房自助办税、存量房线上办税"新模式，加快推进房产交易智能办税系统与不动产智慧云平台对接，积极探索实施刷脸买房的创新举措。加大与工商和国税部门的合作，对定期定额个体工商户、尚未进行生产经营活动且未领用发票的单位纳税人实施简易注销，即时办理，简化注销登记流程。

3. 扩大通办范围，简化资料报送

除省局规定的4类13项"全省通办"涉税业务外，在不改变预算分配比例和入库级次的情况下，进一步扩大涉税业务"同城通办"范围。按照统一的办税流程、服务标准和资料报送要求，研究试点纳税人在全市范围内任意办税服务厅均可办理纳税申报、代开发票等涉税业务。依托实名制办税，加强外部门数据交换，减少纳税人纸质资料报送负担。积极向上级局确认数字证书和电子签章法律效力，逐步实现备案类减免税网上办理、核准类减免税网上预申请。扩大以报代备事项范围，进一步简化企业享受税收优惠政策备案手续。

（二）实施信用协同管理推动税收共治

1. 深化税收信用体系建设

优化纳税信用和办税能力评价指标，把办税能力评价结果运用到纳税信用等级评价的过程中来，建议省局或国家税务总局修改、完善纳税信用等级评价指标，融入办税能力评价相关指标。完成2017年度纳税信用等级评定工作，动态开展复评和补评。

2. 拓宽办税能力评价范围

在2017年对中介机构办税能力评价的基础上，从基础办税能力、遵从守法能力和配合应对能力等方面研究更新评价指标，依托实名制，将办税能力评价拓宽到更大范围。针对不同类别等级的纳税人分行业、分地区出具办税能力分析报告，并动态调整，及时提醒，让纳税人了解自身存在的不遵从情况和涉税风险问题，深入分析原因，判断办税人员履职能力，即时改进措施，降低涉税风险，提升自身办税能力。

3. 强化结果运用推动税收共治

积极拓展现代信息技术应用范围，运用大数据理念，加强数据分析。围绕税收协同共治数据交换事项，实现相关信息的定期交换，加强纳税信用评价结果运用，构建政府主导、部门联动、社会协同、公众参与的跨部门、跨领域的守信联合激励和失信联合惩戒机制，建立激励和惩戒措施清单，签订跨部门合作备忘录。规范信用等级评定及发布，实施分级分类管理。做好信用信息平台对接，建立健全信用信息归集共享和使用机制。开展重点专项治理，加强对严重失信行为联合惩戒。

（三）推进国地税合作深度融合

1. 加快实施"一窗一人一机"联合办税模式

加强与政务服务中心协调，按照序时进度实现"一窗一人一机"联合办税，推动国地税"纳税服务深度融合"。编制联合办税通办事项（地税）操作手册，做到涉税业务"应通尽通"，除极少数特殊业务需要单独设置办理窗口外，其他涉税业务均实现一窗通办，纳税人取一个号，在一个窗口即可办理完"两家事"。至2018年上半年，将在常州市区所有政务服务中心建成国税、地税联办窗口。

2. 加速推动国地税信息融合

双方共享欠税信息，定期传递欠税清册，联合发布欠税公告，无欠方税务机关应根据纳税人在对方欠税的情况，加大对纳税人的管理力度，在发票供给、信用等级评定等方面实施差别化管理措施，不断深挖税源潜力。

3. 加强沟通协作实现无缝对接

落实《国家税务局、地方税务局合作工作规范》（3.0版）和《常州市国地税合作联席会议工作制度（试行）》，召开第十四次国地税联席会议，按照"互通有无、完全共享、不设障碍"的原则，国地税各部门加强工作交流，督促各部门对照国地税合作项目书，落实国地税合作事项。

（四）做优纳税辅导维护纳税人权益

1. 开展多主题多形式培训

坚持需求导向，开设专题讲座，为企业负责人宣讲税法、纳税信用专题知识。在全市范围开展纳税人学堂巡回讲座，组织税法骨干和志愿服务队走进机关、走进街道、走进社区、走进院校的"四走进"活动。依托纳税人之家，筹划纳税人办税能力提升月活动，结合办税能力评价和纳税信用等级评定结果，分类组织辅导、技能大赛等系列活动。

2. 拓宽网络直播培训渠道

继续深化推广"一点通微课堂"品牌，开展多种形式的网络直播培训，使纳税人不受地域的限制，可以足不出户地参加培训学习，构建线上线下一体化、全方位、零距离的"纳税人学堂"培训新模式。在形式创新外，针对纳税人关注的热点难点问题，不断丰富培训内容。

3. 积极发挥"纳税人保护官"作用

与"纳税人保护官"紧密合作,完善"纳税人保护官"制度,减少征纳争议的发生,进一步提高纳税人权益保障水平。梳理"纳税人保护官"工作纪要,每年发布"纳税人保护官"工作白皮书。探索建立发言人制度,定期让"纳税人保护官"与媒体、纳税人见面,宣传推广"纳税人保护官"制度,听取社会各界的建议意见。

2017 年 12 月 1 日

案例 13:海淀国税进一步完善自助办税体系

(北京市海淀区国家税务局供稿,特此致谢!)

2017 年 10 月,继自助代开机、自助认证机、自助售卖机和自助发行机之后,北京市海淀区国家税务局在全区各办税服务厅成功推出自主研发的自助申报软件,扩展实名制自助办税服务,实现窗口提速增效,还权还责于纳税人。

该软件能够实现全税种手工申报,如需进行申报更正,则由纳税人在特殊安全加固的内网机上自助填报,报表数据由原来前台手工录入转变为后台自动读取。该软件顺利通过了 10 月大征期检验,将窗口受理单户手工申报平均用时由 20 分钟缩减至 1 分钟之内。海淀国税 10 月共受理手工非零申报 9280 户次,其中 1670 户次使用该软件申报,占比达 18%,有效缓解了窗口压力。下一步,随着该软件推广应用,海淀国税将逐步解放窗口人力资源,完全还权还责于纳税人。

一、推动系统集成,安装信息时代"新引擎"

2017 年 8 月,海淀国税针对纳税人在办理涉税事务中反映最强烈的"痛点""堵点"开展税情调研。调研结果显示,目前窗口干部受理手工申报、申报更正,须根据纳税人递交的纸质报表在金税三期系统中逐张逐行逐项手工录入数据,表单、数据较多,录入、核对烦琐,低质量、重复性的"保姆式"服务耗费了征纳双方大量时间精力,既有损和谐征纳关系,又造成税收执法风险,更是对优秀人才资源的极大浪费。

痛点堵点,是改革的着力点,更是创新的切入点。海淀国税联合某高新技术企业成立专项团队,以增值税一般人、小规模纳税人申报表,企业所得税季报、年报等报表为突破口,运用信息化方案推动系统集成,解放人力资源。团队在 OCR(optical character recognition)智能识别、公有云数据传输、自助申报软件等众多方案中,选择了最安全也最艰难的一条道路——自助办税。增设 4 个虚拟服务器集群,搭建开发环境,对接金三测试系统,日夜兼程联合研发,历时 2 个月先后攻破下列一系列控制性节点。

(1)实现申报软件完全对应金三系统申报模块表内、表间钩稽关系。

(2)比照金三系统嵌套公式,所有需计算得出的数值根据公式自动带出、后台校验。

(3)高效触发金三系统"一窗式"比对,成功解决实际税额因计算四舍五入造成的"1分钱"尾差问题。

10月大征期该软件顺利上线，在十九大期间，各办税服务厅为纳税人提供了高效优质服务。

二、创新优质服务，增强便民办税"获得感"

软件成功研发之后，海淀国税立即着手优化申报业务流程。该软件纳税人端界面简洁直观，提示准确详细，由自助办税人员输入纳税人识别号及其法人或财务负责人等身份证号码验证登录以保障实名办税。办税人员逐项输入数据之后，单击"保存"按钮即可完成操作。而税务人员端只需在金三系统申报模块输入税号、单击"获取"按钮，即可自动获取申报表全部数据，减轻了窗口压力。

海淀国税在各办税服务厅安装内网自助办税终端 26 台，逐台进行安全加固，采用锁定浏览器、禁用应用程序、物理隔绝 USB 端口等控制策略，保障纳税人顺畅填报，杜绝违规操作。在各办税服务厅派驻专人引导服务、技术支持，联合窗口干部全面测试，不断完善程序功能、优化界面设计，累计达 35 项。

以往，大厅征期申报窗口多现"排队长龙"，而今，纳税人自助填报申报数据，再到窗口交表即可；以往，窗口干部须根据纳税人递交的纸质报表，费时费力边录入边核对数据，而今，只需轻轻一点鼠标，数据自动通过后台带入金三系统。海淀国税引导纳税人实名制自助申报，厘清征纳双方权利义务，实现了大厅有效分流，提高申报效率，减轻窗口负担，打造高效办税环境。下一步，海淀国税将继续完善自助申报软件的各项功能模块，全面推进自助办税终端广泛应用，持续增强纳税人"获得感"。

2017 年 11 月 23 日

案例 14：余庆县国、地税合作工作情况介绍

（贵州省余庆县国家税务局、余庆县地方税务局供稿，特此致谢！）

自《深化国税、地税征管体制改革方案》和《国家税务局 地方税务局合作工作规范》实施以来，在省市两级国税局、地税局党组的正确领导下，余庆县国税局、地税局牢固树立大局意识，以联合办税为"切入点"，以提高税收征管质效为"着力点"，以减轻纳税人负担为"落脚点"，围绕"六联六双"这条主线不断拓展国地税合作范围，深化合作内涵，凝聚合作共识，取得了较好的合作成效。

一、工作开展情况

（一）合力统筹，工作举措更有力度

（1）加强工作统筹，推进国地税合作工作深入开展。2017 年，按照双方联席会议制度规定，共召开领导小组会议 3 次、领导小组办公室专题研究会议 5 次，确立了余庆县国地税合作"六联六双"的工作主线，对全县国地税合作工作进行统筹部署。

（2）建立健全定期数据交换制度，促进双方信息化利用水平提升。通过在金三期征

管系统内互设查询权限 14 人次，最大限度地实现了双方征管信息数据共享利用。

（3）细化合作措施，促使合作手段更加可行。双方在确保各项基础合作事项落实到位的基础上，结合余庆工作实际，努力构建了"六联六双"的合作工作格局，即联合大厅共建实现"双满意"；联合咨询共答实现"双简化"；联合税源共管实现"双突破"；联合党建共建实现"双进步"；联合廉政共建实现"双促进"；联合档案共建实现"双便利"。

（二）抓好落实，合作内涵更有深度

（1）联合大厅共建实现"双满意"。2013 年 1 月在全市率先开展国地税联合大厅共建，通过"八个统一"，即"统一办税环境、统一岗位职责、统一人员管理、统一业务受理、统一服务标准、统一办税流程、统一执法尺度、统一绩效考评"，全面实现一个窗口办理两家事情，实现了纳税人与政府的"双满意"。

（2）联合咨询共答实现"双简化"。联合到企业走访、调研，共同召开纳税需求会议，共同答复咨询，共同向政府、人大、政协提案，实现了向政府提案和政策咨询解答"双简化"。

（3）联合税源共管实现"双突破"。随着税收征管体制改革不断深入，特别是"营改增"后，双方及时整合人力资源，实施个体税收联合管理、房地产税收一体化联合管理，在税源的日常监督管理和风险排查管理上实现了"双突破"，双方 2017 年共同开展房开行业联合评估入库税款 430 余万元。

（4）联合党建共建实现"双进步"。联合开展"立足岗位做贡献、我为党旗添光彩"等主题活动，并在县直属机关工委支持下成立了联合大厅党支部，增强了外派人员的归属感和使命感，充分发挥了大厅党员的先锋模范带头作用，实现了党员进取意识和服务质量提升"双进步"。

（5）联合廉政共建实现"双促进"。通过联合召开税检联席会议、联合聘请特邀监察员、联合向纪委汇报党风廉政建设工作、联合开展党风廉政建设教育培训、联合开展廉政回访和作风纪律明察暗访等工作，实现党风廉政建设和国地税合作工作"双促进"。

（6）联合档案共建实现"双便利"。减并纳税人资料报送，共建档案管理场所，档案资料集中管理，档案信息集中存储，实现了纳税人资料报送和税务人员涉税信息共享共用"双便利"。

（三）健全机制，联合考核更有强度

（1）建立合作工作联合考核机制。为了增强各环节经办人员责任意识，促进协作能力提高，提升合作成效，合作工作领导小组办公室不定期开展专项督导 3 次，并将督查结果纳入双方绩效考核。

（2）建立外部评议考核机制。通过联合召开税检联席会议、联合聘请特邀监察员、联合向纪委沟通了解双方干部职工党风廉政建设落实情况等工作措施和办法，2017 年共联合开展外部评议 3 次，评议结果按相关规定纳入责任追究和工作考核。

（3）建立联合暗访机制。双方联合开展廉政回访和作风纪律明察暗访等工作 5 次，回访和明察暗访结果相互汇报，各按相关规定纳入责任追究和工作考核，促进了双方党风廉政建设和国地税合作工作进一步提升。

二、取得的成效

余庆县国、地税通过深入合作,有力地推进了工作提升,双方在当地政府组织的政风行风评议、目标绩效考核等工作中已连续 5 年位居前列,两家单位 2017 年再次荣获"省级文明单位"称号,联合大厅连续多年荣获"市级青年文明号"称号,正在申报"省级青年文明号"评审,使余庆税务形象得到进一步提升。

(1)抓好"共建",让纳税人深切感受更有温度。2017 年以来,双方向政府、人大、政协联合提案 5 件次,共同召开纳税服务需求座谈会 4 次,双方班子成员联合走访纳税人 110 户次,联合策划开展了"税收助力余庆发展"的骑行宣传活动,现场答疑 40 余人次,发放税收宣传资料 1000 多份,联合办理设立登记 887 户,联合办理变更登记 6413 户,协同办理注销登记 529 户,联合采集财务报表 11 892 份,联合与纳税人签订委托划缴税款协议 1525 笔,合作征收税款 300.8 万元,联合开展培训辅导 7 期,共计培训纳税人 400 多人次。

(2)抓好"共管",让税法尊崇更有温度。2017 年以来,双方共对 526 户纳税人联合开展纳税信用评价,联合评价 A 级纳税人 14 户、B 级纳税人 346 户、C 级纳税人 116户、D 级纳税人 50 户,为余庆县营造依法纳税、诚信经营的良好社会氛围起到了积极助推作用;通过开展建材行业税收联合整治查补税费 230 余万元,通过共同开展房开企业一体化管理入库税费 430 余万元。

(3)抓好"共创",让合作经验更有温度。2017 年以来,联合党支部开展党建活动6 次,发展入党积极分子 2 名,促进了大厅公益岗位人员向党组织靠拢的意识,增强了外派人员的归属感和使命感,促进了大厅党员的先锋模范带头作用的发挥;双方税收征管档案实现联合管理,本年度共联合办理涉税业务 7.38 万户次,减少纳税人资料报送1.12 万份,占纳税人原报送资料 15%以上,节约双方物力、财力管理 3 万余元,已被遵义市国地税局作为优秀合作项目联合推广;联合开展"立足岗位做贡献、我为党旗添光彩"主题党建活动和廉政建设活动 11 次,使"六联六双"的合作模式成了可复制、可推广的"余庆经验"。

三、下一步工作打算

(1)以政府为主导,构建共治格局。主动向地方党政领导多请示、勤汇报,密切与地方各经济职能管理部门以及社会协税护税组织的联系,着力打造税收共治格局,提高税收治理水平。

(2)优化合作亮点,打造余庆品牌。在实现个体税收全方面联合管理的基础上,探索对所有共同管辖的纳税人实施联合管理。

(3)注重对外宣传,树立良好形象。要进一步加大对外宣传力度,充分借助内部宣传渠道和外部媒体,合力宣传,树立余庆税务良好形象。

2017 年 12 月 2 日

第八章

税收风险管理

第一节 税收风险管理概述

在现代汉语词典（第6版）中，风险一词的定义是：可能发生的危险。国际标准组织（International Organization for Standardization，ISO）风险管理技术委员会于2009年正式公布的《ISO 31000：风险管理原则与实施指南》一文对风险做了解释：风险是不确定性对目标的影响。1964年，美国学者Williams在其著作《风险管理和保险》中提到：风险管理是通过对风险的识别、衡量和控制，以最小的成本使风险所致损失达到最低程度的管理方法。

至于税收风险，可从两个角度考察：从职能角度看，是指实现税收职能过程中的不确定性；从风险形成原因看，包括内源性税收风险和外源性税收风险两类。经济合作与发展组织（Organization for Economic Co-operation and Development，OECD）在《遵从风险管理：管理和改进税收遵从》指引中将纳税遵从风险定义为：在税收管理中对提高纳税遵从产生负面影响的各种可能性和不确定性。

一、税收风险管理的定位

要对税收风险管理进行准确定位，需要厘清风险管理与信息管税、纳税评估、纳税服务的关系。

（一）税收风险管理与信息管税

对于税收管理工作来说，信息技术也是税收征管工作的生产力。目前，税收征管的生产工具从原来的手工、算盘等，向计算机、网络、信息系统转变，这意味着税收生产工具的变革进入一个新的阶段。"信息管税"思路正是顺应时代潮流提出来的。"信息管税"是今后税收征管与科技工作的指导方针，而为了落实信息管税，必须建立信息管税的工作内容和具体形态，税收风险管理正是信息管税的一个重要落脚点和主要举措。它以核心业务系统的生产数据、企业的财务数据、第三方涉税数据为依据，利用风险管理方法与技术对宏观税收风险、微观税收风险进行分析识别，有针对性地采取措施，最大限度减少对税收目标产生负面影响的各种可能性和不确定性。这就是信息管税的体现。

（二）税收风险管理与纳税评估

如果仅从风险识别技术上来说，两者在方法上相似，但侧重点并不同。风险管理的目的是保证税收管理达到既定目标，它不仅仅是为了找出纳税人在纳税申报中的错误，也不是为了稽查选案，而是通过预先的分析发现纳税人可能存在的问题，并采取积极的措施进行解决。它强调的是对未来可能发生的事情的预先识别、分析，变事后打击为事前监控，变被动管理为主动服务，而纳税评估从某种程度上来说只是风险应对的一个手段。

（三）税收风险管理与纳税服务

风险管理与纳税服务的目标是一致的，都是为了提高纳税遵从度。2009 年 7 月召开的国家税务总局纳税服务会议明确提出，纳税服务要始于纳税人需求、基于纳税人满意、终于纳税人遵从。因此，实现纳税人自愿遵从税法既是税收风险管理的目标，又是纳税服务的目标。但是，税收风险管理的重心是实现纳税遵从度的最大化，策略就是将有限的征管资源优先用于纳税风险等级较高的纳税群体，并不是平均使用征管资源。同时，纳税服务也是风险管理战略中风险应对的一种手段，但纳税服务是面向所有纳税人群体的，它的服务宗旨并不以纳税人风险等级的变化为重大转移，即便对于纳税风险等级较高但还不到恶性犯罪地步的纳税人来说，该提供的服务也还是要继续提供的。

二、税收风险管理的作用

税收风险管理是指税务机关通过先进的管理和技术手段，预测、识别和评估税收风险，根据不同的税收风险制定不同的管理战略，并通过合理的服务和管理措施规避或防范税收风险，以提高税法遵从度和税收征收率。

由于纳税人不能或不愿依法、准确纳税，而致使税收管理中存在税款流失的风险。不同类型的纳税人，其风险点也不尽相同。对所有纳税人进行无差别的风险管理是不可取的，在所有层级进行无差别的风险管理活动也是不可取的。风险管理的注定方向是扁平化、专业化，必须考虑全国税务大集中这一不可逆转的现实，建立与之相适应的风险管理平台，依托公共数据支撑环境，充分利用基于纳税服务平台、征收管理和行政管理业务操作平台三大平台业务处理中形成的涉税数据整备后的税收风险管理数据，借助先进、科学的方法体系，进行纳税遵从风险分析识别，结合有限的税收征管资源，采取有针对性的特定应对策略，并将相关信息推送到其他三大平台的对应用户或相应的工作环节，通过提升纳税服务和加强统一执法，以达到提高纳税遵从度和税收征收率的目的。

三、税收风险管理与其他税收管理业务的联系

金税三期工程将在继承过去多年税务信息化建设成果的基础之上，按照轻重缓急的原则，通过业务重组、技术重构、功能整合，分期分批逐步实施，最终完成税务信息化建设的总体目标，建立和完善中国税收管理信息系统。这个信息系统将有助于实现以下总体业务战略目标：统一税收执法、统一纳税服务、统一管理决策、统一征管数据实时监控。

对应于上述四大战略目标，金税三期工程将建设"四大平台"支撑其实现，即全国

统一的纳税服务平台、征管和行管业务操作平台、管理决策平台，这四大平台能使广大纳税人方便、快捷地办理各项税费事宜，能使广大基层税务人员高效、简洁地处理各项业务，使各级税务管理者及时有效地实施管理与决策。

（1）统一税收执法是在国家税法统一的前提下，以国家税务总局统一的政策管理为依托，税收执法尺度的统一，为纳税人提供公平、公正的税收环境。在现阶段，公平、公正是对纳税人最好的服务。同时，统一税收执法，也是现阶段实现应收尽收，保证税款及时入库的有效保证。"优良的纳税服务＋统一的税收执法"，双管齐下，辅之以科学、先进的风险管理方法、措施和手段，有利于促进纳税遵从，提升税收收入。

（2）统一纳税服务，不是简单地建立一个平台，而是保证服务目标、服务内容、服务水平的一致，避免不同地区、不同税务人员对同类事项执法不一、口径各异和服务差异。同时，建立统一纳税服务平台有利于规范涉税数据的采集，并为后续开展风险管理以及其他管理决策分析提供可靠、丰富的数据支撑。

（3）建立在全国大集中基础上的统一实时的征管数据监控，是促进统一执法、统一服务、统一管理决策的手段保障。在实施全国大集中的同时，对于原来大而全的征管系统功能进行适度拆解并优化，将查询统计、报表管理、收入核算等与管理决策工作密切相关的功能分离到新的管理决策平台，有利于提高征管系统的工作效率。更为重要的是，征管系统加工、处理的涉税数据将是除纳税服务平台采集的纳税人涉税数据以外的风险管理等管理决策分析源数据的重要组成部分。

（4）统一管理决策，是采用科学的方法，利用数据集中和信息共享手段，为各级领导提供一致的管理和决策依据。依靠纳税人服务平台、征管操作平台和管理决策平台这三大系统的良性交互和信息共享，风险管理子平台能根据对应纳税人的风险等级状况，选择恰当的应对方式，并将信息推送到征管系统中相关岗位或通过纳税服务平台推送给纳税人处理，改变了以往针对性不强、渠道不顺畅的信息交互状况，变被动为主动，实现了"信息找人"。风险管理子平台的分析基础数据来源于纳税人服务平台和征管操作平台，基于这些分析数据加工出来的风险应对结果，相当于是涉税数据的增值分析利用，最终又回到其分析基础数据来源处，去指导纳税人改善遵从、税务征管岗位加强管理，从而形成了一个促进纳税遵从和征收率的闭环回路。

在国内外新的经济形势下，为了实现四个统一的战略目标，国家税务总局确定了信息管税的总体战略，信息管税就是以税收风险管理理念为指导，以现代信息技术为依托，以对涉税信息的采集、应用为主线，优化资源配置，完善税源管理体系，加强业务与技术的高度融合，着力解决征纳双方信息不对称问题，不断提高税法遵从度和税收征收率。

信息管税是一项系统工程，必然要涉及税务管理的思想观念、制度机制、业务流程、组织机构等一系列变化。

■ 第二节　税收风险管理体系

一、税收风险管理的目标

这里所说的税收风险管理是狭义的税收风险管理，仅指税务机关针对税收风险点，通过一定条件、方法和技术进行税收管理活动的一个比较完整的系统体系。是税务机关运用风险管理的理念和方法，合理配置资源，通过税收风险识别、风险排序、风险处理、绩效评估以及过程监控等措施，不断提高征管水平降低税收风险的过程。其目标定位基于以下几点。

（1）基于实现税源专业化管理的目标。从税源专业化管理的基本思路来看，强调以风险管理为导向，优化纳税服务，公正税收执法，提高纳税遵从度。因此，税收风险管理的根本目的是使税收不遵从风险控制在最小限度内，为税收遵从最大化的税源专业化管理根本目标的实现提供保障。

（2）基于实现征管效率最优配置。从当前经济、政治和社会发展形势来看，尤其是税源管理现状，各级税务机关在资源配置决策时，必须考虑如何把有限的资源优先配置到遵从风险较大的领域和群体。因此，税收风险管理的一个重要功能，就是使各级税务机关找到确定资源配置策略和遵从目标最大化之间的最佳结合点，从而将有限的管理资源以最具效率的方式加以利用。

（3）基于融入税源专业化管理全过程。作为实施税源专业化管理的理念基础，税收风险管理的流程设计必须与税收征管业务流程有机融合，真正体现在税源专业化管理的实践中，形成模式化的税收风险管理应用流程，从而促进税源管理职能的有效转变，税源监管方式的不断改进及管理资源的优化配置，不断提高税源专业化管理的水平。

二、税收风险管理的战略规划

要从国家税务总局、省市局、县区局三个层次，对税收风险管理进行战略规划，确保税收风险管理理念有效落实。

（1）国家税务总局层面的战略规划。以建立立体化的税收风险管理体系为核心，做好全国税收风险管理体制、机制的规划设计和组织实施工作，为全国全面实施风险管理提供指导。根据不同时期税收管理的战略，制订分阶段的全国税收风险战略规划。逐步建立起国家级税收风险特征指标库，形成全国税收风险信息和情报存储、交换、处理中心。

（2）省市局层面的战略规划。按照总局建立税收风险管理战略规划的统一要求，研究制订本地区税收风险管理目标规划和明确分阶段税收风险管理的工作重点；建立健全税收风险分析识别工作机制，健全完善省市级税收风险特征库；做好年度各类风险应对措施的总体规划和分部门的风险应对措施计划安排。做好数据模型、分析工具的研发工作，研究收集制定业务操作模本、评估审计指南等，提高对基层风险应对的指导力和支撑力。

（3）县区局层面的战略规划。根据上级机关风险管理的规划部署和风险识别排序结果，有针对性地开展税收风险应对工作，对于条件许可的县级税务机关，也可直接承担风险等级排序工作。充分发挥基层税务机关贴近纳税人的优势，利用纳税服务、税收执法过程中采集的动态信息，丰富充实风险分析识别的信息来源，提高风险识别的准确性。

三、税收风险管理的流程设计

税收风险存在于税收管理的整个过程和各个环节，有效实施税收风险管理，必须构建起包括风险识别、风险评定、风险应对、绩效评估等环节于一体的管理流程。

（一）风险识别环节

税收风险识别是在数据集中等税收信息化建设成果基础上，围绕税收风险管理目标，应用相关学科的原理和科学合理的方法、模型以及指标体系，利用税收系统内部以及其他第三方的各种涉税数据，从税收经济运行结果入手，深入研究，探索规律，寻找、发现可能存在税收风险点，帮助科学决策，指导税收征管工作的分析活动。其核心是建立风险预警指标体系，其基础是指标分类，其途径是人机结合。

1. 风险预警指标的确定

（1）按规模或行业分类。以规模为维度的风险预警指标分类，可以按重点税源户和一般税源户两个层面实施预警控制。重点税源户以税收监控为主，结合税种预警指标来实施风险识别；一般税源户以行为监控为主，结合日常申报、发票使用以及税款缴纳来实施风险识别。而以行业为维度的风险预警指标分类，则需要税收与行业监控相结合，对一些高风险行业进行定性定量分析。

（2）按税种或税种之间的交叉稽核分类。按税种或税种之间的关联进行指标分类，是税收风险识别过程中的重点，指标设置力求覆盖全面、结构严谨和监控准确。指标主要分为税负预警指标和管理预警指标，分别用于监控税负预警对象的税负低于预警下限行为和管理预警对象的违法违规行为、管理缺位行为。

（3）按特殊重要事项分类。按特殊重要事项设置风险预警指标，是按规模或行业以及按税种进行指标分类的一项重要补充，该类指标主要以项目进行设置，如跨国交易风险分析识别项目和出口退税风险分析识别项目，可以"向境外支付金额较大的项目"或"生产企业在退税率调低前后使用商品代码不一致的出口货物"为风险指标。

（4）按风险影响广度分类。风险影响广度分为宏观风险、微观风险和中观风险。宏观风险识别旨在通过分析地区宏观税负指标与外部基准性（如宏观统计指标）之间关系，总体上把握税收遵从风险的结构分布和发展趋势；微观风险识别旨在通过分析纳税人申报信息中实际税负水平或者某一申报项目与基准参考值之间的关系，直观反映纳税人个体遵从程度；中观风险识别旨在通过将特定组合纳税人的微观风险特征综合起来，反映某一特定纳税群体的风险特征。

2. 风险预警指标的计算方法

（1）税收能力估算法。税收能力估算法是指应用各种数据和方法估算一定的经济量、经济结构和既定的税收制度所决定的潜在的、最大的税收能力，与已实现的税收收入数据进行自上而下或自下而上的比较，查找某地区、某税种或某行业税收征管中可能存在的风险及其变动趋势，即通过纳税能力估算来识别宏观风险。

（2）关键指标判别法。关键指标判别法是指应用与税收密切相关的经济统计指标或企业经营财务指标，如税负、弹性、收入、抵免、投入产出率、能耗率、利润率及发票领购使用等方面的异常变动发现税收风险的方法。税收实践中不同的税种、不同的行业指标各异，应根据不同情况选取关键指标，按照同行业、同纳税人类型、同税种口径进行纵向比较，或按照不同地区横向比较来识别中观风险。

（3）典型案例法。典型案例法是指以税收实践中出现的典型案例为模型，据以分析和判别纳税人异常信息的一种风险识别方法。典型案例法必须以建立完备的案例库为基础，主要适用于特大型企业、特殊风险行业、大宗跨国交易、重特大事件等微观风险识别。

（二）风险评定环节

风险等级评定是对纳税人风险度的量化定级，根据上述建立的指标从风险因子、规模、时间等角度衡量纳税人的风险度，按风险度从高到低确定纳税人的风险级别，实现对纳税人遵从度、风险度的准确描述，使税收管理员或专业评估人员在实施管理中，突出重点，采取必要的后续管理措施，实现对税收征管业务流程的全程监控，为规范征纳双方的行为提供翔实的依据。风险等级评定的关键是信息质量。而确保信息质量要从信息源头抓起，通过信息汇集、比对校验、数据筛选三个主要环节，确保真实、完整、有效的信息进入控等级评定系统。

风险等级的评定流程主要包括：管理目标→选择指标→汇集数据→风险值计算→确定模板（赋权重）→评定等级。

（1）管理目标、选择指标、汇集数据这三个步骤应当在指标识别环节进行，但是进入等级排序时，如果评定结果与实际风险状况出现明显偏离，则要根据目标和偏离情况，对指标进行调整并重新汇集数据。

（2）风险值计算：单一指标计算→相关指标比对→测定标准值→定义异常值→按偏离区间设定风险值。

风险值计算在税源专业化管理的模式下，必须按照指标分类原则分别计算分类风险值。每一类指标的风险值包括组成这类指标的单一指标组合，同时也应考虑对同类指标逻辑性比对结果。可通过选取一定量样本计算出单一指标标准值和相关指标逻辑比对标准值，对偏离标准值的数据，按离差率划分区间，设定风险值。

（3）确定模板：赋权原则有风险发生概率、流失缺口大小、监管难度等。

风险发生概率是影响风险程度的重要指标，一般而言发生概率大的风险值，容易在反复重复中加剧风险。流失缺口大小是各类指标重要性参数，一般认为与税收收入直接相关的指标容易定量推断流失缺口的大小，属于关键指标，而与收入间接相关的外围指标，可以定性判断流失状况，属辅助印证类指标。作用不同，赋权系数要考虑相应的差异。监管难度是在指标赋权中要考虑的另一个重要参数。一般而言监管难度大的经济行为或涉税信息，纳税人通过隐匿真实经营状况偷逃税款的违法成本低，风险发生的可能性加剧，必须提高关注程度，赋予较高的权重。

（4）评定等级。风险等级的评定可采取风险叠加积分法（风险多维比较法），该方法主要按照税源专业化管理思路，以规模、业务、其他类指标为主体，在各类指标组合后乘以权重系数，并以此累加，计算出识别对象的综合风险程度。

风险积分组合公式如下：

风险叠加积分＝∑规模指标风险值×权重参数＋∑业务指标风险值×权重参数＋∑其他指标风险值×权重参数。

科学合理的风险等级设定对依据排序结果对风险管理对象实施差异化应对措施起

着导向性作用。在等级级次设定时应综合考虑有效的征管资源状况，差异化管理措施的针对性，等级结果发布对纳税人与税务机关合作意愿的影响，以及等级设置与社会诚信体系构建的匹配程度。一般情况下可按风险度低、中、高，按三等五级设定风险度级次，三等基本发挥了风险管理引导征管资源优化配置的作用，五级管理可在必要时细化具体的应对措施。

（三）风险应对环节

风险应对要根据各级税务机关现有的征管资源，按照风险管理目标、风险影响广度、风险等级排序和风险应对成效，合理制订应对计划，配置管理资源，实施税源专业化管理。

（1）按风险管理目标安排选择风险应对频度。风险管理目标按时间角度可分为基础性目标、阶段性目标、特殊性目标，与之相应风险应对措施可选择日常、定期、不定期安排。管理目标的时间性要求决定了税务机关征管资源配置的合理性和适当性。

（2）按风险影响广度设置风险对应幅度。我们按风险影响覆盖面的广度分类，税收风险可分为宏观风险、中观风险和微观风险。因三类分析影响范围大小不同，在风险应对时应选择不同的策略，提高风险应对能力。

（3）按风险等级排序选择风险对应深度。风险等级排序的根本目的在于通过分析纳税人不遵从行为的潜在影响因素，建立多元化的均衡策略选择机制，即建立覆盖从宣传教育到司法诉讼全过程的风险应对策略应用管理机制。我们可以借鉴 OECD 成员国在优选应对策略中的"金字塔"遵从模型，从风险排序等级入手，对不同风险对象，配置合理的征管资源，实施差异化风险应对措施。

（4）按风险应对成效选择后续风险应对力度。风险消除：调减风险积分，转为日常管理；风险减弱：保持风险积分，加强日常监控；风险持续：增加风险积分，采取实时监控。

（四）绩效评估环节

绩效评估是对风险管理运行状况进行的总结、回顾和评价。评估过程中，一方面，利用各类信息化系统汇集各类信息数据，设定评估关键指标和检测依据、检测内容及检测方法，确保评估结论的可靠性。另一方面，通过实地调研、专家论证、意见征询等人工经验方法对工作情况和效果进行弹性分析，修正信息技术硬性计算结果。绩效评估主要方式有以下几种。

（1）税收风险管理成效及经验总结。主要包括：风险管理目标，风险识别方法，风险应对措施，具体总结用什么遵从指标确认问题，怎样收集数据和收集什么数据来支撑评估，等级排序导向作用如何，管理前后风险程度的比较。

（2）税收风险管理及防范典型案例。在风险管理中总结典型案例是评价工作绩效一个重要的指标，通过对典型案例工作流程、管理措施、防范效果的剖析和总结，提炼出具有普遍指导意义的风险管理模型，并据此评价工作成效。

（3）风险管理指标纵向、横向比较。纵向比较是指一个风险管理项目结束以后，从已处理风险中抽取一定数量的目标样本，采集其管理前后的相关数据，导入风险管理系统进行计算比较，如果结果得到改善，这个管理系统应被认为有效。横向比较是指对相同指标，在同级同类的评估对象中进行比较，与标准值的离差值可以作为绩效评估的依据之一。

（4）重大风险发生率趋势及处理结果评估。一个风险管理体系即使各项指标测定后都指向有利的绩效，但如果在管辖区域中出现了非正常的重特大风险事件，或较大风险事件频发，那么该系统识别处置重大风险的能力就必须被质疑。同时对已发重大风险事件是否及时应对，将事件影响降至最低程度也是绩效评估的考虑因素。

第三节　税收风险管理体系的业务架构

从业务架构上看，风险管理需要公共支撑环境下面的公共数据分析平台、数据治理平台、数据集成平台、指标管理平台、知识管理平台五个子平台为其提供支撑作用。同时，对于总局、省局、市局、县局、税务所（分局）的五级用户呈现出不同的业务特点，由于风险管理系统作为管理决策平台的重要组成部分，将实行总局和省局两级部署，除了这两个层级的用户以外，市局、县局、税务所（分局）级用户基本呈现高度相似的特点，实际上可以抽象为三个层级的用户。

具体说来，风险管理平台将呈现出以下业务特点。

（1）纳税服务平台、征收管理和行政管理等业务操作平台业务处理中的涉税处理形成的业务数据是税收风险管理分析源数据的重要来源，公共支撑环境承担了组织数据、提供工具支撑的重要职能。

来自不同业务操作平台、不同征收机关、不同地域或层级的涉税数据，将在公共数据支撑平台中完成数据分析、抽取、清洗以及数据整备，并基于全国统一的数据标准形成税收风险管理数据库。同时，基于统一数据视图形成，并与税收风险管理数据库一道集中存储和处理的其他"六库"，即法人涉税数据库、自然人涉税数据库、发票数据库、第三方信息数据库、税务机构数据库（包括财务、固定资产等）和人力资源数据库、税收法规数据库（包括文件、档案等）将是税收风险管理分析源数据的重要组成部分。

上述涉税数据需要在公共支撑环境下，基于数据整备及数据质量综合评价，完成数据的初步分析和集成工作，并根据需要整合到公共数据视图、数据仓库或数据集中，以备风险管理的分析之需。

（2）纳税服务平台、征收管理和行政管理等业务操作平台是落实风险管理目标，即提高纳税遵从程度和税收征收率的最终落脚点。

税收风险管理的目的在于根据风险评价结果，对纳税人采取有针对性、区别化的管理或服务措施，改善有限的税收征管资源的配置效率，从而实现提高纳税遵从程度和税收征收率的目标。而这些目标的实现都有赖于其他三个平台按照决策支持平台—风险管理子平台向其推送的应对措施，如对于高风险的纳税人直接向征管平台—稽查子系统推送移送稽查的信息，对于中风险的纳税人向征管平台—评估子系统推送纳税评估的信息，对于低风险的纳税人向纳税人服务平台推送落实改善纳税服务、促进纳税遵从的建议。只有这些应对措施落到实处，风险管理的目标才可能得以实现，否则只会停留在一些简单的分析结果甚至数字游戏上。

（3）准确完成风险识别分析及评估排序，并根据评价结果针对不同风险等级的纳税人给出有针对性的应对措施建议是税收风险管理的核心任务。

风险管理的核心任务是完成纳税人风险的评价工作，为下一阶段采取应对措施提供决策依据和数据支撑。如上所述，其评价源数据来源于公共数据支撑平台中整备完成的统一数据视图数据，而统一数据视图数据又源自各个业务操作平台。评价方法体系的形成需要借助于指标管理平台对于风险特征、风险指标以及综合评价算法等实施有效管理，评价方法体系的推广和经验总结需要依靠知识库管理平台来完成。而对纳税人风险管理形成的评价结果依然需要上传到公共数据支撑平台中税收风险管理数据库实施有效管理。

（4）基于全国集中统一管理，总局、省局两级部署形成的税收风险管理分析应用格局是确保实现风险管理目标，最大限度地满足地方个性化需求和实际税收征管工作需要的重要手段。

未来税收风险管理平台功能的实现上，形成全国集中统一管理，总局、省局两级部署的数据分析应用格局。总局和省局通过宏观数据分析，建立宏观风险特征库和分析模型库，并对基层税务机关开展税收风险管理工作实行组织管理和方法体系指导。市、县及其以下的税务所（分局）关注的是微观税收风险即具体纳税人的纳税遵从风险评价，允许各地税务机关按照规范、统一的开发标准，基于管理区域内的地域及行业特点、过去多年积累的数据和数据分析利用经验，建立个性化的风险指标和分析模型，开发个性化的风险管理应用，从而确保在规范、统一标准的前提下，最大限度地满足地方个性化需求和实际税收征管工作的需要。

（5）针对税收风险管理平台在总局、省局、市局、县（区）局和税务所（分局）五级税务机关面对的不同用户群体，以及税务征收、管理工作的各个不同环节，分别为其定制了贴近实际工作需要的应用环境。并且考虑了应对未来业务需求的不断发展变化的有效措施，通过逐步扩充平台的基本功能，持续提升用户的应用能力，不断改善用户体验效果，最终实现风险管理工作的可持续发展。

（6）风险管理系统与管理决策平台其他的模块如查询统计、征管状态分析、报表管理、收入核算、政策评估、绩效管理、知识管理相辅相成、相互促进、互为基础。宏观税收风险分析从一定角度上能够反映某些政策效应的评估情况，政策效应的评估反过来也为确定微观税收风险管理的重点提供了初步筛选结果；征管状态的好坏，一方面反映了税务机关征管基础工作的扎实程度，另一方面也反映了纳税人在税法遵从上的表现程度；税收风险管理中运用的一些稳定报表可能逐渐上升到正式的报表、纳税报表管理模块，同时，现有报表体系中的某些数据将为税收风险管理提供数据支撑和中间结果；税收风险管理的评价情况某种程度上是与征管工作的绩效评估呈相同方向变化的；知识管理与税收风险管理的关系就更为密切了，知识管理为税收风险管理的指标建立、风险特征筛选、分析模型训练乃至分析方案的制订提供了经验借鉴，为便于全国各地取长补短提供效率，同时，成熟的税收风险管理经验也能迅速上升为税务部门共享的知识，纳入知识库的管理。

第四节 税收风险管理的应用

根据 OECD 遵从风险管理框架和其他国外风险管理先进经验，税收风险管理框架应包括税收风险管理环境分析、税收风险管理目标（战略/执行）、风险数据治理、风险识别、风险评价、风险应对、过程监控和系统绩效评估等部分。

税收遵从风险管理环境分析主要是针对税收的经济环境而言，它是税收风险管理系统设计的重要背景和起始点，包括经济社会环境、技术水平、立法、文化、发展趋势、税务管理机构的结构和特征、人力资源管理等要素。

税收风险管理目标包括战略目标和运作目标两个层面，其中税收风险管理战略目标代表着税收征管的努力方向，基本可以概括为：公平，正义；成本、效率；营造纳税人自愿遵从的税收文化。战略层面定义的目标还必须解释和分解为可以被税务人员执行和考核的运作层面目标，这些目标必须一直满足五个条件：具体（specific）；可计量（measurable）；积极向上（ambitious）；现实（realistic）；及时（timely）。可以用数字、金额、百分比或行为的效果或逻辑目标来表示，并且这些目标还需要具有沟通职能。

虽然税收风险管理环境分析、税收风险管理目标（战略/执行）等相关工作并不一定能够完全依托信息化手段来完成，但风险管理的其他功能，如风险数据治理、风险识别、风险评价、风险应对、过程控制和系统绩效评估应该作为风险管理子系统的核心功能在建设时重点考虑。

风险数据治理包括纳税人类群划分和涉税数据综合评价等内容，主要贯彻以纳税人为中心的分类管理思想，通过对纳税人类群区分和科学评价涉税数据的质量，为下一步开展风险管理提供高质量的数据支撑。

税收风险识别是在数据治理、数据集成等税收信息化建设成果基础上，围绕税收风险管理目标，应用相关学科的原理和科学合理的方法、模型以及指标体系，针对税务系统内部以及来源于第三方的各种涉税数据，从税收经济运行结果入手，深入研究，探索规律，寻找、发现可能存在的税收风险点的一系列分析活动。

风险管理理论认为并非所有风险都需要应对处理。有些风险可以规避，有些风险可以容忍，而那些对组织战略目标实现产生重要影响的风险，则必须以科学、理性的方式积极应对。同时，税务征收管理资源的有限性决定了基于风险识别结果开展以风险估算、等级认定工作为核心的风险评价工作的必要性，风险评价环节承担的任务就是对已识别的风险信息进行甄别、估算、排序和等级认定，以帮助税务机关确定必须优先应对的高风险纳税人。风险评价是风险识别与风险应对之间一个承上启下的重要环节。

风险应对是对风险识别、风险评价等结果做出反应的环节。风险应对的根本目的不是要尽可能多地发现问题，尽可能多地实施惩罚，而是希望通过采取应对措施，在今后类似的不遵从行为尽量不要再发生，归根到底仍然是为了最大限度地提高遵从度。风险应对包括风险应对策略选择、风险处置两个方面的工作内容，应对策略选择有助于提升风险应对处置的针对性、准确性、及时性，而风险处置则是风险应对措施得以贯彻的具体工作环节。

税收风险管理过程监控是通过对风险管理的每一个环节的行为进行统计，利用一定的分析方法，找出风险管理活动中不符合风险管理制度和风险管理精神的行为，以及时纠正风险管理的每一具体步骤与风险管理总体目标之间的偏差。

风险管理的绩效评估是对风险管理运行状况进行的总结、回顾和评价，也是风险管理周期中的最后环节。科学的绩效评估可以为风险管理持续优化不断改进提供信息反馈，甚至对是否应当考虑使用替代战略提供决策参考意见等。科学的风险管理绩效评估不仅要关注投入与产出，而且要关注影响和结果，要坚持质量衡量与数量衡量相统一，结果评估与过程评估相统一，单项评估与多样化评估、综合评估相结合。

思 考 题

1. 如何理解税收风险？
2. 开展税收风险管理的目的和意义是什么？
3. 请结合具体的税收管理业务，简述税收风险管理思想。

案例 15：大数据应用防控增值税发票风险

（贵州省国家税务局供稿，特此致谢！）

2015 年以来，贵州省国家税务局聚焦"营改增"工作重点，将营造公平公正的税收环境作为首要任务。针对虚开发票风险高发频发态势，围绕"管住票"这一核心，以税收风险管理为导向，成功开发运用增值税数据风险监控平台，系统解决了当前涉税数据应用"三多三少"（系统多、数据多、环节多；共享少、手段少、整合少）的问题，平台于 2016 年 3 月在贵州国税系统投入使用。

一、原理、目标及功能

贵州省增值税数据风险监控平台（以下简称平台）主要采用数据挖掘技术、数据流技术和可视化技术，整合当前各类涉税应用系统数据，重点将金税三期、增值税发票管理新系统、电子底账系统、防伪税控系统等数据挖掘整合，同时，预留了第三方数据接口，将内部和外部数据交互运用，全面提升数据价值。

（一）平台主要实现目标

（1）提升数据效能、促进纳税遵从。对内外部涉税大数据深度挖掘，自动加工处理，实现税收风险管理"分析识别、等级排序、任务推送、应对反馈、绩效评价"的闭环流转，风险管理实时可控、流程可见、过程可追踪、绩效可评价。

（2）监测经济运行、辅助税收决策。以电子底账发票数据为源头，从税收视角动态展示经济运行趋势，可视化展现全省特色产业、支柱税源、优势产品、贵州省与长江经济带及泛珠三角区域等重点区域贸易情况，分类展示营改增纳税人分行业、分品目购销结构，并定期生成数据表单和分析报告。

（3）链式追踪查询，适应各类需求。挖掘纳税人票面信息，提供关注品目查询、单户纳税人票流查询、上下游链条式追踪查询以及多条件组合查询等功能。全方位满足风险分析、税收管理、税务稽查、税收预测等数据查询及个性化工作需求。

（4）功能菜单灵活，支持完善应用。功能菜单设置灵活，便于持续完善。如风险指标、模型、预警值、高风险"纳投法财办"（纳税人、投资人、法定代表人、财务负责人、办税人）等关键元素均可持续更新和完善。

（二）平台主要具备功能

1. 税收风险管理

税收风险管理功能菜单支持省、市州、区县三级联动应用。主要具备以下功能。

（1）数据源可扩充。平台以风险指标为桥梁，整合涉税大数据应用，既可抽取各税务应用系统数据扫描风险，也支持外部数据接入，综合用于风险识别和信息查询，数据源持续可扩充。

（2）自动扫描风险。纳税人一经产生开具发票、报税认证、纳税申报等涉税信息，后台指标即时启动运算，自动扫描识别风险，并根据风险指标运算结果打分排序。

（3）指标灵活可控。可按需持续更新风险指标、调整预警阈值、设定运算周期等。已上线指标涵盖了"申报类、发票类、日常监管类、财务类、第三方信息类"等不同风险类别。

（4）风险筛选便捷。既可从总体、行业（国民经济行业、明细行业、营改增行业）、所属地区、指标类别、风险分值等方面开展分类扫描监控，又可针对纳税人经营情况钻取上下游对象、品目及单价等信息，还可对"半夜集中开票、特定商品（如水泥、钢材等）远距离销售、与高风险库纳税人发生往来"等特征快速筛选风险。

（5）风险导向性强。一是风险指标说明详尽。每个指标均指向纳税人具体涉税数据，为应对提供有效指引。二是风险靶向定位精准。可针对"购进甲销售乙""开具专票后短期大量作废""与高风险纳税人业务往来频繁"等特定风险生成任务和应对处置。

（6）管理规范高效。一是应对反馈和报表管理模板化、规范化。风险报表根据应对模板自动生成，数据统计及时准确。二是绩效评价自动量化。设置应对绩效评价指标，风险应对结果一经审核确认即自动计算绩效，针对各任务批次、各单位、各应对人的考核结果一目了然。

2. 宏观经济运行分析

（1）数据可视化菜单。数据可视化功能菜单根据后台数据自动更新，动态展示内容主要涉及：贵州省与全国其他省市之间商品和服务贸易往来，各类经济产业贸易动态，营改增纳税人分行业、购销品目结构、单户上下游对象等经营趋势，贵州省与泛珠三角区域、长江经济带等重点区域经济往来，省内县域之间购销信息，货物和劳务销售品目及排名，贵州省十大行业交易情况，贵州省特色产业交易情况，百千万工程（服务省级重点百户企业、地市级重点千户企业、区县级重点万户企业）贸易数据等。各类子菜单动态展示内容可生成数据表单，及时高效辅助决策。

（2）宏观经济运行分析菜单。该菜单模板化嵌入平台，自动生成图文并茂的分析报告，内容涵盖数据可视化菜单相关事项、全省年度（季度、半年）税收分析报告、税收风险总体情况、风险推送和应对情况等。

3. 分类监控

分类监控菜单涉及 4 类数据，以数据表和趋势图分别展示：全省分行业（营改增大类行业）纳税人开具各类发票情况，全省分行业（营改增大类行业）纳税人取得各类发票情况，分行业购销商品总体结构和趋势分析，按商品标准代码分行业购销数据和趋势分析。数据自动更新，支持表单生成。

4. 分类统计

分类统计菜单主要涉及 5 类统计事项：风险指标涉及纳税人数量，风险纳税人在全省各行业、各市州分布情况，风险纳税人各任务批次应对情况，风险应对结果明细数据，风险应对成果等。数据可层层下钻至分户纳税人具体发票信息。

5. 综合查询

综合查询功能涵盖 5 个子菜单，满足各类数据查询需求：风险指标查询子菜单提供已嵌入系统的风险指标代码、名称、数据来源、适用范围、计算公式、调用方式，指标说明等；高风险纳税人库子菜单提供全国范围内已经确认存在虚开等涉税风险的纳税人名单，并可下载查询关联法定代表人、财务负责人、办税人员等信息，同时可追踪查询上述特定风险人员涉及的全部纳税人；货物信息查询子菜单提供纳税人购销货物清单、单价、金额、购销对象、购销距离等基本信息查询；购销链查询子菜单提供纳税人与每一户上下游交易对象发票记载事项查询，并可层层追踪上下游信息；购销链组合查询子菜单支持个性化的多条件组合查询。

6. 报表填报管理

报表填报管理菜单基于税收风险管理需求设置，用于填报相关报表，报表数据以推送任务信息为源头，应对人提交应对结果一经审核确认即自动生成报表，各环节报表自动汇总。报表数据支持层层下载，各环节情况一目了然。

二、主要做法

贵州国税以风险管理为导向，结合平台功能，创设两项机制、纵横联动应用、锁定重点风险，保障平台效用最大化。

（一）创设两项机制

1. 建立税收风险快速反应机制

全省税务建立税收风险快速反应机制。依托增值税数据风险监控平台内置模型，纳税人每发生"申领一次发票、开出一张发票、填写一次纳税申报表、上传一张财务报表"等涉税事项，系统即时自动扫描识别税收风险，各级即可按需快速响应，应对风险，消除隐患。

依托该机制，一是聚合信息，识别风险。每月跟踪超过 100 万户增值税纳税人，整合各系统上亿条涉税信息，数据持续更新。提供外部数据接口，内外信息交互应用开展风险识别和应对。二是深化运用，建库关联。建立虚开高风险纳税人库，延伸关联虚开高风险上下游纳税人、高风险"法财办"（法定代表人、财务负责人、办税人员）、单户高风险"法财办"涉及的其他纳税人。三是创新思路、建言献策。针对虚开高风险核心人群，提出监控财务负责人税收遵从行为的"互联网＋税务"创意点子，以计分制量化涉税违法违规行为，配套实施办税实名制，开展税收遵从行为综合管控。

2. 建立税收风险内控管理机制

结合当前重点工作要求，贵州国税将增值税数据风险监控平台和金税三期税收风险管理子系统交互运用，将内控内生化需求全面落地。一是自上而下一体防控。风险任务发起以省局风控办为起点，各级"风险识别、等级排序、应对反馈、绩效评价"自动形成闭环，全程可控、可见、可追踪，应对绩效持续更新，实时评价。二是关键环节重点防控。建立纳税评估、税务稽查内控管理机制，分类出台内控操作指引。在应对平台识别推送风险的同时，重点防范关键环节执法风险，实现风险内防外控。三是立足基层一线防控。以遵义汇川区局为试点，建立基层一线税收风险内控机制，制定《涉嫌虚开发票风险识别应对工作指引》等操作型制度，列举涉嫌虚开发票调查核实事项清单，从管理一线防范虚开风险，配套开展"以案说法"，推动同类案例执法公平，全面整治规范发票秩序。

（二）纵横联动应用

1. 应用贯穿省市县三级

依托平台功能，各级确定工作重点。一是省级统筹为主。省级主要负责平台运行维护和持续完善，包括风险指标及模型维护、发布各阶段重点防控风险、确定任务推送频率、开展全省风险应对效应分析、更新高风险纳税库和自然人库等。二是市州有效补充。市州主要负责接受风险任务并组织应对、提供风险指标及模型建议、全市风险应对效应分析、全市重点风险趋势分析等。三是区县验证为辅。区县主要负责接受和应对风险任务、验证风险指标及模型、提出修正指标及模型的建议、验证各级发布的虚开风险识别应对指引等。

2. 统筹重点风险管理

从省级入手，统筹平台风险数据，满足职能部门风险推送需求。一是将事项转化为指标和模型。将税收征管风险、所得税风险、出口退税风险、稽查重点行业和事项转化风险指标及模型，嵌入平台，自动扫描识别风险。并向同级职能部门赋权，便于信息共享应用。二是统筹风险任务管理。依托全省风险管理运行机制，将平台扫描识别的各类风险进行等级排序，提交省局风控办，统筹实施风险任务推送和应对。对高风险纳税人，推动税务稽查立案查处；中风险纳税人，推送评估和审计；低风险纳税人，推送至纳税服务平台进行风险提示。三是各司其职跟踪成效。省局风控办推送风险任务后，各职能部门依权限跟踪应对过程，并对风险趋势和应对成效纳入常态化分析，持续完善和更新平台风险指标、模型和监控重点。

（三）锁定重点风险

1. 点上定位

组织团队研究虚开风险特征和趋势，按照行为分析理论，重点锁定"半夜集中开票""大量开票、快速作废""购销品目不匹配""特定商品销往异地""从外省购进特定商品""虚假申报虚开发票"等不符合行业生产经营特点（如开票习惯、作息时间、交易距离等）的行为，将重点风险特征转化为指标，纳入平台启动扫描。如下表所示。

贵州国税 2016 年重点锁定虚开风险情况表

风险类型	风险特征	典型案例
半夜集中开票	纳税人集中在 0∶00 至 7∶00 开票，与行业一般交易时间不符	A、B
大量开票、快速作废	纳税人开票后，在短期内对开具的增值税专用发票进行作废处理，作废率达 65.7%，作废时间平均为 15 天左右，远高于行业普遍作废率且作废时间密集	C
购销品目不匹配	纳税人进项发票上显示的购进商品名称与销售发票上显示的销售商品名称不符，即未购进该货物却进行了销售，存在开错票或者虚开的可能	购农产品 销医疗器械
特定商品销往异地	纳税人开具的销售发票上显示纳税人将不适合长途运输或销售半径较近的水泥等商品销往较远地方，不符合行业经营常规	如将水泥销售到北京、上海等
从外省购进特定商品	纳税人进项发票上显示从外省购进特定产品，从纳税人成本等考虑不符合行业经营常规	如从北京购进磷肥、从西藏购进煤炭等
虚假申报虚开发票	纳税人主要是通过在一般纳税人申报表附表 2《本期进项税款明细表》中"农产品抵扣金额"或"其他"栏目上填写购进农产品、过路费等抵扣项，且金额较大，不符合企业生产实际	如农产品或过路费畸高等

2. 线上追踪

为避免孤立、单点地分析纳税人，我们提出并实现了"税户网络分析"理论及方法，将纳税人放到实际的社会环境中进行分析挖掘，勾勒出纳税人的经营网络（"朋友圈"）。以风险纳税人为起点，通过链条式追踪，自动开展纳税人上下游企业关联涉税数据之间的逻辑性分析及延伸风险分析，钻取上下游对象、品目及单价等信息，开展风险扫描监控。

3. 面上预防

根据日常税收征管、纳税评估中发现的疑点和工作需要，按照纳税人所属行业（国民经济行业、明细行业、营改增行业）、所属地区及疑点等分类设置风险指标，进行面上风险扫描监控。目前，根据工作实际平台设计了 7 大类 50 个风险指标，每个指标均指向纳税人具体涉税数据，并对风险指标进行详尽说明，为风险应对提供有效指引。同时，平台实现了所有功能省市县三级通用，市州局和县区局均可自主开展本区域内风险企业的筛选与推送。

三、取得成效

（一）指标明，利用数据信息更有效

应用大数据技术对纳税人的涉税行为分析画像，结合纳税人生产经营规律以及登

记、开票、申报等情况，根据风险特征设置了重点风险指标，通过平台进行运算、归集、及时预警，并自动导出风险纳税人有关信息，使风险指向更加明确，有效防控了增值税风险。

（1）设置了"0：00 至 7：00 开票"的风险指标，将 0：00 至 7：00 集中开票且金额较大的纳税人纳入监控，自动导出风险纳税人 1.18 万户次，开票 11.17 万份，涉及金额 114 亿元、税额 16 亿元。如贵州国税在平台中定位查看纳税人开票情况时，发现 A 公司、B 公司 5 户纳税人存在半夜集中开票的情况，同时平台提示纳税人财务人员在省内 110 户企业兼职，不符合常规，且涉及金额较大，5 户累计开票金额为 45.6 亿元，平均 9.1 亿元，最大的 15.54 亿元，最小的达 4.4 亿元，目前该案已经移送稽查局查处。

（2）设置了大量开票、快速作废的风险指标。将开票后 30 天内作废发票且作废率达 40%以上的纳税人纳入监控，自动导出风险纳税人 10 549 户次，作废发票 18.7 万份，涉及金额 234.14 亿元、税额 35.25 亿元。如 C 公司 2015 年 12 月 13 日至 31 日通过凌晨 1 点至 5 点开具增值税专用发票 482 份、金额 4184 万元、税额 732 万元，12 月 31 日进行了作废处理。目前该案已经移交稽查局查处。

（3）设置了购销品目不匹配的风险指标。将发票信息显示购进商品品名与销售商品品名不符的纳税人纳入监控，自动导出风险纳税人 2857 户次，金额 3.86 亿元。

（4）设置了特定商品销往异地的风险指标。对销售发票显示将不适合长途运输或销售半径较近的商品销往较远地方的纳税人纳入监控，自动导出风险纳税人 67 户次，金额 5.3 亿元。如平台预警 2015 年 D 公司等 15 户水泥经销企业开具增值税专用发票 996 份、金额 9789.29 万元，受票方为上海某企业，与水泥销售半径一般不超过 200 千米的经营规律不符，经核实，15 户企业均涉嫌虚开，移送稽查局查处，查补入库税款 5700 万元。

（5）设置了从外省购进特定商品的风险指标。将纳税人购进发票显示跨省购进特定商品的纳税人纳入监控，自动导出风险磷纳税人发票 1.59 万份，涉及金额 207.22 亿元、税额 28.52 亿元；煤纳税人发票 7.62 万份，涉及金额 126.38 亿元、税额 21.32 亿元。

（6）设置了虚假申报、虚开发票的风险指标。将在《本期进项税款明细表》中"农产品抵扣金额"或"其他"栏目上填写进项金额较大、不符合企业生产实际的纳税人纳入监控，自动导出风险企业 114 户。同时，经深入分析，还发现疑点企业中 85 户企业法定代表均为外省籍身份证，占比 74.56%，且开具发票的 90%均流向外省。

（二）执法准，堵塞税收漏洞更有效

2016 年，贵州国税利用该平台提供的数据线索，加强税收防控，精确度达到 100%。全省国税系统共推送增值税风险任务 32 069 户，查补增值税 29.73 亿元，加收滞纳金 0.76 亿元，罚款 1.54 亿元，调减留抵 1.39 亿元。目前，通过平台高风险纳税人的"法财办"（企业法人、财务负责人、办税人）网络，初步锁定涉嫌虚开黄金发票纳税人 9 户，涉及金额 40 多亿元，稽查局已经立案。

（三）服务优，助推纳税人发展更有效

本着"公正执法是对纳税人最好的服务"的理念，贵州国税及时抓好纳税人风险提

醒和黑名单公示制度落实，努力为纳税人营造公平的经营环境。2016年，通过平台提示2700余个风险点，共召集广告业、房地产行业、金融业、建安业、生活服务业等纳税人遵从风险提示辅导会30余次，近千户纳税人补充申报入库税收上亿元。同时，与省22家单位对失信企业实施联合惩戒措施，对外公布15件重大税收违法案件信息（4件偷税案件、11件虚开发票案件）。及时落实信用修复机制，对主动到税务机关缴清税款、滞纳金、罚款共5770万元的7户企业，依法解除惩戒措施。

（四）合作好，促进区域共治更有效

平台以贵州与全国经济往来为基础，追踪识别跨省市税收风险，从毗邻四川、云南、重庆的周边县市开始，启动跨区域税收共治。以购销链为主线，清分全省10个市州涉及西南四省市的关联风险信息，正向和逆向定位三省市与贵州风险纳税人往来情况，首期涉及四川、云南、重庆59条关联数据，西南四省市已追缴流失税收3500万元。

2017年12月1日

案例16：处处"探头"知动向　环环"指引"驭繁难

（贵州省遵义市汇川区国家税务局供稿，特此致谢）

2017年以来，遵义市汇川区国税局按照遵义市政府、汇川区政府"将社会主义核心价值观融入法治建设"的工作部署，乘全省市国税系统"法治国税建设推进年"东风，以问题为导向、以法治为准绳，通过建机制识别警醒、制流程指引防控、评个案明法导行，有效防范纳税人虚开发票带来的各种风险，走出了一条以法治思维指导税收执法的新路。

一、识别·处置·监管，处处"探头"知动向

汇川区局针对纳税户数多、一线管理人员不足（人均管理600余户）的现状和当前虚开风险高发的态势，将打击虚开发票列入2017年法制建设推进年活动重点事项，纳入税收风险管理工作计划，创设系列机制，保障措施落实。

（1）建立发票异常数据监控机制。整合金税三期、防伪税控系统、电子底账系统、增值税数据风险监控平台、税收执法疑点监控平台等各类涉税系统数据，定期识别虚开发票风险。

（2）建立虚开风险快速反应机制。按照"聚合信息、专岗识别、快速应对、个案反馈、举一反三"的步骤，明晰工作流程，确立岗位职责，促进环节联动，实施个案指导，实现涉嫌虚开风险快速识别和应对处置。

（3）建立执法过程跟踪监管机制。针对涉嫌虚开发票应对环节，清单式列举13类调查核实事项，将疑点自然人身份确认、购销情况、运输方式及费用、资金往来、产能情况等逐项列举，由应对人员逐一完成。后续由监察部门牵头，法规和风控部门协作，对照应对事项查看履职过程，对依法、全面履职情况进行综合评价，全面降低执法风险。

通过强化税收风险管理，截至 2017 年 10 月 30 日，汇川国税应对风险纳税人 163 户（风险任务来源：国家税务总局 14 户，省局 32 户，市局 18 户，区局 99 户），追缴流失税款 6266.78 万元，同期风险管理贡献率 1.7%。

二、事项·图例·模板，环环"指引"驭繁难

针对一线税收管理员因缺乏操作性强的工作规范，对虚开发票风险认识不到位、执法有瑕疵、移送不规范等一系列问题，区局从实践中总结经验，制定了《涉嫌虚开发票风险识别应对指引》，专门指导一线干部工作开展。

（1）事项单确立内容。按照"虚开定义、风险识别、案头分析及监控、调查核实、结果处理、移送稽查、资料归档"等事项分别归集，全面描述应对虚开风险的工作内容和方法，便于各岗位"对号入座"，顺畅完成本环节工作。

（2）图例式描述步骤。重点针对案头分析环节，结合各系统数据应用，制作案头分析图例，分步骤告知工作程序，提供风险指标和预警值，便于按图索骥，既为风险识别岗提供方法，又为日常管理岗主动发现风险提供路径。

（3）样本化建立模板。针对风险识别环节，将风险特征转化为指标，建立虚开指标特征库和风险模型，用于扫描风险。针对税务约谈环节，区别约谈对象制作《税务约谈提纲》。针对案头分析环节，制作《案头分析底稿》。针对调查核实环节，制作《调查核实工作底稿》《调查核实工作报告》。针对移交稽查要求，制作《移交稽查建议书》《移交稽查情况报告》《移交稽查资料清单目录》等资料模版，全面规范涉嫌虚开风险识别和应对工作。通过上述措施，2017 年上半年以来，汇川区局办理涉嫌虚开和虚假申报等移交稽查 4 户；建立虚开发票风险特征指标 11 个，模型 3 个，建立虚开高风险纳税人库和高风险自然人库各 1 个；协助稽查办理虚开案件 10 件。目前，《涉嫌虚开发票风险识别应对指引》已在全市国税系统试用，市局将汇川区局验证后的风险指标建立模型，扫描识别出全市 33 户纳税人存在虚开风险，已有半数移交稽查局立案查处，初步涉及税款 1672 万元。

三、讲案·述法·明辨，人人"惕守"保平安

按照"谁执法谁普法"的指导原则，汇川区局建立个案指导机制，在发挥典型案例示范效应方面积极探索，推动执法更加规范公平。以"税收法治讲堂"为载体，定期选择真实的税收执法案例，通过"一讲二理三思"，引领干部运用法治思维和法治方式管理税收事务。一讲身边实事。由一线税务人员亲身讲述办理的涉嫌虚开发票等个案，使干部职工对日常管理的思路、方法以及程序不断反思，举一反三推动同类案件办理更加规范，引导税收执法公平公正。二理法律规范。针对讲解案例，由区局公职律师从专业角度对涉嫌虚开的法律法规梳理讲解，内容包括两个层面：一个层面是从纳税人角度出发，梳理与纳税人虚开行为相关的税收法律法规，以及违反相关税收法律法规可能面临的法律后果；另一层面从税收执法角度出发，梳理日常管理中，税务人员办理虚开案可能面临的执法风险。三思执法风险。围绕对涉嫌虚开典型案例和法律规范的认知与触动，让不同岗位的人员从不同角度，以正反方辩论方式发表见解，引发全体干部职工对准确执

法和防范执法风险的深入思考，帮助一线管理人员在处理同类税收事务时，能够更加准确、快速地采取合适的执行方案。结合基层一线具体税收管理实践，将税收法治讲堂主题拓展到"虚开发票骗取出口退税""一般纳税人转非""一般纳税人注销""营改增税收政策适用""房地产行业纳税评估"等事项，通过抓重点事项执法规范，确保行政权力不越位、不缺位、不错位。通过上述措施，大大增强了干部的法治理念，提升了依法行政水平和风险管理能力，保障了依法履职和干部安全。

（执笔：钱晓岚）

2017 年 11 月 26 日

第九章

税收信息化

■ 第一节　信息化

管理作为一类解决现实世界中的现实问题的活动，其出发点、过程和最终的目标都必然受到各种内、外部现实因素的影响与制约，一旦脱离了这个现实基础，管理理论研究和实践都将无所依托。因此，不论在理论研究还是相关实践过程中，对管理活动所处的主、客观现实条件的分析，都应处于首要的地位。以税收征收管理中对纳税申报环节的管理为例，在互联网出现之前，纳税人仅有的申报方式不过是直接到主管税务机关申报、邮寄申报、电话申报、代理申报等，相应地，税务机关对纳税申报的管理也就局限于这个范围之内。而随着互联网在全社会的普及应用以及有关网络用户身份认证、电子证据的采集与保存、网络支付等相关技术、机制和法律的成熟与完备，网络申报的技术条件和制度条件已经成熟，建立、完善并运行网络申报体系就成为税务机关在纳税申报的管理中不可回避的问题。

同时，在管理活动的全过程中，始终存在一个基本的矛盾，即管理主体与管理对象之间、管理主体与各种制约因素之间的信息不对称。具体而言，就是管理主体无法及时、准确、全面地掌握关于管理对象以及对管理活动产生约束作用的各种内、外部因素的一切相关信息。在现实的管理活动中，管理者所能够获得的，往往只是关于管理对象和局限因素的局部的、模糊的、碎片化的，有时甚至是虚假的信息，而管理者必须据此对管理活动的真实情况、管理对象的实际状态、局限条件的现实作用等进行尽可能准确的判断，并据此进行决策，采取管理措施，以达到管理目的。当然，随着信息通信技术的发展及其在社会经济各领域的应用，管理者获取必要信息的手段、效率正在拓展，其所能获取的信息的质量和数量也在提升，管理活动中管理者的经验和能力的决定性作用也逐渐让位于更充分、更准确、更及时的信息以及对信息更为客观、科学的分析。相应地，传统的经验管理模式也逐步演化为以客观信息、知识为依据进行专业分工、标准化作业和最优化决策的科学管理模式。从这个意义上，不妨将管理活动理解为管理者不断克服信息不对称这一主要矛盾而努力实现管理目标的过程。在这一过程中，主要的约束条件是管理者获取必要信息的手段、渠道的限制。为此，管理者必须基于现实的信息技术手段及其预算、法律等方面的约束，通过制度设计、技术应用等措施，构建在当时、当地客观局限条件下能够最有效率地获取必要信息并进行有效处理、发布管理决策、监督管理对象的管理模式及其运行机制。而一旦其中的部分局限条件有所变化，管理模式及其运行机制也必然要发生相应的适应性变化以维持其效率。例如，在现代计算机技术广泛应用之前，我国税收管理中的重要环节——增值税专用发票只能采取纸质印制、手工填开，相应地，税务机关只能由人工根据领购登记簿、存根联等对发票进行范围极其有限、效率很低的管理，而当我国税务系统建立起覆盖全国的"增值税专用发票计算机交叉稽核系统"（"金税工程"的重要组成部分）之后，增值税专用发票管理的模式即完全改观，效率极大提高。

总之，借用国家税务总局局长王军的话：税收信息化是一场革命，是实现税收现代化的必由之路。

一、信息的定义及特征

（一）信息的定义

信息论的创始人香农指出，"信息是用来消除随机不确定性的东西"，这是信息的经典定义。

（1）信息具有主、客观性。主观性即信息的相对性，信息与其认识主体的目的、感受能力和理解能力密切相关，导致不同主体从同一事物获取的信息各不相同，即信息具有主观性。信息的客观性可以从两个方面来理解：第一，信息是对客观存在的事物的状态、特征及其变化的客观反映，事物存在的客观性决定了信息的内容也具有客观性；第二，信息一旦形成便成为一种客观存在，其实效性也许会发生变化，但其客观性却是不变的。

（2）信息具有抽象性。抽象性是指信息不等同于客观事物本身，而是对事物状态、属性以及与其他事物之间的内在联系的一种反映。

（3）信息具有时空统一性。所谓时空统一性，是指信息只有在一定的时点、一定的空间层次才能表达确定的含义，脱离了时空统一性，其含义就不确定，从而不能表达信息了。

（4）信息具有传载性。传载性是指信息可以记载、可以传递。信息是无形的，是抽象存在的，只有借助于载体才可以传递，载体的特性决定了信息传递的效率和时空距离。近现代以来，电报、广播、电视、传真、电话等电子工具的产生，使信息传递方式发生了深刻的革命，极大地增强了信息传递的实效性。当代计算机、互联网的使用，使信息传递进入一个新时代。

（5）信息具有共享性。信息的共享性是信息与物质的本质区别。萧伯纳有一个形象的比喻："倘若你有一个苹果，我也有一个苹果，我们彼此交换，我们每人仍然只有一个苹果。但是，倘若你有一种思想，我也有一种思想，我们彼此交流这些思想，我们每人各有两个思想。"这个比喻是信息共享性的最好说明。

（6）信息的价值具有相对性。信息价值的相对性，可以从两个方面来理解：第一，信息的价值是相对于某一特定的使用者而言的，同样的信息相对于不同的使用者，其价值会有所不同。第二，信息价值具有时效性，会随着时间的改变而改变。同一信息会因使用时间不同，对使用者的价值也不同。

（二）数据、信息与知识

数据，是人们对事物（包括客观事物和主观思想）的抽象描述。常见数据类型有数值、图形、声音、视觉等。当数据对事物的描述符合某种时空统一性时，它所描述的对象和内容就相对确定了，就构成了一个信息。某一领域若干相互关联的信息经过抽象化、系统化、实践检验之后，成为在某种领域普遍适用的知识。

二、信息化概述

（一）信息化概念

1963 年，日本学者梅棹忠夫在《信息产业论》中首次提出"信息化"这个概念，并预见到信息科学技术的发展和应用将会引起一场全面的社会变革，将人类社会带入"信息化社会"。1967 年，日本政府的一个科学、技术、经济研究小组在研究经济发展问题时，依照"工业化"概念，正式提出了"信息化"概念："信息化是向信息产业高度发达且在产业结构中占优势地位的社会——信息社会前进的动态过程，它反映了由可触摸的物质产品起主导作用向难以捉摸的信息产品起主导作用的根本性转变。"

2006 年，中共中央办公厅、国务院办公厅印发了《2006—2020 年国家信息化发展战略》，其中对"信息化"概念定义为："信息化是充分利用信息技术，开发利用信息资源，促进信息交流和知识共享，提高经济增长质量，推动经济社会发展转型的历史进程。"

（二）信息化的构成要素

从人类发展的历史视角看，信息化并不是当代才出现的新事物。

人与人之间的信息交流、传递，是人类社会形成和发展的基本要素。自古以来，人类就在不断探索创新更为有效的各种信息传递、保存、利用方式，每一次进步，都是信息化实践的新成就。例如，我国自西周开始，国家通信系统迅速发展、不断完善，形成了两套有组织的通信系统，其一是依托烽燧系统建立的军事通信系统，其二是依托道路、驿站体系建立的邮驿通信系统。这两套系统历经近两千年，在我国漫长的封建时代发挥了极为重要的作用。我国古代造纸术、印刷术的发明和广泛应用，为中华文明的传承和发展、知识的广泛传播、交流创造了物质与技术条件。

信息技术或信息交换、处理、管理体制、机制的创新，是推进信息化发展的首要动力。信息技术或信息机制的推广应用，又往往以一定范围内的信息基础设施建设为前提，如近代电话技术的普及应用，就以电话线路网络、交换网络等基础设施为依托。信息基础设施的建设，一般需要大量资金、资源的投入，这就要求该项技术能够付诸应用，满足市场需求或某些公共需要（如国防安全的需求），才能获得政府或市场的财力、物力的支持。如果信息新技术获得了广泛的市场需求，就可以形成一个新的信息技术产业——如当代的互联网产业。信息技术产业一方面推动技术的创新，另一方面则是通过应用的创新，逐渐深入到原有经济社会系统中，对信息资源进行开发，从而推动各个行业效率的提高。技术是由人掌握和运用的，信息技术的创新、普及、应用，都离不开掌握此类技术、理论的专业人才。当某项新技术出现并在一定范围内应用后，必然与某些社会经济活动发生联系——如互联网发展到一定程度后，就出现了网上金融活动——对于这些新生的社会经济活动，必须有相应的法律制度予以规范和约束，否则就会对原有的社会经济秩序产生影响甚至破坏。综上所述，信息化有以下一些构成要素：信息资源，信息基础设施，信息技术产业，信息技术应用，信息人才，信息政策、法规和标准。这六个要素相辅相成，互为补充，缺一不可，构成了一个国家（或组织）信息化的发展轮廓。其中，信息资源是信息化的面向对象，信息基础设施、信息技术和信息产业是信息化工作的基础，而信息人才是决定信息基础设施和信息技术效益的关键因素，信息技术应用于各行业则是最终归宿。

第二节　信息化发展理论及衡量方法

一、信息化发展理论

信息化作为信息技术、产业、应用这一类客观事物的发展进程，具有其自身的客观规律。

（一）诺兰（Nolan）模型

美国学者理查德·诺兰（Richard. L. Nolan）在 20 世纪 80 年代初深入研究信息化历程的基础上，总结归纳出信息化发展的一般规律：无论对于一个行业，还是对于一个国家或地区来说，信息化大体要经历初始、普及、发展、系统内集成、全社会集成和成熟这样几个发展阶段，各个阶段之间前后承接，一般不能超越，这就是著名的"诺兰模型"。该模型已被其后国际信息化发展的实践所证实。

根据诺兰模型的描述，在信息化的初始阶段，用户工作中较少采用信息技术，对信息技术并不了解，只是在个别部门引入了少数信息技术设备，处于尝试应用的状态。

当初步应用取得较好的效果，证明了计算机的强大功效，信息技术开始被普遍采用起来，就进入普及阶段。学习及普及信息技术是这一阶段的主要内容。

当新技术的应用开始普及，为之提供支撑的信息基础设施开始大规模建设，信息化就进入发展阶段。在这一阶段，新技术的应用"遍地开花"，但是缺乏全局统筹，各单位、各行业自行其是，各种互不兼容的应用系统林立，出现部分重复投资、资源过剩的情况，信息资源整合、信息共享逐渐成为共识，客观上要求进一步加强组织协调，实现某种程度的全局控制。

为解决上述由于缺乏统一规划而导致各个信息系统之间互不协调的问题，人们开始按照信息系统工程的方法，进行规划，制定标准，通过更新换代、二次改造实现系统内的标准统一、资源集成、信息共享，这就是系统内集成阶段。

在基本完成系统内集成之后，信息化的发展进一步进入全社会集成阶段，这一阶段的主要特征是在全社会各行业、各部门、各系统信息资源集成、整合的基础上，强化对数据资源的管理和利用，逐渐发展形成新的信息技术市场及其产业。

在系统内集成阶段和全社会集成阶段之后，信息技术已经高度融入社会与经济运行的整个过程，新兴的信息产业成为引领经济社会发展的主要动力。

以上过程，是一个国家、一个地区、一个部门信息化发展的历史规律的总结，对于制订信息系统的发展规划、明确信息化建设的阶段性发展目标，都有非常重要的指导意义。

（二）米歇尔（Mische）模型

20 世纪 90 年代，米歇尔（Mische）揭示了信息系统集成和数据管理的不可分割性，系统内集成的实质就是数据集成，据此对"诺兰模型"进行了修正，提出了"米歇尔模型"。

米歇尔从技术状况，代表性应用和集成程度，数据库和存取能力，信息技术融入部门文化的程度，全员素质、态度和信息技术视野这几个方面描述信息化的各个阶段性特征，将信息化的连续发展分为四个阶段：起步阶段、增长阶段、成熟阶段和更新阶段。

米歇尔模型有助于从发展阶段和决定这些阶段的特征两个方面来把握自己的发展水平，了解自己的 IT 综合应用在现代信息化发展阶段中所处的位置，从而帮助找准发展的方向。

二、信息化发展程度的衡量方法

20 世纪 60 年代，随着以计算机为核心的现代信息技术应用的普及、信息经济的发展，对信息化发展程度的评价方法也逐渐出现，目前比较有代表性的主要是以马克卢普及其学生波拉特提出的对信息经济规模及其在国民经济中所占比例的测算方法以及信息化指数法。

（一）马克卢普和波拉特的信息经济测算方法

1. 马克卢普提出的知识产业 GNP（gross national product）测算方法

1962 年，美国信息经济学家马克卢普在《美国的知识生产与分布》中，使用最终需求法对信息部门的 GNP 进行了测算，其测算公式为

独立的商品化信息部门的 GNP＝消费者对最终信息产品和服务的消费量＋企业对最终信息产品和服务的消耗量＋政府对最终信息产品和服务的消费量＋信息产品和服务的国外销售减去从国外的购买量

马克卢普对 1958 年美国的知识产业进行了统计测算，测算结果为：美国 1958 年知识产业所创造的 GNP 值占当年总 GNP 产值的 29%，从业人数占总从业人数的 45%。

2. 波拉特比重法

1977 年，马克卢普的学生波拉特在其博士论文《信息经济学》中拓展了马克卢普教授的研究成果，对美国的信息产业进行了独特划分，将信息产业分为第一信息部门和第二信息部门。第一信息部门包括向市场上提供信息产品和信息服务的企业；第二信息部门包括在政府和非信息企业中为了内部消费而创造信息产品和信息服务的部门。波拉特比重法主要用来测算第一信息部门和第二信息部门创造产值在 GNP 中所占比例。对于第一信息部门，采用最终需求法（支出法）和增值法来计算；由于第二信息部门提供的信息产品和服务未能在市场中直接体现出来，波拉特采用在非信息行业就业的信息劳动者收入和非信息行业购入信息资本折旧两个部分的增加值对其进行间接测算。

波拉特测算了美国 1967 年的信息化水平。测算结果显示，当年信息产业（包括第一信息部门和第二信息部门）所创造的附加值占当年 GNP 的 42.6%，从事信息工作的人数占美国就业人数的 45%，从事信息工作人员的收入占美国就业人数总收入的 53%。

（二）信息化指数法

信息化指数法的基本思路是在社会与经济活动的诸统计指标中，选取那些最具有代表性的信息指标构成信息化指标体系，对每项指标赋予分值或权重，以各项指标的分值之和表示信息化的发展水平。这种方法的优点是：比信息经济的测算方法更为直观、便捷，很多指标具备横向可比性。但是它的缺点也是很明显的：第一，在信息化发展的不同时期、阶段，以及在不同的技术因素推动的信息化发展中，能够代表信息化发展水平的指标是不同的，任何一套指标体系所能够评价的范围都比较有限；第二，指标的权重或者分值的设定是主观的；第三，指标之间的相关性会对评价结果造成干扰。

比较有代表性的信息化指标体系有以下三种。

1. 小松崎清介指数法

20 世纪 60 年代，日本学者小松崎清介提出了"信息化指数"，是最早的信息化发展程度测评体系。该体系基于当时日本社会关于对信息化的理解和当时信息技术的发展状况，采用 4 个方面 11 个基本指标综合测评社会信息化发展程度，并以某国某年的上述各项指标为基础值，将所测年份值指数化，然后相加。

2. 国际电联的指标体系法

1995 年，在讨论"信息社会"问题的西方七国部长会议上，国际电信联盟提出了一套评价七国信息化发展程度的指标体系。其基本思路和小松崎信息化指数法类似，二者只是指标选取上有所不同。国际电联的信息化评价指标由 6 组指标组成，它们分别如下。

（1）电话主线：每百名居民所拥有的电话线数，数字交换的电话主线数。

（2）移动电话：每百人中移动电话的用户数。

（3）综合业务数字网（integrated services digital network，ISDN）：每千人中 ISDN 的用户数。

（4）有线电视：有线电视的用户数，已装上有线电视的住户占全部住户的百分比。

（5）计算机：每百人拥有的个人电脑（personal computer，PC）数，每 10 万人中拥有国际互联网（Internet）的主机数。

（6）光纤：光缆公里长度，光缆公里的年增长数。

3. 中国信息化指标体系

我国学者对信息化水平的研究始于 20 世纪 80 年代末，90 年代初在相关政府部门的大力支持下，信息化水平的研究得到了长足发展。代表性的研究成果为：贺铿主持的《中国信息能力研究报告》、陈禹主持的《知识经济的测度理论和方法》、钟义信的《信息化水平测度的新方法（CIIC）》和杨学山的《国民经济信息化水平测度方法初步研究》等。

第三节 中国税务信息化的历史进程

中国税务信息化建设始于 20 世纪 80 年代初期，经历了 30 余年的发展，从无到有、从小到大、从简单应用到复杂应用、从各自为政到规范管理，使得税收征管、税收会统、行政管理以及税收决策等各个方面的工作发生了深刻变化。用上文所述的米歇尔模型考察我国税务信息化建设的历程，大体上可以分为起步、增长、成熟和更新这四个阶段，目前正处在更新阶段初期。

一、起步阶段（1982～1989 年）

1982 年底，湖北省税务局装备了一台 Z80 计算机，用于对部分税收计会统报表的初步处理，它是我国税务系统购进的第一台计算机，它的购进与应用成为我国税务信息化建设步入萌芽阶段的重要标志。1983 年，广东、福建等地的税务机关也逐步开始将计算机引入计会工作，计算机强大的处理能力被越来越多的税务技术人员所认识。在税务信息化建设的初级阶段，各级税务部门在资金严重不足的情况下，本着"总局给一点、地方财政拿一点、各级税务部门挤一点"的原则，努力创造条件，开始了计算机在税收领域应用的尝试，并开发出一些比较实用的计算机软件，重点集中在计会部门，同时对计算机的远程传输进行了有益的探索。经过近 8 年的实践，税务信息化建设有了一个良好的开端。

（一）技术装备

20 世纪 80 年代，计算机在我国的应用还不普遍，当时硬件设备主要是 286 以下的微机，较为流行的数据库系统为 DBASE。计算机网络技术尽管已有所发展，但由于技术不稳定、成本较高、速率低下和技术人员水平所限，很难在税务系统得到广泛使用。至于计算机远程通信则主要是利用"调制解调器"实现"点对点"的通信。

到 1989 年底，全国已装备微机 5318 台，有 29 个省、自治区、直辖市和计划单列市税务局已将微机配齐到县，其中有些地区的县级税务局已配备两台以上，部分税务所也应用上微机；还有一些省、市开始装备小型机，财政部计算中心也给 15 个省、市税务局统一配备了小型机。

（二）应用范围

20 世纪 80 年代，税务系统中，数据处理工作主要集中在税收计划统计部门，工作人员常常要面对大量的统计和会计数字，计算与分析任务繁重，所以计算机首先应用于税收数据的汇总、统计领域。

从 1982 年到 1985 年，计算机逐步在税务系统的计会部门中得到应用，并取得了一定的成效。1985 年，国家税务总局在湖北省襄樊市（现襄阳市）召开了全国税收计、会、统工作会议，会议对税务系统开发运用计算机工作做了统一部署，并就微机配置、软件开发和人员配备等问题提出了明确的要求。该会议的召开正式拉开了全国税务部门计算机开发和应用的帷幕。为方便税务总局数据的分析与统计，从 1986 年 1 月开始实行用计算机软盘报送税收会统数据。1986 年 7 月，湖北省税务局与国家科委武汉培训中心联合开发的《税收计会微机管理系统》通过了技术鉴定，并在湖北省襄樊市统一组织了试点。其他部分省市也纷纷着手开发自己的计会统软件。1987 年，总局为各地配发了"调制解调器"并顺利投入使用。当年在总局与各省、自治区、直辖市、计划单列市之间，全部实现了会计统计数据计算机远程传输。1988 年 6 月，为加强各地之间的技术交流，进一步推动计算机应用，总局在吉林市召开了第一次软件交流会——全国税收计会统软件开发交流会。会上就吉林、辽宁、天津、湖南和江西等地开发的税收计会统软件进行了交流，并就税务部门推广应用计算机的情况和问题进行了座谈。

各地先后开发了会统报表处理、票证处理、电月报处理、征收管理、税收法规查询、重点税源管理、人事档案管理、涉外税收管理、海洋石油税收管理、工资计算、财务管理等 10 余种应用软件，并在不同程度上进行了推广和应用。此外，各地利用现有的微机，根据自己的需要，开发了一些税收收入情况和重点税源管理的软件，为检查收入进度、预测收入趋势、编制计划、指导组织收入发挥了重要的作用。

总局与省、自治区、直辖市和计划单列市局从 1987 年起实现了数据远程传送。部分省、市已将远程通信延伸到县局，大大地缩短了报表的报送时间，使税务系统信息网络化建设向前迈进了一步。

计算机的应用改变了税收会统人员传统的手工核算方法，减轻了劳动强度，提高了工作效率，加速了信息反馈，也为加强征管、组织收入、强化税务部门职能起到了积极的作用。

（三）信息技术管理机构

1988 年 11 月，国务院机构编制委员会批准了国家税务总局的"三定"方案，国家税务总局成为国务院直属局级机构，局下设司、司下设处。总局随即对机关机构进行了重新设置，并在计划会计司下成立了计算机管理处，分管计算机开发、应用工作。尽管当时仅有两人，但对税务系统计算机应用的开展起到了积极的组织和指导作用。其间，辽宁、吉林、江西、河北、北京、江苏和沈阳等省市相应成立了独立的计算机管理机构，配备了较强的技术力量。

（四）全员素质

20 世纪 80 年代，计算机在我国的应用还不普遍，只有少数专业人士掌握了计算机的操作，更多的人对计算机是一知半解。就税务系统而言，随着计算机在税务工作中的应用，被越来越多的税务人员，特别是计会人员所认识和接受。计算机应用队伍从无到有，逐步壮大，全国有计算机专业管理人员 3400 多人，其中专业技术人员 878 人。

二、增长阶段（1990～2000 年）

1990 年 4 月，国家税务总局在广州市召开了全国税务系统第一次计算机应用工作会议，在会上首次提出了实现税务工作管理现代化的总体目标，标志着我国税务信息化建设进入增长阶段。

（一）技术装备及信息基础设施

在增长阶段，随着网络技术、通信技术的发展和涉税数据处理要求的提高，加之税收业务进一步规范，计算机的应用开始从局域网逐步向广域网过渡，基础设施初具规模。

截至 2000 年底，全国税务系统共装备各类计算机近 26 万台，其中，中小型主机 844 台，各类服务器 15 000 多台，各档次微机 24 万多台。截至 2000 年底，全国税务系统投入运行的局域网 18 000 多个，上网运行的工作站数有 15 万多台；全国税务系统计算机广域网联通节点 8000 多个。截至 2000 年底，全国税务系统共配备网络设备如路由器 1 万多台，计算机外设如打印机 16 万多台，不间断电源近 8 万台。

税务系统的广域网建设起步于 1993 年，当时为贯彻国务院建立计算机专用网的有关指示，加强进出口税收管理，要求经贸、税务、海关、外汇管理局等部门实行计算机联网，为此税务系统急需建设计算机通信网络。1993 年 5 月，国家税务局对税务系统加入全国公用分组数据交换网工作做了具体安排。截至 1994 年 4 月，全国已有 40 多个省、自治区、直辖市、计划单列市和省会城市税务局完成了联网工作，海关报关信息的网上传输也基本实现。为配合金税一期工程的实施，总局在 50 个试点城市通过银行的卫星网也建立了广域网络。但早期的计算机广域网络应用并不十分理想，网络速率低，形式多样，缺乏统一规划，技术人员对网络技术知之甚少，导致网络利用率低下。1994 年后，为满足金税、金关等国家重点项目的要求，同时也为支撑"以自行申报和优化服务为基础，以计算机网络为依托，集中征收、重点稽查"新的征管模式的实施，1995 年 10 月，全国税务系统开始了广域网络建设。税务系统的广域网建设主要分为三个步骤：一期广域网建设工程（1995～1996 年），二期广域网建设工程（1997～1998 年），金税网络建设工程（1998～2001 年）。

一期广域网络建设。国家税务总局在 1995 年进行了全国国税系统从总局到 368 个地级城市骨干广域网络系统的建设，其主要目的是满足当时最迫切的数据传输需要，如百万元版增值税专用发票交叉稽核、丢失被盗增值税专用发票报警以及出口退税等系统的数据传输。利用邮电部公用数据通信网，在总局、省级国税局及各地市级国税局之间建立了一个两级的低速电子数据传输通道（省局、地市局通过 X.25 直接与总局连接，总局带宽 64K，各地带宽仅为 9600bps），初步建成了全国国税系统的计算机广域网络。

二期广域网络建设。1997 年，国家税务总局进行了一期广域网拓展工程的建设。为解决一期广域网速率过低、线路拥挤、层次单一、结构不尽合理等问题，总局对整个税务系统的广域网重新进行了分级规划，按照下管一级的税务行政管理模式，对一期广域网络进行改造，同时扩展了广域网的覆盖面，将省级地税局也纳入广域网建设，即完成了总局和 44 个国税省级单位的网络连接，省级国税局与其所属地市级局的网络连接；总局和 42 个地税省级单位的网络连接。形成了基于公共分组网（X.25）的三级树状结构的广域网系统——二期广域网络（总局开通多条 256K 线路，总局与省局连接线路带宽为 64K，省局与地市连接线路带宽为 9600bps）。

国税系统的金税网络建设工程。由于二期广域网基于速率较低的公用分组网，远远不能满足金税工程大数据量传输的需要，而且金税工程增值税稽核系统采取一级数据采集、三级稽核的工作模式，需要总局、省、地市、区县四级网络的支持，现有广域网结构也不符合稽核系统的要求。因此，必须将广域网络延伸到区县级国家税务局，并对原有广域网络线路和设备进行升级和改造。金税工程的网络采用的是分级的层次结构，整个广域网络分为四级：国家税务总局——省、自治区、直辖市和计划单列市国税局——地市（含直辖市区县）国税局——区县级国税局。各级之间采用了帧中继、DDN（digital data network）等高中速连接。金税工程的网络建设为配合金税工程的实施进度分两批进行，第一批实施单位为总局、五个省国税局（山东、辽宁、广东、江苏、浙江）、四个直辖市国税局（北京、上海、天津、重庆）以及4个计划单列市国税局（大连、青岛、深圳、宁波），统称"五省四市"，首批五省四市的网络建设于1999年9月竣工；第二批实施的单位为其余22个省级国税局，其网络建设也于2001年5月完成，保证了金税工程二期2001年7月1日在全国的顺利实施。

所有广域网建设都是本着统一规划，循序渐进，以满足当前需要为主，同时兼顾将来扩展的原则来进行的。特别是金税工程广域网建设，它是以增值税发票交叉稽核系统的业务需求为主要依据，兼顾征管、出口退税、办公自动化、互联网服务等应用的需求，充分考虑了金税网络与其他部委的连接接口，并从实用性、稳定性、先进性、扩展性和安全性等方面进行了综合考虑。金税工程的网络建设和各地已建成的局域网络构成了整个税务信息化服务的基础通信平台。

（二）应用情况

从建立制度、推行标准化开始，逐步开展了各类单项软件的开发、研制和应用，有条件的地区纷纷采取自主或联合方式开始编制各自的软件，计算机应用的范围也由以前单一的会计系列渗透到征管业务、办公、人事等税务管理的各个方面，全国税务系统的计算机应用形成了"百花齐放"的局面。为配合征管改革、税制改革的实施，总局还重点开展了出口退税、征管软件的试点，计算机应用开始越来越多地进入税收征管第一线。

信息技术对税收管理的支撑作用已初步体现：到2000年，税收征管业务的电子化网点已近3万个，纳税人可通过电话报税、网上报税等多种方式进行纳税申报；电子化作业比例已达80%，2000年通过计算机系统处理税收额达9791亿元；税控加油机、税控计价器、税控收款机等税控器具在一定范围内的推广已初见成效。特别是金税工程二期的全面推进，对于促进依法治税，强化税收征管，提高执法水平和工作效率，确保应收尽收，加强队伍建设都产生了积极的影响。

在此阶段，各省国税系统已经统一了税收征管软件，大多数地税系统也实现了税收征管软件省级单位的统一；金税工程二期于2001年7月1日在全国范围内正式开通；全国税务系统统一的中国税收征管软件（China Taxation administration information system，CTAIS）进行了开发、应用与推广。

1. 金关工程——出口退税管理系统的开发应用

1992年6月，国家税务总局和外经贸部经过考察，决定由大连市进出口税收管理分局和辽宁省外经贸厅承担出口退税计算机管理系统的开发任务，1992年9月，出口退税计算机管理系统通过两个部门的设计评审。该软件采用了电子底账联网核查办法，利用权威机关提供的电子信息对相关的纸质凭证进行对审，从而消除了人工肉眼核对纸质凭证带来的不可避免的缺陷，如利用海关的出口报关单电子信息和报关单纸面单证进行对审，利用外汇管理局提供的结汇水单电子信息与收汇核销单纸面凭证进行审核。1992年底和1993年初，由于广东出现了大规模的出口骗税，出口退税的主要矛盾转移到防骗税上，出口退税的单证增加了出口退税专用税票，因此，出口退税管理软件随之做出修改。1993年6月，通过各方面的努力，总局同海关和外汇管理局达成协议，可以从上述两个部门取得出口退税所需的单证电子信息。为尽快利用好以上信息，国家税务总局推广了其中的一个小模块"两单查询系统"，即各地在出口退税过程中，可以通过该系统接收出口报关单信息和外汇收汇核销信息，并通过该系统对纸面单证的真实性进行查询检验。1993年底，该软件修改完毕，之后，税制改革，全面推行增值税，取消出口退税专用税票，该软件再次进行修改。由于出口退税政策的多变性，要求软件系统必须足够灵活，以尽快适应业务的变化。因此，从1994年起，出口退税计算机管理系统的开发组开始考虑建立类似于开发平台性质的软件，把与业务相关和无关的东西相互分离，把与业务有关的东西用参数表的形式予以隔离，较好地适应了业务的变化，在以后的多次业务变动中，该软件系统都能够比较好地适应。1993年，为了防范日益猖獗的出口骗税活动，促进外贸发展，国务院提出建立"金关"工程，并动用400万美元的总理预备金作为工程的启动资金，当时由电子部牵头，电子部属下的吉通公司是"金关"工程的业主，总局的出口退税计算机管理系统被纳入金关工程并成为四个子系统中的一个重中之重。1995年适应新税制的出口退税计算机管理系统基本开发完成，1996年开始在全国使用。1996年4月，为了加强出口货物进货环节的征税管理，国家税务总局恢复使用出口货物专用缴款书，进货凭证改为以专用税票为主，出口退税计算机管理系统也做了相应修改，并全面推广。1997年，全国的退税系统已经全面使用出口退税计算机管理系统，出口退税的基本业务实现了计算机化。2001年以前，总局从海关取得出口报关单数据，基本靠每月光盘传输，2001年以后总局已经与国家口岸电子执法系统联网，总局和海关总署共同推行口岸电子执法系统"出口退税子系统"，该系统在2002年6月底实现全国联网，海关各口岸的报关单信息能够及时准确地传输到各地的退税部门，同时实现了企业出口结关信息的网上查询和报税。由于成立了由相关部门参加的出口退税业务协调小组，部委间就出口退税相关问题进行协商的新机制也因而建立。此后，生产企业的出口退税全面使用免抵退税办法，相应的软件系统也已经应用。通过实行出口退税计算机管理，加强了出口退税管理工作信息共享基础上的专业化分工，加强了各岗位之间的相互制约和监督，减少了执法随意性，提高了退税的规范性、严谨性、科学性，提高了工作效率。出口退税实行计算机管理，是税务系统首次利用权威部门提供的电子信息加强管理的成功实践，为税务部门与其他部门的信息共享和利用提供了范例，开创了税务部门利用网络进行信息传递的初步尝试。通过出口退税系统的建立，税务系统建立起X.25网络向各地税务机关传输从海关取得的报关单数据，开始网络利用的初步尝试。加强了相关部门的执法管理，出口退税系统利用相关部门的执法单证电子信息，促进了相关部门加强该单证的数据质量的提高。出口退税计算机管理系统的建立和运行，还是利用信息技术对出口退税业务进行重组的过程，该系统的成功运行，既是对当时观念的冲击，也传播了新的管理理念，对税务系统全面利用信息技术加强出口退税管理起到了积极的促进作用。

另外，出口退税系统的开发推广，建立了税务系统的初步网络，通过外经贸部门无偿提供、税务系统自身配备等方式，税务系统配备了大量的计算机设备，同时还进行了大量的计算机基础知识培训，培养了一大批既懂出口退税业务又懂计算机知识的复合型人才。

2. 金税工程一、二期工程建设

1994 年，我国实施了以推行增值税为主要内容的工商税制改革。这次税制改革的核心内容之一是建立以增值税为主体税种的税制体系，并实施以增值税专用发票为主要扣税凭证的增值税征管制度。随着税制改革的推进，新税制与旧的征管手段之间的矛盾日益突出，为了有效地防止不法分子利用伪造、倒卖、盗窃、虚开增值税专用发票等手段进行偷、逃、骗国家税款的违法犯罪活动，国家决定在纸质增值税专用发票物理防伪的基础上，引入现代化技术手段强化增值税征收管理。1994 年 2 月 1 日，时任国务院副总理的朱镕基同志在听取了电子部、航天工业总公司、财政部、国家税务总局等单位的汇报后，指示要尽快实施以加强增值税管理为主要目标的"金税工程"。为加强对金税工程的领导，成立了由电子部、国家税务总局、财政部、国家计委、航天工业总公司、人民银行等部门参加的"国家税控系统建设协调领导小组"，下设"金税工程"办公室，具体负责组织、协调实施。

国家税务总局于 1994 年 3 月起，组织实施了以建设 50 个城市为试点的增值税计算机交叉稽核系统，即金税工程一期。金税工程一期建设的主要内容是建设增值税专用发票计算机交叉稽核系统、推广应用增值税专用发票防伪税控系统和税控收款机。1998 年，金税工程二期开始建设，其内容主要包括增值税防伪税控开票系统、防伪税控认证系统、增值税计算机交叉稽核系统和发票协查系统四个应用系统。金税工程二期在全国国税系统建立了从区县国税局、地市国税局、省国税局到总局的四级广域网络。在区县设立了数据采集中心，在地市以上设立了三级稽核中心。建立了覆盖全国区县以上稽查局的四级协查网络。在区县或以下税务部门配备了防伪税控企业发行和发票发售子系统，在区县以下税务征收机关配备了防伪税控报税子系统和认证子系统。将防伪税控开票子系统推广到了全部增值税一般纳税人。

金税一、二期工程不断建设和完善，且运行情况良好，在加强增值税专用发票管理，打击偷、骗税犯罪行为，增加税收收入等方面起到了积极有效的作用。

（1）建成了全国增值税发票监控网，对全国百万元、十万元和部分万元版专用发票进行监管，这些增值税发票占全部增值税发票数量的 46%。截至 2002 年中，全国已有 40 万户增值税一般纳税人配备防伪税控开票系统，约占全国一般纳税人总数 120 万户的 1/3，用票量约占全部专用发票用量的 54%，这些企业缴纳的增值税约占全国增值税总量的 60% 以上。百万元版、十万元版专用发票已取消手工开具。通过监控网络，税务机关可以有效监控企业和税务机关内部增值税发票的使用与管理，也促使企业如实申报销售额。

（2）认证系统已部分发挥作用。全国区县级国税局已配备防伪税控认证系统，对百万元和十万元版专用发票全部进行认证。由于防伪税控认证系统的全面投入使用，利用假票、大头小尾票骗抵税款的违法活动初步得到遏制。据统计，2001 年全国累计涉嫌违规发票占认证发票总量的比例由 1 月的 0.22% 降至 12 月的 0.02%。

（3）增值税计算机交叉稽核系统已在全国 3835 个区县以上税务机关联网运行，促进了企业依法申报纳税。销项发票采集率逐月提高。2001 年通过稽核发现涉嫌违规发票占全部稽核发票的比例逐月降低，由 2 月的 8.51％降至 12 月的 0.10％。

（4）金税工程协查系统正常运行，提高了稽查工作效率。税务机关可以通过认证和交叉稽核及时发现问题，并迅速组织协查，加快了发票案件查处速度，提高了稽查工作效率。

（5）通过金税工程的实施，税务机关的各项征管工作逐步实现了系统化和规范化。从发票发售、申报认证、稽核一直到协查全过程的各个环节都建立了严格的岗责制度，实现了不同环节在信息共享基础上的相互监督和制约，基本上堵塞了增值税专用发票管理中存在的漏洞，大大减少了基层税务机关执法的随意性，提高了税务机关的执法水平。

（6）金税网络建设已经覆盖了全国区县（含）以上国税机关，建立网络节点 4171 个，其中：总局 1 个、省局 36 个、地市 497 个和区县 3637 个。形成了总局、省局、地市局、区县局的四级广域网，成为国税系统的网络通信平台。

（7）在网络建设的同时，各种硬件的配备上也有了一定的规模，配备各类中型机 212 台、小型机 87 台、PC 服务器 3310 台、微机 3 万多台以及路由器 4402 台、交换机 3667 台，还有其他类设备。

（8）在金税工程建设过程中，国税系统约有 50％的税务干部参加了总局组织的大量技术、业务培训。通过培训，技术人员的技术水平有了很大程度上的提高，业务人员的信息化意识和能力也不断增强，成为整个税务系统信息化建设的中坚力量。

1996 年 9 月，国家税务总局在浙江省萧山市召开了第三次全国税务系统计算机应用工作会议。会议总结了 1992～1996 年四年以来的信息化建设工作；研究讨论了"九五"时期税收电子化工程发展规划，传达了重庆全国税收征管改革工作会议精神，讨论了税务系统推广应用计算机的若干制度；表彰了税务系统计算机应用工作先进单位和先进个人。

3. 税收征管软件的开发、推广和应用

由于在税制改革、征管改革的初期，税收业务变动频繁，各级税务机关的权责不同，全国各地税收征管基础差异较大，税收政策各有特色，税务人员的业务、技术素质参差不齐等原因，开发全国统一的税收征管软件并非易事。从整个税收征管软件的开发和应用过程来看总体上可以分为几条主线：一是部分地区采取自行开发、合作开发等多种方式进行征管软件开发和应用的探索；二是世界银行项目原型系统的开发；三是日贷税收征管信息系统（taxation administration information system，TAIS）的开发与试点应用；四是以省为单位统一征管软件的应用；五是 CTAIS 的开发与推广应用。1999 年，CTAIS 的开发完成结束了我国税务系统一直以来没有统一税收征管软件的局面。2001 年，CTAIS 在 19 个世贷试点城市相继上线后，总局决定以省为单位向全国范围推广 CTAIS，并完成了"三省一市"（山东、浙江、河南、深圳）推广。为保证 CTAIS 与金税系统的良好衔接和数据共享，总局从 2001 年 6 月开始，将 CTAIS 的后台数据库从 SYBASE 移植到 ORACLE 上，并成功地在河南省国税局全省范围内推广应用。进入 2002 年后，总局考虑到 CTAIS 的推广进程、资金调度以及各地实际情况，确定 CTAIS 的推广按照"一省一市"来进行，即在每个省确定一个地市来推广 CTAIS。

税收征管软件的开发和应用从税务信息化建设的萌芽阶段开始，在第二阶段逐步确立地位，在稳步发展阶段日趋完善。它是在税收征管业务规程不断规范、完善和应用环境不断改善的条件下逐步完成的。税收征管软件与征管业务规程之间相互依存、相互促进，并逐渐成为一个统一的整体，在规范纳税程序、强化执法监督、实施有效监控等方面发挥了极其重要的作用。主要表现在以下方面。

（1）进一步强化了税务行政执法监督。税收征管软件运行后，税收工作各个环节都置于计算机的严密监控下，形成了税务人员与计算机的机控机制。

（2）强化了税源的有效监控。税收征管软件将税务登记、发票管理、文书处理、申报征收、信息采集、税收会计、税收统计、票证管理、纳税评估、稽查管理等征管业务融为一体，各系列、各环节环环相扣，最大限度地实现了信息共享，建立了全面灵活的监控体系，加强了对税源的控管。

（3）提高了税收决策依据的准确性和可靠性。税收征管软件的事务处理层可以收集大量的、丰富的、真实的信息，管理层的分析辅助决策系统可以使各级领导不仅能从宏观上纵览税收征管工作所形成的各种信息，而且实现了上级管理人员对下级机关税收执法行为的全程和实时监控。

（4）为税收征管改革向纵深发展提供了强有力的支持。

（三）数据库

在数据库方面，数据库系统已由 DBASE 向 FOXBASE 和 FOXPRO 过渡，版本也在不断升级，功能更加强大。同时，将税务条法纳入数据库集中管理、利用的想法也付诸行动。税务条法是税务人员加强税务管理、征收税款的重要依据，随着税收法制的不断完善，越来越多的新的法规、条文不断出台。税务部门历来重视法规的汇编工作，也付出了辛勤的劳动，每年都出版多达上千页的法规条文汇编。随着信息化意识的提高，税务人员也开始尝试建立税务条法数据库。1990 年初，吉林省税务局依靠自身的技术力量，在税务条法库的建立、扩充、完善等方面做了大量工作，并实现了税务条法库计算机联网运行，积累了一定的经验。1990 年底，吉林省税务局向总局提交了建立国家级税务条法数据库的请示报告。1991 年 5 月，总局对吉林省局关于建立国家级税务条法数据库问题进行批复，决定由吉林省税务局协助承担建立税务条法数据库的有关工作，主要参与税收法规的归类、整理、录入、校对以及提供计算机网络运行技术等任务，正式开始建立国家级税务条法数据库。总局在开展建立国家级税务条法库的同时，也号召各地开始进行地方税务条法数据库的建库工作。8 月，总局印发了《国家税务总局关于建立地方税务条法数据库若干问题的通知》，随文附发了《税务条法分类表》，以加强对各地建库工作指导。在总局各司局和吉林省税务局的共同努力下，税务条法库的建库工作终于在 1991 年底完成，并于 1992 年在全国税务系统进行推广。

（四）信息技术管理

为了更好地开展税务信息化工作，1994 年 4 月，总局成立了负责全国税务信息化建设工作的司级机构——信息中心。随后各地税务机关也先后成立了相应的计算机管理机构。计算机管理机构的成立，进一步强化了税务系统信息化建设的统一领导和统一规划，使税务系统的信息化建设更加规范化和标准化，同时从事信息化建设的技术人员队伍也被纳入统一领导，从而大大加快了税务信息化的进程。为了加强组织领导，1996 年 11 月，总局开始成立信息化工作领导小组，负责研究制定税务系统信息化工作的规划，监督、检查、协调规划的实施，并组织税务信息化重点工程项目的建设。

总局为加强应用系统的管理，制定了《税收征管软件业务规范》《税务系统计算机应用工作规则（试行）》等一系列制度规范，并确立了计算机应用管理工作必须遵循"统一领导、统一规划、统一标准、分级管理、分步实施"的原则，为税务系统管理规范化指明了方向。为推进标准化工作，总局还进行了《税务信息分类标准代码》的制定工作。

1996 年 7 月，总局在重庆召开了全国税收征管改革工作会议，提出了"全面深化和积极推进征管改革，为实现我国税收管理现代化而努力奋斗"的目标，并确立了"以自行申报和优化服务为基础，以计算机网络为依托，集中征收，重点稽查"的新的税收征管模式，彻底改变了传统的"一员到户、各税统管，征管查一人负责，上门收（催）税"的征收模式，分清了征纳双方的法律责任。

1. 制定规范制度，推行标准化管理

税务信息化进入第二个阶段后，信息部门逐渐意识到要使信息化工作健康、快速地发展，制定相应的制度和标准是十分必要的。1991 年 2 月，总局正式下发了《税务系统计算机应用软件评测标准》，从软件的功能到用户评价等 10 个方面对征管软件提出了技术方面的要求，并给出了详细评分表和征管软件业务规范。1991 年 7 月，经过修订，总局正式下发了《税收征管软件业务规范》。1992 年初，总局为加强全国税务系统的计算机应用管理工作，保障计算机应用工作的健康发展，根据国家的有关法规和税务系统的具体情况，制定了《税务系统计算机应用工作规则（试行）》（以下简称《规则》），并经过全国第二次计算机应用工作会议讨论，在 1992 年 8 月正式下发。《规则》确立了计算机应用管理工作必须按照"统一领导、统一规划、统一标准、分级管理、分步实施"的原则进行，并在项目管理、软件应用管理、硬件设备管理和运行管理方面做了严格的规定，有效地规范了税务系统计算机应用管理工作。

从 1991 年开始，总局就已经考虑税务系统的信息编码标准化问题，并进行了《税务信息分类标准代码》的制定工作。1992 年 8 月发布了第一部分《税收业务分类代码》供各地试行。1996 年 8 月和 1999 年 4 月总局对《税收业务分类代码》进行了两次修订和重新印发。2001 年《税务信息分类与代码集》被核定为中华人民共和国国家标准，这些标准的制定规范了各地计算机应用软件的开发，提高了整体应用水平和效率。

2. 第一次测评税收征管软件

1991 年初，总局在全国税务系统内进行了一次税收征管软件统计调查，统计结果表明，有 18 个省级单位开发了自己的征管软件，21 个省市应用了征管软件，各地的征管软件应用水平都有了不同程度的提高。为了交流经验，提高各地的征管软件开发应用水平，总局于 1991 年 4 月在山东省潍坊市对全国税收征管软件进行了测评，评选出中国科学院中计公司在沈阳铁西税务分局开发的《微机通用税收征管信息处理系统》、武汉市税务局开发的《通用基层税务管理》和辽宁省税务局在辽阳市开发的《税收管理网络系统》三家软件，作为向全国推荐使用的软件。另外，在这次会议上总局明确地提出各地要以省为单位组织开发税收征管软件，避免了一省内出现多个征管软件、不利于工作考核的局面。

（五）IT 文化与人才队伍建设

从总局到地方，从领导到一般干部，对税务信息化的认识和重视程度是空前的，从1994 年底提出的"以计算机网络为依托"，到提出的"科技加管理"，把税务信息化作为税收工作生命线、撒手锏，这一认识过程已经发生质的飞跃，前者在很大程度上是把计算机网络当作工具来看，作为提高税收工作效率的手段，而后者已经提高到新的管理理念，作为强化税收管理、监督、加强队伍建设的重要基础。

截止到 2000 年底，全系统已有一支 3 万余人的信息化技术队伍。

（六）存在的问题

这一阶段存在的主要问题有如下方面。
（1）缺乏信息系统一体化建设总体战略规划。
（2）应用系统林立，软件功能交叉，条块分割严重。
（3）数据集中程度低，信息共享困难，难以综合利用。
（4）信息化停留在模拟手工阶段。
（5）数据传输手段各异，方式混杂。
（6）各应用系统设备自成体系，重复投资，设备闲置与紧缺现象并存。

三、成熟阶段（2001～2016 年）

2001 年，国家税务总局印发了《税务管理信息系统一体化建设总体方案》，提出了税务管理信息系统一体化思想，标志着中国税务信息化建设从此进入以一体化为主导的成熟阶段。2002 年 8 月，国家税务总局在北京召开了全国税务系统信息化建设工作会议，专题布置了今后一段时期的税务信息化建设工作，号召广大税务干部"统一思想、做好准备，大力推进税务信息化建设"，正式吹响了税务系统信息化建设全面深入的号角。

（一）技术装备

进入 21 世纪后，网络通信技术特别是互联网技术的发展更加迅速；数据仓库技术趋于成熟；软件体系结构从 20 世纪 90 年代流行的"客户/服务器"的两层模式向更科学、更易于维护的"浏览器/应用服务器/数据库服务器"三层模式演化；应用服务器、中间件技术和 Web 技术的应用更为普遍。这些为税务信息化的发展创造了诸多机会，同时也提出了严峻挑战。

（二）应用情况

2001 年 7 月，总局信息中心召集全国税务系统部分省市信息中心负责人在青岛召开了 CTAIS 技术研讨会，会上着重讨论了税务监控系统的软件需求。8 月，总局又组织数据处理、数据存储的专家进行了论证。综合两次会议对税务监控系统的意见和建议，总局决定以青岛国税局监控系统 1.0 版软件为原型，在此基础上进一步开发和完善。2001 年 9 月中旬，税务监控系统 2.0 版顺利开发完成。它是一个开放式的集成应用软件，有着统一的数据库平台，可以通过数据抽取将 CTAIS、金税工程、出口退税、办公自动化、外部信息系统（地税、工商、技术监督、海关、外汇管理、银行）等信息采集到系统中，并实现对内、对外两方面的综合数据挖掘、目标考核、评估分析、特性监控等功能。监控系统采用目前先进的 B ／ S ／ S（浏览器 ／ 应用服务器 ／ 数据库服务器）三层体系架构，可以方便地进行管理和维护，数据集中后处理优势更为明显。2002 年 5 月，青岛市国税局申请了产权保护，并正式获得了批准。

2005 年 9 月 7 日，国务院审议通过金税三期工程项目建议书；2007 年 4 月 9 日，国家发改委批准金税三期工程可研报告；2008 年 9 月 24 日，国家发改委正式批准初步设计方案和中央投资概算，金税三期工程正式启动。2016 年 10 月，随着第六批试点单位成功上线，金税三期工程已全面覆盖全国所有省（区、市）税务局，这个作为国家电子政务"十二金"之一的大工程，终于圆满"竣工"。

2015 年 1 月 1 日，增值税发票系统升级版在全国范围推行。通过推广增值税发票系统升级版，实行增值税一体化管理，形成"一个系统两个覆盖"的增值税一体化管理模式，既是税收信息化发展的重要里程碑，也是增值税管理的根本性变革，其意义十分重大。随着"营改增"持续推进，对税务机关提高增值税管理的广度和深度提出了新的要求。增值税发票系统升级版的推行，实现对所有增值税纳税人使用的专用发票和普通发票的全覆盖，能够从增值税源头上强化税源监控。

全面推行财税库银横向联网电子缴税、推广安全规范的 POS 机银行卡缴税系统、开发机动车网上办税系统等，既服务税户，又服务基层，实现了税务人和纳税人双减负、征管与服务双增效。同时，搭建了"办税一网通"、税收服务之窗等税收管理信息平台，保障了总局出台的一系列创新措施顺利落地。

在技术上保障了营改增、成品油消费税、煤炭资源税从价计征改革、小微企业税收优惠政策等一系列税制改革和政策调整的顺利实施。

内部管理信息化程度大幅提升，全力支撑绩效管理工作开展，深入推进内控机制信息化升级版建设，顺利完成综合办公系统全国推广，正式启用税务廉政之窗网站，全面实现年度考核及廉政测评网上投票功能。

（三）数据管理

随着税务信息化建设的不断深入，全国各地税务部门使用的各类应用系统积累了大量的原始数据，在这一阶段，各省税务系统基本实现了税务数据的省级集中。

2008 年，总局数据仓库基础框架的建设工作已基本完成，并实现了三种类型的应用：第一类为"税务日常查询"，用于查询本环节及相关环节的批量业务数据信息；第二类为"报表分析监控"，用于定义或产出本部门所需的统计报表、进行业务数据的横向 ／ 纵向综合分析、对税务机关 ／ 部门的各项工作指标进行考核、对重点业务进行监控及时发现并处理各类"警告"信息；第三类为"税收宏观分析预测"，通过税收和国民经济的综合分析，挖掘税收经济的潜在运行规律，辅助领导者做出科学合理的决策。数据仓库整体框架建设是税务系统新时期信息化建设的重要内容，它在设计过程中严格遵循了信息一体化的设计原则，并在总局现有业务系统和业务需求的基础上，充分利用数据仓库技术、联机分析处理等技术手段，达到了令人满意的效果。

"金税三期"工程的完成，进一步提升了数据管理的层次和质量，初步实现了税收数据在总局、省局的两级集中。

（四）信息技术管理

2001 年 5 月，新《税收征管法》正式开始实施，《税收征管法》第六条明确规定："国家有计划地用现代信息技术装备各级税务机关，加强税收征收管理信息系统的现代化建设，建立、健全税务机关与政府其他管理机关的信息共享制度"，为税务信息化建设提供了法律依据。

2001 年 8 月，总局在征求各司局意见后，基本定稿。2001 年 10 月 19 日，总局以国税发〔2001〕115 号文，正式印发了《税务管理信息系统一体化建设总体方案》。该文的印发正式确立了税务信息一体化建设的战略思想。指出了税务管理信息系统建设的目标与原则，明确了信息一体化建设的内容与步骤。信息一体化思想的确立结合了我国税务信息化建设的实际，顺应了信息化时代的需求，是我国税务信息化建设的又一重要里程碑。

为彻底堵塞增值税专用发票管理中"事后比对"等漏洞，从 2003 年 4 月开始，国家税务总局采取了一系列措施。如推行增值税纳税申报"一窗式"管理模式、实现纳税信息"一户式"管理、实现四小票"人工采集、网络传输、电脑比对"，通过"一窗式"管理，整合了原来互不相通的综合征管系统和增值税管理系统，实现了前台的票表比对，既方便了纳税人，又加强了增值税管理。

2002 年元月，为加强税务信息化建设和金税工程三期的顺利实施，总局的全国税务信息化工作领导小组设立了 4 个工作小组：金税工程二期小组设在流转税管理司、金税工程三期征管业务信息系统工作小组设在征收管理司、税务行政管理信息系统工作小组设在办公厅、技术支持保障工作小组设在信息中心。为金税工程三期前期工作的顺利开展提供了组织保障。

（五）存在的问题

由于缺乏统一的数据标准，总局对各地数据的完整性、一致性和安全性缺乏全面的了解。随着税收权力的分解和上收，上级主管部门要求及时掌握下级真实、完整和有效的数据并加以综合利用的愿望越来越强烈。

四、更新阶段（2017 年至今）

2016 年 10 月，金税工程（三期）在全国税务系统全面推广、运行，标志着我国税收信息化建设进入"米歇尔模型"所描述的更新阶段。2014 年度全国税务工作会议上，国家税务总局局长王军代表总局党组提出了到 2020 年实现税收现代化的奋斗目标，即建设税收现代化六大体系，包括完备规范的税法体系、成熟定型的税制体系、优质便捷的服务体系、科学严密的征管体系、稳固强大的信息体系和高效清廉的组织体系。

为实现这一目标，到 2020 年前，税收信息化建设主要有以下几大任务。

（一）"互联网＋税务"行动

"互联网＋"是把互联网的创新成果与经济社会各领域深度融合，推动技术进步、效率提升和组织变革，提升实体经济创新力和生产力，形成更广泛的以互联网为基础设施和创新要素的经济社会发展新形态。在全球新一轮科技革命和产业变革中，互联网与各领域的融合发展具有广阔前景和无限潜力，已成为不可阻挡的时代潮流，正对各国经济社会发展产生着战略性和全局性的影响。

"互联网＋税务"是税收信息化发展的新阶段、新领域、新尝试、新提升。是国家推进"互联网＋"行动中，着力创新政府服务模式、提升公共服务水平的重要环节。金税三期工程是实施"互联网＋税务"行动计划的重要基础，而金税三期没有开展和没有覆盖到的、未来税收发展迫切需要的、"互联网＋"潮流新提出必须加以改进的，基本上都可以归纳到"互联网＋税务"行动计划之中。因此，"互联网＋税务"既是金税三期的拓展，也是金税三期的提升。但是，"互联网＋税务"行动计划的推动方式与金税三期主要依靠行政手段推动的方式不同，由于互联网涉及的社会、经济、文化领域过于广泛，"互联网＋税务"行动所承载的业务和服务也随着互联网应用的发展而不断拓展，所以这项行动的推动不宜采取"一刀切"的行政模式，而需要形成一个"总局规划评比、省局组织推动、省城重点突破、社会广泛参与、前台放开创新、后台有序探索、应用百花齐放"的工作格局，在这个过程中，逐渐形成统一的标准，确保可移植、可复制、可推广。

"互联网＋税务"行动的一个重要方面是构建多渠道、立体化、全方位的电子税务局。一方面，以纳税人需求为导向，为纳税人提供从"足不出户"到"如影随形"的服务体验，不断提高纳税人的满意度和税法遵从度。另一方面，切实满足税务人各项管理需要，努力实现涉税办理无纸化、电子实体同质化，方便快捷智能化。

（二）税收大数据的深入应用

税收信息化建设的最终目标，是数据的抓取和增值应用。税收数据问题是制约当前税收各项工作深入开展的瓶颈问题。它横跨各项业务、各个系统、各个部门，既涉及业务规范、数据标准、分析模型等业务问题，也涉及数据采集集中、转换处理、挖掘分析、数据安全等技术问题，需要各个部门合力推进。信息技术部门熟悉所有信息系统情况、保管全部数据资源、掌握数据处理技术手段，在数据资源管理工作中的作用不可替代，大有可为，也应当主动作为。在数据入口上发挥好技术统筹优势，实现电子数据统一采集、统一存储、统一管理、集中应用；在数据分析上搭建好平台，适时引进先进的数据分析和挖掘工具，有效利用可视化的大数据应用工具提供技术支撑，促进数据分析能力和水平的持续提升；要适应新常态，充分实现跨区域、跨部门互联互通、数据共享；要强化数据治理，提高数据质量。

（三）基础保障性工作

（1）保障网络信息安全。"网络信息安全无小事"，当前，税务信息系统不断向互联网延伸，面临的外部威胁不断加大，税收信息安全防护体系尚不健全。未来要健全信息安全工作机制，建立应用系统安全审核机制，在规划立项、设计开发、部署上线和日常运行环节把好安全关口。

（2）保障系统平稳运转。不论是现有信息系统还是金税三期新建信息系统，确保平稳运行是基本要求，都必须纳入统一的运行维护体系之下。税务部门主体业务系统省级集中以来，以总局为依托、省级为主体的多级运维体系已经逐步成熟并发挥了重要作用，各级信息技术部门运维能力不断提高。税务系统要根据现有系统运维经验，结合总局三期运维平台的推广工作，进一步完善运维工作制度及流程，推进运维岗责体系建设，推行上下联动的多级运维模式；要严格执行运维流程规范，确保问题受理、处理、反馈件件有结果；要强化主动运维，做好应用系统日常运行监控、维护和健康检查；要进一步完善应用系统定点联系工作机制，快速发现和及时处置信息系统的重大紧急问题；要提高灾难防护意识，加强税务信息系统数据备份和应急管理，确保现有各信息系统和金税三期新建信息系统的安全平稳运行，为税收工作正常开展提供可靠的支持保障。

（3）保障基础资源优化统筹。面对爆炸式增长的信息系统和涉税数据，基础设施资源的优化统筹势在必行。要加大云计算技术、虚拟化技术的应用，结合总局实施的发票查验系统设备配置项目，建设基础设施私有云平台，形成资源池，并根据预期发展，动态补充资源设备；要利用技术手段加强数据中心管理，充分利用新技术、新手段，扩大监控内容，增加自动巡检，建立机房设备电子档案库，加强数据中心机房运维管理，探索运维自动化；要利用已部署的网络管理平台，加强对税务系统广域网的全面监控，提高网络管理水平。

■ 第四节   "金税工程"概述

金税工程是经国务院批准的国家级电子政务工程，是国家电子政务"十二金"工程之一，是税收管理信息系统工程的总称。自1994年开始，历经金税一期、金税二期、金税三期工程建设，为我国税收工作取得巨大成就和不断进步做出了重要的贡献。

1994年，国家税务总局启动建设增值税专用发票交叉稽核系统，即金税一期。2001年，开始运作金税二期工程，从开票、认证、报税到稽核、稽查等环节进行全面监控，主要监控对象仍是增值税专用发票。

国家税务总局最早提出金税工程三期是在2001年4月，当时任副总理的李岚清同志到国家税务总局视察金税工程二期的情况，当时的国家税务总局局长金人庆同志汇报了申请三期立项的想法，李岚清表示原则上同意。同年11月，朱镕基和李岚清一同到总局视察，三期立项的想法得到了朱镕基的支持和同意。2001年8月，国家税务总局在宁夏召开会议，金税工程三期的准备工作正式启动。2005年9月，国务院正式批准了金税工程三期的项目建议书。2005年开始，为实现"业务一体化、技术一体化、系统一体化"，实施金税三期工程建设。2005年9月7日，国务院审议通过金税三期工程项目建议书；2007年4月9日，国家发改委批准金税三期工程可行性研究报告；2008年9月24日，国家发改委正式批准初步设计方案和中央投资概算，标志金税三期工程正式启动。2013

年，金税三期工程在重庆、山东、山西等税务系统单轨上线运行。根据国家税务总局的部署，2015 年 1 月 8 日，金税三期工程优化版应用系统（以下简称"金税三期优化系统"）在广东、内蒙古、河南等税务系统单轨上线。2015 年 9 月 1 日，在河北、宁夏、贵州、云南、广西等税务系统单轨上线。2016 年 10 月，最后一批单位完成上线。

金税三期工程新建系统包括核心征管、个人税收管理、决策支持、纳税服务、外部交换、应用集成、安全策略等子系统。

金税三期工程的实施将带来积极的影响：一是优化纳税服务，通过信息网络为纳税人提供优质、便捷、全方位的税收服务；逐步实现纳税人可以足不出户轻松办税，从而大大减轻纳税人办税负担。二是统一税务核心征管应用系统版本，实现业务操作和执法标准统一规范，促进税务部门管理职能变革；实现全国数据大集中，利用及时全面准确的数据信息，提高决策的科学化水平和税收征管水平，有效降低税收成本。三是有力地推动国家电子政务建设，促进政府部门间信息共享和协作，为提高国家宏观经济管理能力和决策水平提供全方位支持，从而对国家的经济建设和社会发展产生积极而重要的作用。

金税三期工程确定了"一个平台、两级处理、三个覆盖、四类系统"的工作目标，将建成一个年事务处理量超过 100 亿笔、覆盖税务机关内部用户超过 80 万户、管理过亿纳税人的现代化税收管理信息化系统。

"一个平台"：建立一个包含网络硬件和基础软件的统一的技术基础平台。实现覆盖税务总局、各级税务机关以及与其他政府部门的网络互联；逐步建成基于因特网的纳税服务平台。

"两级处理"：依托统一的技术基础平台，建立税务总局、省局两级数据处理中心和以省局为主、税务总局为辅的数据处理机制，逐步实现税务系统的数据信息在税务总局和省局集中处理，实现涉税电子数据在税务总局、省局两级的集中存储、集中处理和集中管理，使业务流程更加简化，管理和监控更加严密，纳税服务更加简便，系统维护更加便捷，系统运行更加安全。支持数据总体分析，实现宏观分析与微观分析相结合、全局分析与局部透视相结合，全面提升数据综合利用水平，提高决策支持能力。

"三个覆盖"：应用信息系统逐步覆盖所有税种，覆盖税务管理的重要工作环节，覆盖各级税务机关，并与有关部门联网。

"四类系统"：通过业务的重组、优化和规范，逐步形成一个以征收管理和外部信息为主，包括行政管理和决策支持等辅助业务在内的四个信息管理应用系统。重点建立以税收业务为主要处理对象的征收管理系统，以外部信息交换和为纳税人服务为主要处理对象的外部信息系统，并配套建设以税务系统内部行政管理事务为处理对象的行政管理系统和面向各级税务机关税收经济分析、监控与预测的决策支持系统。

金税三期优化系统的主要特点有如下几方面。

（1）实现业务规范统一化、税收管理规范化和制度化。金税三期优化系统通过统一税务标准代码体系，实现税务事项及类型的规范统一；通过统一表单文书标准，实现全国范围内的数据采集和利用；通过统一业务需求规范，统一编写业务工作手册，形成体系相对完整、逻辑相对严谨、覆盖面广的业务需求，并按照业务需求开发金税三期优化系统，税收管理更加规范化和制度化。

（2）覆盖全业务。金税三期优化系统业务框架实现了全覆盖：覆盖各层级税务机关征管的全部税（费）种，覆盖对纳税人税务管理的各个工作环节。

（3）简化涉税事项。金税三期优化系统以简捷高效为目标，优化重组业务，明确受理即办事项，精简处理环节，实现税务事项的多业务处理模式。以流程管理为导向，实现"工作找人"。将执法结果监督转变为过程控制，规范统一执法。以"减轻纳税人不必要的办税负担、减轻基层税务机关额外的工作负担"为原则，简并了涉税事项、流程和表单。

（4）加强纳税遵从风险管理。引入风险管理理念，将提高税法遵从度作为税收管理的战略目标；立足于风险防范，着眼预警提醒，聚焦高风险领域和对象。

（5）建设信息化纳税服务平台。金税三期优化系统引入以纳税人为中心的业务理念，突出个性化服务，建设能提供多种渠道组合、协同服务的信息化服务平台。为纳税人提供多样化的服务手段和统一的服务内容，能够提供网上、电话等多种办税服务渠道以及提供涉税事项处理、信息查询、推送与发布、双向交流互动等全方位的服务，从而满足纳税人多方位的纳税服务需求。

（6）实现信息共享和外部涉税信息管理。金税三期优化系统通过建设税务统一标准的核心征管应用系统，实现税务业务交互、信息实时共享，加强共管户的管理，实现联合登记、联合双定户核定、联合信用等级评定、申报信息共享，提高双方信息采集准确率，达到强化税源管理、提高税源管理水平的目的。并通过双方信息的共享共用，优化办税程序，减轻纳税人的税收负担，提高纳税服务水平。以外部涉税信息交互为基础，充分利用现代信息技术手段，构建全国统一的外部信息管理系统和信息交换通道，形成以涉税信息的采集、整理、应用为主线的管理体系，为强化税源管理提供外部信息保障。

（7）推进全员建档管理模式。金税三期优化系统针对所有办理涉税事项的组织和自然人建立税收档案，确认组织和自然人唯一有效身份证明，改变了以往基于税务登记制度的税收建档模式，实现税收全员建档。将全员建档管理模式全面应用于各业务流程的业务处理过程中，为管理决策系统实现一户式电子档案查询奠定基础。此外，把自然人纳入税收建档的范围，强化自然人税收征管，为即将建设的全国统一个人税收管理系统，开展的个人所得税综合税制改革、财产税深化改革等奠定前期基础和提供数据准备。推进自然人税收管理，基于现行税制和对个人税收管理的实践探索，实现对自然人的建档管理和信息共享，增加财产登记与投资管理、纳税信用等级管理、一户式档案查询等自然人税收管理的内容，建设自然人数据库，为个人所得税、财产税管理提供手段支撑。

（8）推进财产一体化管理。金税三期优化系统从精细化管理的角度出发，严格按照现行政策，提出了房地产税收一体化管理和车船税收一体化管理的要求，借助信息化手段，实现了跨税种、跨纳税环节的信息共享，深化了税收管理的颗粒度，将以前停留在纳税人层级的管理深入到纳税人所拥有的财产层级。以房地产一体化管理为例，分土地使用权取得环节—房地产开发或建筑环节—房产交易环节—房地产保有环节共四个环节进行管理，不动产项目按照土地受让申报—土地登记—不动产项目登记—建筑业项目登记—开发产品登记—销售房屋的信息采集—房产交易税费申报—土地增值税清算—项目注销等任务流程一步步进行，以"税源管理编号"保持不变为抓手，实现全过程控制，使申报纳税、征收管理更加严谨规范。

思　考　题

1. 中国税务信息化建设的历程大体可以分为几个阶段？每个阶段的主要进展和成效是什么？
2. 谈谈中国税务信息化建设的主要经验。
3. 简述衡量信息化的主要方法。
4. 简述信息化发展的一般规律。

案例 17：海淀国税创新征管模式

（北京市海淀区国家税务局供稿，特此致谢！）

近年来，北京市海淀区国家税务局高度重视"放管服"工作，以总局王军局长调研海淀精神为指引，认真制定并积极落实《优化营商环境　提升办税便利度实施方案》，纳税人的办税体验得到明显改善。据统计，2017 年海淀国税局纳税人平均办税等候时间同比下降 18.1%，为纳税人累计节约办税时间超 1 万小时。

一、创新平台建设

网上平台分流大厅压力。海淀国税局联合地税、工商宣传网厅办税成效显著，截至 2017 年 10 月底，海淀国税局网厅办理业务量已突破 84 万户次，同比增长 7 倍，按时办结率达 99.91%。全面升级微信平台，关注人数达 5.1 万人，月均阅读量 19 万次，阅读总人数超 80 万人，微信取号月均占总取号人数的 49.2%，峰值比例可达 98%。网厅的"热闹"，换来了大厅的"安静"，截至 2017 年 11 月，海淀国税局办税服务厅业务量已较年初下降 50.6%。

自助平台构建完整闭环。海淀国税局已形成覆盖领购、发行、代开、认证、申报五位一体的全流程自助办税体系。自助代开 42 万份，占代开总量 96.69%；自助领购发票 7083 万份，占发售总量 100%；自助认证＋网上勾选认证，占认证总量的 99%。特别是海淀国税局自主研发的多功能自助办税机，包含实名认证、初始发行、三（五）证合一、变更信息（增版增量）、报税清卡、小规模逾期报税、口令重置七大功能模块，平均每笔业务节约时间 90 秒，速度提升 150%，一台机器可有效替代 5～6 个人工窗口；自主研发自助申报软件，经测试，将窗口受理单户手工申报平均用时由 20 分钟缩减至 1 分钟之内，有效实现窗口提速增效，还权还责于纳税人。上线首月，该软件应用率已达 18%。

联合平台提升国地融合。在市局和区委区政府的大力支持下，海淀国税局与海淀地税局密切合作，构建海淀税务联合体。2016 年 9 月共同入驻由区政府主导的海淀区办税服务厅，该大厅使用面积达 3000 平方米，共设置 33 个服务窗口。2017 年 8 月，海淀国税局玲珑路办税服务区与地税第四税务所完成贯通改造，联合对外受理业务。2018 年，海淀国税局还将与地税共建联想桥国地税联合服务厅。未来将实现 "北、中、南"均匀覆盖的现代化国地税联合服务厅，可提供联合窗口 240 个，形成全市规模最大的国地联合服务矩阵。

二、创新风险应对

理顺管理体制。积极建设去属地、去专管员化的现代税收征管体系，搭建"个体税源—一般税源—重点税源"三级管理架构，将 205 名税收专管员转变为风控应对落实的基层节点。率先在全市实现"风控实体化"，抽调精兵强将设立专职风控的第十三税务所，有力应对海淀复杂税源形势，全力构建"风险识别、等级排序、任务推送、风险应对、监控评价"五位一体的风险防控体系。

引入高新技术。在全市率先引入"人脸识别"技术手段，在新户报到、税控发行、变更法人、发票领购以及风险防控五个环节中启用"人脸识别"设备 39 台，将法人和发票领购人两类关键主体纳入身份识别监管体系，实现了税源监控、风险管理对象由"企业"向"自然人"的有效延伸。目前通过人脸识别，成功拦截人证不符人员 4509 人次，有效阻断风险企业在海淀实施违法活动。

风控成效突出。截至 2017 年 10 月 31 日，按照国家税务总局数据考核口径，海淀国税局累计推送风险管理任务 33 506 户次，已完成风险管理全流程工作 29 692 户，应对户数较上年同期增长 43.86%；风险识别命中率 94.69%，比上年同期命中率提高 26 个百分点；累计入库税款（含滞纳金）69.49 亿元，是上年同期入库税款和滞纳金合计的两倍多。

三、创新征纳互动

业务辅导请进来。海淀国税局开办了全市最早、持续时间最长、覆盖面最广的纳税人实体学校，2014 年创办至今，累计办学 150 余场，受益人数超 6 万人。还以"2016年度所得税汇算清缴"为主题，通过新浪、搜狐、凤凰、网易四家影响力较大的网络媒体进行网络直播，近 4 万名纳税人在线观看。

服务企业走出去。海淀国税局联合区金融办、地税局与工行、中行等九家商业银行签约，大力推广"银税互动"信用贷款产品，有效破解小微企业融资困境，1～10 月，已为 77 户企业发放 11.29 亿元优惠贷款。积极推广"票 e 送"业务，2017 年已有累计10 万户次纳税人享受到该业务带来的便捷，申领发票份数超过 1800 万份，将 22% 的购票行为从实体办税服务厅转移到了线上，节约发票库房面积 150 平方米。

无纸退税双减负。大力推行出口退（免）税无纸化管理试点工作，以电子信息代替纸质资料的人工传递，电子结关数据在海关与税务系统之间实现无缝对接，减少了纳税人资料报送数量，实现了系统自动比对信息，筛查疑点，税务人工作效率和准确性也得到极大提升。1～10 月，海淀区出口退税无纸化试点企业 643 户，占全部申报出口退税企业的 93.87%，一类企业退税时间加速至 3 个工作日，二类、三类企业加速至 8 个工作日。

海淀国税局的"放管服"工作不仅提升了税收效能，也得到了地区纳税人的肯定。据海淀统计局的《海淀区企业营商环境调查报告》显示，在 7525 个样本企业中，营商环境满意度超过九成，办事便捷度调查中"报税手续最为便捷"排在首位。作为全国十家取消涉税事项和报送资料的试点单位之一，未来海淀区国税局将率先在海淀区取消 19

个业务事项和 433 类报送资料。充分发挥人员、经验和技术优势，全力确保试点工作取得圆满成功，使"放权"真正为市场主体松绑，使"管理"牢固夯实税源基础，使"服务"全面覆盖企业需求。

2017 年 11 月 24 日

案例 18："人脸识别"精准助力"实名办税"

（北京市海淀区国家税务局供稿，特此致谢！）

为解决长期以来困扰基层税源管理的"人证分离"现象，切实推进"实名办税"制度的落实，北京市海淀区国家税务局与辖区技术领军旷视科技密切合作，在全市税务系统中率先引入"人脸识别"技术手段,实现了税源监控、风险管理对象由"企业"向"自然人"的有效延伸，形成了"事前强震慑、事中精监管、事后严追责"的新型税源管理模式。在海淀国税局近期开展的"高风险地址"专项风控行动中，依托该技术，累计约谈企业 1036 户，通过 765 户，比对通过率 73.84%，有效阻断虚假身份注册企业在海淀实施违法活动，"人脸识别"的精准度和震慑力初步显现。

一、聚焦"人证分离"，改进征管效能

当前，我国刑事法律制度对涉税犯罪一般采用"双罚制"，即涉税单位犯罪中既对单位判处罚金，又对直接负责的主管人员和其他直接责任人员判处刑罚。近期，全市国税系统又逐步探索建立企业法人、财务负责人、办税人员实名库以及"黑名单"制度。自然人的身份信息已成为税源管理的重要抓手。

从税收征管实践看，涉税违法犯罪分子为转移视线，逃避打击，在企业登记注册环节纷纷使用虚假身份、套用盗用他人身份，客观上造成即便已经锁定风险企业，但仍难以查获虚开的实际操纵者，犯罪分子可以顺利"金蝉脱壳"，迅速再起炉灶。这种"人证分离"的现状严重削弱了税务机关的打击成效，成为少数人任意虚开、逃避处罚的犯罪工具。

例如，在 2015 年海淀国税局与海淀警方联手破获的"10·8"特大虚开增值税发票案件中，主犯周某使用他人身份证件，注册空壳公司 400 余家。在前期数据分析中，主犯周某深居幕后，完全未被发觉，如非警方特别采取技术侦查手段，犯罪分子可能又将逍遥法外。同时，据不完全统计，在海淀国税局已走逃的风险纳税人中，80%以上的企业存在身份信息借用、套用、冒用的情况。由此可见，破解"人证分离"的难题，是提升管理效能的关键。

二、运用"人脸识别"，落实身份责任

对于税务机关而言，理顺法人治理结构，实现税收违法"责任自负"的前提是身份信息准确无误，身份责任落实到人。为实现这一目标，海淀国税局与国内知名的某人脸识别技术服务商开展战略合作，在全市税务系统中，率先将人脸识别技术引入税源管理

关键环节，成功将税源监控和风险管理的焦点由"企业"延伸至"自然人"。高精度的人脸识别技术上线后，"人证分离、人证不符"的难题已得到彻底解决。

目前，海淀国税局已在新户报到、税控发行、变更法人以及专项打击虚开行动四个管理环节中部署"人脸识别"设备20台。企业在办理上述业务时，相关责任人必须先经过"身份证扫描＋人脸识别"检测。比对通过后，即可顺利办结；若比对不通过，将不予受理。扫描比对过程中，相关身份信息已全部采集，存入管理平台，可供后期开展数据分析研判，也可为涉税案件提供有效证据材料。海淀国税局部署上线的20台"人脸识别"系统（依托旷视科技技术）与前期上线的19台发票领购"人证比对"系统（依托中兴通技术）已涵盖了登记注册、税控发行、发票领购和专项风控行动等高危敏感环节，将法人和发票领购人两类关键主体纳入身份识别监管体系，海淀国税"身份识别认证"管理链条初具规模。

目前通过人脸识别和人证比对系统，成功拦截人证不符人员4509人次，有效阻断风险企业继续从事涉税违法行为。

三、深耕"科技管税"，丰富管理手段

海淀国税局在"人脸识别"的应用中，尚属起步。由于受到信息安全以及软硬件适配等限制，人脸识别技术主要用于识别、确认办税人员身份，而对于人像数据的分析计算以及对识别记录的推送应用等衍生功能未能深度利用，"人脸识别"技术仍属于科技管税的"富矿"，可以极大地改善税务机关"放管服"的质效。经过调研，海淀国税局建议从三个方面强化"人脸识别"技术应用。

（1）将"人脸识别"置入服务前端。线上，在网厅可设置"人像采集"和"证件采集"环节，纳税人可通过家中摄像头完成首次身份识别认证，经比对通过后，可顺利办税。线下，办税服务厅可在新户报到、登记信息变更、税控设备发行等高风险环节增加"人脸识别"环节，在事前对虚假不实身份形成阻断。同时，前端采集的人像、证件信息和比对结果形成统一的人脸识别数据库。

（2）将"识别数据"融入征管系统。目前，海淀国税局的人脸识别系统与征管信息系统尚未对接，人脸识别数据处于"体外循环"，并未与海量的征管数据实现互通互联。未来，可在保证征管信息安全和系统稳定的前提下，将人像证件数据库和人脸识别结果导入征管系统，并在系统内部设置管理后台，对识别数据开展深度钻取利用。未来还可利用"人脸识别"摄像头的快速采集、精准识别功能，对在库疑点自然人的办税行为实行实时监控和及时预警。

（3）将"识别结果"深入应用推送。应用"人脸识别"技术的目标在于将"自然人"纳入税源管理范围，确保办税人员"真人真证"，切实为涉税业务负责。因此，在打击涉税违法时，要充分利用人像、证件数据，建立涵盖法人、财务负责人、办税人员、发票领购人在内的"自然人"黑名单，使不法分子"一次违法，事事难行"；在涉税刑事案件移交过程中，要完善人像、证件等证据收集、保存程序，积极主动向公安机关提供自然人身份信息，使犯罪分子个人难逃重拳打击。同时，进一步探索将

识别信息向工商、公安、银行等外部单位推送，构建"资讯共享、齐抓共管"的税收共治格局。

2017 年 11 月 24 日

案例 19：大数据支撑税务稽查预案成效明显

（江苏省常州市地方税务局供稿，特此致谢！）

近年来，江苏省常州市地税局认真落实"放管服"改革要求，全面推行税务稽查预案，逐步建立起"信息采集、疑点分析、策略制定、团队会审、结果修正"的运行机制，有效提高了稽查精准性，营造了良好的营商环境。

一、背景意义

（1）深化"放管服"改革的客观需要。稽查预案是以大数据为支撑，通过采集纳税人涉税信息开展分析，查找疑点，有针对性地开展检查，完善了事中事后管理，是落实"放管服"改革的重要抓手，是实现精准稽查的重要手段，必将成为税务稽查工作的新趋势和新方向。

（2）推行双随机机制的必然要求。实施税务稽查双随机是推进执法公开公正、提高执法效率的重要体现。税务稽查预案通过实地检查前实施详细的涉税风险分析，后续实地检查实施流程化、规范化管理，初步解决案源难易与干部能力不匹配的问题，确保了双随机运行机制有效落地。

（3）防范两个风险的重要保障。经济社会的发展导致税源管理日趋多元化、复杂化，传统的检查方法已日益不能满足管理需要。推进稽查预案通过事前分析，明确后续检查途径，规范检查行为，有效防范了个别检查人员怠政懒政导致的执法风险和利用制度管理漏洞谋取不当利益的廉政风险。

二、实践做法

常州地税局积极探索实施精准稽查的有效途径，在实践基础上，逐步总结出一条符合风险管理和双随机模式下的预案管理运行体系。

（1）收集信息注重"全"。利用金税三期、以地控税和税收征管保障、智慧税务管理以及互联网等平台，全面采集被查对象的各类涉税信息，结合企业提供的电子账套信息，对风险管理部门推送的涉税风险疑点进行整合，确保涉税风险疑点有序归集。

（2）预案分析突出"深"。抽调业务精通、查账经验丰富、分析能力强的人员组成预案分析团队，通过对归集的涉税风险疑点和行为进行全面体检分析，产生检查方向和重点，针对实际情况制订后续应急措施，确保检查实施方案不流于形式。在预案分析中若发现重大或复杂的涉税疑点，预案分析团队则邀请政策、法律、计算机等专业人员参与预案分析，有效增加了稽查预案分析的深度。

（3）团队会审体现"严"。对完成税务稽查预案的案件，预案分析团队必须提交相关部门进行审核。审核分为集体会审或负责人审核。对采取预案会审的，预案分析人员详细汇报可能存在的风险疑点，提出后续检查思路。会审人员针对汇报的情况，集思广益，提出完善意见。对通过预案会审的，检查人员在后续检查时须按照审核后的预案要求开展检查取证，后续实地检查时，检查人员也要根据实际检查情况对预案进行偏差验证，并进行调整补充。

（4）增值利用强调"精"。对预案分析发现的典型性问题，预案分析团队定期提炼行业共性规律，完善稽查预案模型并反馈风险管理部门，风险管理部门根据预案模型进一步完善高风险案源选案机制，有效提高了风险导向下双随机选案的针对性。检查人员对检查中新发现的问题进行再梳理，反向验证预案中是否存在分析不到位的情况，并动态调整稽查预案，形成从案源选取、案头预案、实地检查、增值利用的闭合循环。

三、主要成效

常州地税稽查局自 2017 年 3 月全面推行税务稽查预案以来，累计查补各类税款 2.53 亿元，稽查威慑作用得到有效发挥。

（1）稽查效率明显提升。稽查人员在实施稽查预案时，通过集体研讨、团队协作的方式，全面剖析企业情况和涉税疑点，有效改变了过去那种"盲人摸象"式的检查方式，检查的针对性和有效性明显提高。自推行税务稽查预案以来，年人均查补户数达到 6 户，同比提高 31.58%；人均实地检查天数由 85 天/户减少到 60 天/户。

（2）精准稽查有效体现。目前全市地税稽查系统累计开展稽查预案 218 户，均按户形成税务稽查预案，稽查人员按照税务稽查预案的指引开展实地检查。2017 年 1~10 月，稽查应对有效率达 95%，比上年同期提高 10%；稽查直接查补入库数 1.6 亿元，比上年同期增长 18.75%；户均直接查补收入达 51.72 万元。

（3）税收遵从有效提高。推行稽查预案后，通过大数据开展涉税疑点分析，产生的涉税疑点指向相对明确，为后续固定证据、准确定性起到助推作用，税收遵从得到有效提高。截至 2017 年 11 月，常州地税稽查结案清理率达 95 以上%，比上年同期提高 15%；人均结案户数达 4.17 户，比上年同期提高 21.73%；欠税企业由原来的 8 户压缩到 1 户。

2017 年 11 月 2 日

案例 20：立足于"互联网＋税务"打造税务网上学堂精品教案

（遵义市地方税务局供稿，特此致谢！）

遵义市地税局组织开展纳税人学堂网上教案制作评审，对全市地税 32 个网上教案进行评审和展播，进一步丰富和规范网上税收宣传载体与内容，成为新媒体下推进落实"互联网＋税务"行动计划的生动实践。

（1）网上学堂教案内容丰富全面。此次制作评审的网上学堂教案内容涵盖了税收基础管理、涉税申报、风险处理、纳税服务、地方税讲解和税收专题讲解六大类教案，从税收基础知识到所得税、土地增值税等具体税收疑难问题解答满足不同层次纳税人需求。

（2）立足于纳税人需求视角开展业务讲解。活动以"我们都来辅导纳税人"为主题开展，所有制作参评课件全部站在纳税人角度，透过纳税人视角剖析纳税人办税诉求和业务短板，避免以往说教式教学模式，同时重点将纳税人关心的税收征管服务事项讲深、讲透，让纳税人通过参与网上学堂教案学习即能准确办理日常税收业务事项。

（3）丰富了"互联网＋税务"的内容和载体。立足于补短板，将网上学堂教案评审展播作为深化互联网和各种网络新媒体形势下争夺税宣主导权、话语权的重要活动开展，通过现场评审和政府官网、地税网站以及"两微一端"等媒体平台展播后，许多纳税人争相观看学习，在全市纳税人中反响较大，有效提升了税务干部利用网络平台辅导纳税人的能力。从中优选报送的《印花税讲解》教案顺利入选国家税务总局"互联网＋税务"评审项目，扩大了遵义地税网站学堂宣传面和影响力。

（4）锻炼提升了团队教案制作水平。所有制作的网上学堂教案，从主题选择到内容素材收集、课件制作、后期配音剪辑等各环节均由地税干部以团队的形式协作完成，团队内成员根据自身特长分配完成相应工作，同时对课件进行民主讨论，充分听取团队成员意见，逐步修改完善，参评教案普遍修改 5 稿以上，个别如个人所得税教案涉及众多政策规定的，修改完善更是在 10 稿以上，教案精雕细琢既培训了纳税人，也促进了团队整体教案制作水平的大幅提升。

2017 年 12 月 5 日

参 考 文 献

安晶秋. 2007. 论税收法定主义[D]. 长春：吉林大学：2.

楚文海. 2009. 中国现代纳税服务体系研究[D]. 北京：中国人民大学：19-46.

弗里茨·马克卢普. 2007. 美国的知识生产与分配[M]. 孙耀群，译. 北京：中国人民大学出版社：291.

高复先. 2002. 信息资源规划——信息化建设基础工程[M]. 北京：清华大学出版社：56.

关振明. 1989. 试论税务统计的特点和内容[J]. 辽宁税务高等专科学校学报，（2）：48-49.

国家税务总局. 2017. 关于印发《税收分析工作制度》的通知: 国税发〔2007〕46 号 [DB/OL]. http://
    www.chinatax.gov.cn/n810341/n810765/n812176/n812783/c1194635/content.html，[2017-02-07].

国家税务总局收入规划核算司. 2014. 税收统计学[M]. 北京：中国税务出版社.

蒋劲松. 1998. 议会之母[M]. 北京：中国民主法制出版社：19.

李刚. 2004. 国家、税收与财产所有权[A]//财税法论丛：第 4 卷[C]. 北京：法律出版社：130-131.

李庆会. 2008. 浅谈税收统计在国民经济中的作用[J]. 中国集体经济，（29）：24-26.

刘剑文. 2003. 税法学[M]. 北京：人民出版社：90.

马克思，恩格斯. 1961. 马克思恩格斯全集：第 19 卷[M]. 中共中央翻译局，译. 北京：人民出版社：32.

马克思，恩格斯. 1972a. 马克思恩格斯全集：第 22 卷[M]. 中共中央翻译局，译. 北京：人民出版社：
    228-229.

马克思，恩格斯. 1972b. 马克思恩格斯选集：第 2 卷[M]. 中共中央翻译局，译. 北京：人民出版社：
    336.

马克思，恩格斯. 1972c. 马克思恩格斯选集：第 4 卷[M]. 中共中央翻译局，译. 北京：人民出版社：
    166-169.

马克思，恩格斯. 2012. 共产党宣言//马克思恩格斯选集[M]. 中共中央翻译局，译. 北京：人民出版社：4.

石佑启，丁丽红. 2002. 税务行政诉讼[M]. 武汉：武汉大学出版社：6.

史学成. 2004. 税收法律关系理论的国际比较研究与本土化建构[A]//财税法论丛：第 5 卷[C]. 北京：法
    律出版社：328.

宋玲. 2001. 信息化水平测度的理论与方法[M]. 北京：经济科学出版社：94.

覃有土，刘乃忠，李刚. 2000. 论税收法定主义[J]. 现代法学，（6）：37.

谭祥金，党跃武. 2010. 信息管理导论[M]. 2 版. 北京：高等教育出版社：8.

王军. 2015a-03-30. 在全国税收征管规范暨金税三期工作会议、全国税务系统电子税务管理工作会议上的
    讲话[DB/OL]. http://www.360doc.com/content/16/0627/19/29486188_571203218.shtml.

王军. 2015b-09-11. 在全国税务系统司局级主要领导干部"互联网＋税务"专题研讨班上的讲话[DB/OL].
    http://www.chinatax.gov.cn/n810219/n810724/c1807145/content.html.

王希. 2000. 原则与妥协：美国宪法的精神与实践[M]. 北京：北京大学出版社：55.

习近平. 2014a. 依纪依法严惩腐败，着力解决群众反映强烈的突出问题（2013 年 1 月 22 日）//十八大
    以来重要文献选编（上）[M]. 北京：中央文献出版社：135-136.

习近平. 2014b. 在首都各界纪念现行宪法公布施行三十周年大会上的讲话（2012 年 12 月 4 日）//十八大以来重要文献选编（上）[M]. 北京：中央文献出版社：92.

许善达. 2007. 国家税收[M]. 北京：中国税务出版社：359-360.

张守文. 1996. 论税收法定主义[J]. 法学研究，（6）：57.

张文显. 2001. 法哲学范畴研究[M]. 北京：中国政法大学出版社：161-166.

张五常. 2001. 经济解释卷一：科学说需求[M]. 香港：花千树出版社有限公司：1.

佐佐木宏，李东. 1999. 图解管理信息系统[M]. 北京：中国人民大学出版社：40.

后 记

　　本书由贵州财经大学教材出版基金资助出版，特此致谢！

　　本书的编写，得到了江苏省地方税务局，吉林省地方税务局，贵州省国家税务局，北京市海淀区国家税务局，湖南省永州市国家税务局，安徽省淮南市国家税务局，江苏省常州市地方税务局，贵州省遵义市国家税务局、遵义市地方税务局，贵州省遵义市汇川区国家税务局、汇川区地方税务局，贵州省遵义市余庆县国家税务局、余庆县地方税务局等全国各地许多税务机关的指导和帮助，并蒙惠赐大量案例稿件，编者在此向上述各单位及领导致以诚挚的谢意！

2018 年 1 月